大東輿地全圖

한국
고지도의
역사

개리 레드야드 지음
장상훈 옮김

소나무

한국 고지도의 역사

초판 발행일 2011년 6월 5일

지은이 | 개리 레드야드
옮긴이 | 장상훈
펴낸이 | 유재현
편집 | 박수희 · 장만 · 강주한
마케팅 | 박수희
디자인 | 박정미
인쇄 · 제본 | 영신사
필름출력 | ING
종이 | 한서지업사

펴낸곳 | 소나무
등록 | 1987년 12월 12일 제2-403호
주소 | 121-830 서울시 마포구 상암동 11-9, 201호
전화 | 02-375-5784
팩스 | 02-375-5789
전자우편 | sonamoopub@empas.com
전자집 | www.sonamoobook.co.kr
책값 | 35,000원

ⓒ 장상훈, 2011

ISBN 978-89-7139-570-7 93910

소나무 머리 맞대어 책을 만들고, 가슴 맞대고 고향을 일굽니다.

한국 고지도의 역사

개리 레드야드 지음
장상훈 옮김

차 례

도판 차례·표 차례

〈표 차례〉

한국어판에 부쳐

저는 평소 지도를 무척 좋아했습니다. 반세기 이상의 세월에 걸쳐 한국의 역사를 연구하면서 이따금씩 김정호의 《대동여지도》를 참고하기도 했습니다. 그러던 중 1990년 한국의 지도를 본격적으로 연구할 계기가 찾아왔습니다. 미국 위스콘신 대학교 지리학부 교수로서 『세계 지도학 통사History of Cartography』의 편집 책임을 맡고 있던 故 데이비드 우드워드David Woodward 박사가 제게 한국의 지도에 대한 집필을 요청한 것입니다.

그의 요청대로라면 대개 60쪽 분량의 글이어야 했지만, 최종 원고가 마무리 되었을 때 그 분량은 거의 5배에 달했습니다. 원고가 너무 길어졌기 때문에 우드워드 박사의 반대에 부딪힐까 걱정도 했습니다. 하지만 그는 원고를 축약하라거나 수정하라는 요구 없이 거의 모든 내용을 수용해 주었습니다. 위스콘신 대학교의 『세계 지도학 통사』 편집위원회가 한국 지도학의 역사가 중요하고 흥미롭다는 점을 깨닫게 된 것이지요. 결국 제가 공연한 걱정을 했던 것입니다.

그들은 한국인들이 동아시아 지도학은 물론 세계적으로도 매우 독특한 기여를 했다는 사실을 알게 되었고, 이 때문에 제 원고를 수용한 것입니다. 뿐만 아니라 동아시아와 동남아시아의 지도의 역사를 총 정리한 책의 표지 사진으로 한국의 저 유명한 〈혼일강리역대국도지도〉를 선택하기에 이르렀습니다. 이 모든 일 덕분에 저는 정말 큰 자부심을 느낄 수 있었습니다.

저는 한국 지도에 대한 이 긴 글이 저의 한국사 연구 성과에서 가장 뜻 깊은 것 가운데 하나라고 생각해왔습니다. 하지만 2008년 말 국립 중앙박물관의 장상훈 학예연구관이 이 글을 번역 중이며, 유재현 사장님이 운영하는 소나무 출판사가 시카고 대학교 출판부로부터 한국어판 단행본 출간 승인을 받았다는 소식을 듣고 깜짝 놀라지 않을 수 없었습니다.

그 후 곧바로 장상훈 연구관과 번역문을 함께 검토하면서 번역문에 있는 몇몇 문제점을 수정하였으며, 당초의 영문판에 있던 오류를 개정할 수 있는 기회도 얻었습니다. 한국에서 진행된 이 프로젝트에 힘을 보태고, 또 이를 통해 이전의 제 연구를 개선한 것이 저는 무척 기쁩니다.

저는 유재현 사장님과 장상훈 연구관의 노력으로 말미암아 한국의 전통 지도학에 대한 제 글이 보다 많은 독자와 만날 수 있게 되어 무척 즐겁습니다. 제 연구의 가치를 인식해 주신 데 대해, 그리고 많은 노력을 기울여 한국어 번역서를 준비해 주신 데 대해, 두 분께 깊이 감사합니다. 모쪼록 이 글을 읽는 한국 독자들의 격려와 질정을 바랍니다.

개리 레드야드
미국 뉴욕 컬럼비아 대학교
한국학 세종대왕 석좌명예교수
2011년 4월

일러두기

1. 이 책은 미국 컬럼비아 대학의 개리 레드야드 Gari K. Ledyard 명예교수가 쓴 "Cartography in Korea"를 번역한 것이다. 이 글은 미국 시카고 대학교 출판부가 『세계 지도학 통사*THE HISTORY OF CARTOGRAPHY*』 전 8권 중 하나로 출간한 *Cartography in the Traditional East and Southeast Asian Societies*, ed. J. B. Harley and David Woodward (Chicago & London: The University of Chicago Press, 1994)에 수록되어 있다.

2. 원서의 내용을 가능한 한 충실하게 옮기려고 노력했으며, 독자의 이해를 돕고 기초적인 사실을 보완하는 데 필요하다고 판단되는 경우에는 역자가 [ ]괄호 안에 간단한 내용을 가필했다.

3. 이 책의 장과 절은 원서를 바탕으로 한 것이지만, 독자의 이해를 돕기 위해 일부 절의 제목을 새로 설정하여 첨가했다.

4. "Cartography in Korea"의 도판은 모두 이 책에 수록하였다. 독자의 이해를 돕는 데 필요하다고 판단되는 경우에는 *Cartography in the Traditional East and Southeast Asian Societies*에 수록된 다른 도판도 수록하였다. 이 책에서는 이러한 도판들을 따로 구분하지 않고 일괄하여 새로 도판 번호를 매겨 독자의 이해를 도왔다. 원서의 도판은 대부분 흑백사진이지만 이 책에는 가급적 원색사진을 실었다.

5. 원서의 'Korea'는 우리 민족의 역사적 실체를 총체적으로 가리키는 경우 '한국'으로 옮겼으나 고려 왕조나 조선 왕조를 가리킨다고 생각되는 경우에는 각각 '고려'와 '조선'으로 옮겼다. 한편 원서의 'China'와

'Japan'은 특정 왕조나 정권을 가리키는 경우가 아닌 경우에는 각각 '중국'과 '일본'으로 옮겼다.

6. 지명과 인명의 표기는 경우에 따라 서로 다르게 했다. 먼저 중국의 경우 1945년 이전에 통용된 지명이나 활동한 사람의 이름은 한자의 독음을 표기한 뒤 한자를 병기했고, 그 이후의 지명이나 인명은 중국어 발음을 표기한 뒤 한자를 병기했다. 일본의 경우는 지명과 인명 모두 일본어 발음을 표기한 뒤 한자를 병기했다. 서양 인명이나 지명의 경우는 해당 국가의 발음을 한글로 표기한 뒤 해당 국가의 문자를 병기했다.

7. 원서에서는 『고려사』와 『조선왕조실록』의 기사를 인용할 때 영인본의 권수와 쪽수를 주기했으나, 번역문에서는 해당 기사와 관련된 국왕의 재위년과 날짜를 주기했다. 원서에서는 관련 기사의 날짜를 양력으로 실었으나 이 책에서는 이를 음력으로 바꾸어 실었다.

8. 원서와 마찬가지로 논저를 인용할 때는 최초의 각주에 해당 논저에 대한 서지정보를 모두 싣고, 이후 다시 인용할 때는 저자와 논저명을 간략하게 기재했다.

9. 지도 〈 〉, 지도책 《 》, 지리지 『 』로 구분하였다.

들어가는 말

한국인들은 천오백 년 이상 지도를 만들어 사용해 왔다. 한국의 경계는 대부분 바다로 정해졌기 때문에 한국인들은 일찍부터 나라의 대체적인 윤곽을 알 수 있었다. 또한 지도 제작자들은 '삼천리강산三千里江山'이라는 뿌리 깊은 인식 덕분에 그 윤곽 안에 들어갈 내용을 대체로 떠올릴 수 있었다.[1] 한국인에게 이러한 의식이 각인된 데는 행정 및 문화 지리학의 강한 전통과 더불어 한국인 모두가 공유했던 풍수지리 관념이 한몫했다. 그리고 이 모든 요인들이 흥미로운 지도를 만들어내는 데 기여했다.

한국의 지도 제작자들은 자연스레 자신의 나라를 강조하면서 다른 한편으로 이웃 나라의 땅과 영토에도 줄곧 관심을 가졌다. 아울러 이 지역을 넘어 더 넓은 세계를 내다보면서, 우주의 구조에 대한 전통적인 관념을 담은 세계지도뿐 아니라 면밀한 연구에 바탕을 둔 세계지도도 제작했다. 한국의 문화가 중국 문명의 장점과 제도 중 많은 것을 자유롭게 흡수하면서도 강하고 독자적인 정체성을 유지한 것처럼, 한국의 지도 제작자들은 중국에서 발전된 지도 제작의 일반적인 규범을 적용하면서도 이것을 자신의 환경에 응용하여 실용성과 아름다움을 함께 갖춘

---

1) '삼천리강산'이라는 관용구는 한국의 민간전승으로서 매우 오랜 것이다. 한국의 풍수지리 이론에는 산과 강의 중요성이 일찍이 10세기부터 분명하게 드러난다. 3장의 논의(한국의 풍수지리)를 참고하라.

지도들을 창조해 냈다.

동아시아의 다른 나라와 비교할 때 오늘날 남아 있는 한국 지도의 고색古色은 그리 대단한 것이 못된다. 다른 나라와 마찬가지로 세월·전쟁·부주의 등으로 많은 기록문화유산이 손상되었으며 특히 회화繪畫와 지도가 큰 피해를 입었다. 오늘날까지 남아 있는 가장 오래된 한국 지도는 1402년에 제작된 세계지도이다. 현재 3종의 사본寫本이 알려져 있으며, 이 가운데 가장 이른 것은 1470년 무렵에 제작된 것이다. 하지만 이러한 연대조차 현존하는 다른 지도(대개 16세기부터 19세기까지의 지도)에 비하면 빠른 편이다.

1402년 이전의 지도에 대해서는 문헌 기록과 함께 동아시아와 한국 문화사의 전반적인 동향을 살피며 추정해야 한다. 이렇게 탐구하다 보면 1402년 이전에도 지도 제작의 중심은 전국 지도나 지방 고을의 지도였지만 이미 12세기에 불교 계통의 세계지도를 제작했고 14세기에는 한국과 중국을 다룬 역사 지도를 편찬했음을 알 수 있다. 다행히 이 역사 지도를 설명하는 데 쓰인 용어가 1402년의 세계지도에 쓰인 것과 흡사해서, 지금은 남아 있지 않은 이 지도를 현존 지도로 연결시킬 수 있다.

한국의 지도는 크게 네 분야로 나눌 수 있는데, 먼저 세계지도나 전국 지도를 다루고 그 다음으로 개개 도별도道別圖와 고을 지도를 다루는 것이 효율적일 것이다. 이 경우 지도 분야의 선후 관계를 고려할 때 다소 단절적인 면이 있는 것은 사실이다. 하지만 현존하는 지도만 놓고 보면 대부분의 세계지도는 비교적 이른 시기에 나타나고, 지방 지도와 주제별 지도는 후기에 나타나는 경향을 보인다.

먼저 세계지도 분야는 여러 가지 계통의 지도에서 비롯되었다. 진정한 의미의 세계지도가 있는가 하면 다양한 형태의 동아시아 지도가 있고, 우주의 구조를 반영한 인쇄본 및 필사본의 〈천하도天下圖〉도 있다.

한국 학자들은 때때로 이러한 여러 계통의 지도들을 총칭하여 '천하도'라는 용어를 쓰기도 한다. 그 까닭은 이 용어를 넓은 의미로 '세계지도'로 해석할 수 있기 때문이다. 그러나 이 글에서는 '천하도'라는 용어를 좁은 의미로 쓰고자 한다. 곧 〈천하도〉는 비교적 가까운 시기에 제작된 대중적인 지도로서, 대개 '천하天下'나 '천하도'라는 용어를 제목으로 삼고 있는 지도만을 가리킬 것이다.

〈천하도〉는 중국 중심의 세계(중국과 조선, 그리고 동아시아의 인근 지역)를 고리 모양의 대륙이 둘러싸고 있는 모양을 띠고 있다. 그리고 고리 모양의 대륙에는 이국적이고 신화적인 나라와 민족들의 이름이 적혀 있다. 이러한 〈천하도〉의 기원과 전개에 대해 학자들 사이에 의견이 분분하다. 하지만 이 지도가 18~19세기에 크게 유행했다는 점에는 이론의 여지가 없다. 〈천하도〉는 세계지도 분야의 대부분을 차지한다.

〈천하도〉는 지도의 발전 단계에서 늦은 시기에 나타났고, 과학보다는 민속의 측면에서 더 잘 설명할 수 있을지 모른다. 그럼에도 이 지도는 한국인들의 삶 속에서 실질적인 의미를 띠고 있었으며, 재미있는 이야기거리도 딸려 있다. 지도학적으로 볼 때 더욱 중요한 세계지도와 동아시아 지도는 〈천하도〉에 비해 양은 적지만 종류로는 훨씬 다양하고, 대개 제작 시기가 이르다. 이처럼 뭔가 거꾸로 된 것처럼 보이는 유형학적 전개 양상을 설명하는 것이 이 글의 주요한 과제 중 하나이다.

둘째로 한국만을 단독으로 그린 전국 지도가 있는데, 이 부문의 지도가 다양하고 많은 것은 당연한 일이다. 한국을 그린 지도로 현존하는 것 중 가장 오래된 것은 1402년 세계지도 속의 조선 부분이다. 물론 이보다 이른 시기에 제작된 전국 지도를 언급한 문헌이 남아 있고, 이 중에는 12세기나 그보다 일찍 제작된 전국 지도에 대한 흥미로운 기록이 남아 있다.

15세기에는 지리 조사가 많이 이루어졌지만, 아쉽게도 이 시기에 만들어진 것으로 알려진 지도 중 현존하는 것은 하나도 없다. 하지만 1463년 정척鄭陟이 완성한 지도는 후대에 큰 영향을 끼쳤고, 많은 지도 제작자들이 이 지도를 모범으로 받아들인 것으로 보인다. 그래서 우리는 강과 산, 지명과 기타 지형에 대한 세부 지식뿐만 아니라, 한반도의 윤곽을 어떻게 인식했는지에 대해서도 추정할 수 있다. 18세기의 지도 제작자 정상기鄭尙驥와 그의 가문은 지도 제작 기술에서 진정한 혁명을 이루었다. 그는 이 나라의 윤곽, 곧 긴 해안선과 더불어 그보다 파악하기 훨씬 어려웠던 북방 국경에 대한 지식을 극적으로 개선했다.

19세기 지리학의 대가 김정호金正浩는 이러한 기술을 갈고닦아 완성해 냈다. 그는 지도 제작자인 동시에 발행인이며 보급자였다. 그는 서양의 지도 제작 기술에 대해 알고 있었고, 자신의 작품에 측지 좌표를 사용했다. 그럼에도 그의 후기 지도의 모습은 전통적인 지도 제작 방법의 진화 선상에서 조금도 벗어나지 않았다. 한국은 19세기 말에 이르러서야 서양의 지도학 양식과 방법을 채용했다. 이는 위협적인 존재였던 일본에 이끌려(한국에 관한 한 그러하다), 서양의 새로운 세계 질서에 애써 타협해 가던 것과 궤를 같이한다.

셋째로 지방 지도는 행정에 이용할 목적으로 15세기 말에 보급되었고 18세기에 질적으로 높은 수준에 이르렀다. 이 시기 정상기는 동일한 축척으로 모든 도별도를 그려서 각 도별도를 개별 지도로도 쓰고, 조합하여 전국 지도로도 쓸 수 있게 했다. 1791년의 개혁으로 여러 지역에 대한 광범위한 측량이 추진되었고, 그 결과 각 고을의 지도 제작과 역사 편찬 사업이 촉발되었다. 그런데 전국 지도와 도별도는 일정한 수준의 표준화를 이루면서 지도학적으로 전문화되었지만, 고을 지도는 각 지방의 다양한 일손들이 제작했다. 그들 가운데 몇몇은 매우 숙련되어 있었지만, 다른 이들은 미숙했다. 앞으로 살펴보겠지만, 지방의 지도 제작자들은 지도보다는 그림을 전문으로 하는 사람들이었다. 이 때문에 많은 고을 지도가 풍경화와도 통할 수 있는 조감도鳥瞰圖 방식으로 제작되었다. 이러한 양상은 중국에서도 마찬가지였다.

한국 지도의 네 가지 분야 중 마지막은 이른바 국방 지도(전통적인 용어로는 관방 지도關防地圖)이다. 이 부문에 속하는 지도들은 몇 천 리나 되는 국경과 그 너머까지를 표현한 긴 두루마리 지도부터 각 지역의 산성을 그린 지도에 이르기까지 매우 다양하다. 많은 지도들이 병풍으로 표구되어 서울의 무관이나 지방 관찰사의 집무실에 놓였을 것이다. 또 다른 지도들은 휴대하기 편한 두루마리나 책의 형태로 제작되어 변방의 장군이나 장교들의 필수품이 되었다.

국방 지도의 다양성을 보여주는 또 다른 사례는 해안 방어 및 항해와 관련된 지도이다. 이 지도의 기본적인 목적은 군사적인 관점에서 지형과 통신 체계를 명확히 파악하는 것이어서, 이후의 전국 지도와 도별도에서 중요했던 축척縮尺은 부차적인 것으로 여겨졌다. 이 지도에는 높은 수준의 기술과 회화적인 재능이 잘 드러나 있어서, 화원畵員과 지도 제작자를 유지할 재원을 확보할 수 있었던 중앙 정부나 고위 군사령부에서 만들어 썼던 것임을 알 수 있다.

한국의 고지도 연구

현존하는 한국의 지도는 거의 600년 전까지 거슬러 올라간다. 그러나 이러한 자료에 대한 연구는 지난 40여 년 동안 이루어진 것이 대부분이다. 오늘날까지 남아 한국 지도 제작의 오랜 전통을 보여주는 지도는 대부분 한국에 있다. 미국 워싱턴에 있는 의회도서관의 한국 지도 컬렉션은 대개 근대 지도로 이루어져 있지만, 근대 이전의 중요한 지도도 일부 포함되어 있다. 이 가운데 많은 수가 섀넌 매큔Shannon McCune이 한국에 있을 때 수집한 것들이다. 아울러 일본 등 다른 나라의 지도 컬렉션 중에도 중요한 지도가 들어 있기는 하지만, 북한에 있는 이름없는 컬렉션을 제외하고 보면,[1] 대부분의 지도는 한국에 있다.

그중 가장 중요한 자료는 국립중앙도서관과 서울대학교가 소장한 지도들이다. 서울대학교는 일반적인 지도 컬렉션 외에도 왕립도서관이었던 규장각奎章閣의 수집품을 소장하고 있다. 1776년 설립된 규장각은 정조正祖(1776~1800 재위)와 그를 이은 여러 국왕의 신하들이 수집한 도서와 저술을 소장하고 있다. 특히 규장각에는 뛰어난 지도가 많은데, 고을 지도(邑圖)에 관한 한 거의 완벽한 수집품을 소장한 것으로 유명하다. 다만 그 대부분은 한국의 지도 전통에서 매우 늦은 시기의 것들이다.

---

1) 목영만의 『지도 이야기』(평양: 군중문화출판사, 1965)를 참고하라. 이 도판집은 북한에 있는 지도를 수록한 것으로 보이는데, 인쇄 상태가 좋지 않고 지질이 나빠서 쓰임새는 제한적이다.

한국의 다른 대학들도 대개 지도 컬렉션을 가지고 있다. 모든 학교를 언급할 수는 없지만, 서울에 있는 고려대학교와 숭실대학교는 매우 특별하다. 숭실대학교의 지도는 김양선金良善이 수집한 것으로서, 그는 평생 지도를 연구하여 학문적으로 많은 기여를 했다.[2] 그중에는 중국에서 활동한 예수회 선교사들이 만든 서양식 지도들이 포함되어 있는데, 마테오 리치Matteo Ricci (1552~1610)의 1603년 지도를 모사한 사본은 세계적으로도 드문 희귀본이다.

또한 숭실대학교의 수집품은 도록에 제시된 지도의 연대가 정확하다는 점도 돋보인다. 대부분의 대학 수집품 도록에 실린 지도의 설명문에는 '작자 미상'이나 '연대 미상'이라는 문구가 많다. 이는 대부분의 한국 지도에 지도 제작자나 제작 연대가 표시되어 있지 않기 때문이다. 하지만 일정한 연구와 전문적인 판단으로 대략적인 연대를 추정할 수는 있다. 그러한 노력이 없었기 때문에 이 도록들이 연구 자료로서 갖는 가치는 제한적일 수밖에 없다.

이찬李燦은 오랫동안 서울대학교 지리학과의 교수로 재직하면서 한국 지도에 대한 이해를 크게 진전시켰다. 그는 여러 전문적인 학술 논문을 저술했을 뿐만 아니라, 다양한 지도를 수록한 큰 판형의 지도 도록(『한국고지도』)을 편찬했다.[3] 이 도록에는 120여 장의 지도 도판이 실려 있는데, 이 가운데 17장이 원색이며 여러 (대형) 도판들이 2절이나 3절의 접지로 들어 있다. 도판 중에는 국립중앙도서관 소장품의 비중이 가장 높

---

2) 매산梅山 김양선의 주요 업적은 『매산국학산고梅山國學散稿』(서울: 숭전대학교박물관, 1972)에 수록되어 있다.

3) 이찬, 『한국고지도韓國古地圖』(지도 해설: 제홍규諸洪圭)(서울: 한국도서관학연구회, 1977). 이찬이 지은 『한국의 고지도』(서울: 범우사, 1991)도 기록해 두어야 한다. 이 책은 완전히 새롭고 다른 작품으로 훨씬 큰 판형에 250장 이상의 도판을 싣고 있으며, 대부분이 원색이다. 아울러 대단히 확장된 논의를 싣고 있다. 아쉽게도 너무 늦게 입수해서 이 책을 쓰는 데는 활용하지 못했다.

다. 이 책의 끝부분에는 한국의 지도에 대한 훌륭한 개설이 붙어 있으며, 친절한 영문 개요와 함께 참고문헌, 8개 중요 소장처의 주요 소장품 목록이 들어 있다. 사실상 이 도록으로 말미암아 오늘날의 학계에 고지도라는 분야가 분명히 인식되었으며, 이 책을 쓰는 데 없어서는 안 될 중요한 자료가 되었다.

또한 나는 방동인方東仁의 『한국의 지도』에서도 많은 도움을 받았다.[4] 이 책은 『한국고지도』에 비해 훨씬 얇은 책이지만 개념상으로 사뭇 다른 책이다. 방동인은 지도의 발전 양상을 보다 깊이 있게 추적해서 한국의 지도 제작 방법을 아주 쓸모 있게 요약해 주었다. 다만 책의 판형이 작아서 쓸 만한 도판을 싣지 못한 것은 아쉬운 점이다. 이찬의 책을 빼고 보면 구하기 쉬운 양질의 도판 자료는 거의 없는 셈이다.

이제까지의 연구 자료를 살펴보면 도서관과 그 전문 사서들이 서지를 정리하거나 출판한 것이 대부분임을 알 수 있다. 물론 이러한 작업은 기초적인 것으로서 지속적으로 이루어질 필요가 있다. 하지만 이제까지 한국에서의 지도 연구는 거의 예외 없이 한국 지도의 전반적인 맥락에 별다른 관심을 기울이지 않은 것이 사실(특히 중국과 일본의 지도 연구에 비하여)이다. 또한 한국의 지도를 한국사의 사회적·경제적·지성사적·미술사적 동향과 연결하기 위해 해야 할 일이 많다. 이러한 내용에 대해 이해의 수준을 높이지 않는다면 한국 지도의 중요성을 온전히 알 수 없을 것이다.

이를 위해 먼저 15세기 이전의 한국 지도와 지도 제작에 대한 역사 기록을 요약하면서 이 글을 시작하려 한다. 이어서 1402년의 세계지도(현존하는 가장 오래된 한국 지도)와 17세기 이래 서양의 자료를 활용한 세계지도와 더불어, 동아시아의 전통에 기초한 후기의 〈천하도〉를 검토하

---

4) 방동인, 『한국의 지도』(서울: 세종대왕기념사업회, 1976).

겠다. 이러한 지도들은 모두 외국 문헌이나 한두 종류의 지도 자료에 바탕을 둔 것으로, 직접 탐험을 하거나 측량을 해서 얻은 결과는 아니었다.

다음으로 15세기 초부터 19세기 말까지 전국 지도의 발전 추이에 따라 지도의 문화적·기술적 기초를 살필 것이다. 이를 위해 주요 전국 지도를 전반적으로 검토하고, 다음으로 도별도와 고을 지도를 살펴본 뒤, 마지막으로 17세기부터 발전한 국방 지도에 대한 논의로 끝을 맺으려 한다.

결론에서는 한국의 지도 제작 기술이 한국의 사회적·문화적·역사적 힘과 맺고 있는 관계를 검토하겠다. 아울러 수백 년 동안 서양의 지도 제작 기술의 영향에 강하게 저항했던 전통적인 지도 제작 기술이, 악마 같은 일본 제국주의의 기세에 눌려 서양 기술의 재진입과 동시에 하루 아침에 소멸하는 상황을 관찰하겠다.

1
15세기 이전의 한국 지도

한국의 고대 국가와 지도

한국의 지도 제작 기술은 1402년의 세계지도보다 먼 과거에 뿌리를 두고 있다. 이 지도의 정교함은 그 자체로 지도 제작의 오랜 역사를 보여주는 증거가 된다. 1402년 이전의 지도 발전 과정을 살피기 위해서는 한국사의 폭넓은 흐름을 살피는 것이 도움이 될 것이다.

사료에 언급된 한국의 첫 번째 국가는 고조선古朝鮮이다. 고조선이라는 이름은 후대의 조선 왕조와 구분하기 위해 명명된 것이다. 이 나라의 기원은 알려져 있지 않지만 기원전 4세기 무렵에는 분명히 존재하고 있었다. 고조선은 중국의 제齊, 연燕과 교역을 하거나 전쟁을 했으며, 연과는 국경을 접하고 있었다. 고조선은 토착 문화에 기반한, 완전히 독립적인 정치체였다.

고조선의 영토는 동부 요동遼東 지역과 오늘날 한국의 동북부에 걸쳐 있었으나, 기원전 108년 한漢의 군대에 정복되어 4개 군현(漢四郡)으로 분할되는 고난을 겪었다. 이 가운데 둘은 기원후 4세기 초까지 존속했다. 이 시기 동안 한국인의 조상은 대부분 중국의 범위 밖에 살았다. 고구려와 부여 사람들은 대개 현재 중국의 동북 지방(이전의 만주 지방)에서, 그리고 마한·진한·변한 사람들은 한반도의 남쪽에 살았다. 중국은 실질적인 목적을 달성하기 위해 오늘날의 평안도와 황해도만 점령했을 뿐 남부 지역에는 지배력을 미치지 않았다. 하지만 한의 군사 당국은 남부의 주민들과 교역은 물론 외교 관계도 맺었다. 위魏나라(220~265) 때에는 일본과도 이러한 관계가 형성되었다.

기원후 1세기 무렵에는 유력한 고구려高句麗 왕국이 있었는데, 이 나라는 늘 중국의 통제권 바깥에 있었다. 그리고 3세기와 4세기 무렵에는 남부 지역에서 백제百濟·신라新羅·가야加耶가 일어났다(한국의 역사서에는 이 나라들의 건국 연대가 이보다 빠른 것으로 되어 있다). 이 가운데 가야는 6세기에 신라에 흡수되었고, 고구려·백제·신라는 동맹과 적대 관계를 번갈아 가며 668년까지 공존했다.

같은 시기 동안 중국은 남조南朝와 북조北朝로 분열되었는데, 북조는 주로 비한족非漢族 정권에 의해 지배되었다. 그래서 세 나라는 중국의 압력을 거의 받지 않고 그들만의 독자적인 정치적·문화적 관습을 발전시킬 수 있었다. 중국의 문화가 영향을 미쳤지만 고도로 토착화되었다. 그러나 589년 중국이 통일되면서 한국의 여러 나라는 중국의 팽창 압력을 느끼기 시작했으며, 이에 대항하기 위해 저마다 군사적인 전략(고구려) 또는 외교적인 전략(신라·백제)을 전개했다. 삼국 가운데 신라는 가장 빈틈이 없었다. 신라는 당唐과 협력하여 백제와 고구려를 멸망시키고, 668년 오늘날의 역사가들이 통일신라(668~935)로 부르는 나라로 떠올랐다. 통일을 위한 투쟁의 시대(대개 598~668)에 삼국은 중국의 제도로부터 많은 영향을 받았으며, 이러한 양상은 특히 백제와 신라에서 두드러졌다.

신라는 당과 동맹을 맺으면서 고구려의 만주 영토뿐만 아니라 압록강 이남의 일부 영토까지 잃었다. 만주의 여러 민족들과 협력한 발해渤海에 고구려의 요소가 살아남기는 했지만, 한국의 정치적 희망과 달리 만주는 한국의 군사력 범위 바깥에 놓이게 되었다. 8세기 중엽 당은 동북 지역에서 세력을 잃었고, 이후 500년 이상이 지난 뒤에야 이 지역에서 중국이 다시 자신의 존재를 드러낼 수 있었다. 그 사이에는 거란·여진·몽

[도판 1-1]

한국의 국경 변화

A. 5세기 한국의 고대 왕국들

가야는 562년 신라에 흡수되었다. 백제는 중국 및 일본과의 문화 교류에서 고대 왕국 중 가장 적극적이었으나, 660년 신라와 당의 연합군에 정복당했다. 고구려도 668년 같은 연합군에 멸망당했다. 고구려의 영토는 대개 당에 귀속되었지만, 712년 무렵에는 발해의 본거지가 되었다. 발해는 고구려의 군사력과 원原 여진족[말갈—옮긴이]이 주도한 나라였다.

B. 7세기 말부터 10세기 초까지의 신라와 발해 왕국

신라는 935년 고려에 흡수되었고, 발해는 927년 거란 (遼)에 정복되었다. 발해에서 한민족韓民族은 주도적인 역할을 수행했지만, 발해가 멸망하면서 만주에서 입지를 잃었다.

C. 조선 왕조(1392~1910) 시기의 한국
본문에 언급된 주요 지역의 명칭이 표기되어 있다. 북
방 경계의 변화에 대한 상세 사항은 [도판 4-1]을 참고
하라.

골이 이 지역을 지배했다. 한국은 668년 오늘날의 평양 부근에서 북방
의 이웃나라와 국경을 마주하게 되었고, 이후 여러 세기가 지난 뒤에야
압록강과 두만강의 이남 지역 전부를 회복했다(도판 1-1-B·4-1).

한국의 지도 중 가장 이른 시기의 자료는 고구려에서 나타난다. 한 도
시의 지도로 보이는 그림이 평양에서 북쪽으로 50킬로미터 정도 떨어진
순천順川 인근의 한 무덤 벽면에서 발견되었다. 이 지도는 '요동성도遼東
城圖'라고 명명되었는데, 그것을 본 사람들에 따르면 성벽·가로·건물·
강·산이 그려져 있다고 한다(도판 1-2).[1] 무덤은 요동遼東으로부터 먼 곳

---

[1] 이진희李進熙, 「解放後朝鮮考古學の發展: 高句麗壁畵古墳の研究」, 『考古學雜誌』
45-3 (1959), pp. 43~64, 특히 51~53, 52쪽에 실린 도판은 너무 형편이 없어서 해석하
기 어렵다.

에 있지만, 무덤의 주인은 영원한 안식 속에서 요동과 연결되고자 했던 것이다. 5세기에서 7세기 초까지 요동은 대부분 고구려의 영역 안에 있었는데, 이 특별한 무덤의 축조 시기는 대개 그 기간의 초기까지 거슬러 올라갈 것이다. 같은 시대에 중국에서 그려진 유사한 그림을 비롯해서, 오늘날에 이르기까지 중국과 한국의 많은 사례에서 확인되는 것처럼 이 지도는 회화와 몇 가지 특성을 공유한다. 예컨대 성문의 위치를 표기하는 데 그치지 않고 성문의 모습을 직접 그려 넣은 것이다.

지도 제작에 대한 첫 문헌 자료도 고구려에서 나타난다. 628년 고구려는 수·당과의 기나긴 전쟁이 잠시 잦아든 틈에 외교 교섭의 일환으로 '봉역도封域圖'라는 이름의 고구려 영토 지도를 당 조정에 증정했다.[2] '분봉된 지역의 지도'라는 뜻의 이름이 당시의 조공 관계를 적절히 반영하고 있지만, 지도 제작의 세부 사항에 대해서는 아무런 단서도 알려주지 않는다. 이 지도는 당시 조공 의례의 일부였을 것이다. 중국의 왕조들과 조공을 통해 맺은 오랜(결코 연속적이지는 않았다) 관계에도 불구하고, 이제까지 알려진 바에 따르면 이는 한국에서 지도를 의례로써 증정한 유일한 사례이다.

백제는 통일 전쟁 직전인 7세기 초에 '도적圖籍', 곧 지도와 호적을 지방 행정에 사용했던 것으로 알려져 있다.[3] 신라에 대한 소략한 문헌 기

---

2) 유구劉昫 외, 『구당서舊唐書』(940~945 편찬) 권199, 16책으로 된 판본(北京: 中華書局, 1975)을 참고. 구양수歐陽修 외, 『신당서新唐書』(1032?~1060 편찬) 권220, 20책으로 된 판본(北京: 中華書局, 1975)을 참고. 『삼국사기三國史記』에 실린 이 기록은 더 이른 시기의 중국 역사서로부터 인용한 것으로, 아쉽지만 이 지도에 대한 한국 측의 입장은 들어 있지 않다; 김부식金富軾(1075~1151)이 편찬한 『삼국사기』(1145년 편찬) 권20 고구려 영류왕榮留王 11년(628) 9월. 9책으로 된 판본(1512년 경주에서 간행, 1931년 서울에서 영인)을 참고. 조공 의례에서 지도의 역할에 대해서는 Cordell D. K. Yee, "Chinese maps in political culture," in *Cartography in the Traditional East and Southeast Asian Societies*, *History of Cartography*, vol 2, book 2, ed. J. B. Harley and David Woodward (Chicago & London: The University of Chicago Press, 1994), pp. 72~73을 참고.

3) 일연一然(1206~1289)이 편찬한 『삼국유사三國遺事』(1512년 경주에서 간행, 1932년 서

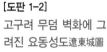
[도판 1-2]
고구려 무덤 벽화에 그
려진 요동성도遼東城圖

록에서 지도 관련 기록을 확인할 수는 없지만, 7세기의 신라가 지도의 발전에서 백제에 뒤졌을 리 없다. 신라는 지방 행정 체계를 운영하면서 당을 참고하여 광범위한 지적地籍 측량을 수행하기도 했다. 지도가 없었다면 신라의 지방 행정은 제대로 작동할 수 없었을 것이다. 또한 통일시대에 광범위하게 펼쳐진 전쟁도 지도 없이는 치러낼 수 없었을 것이다.

통일신라의 정치와 문화는 뚜렷이 구분되는 두 단계를 거쳐 발전했다. 먼저 통일하기 이미 수십 년 전부터 시작된 첫 단계에서 신라는 중국의 제도와 학문을 대대적으로 수입했다. 이것들은 오늘날 중국사 연구자도 거의 인식하지 못할 만큼 철저히 신라의 환경에 녹아 버렸지만, 그 결과는 꽤 중국적인 것이었다. 즉, 중앙집권화된 행정 때문에 지방 세력과 전통적인 귀족제가 약화되었다. 그리고 서라벌(오늘날의 경주)의 왕정王政은 강력한 관료제로 대표되며 또한 그것의 보호를 받았다. 이 시

울에서 영인) 권2 기이紀異2 남부여南夫餘 전백제前百濟 ; 이병도李丙燾가 편집하고 번역한 『삼국유사』(서울: 동국문화사, 1956), p. 72를 참고.

기(780년 혜공왕惠恭王의 암살로 막을 내린다)에 신라는 문화적으로 정점에 도달했다. 이는 저 유명한 불국사佛國寺, 절묘한 불교 석굴인 석굴암石窟庵, 천문대인 첨성대瞻星臺로 대표되며, 오늘날까지 남아 있다.

두 번째 단계에서는 귀족과 지방 세력이 다시 대두했다. 반면 중앙의 권위는 약해져서 흔적만 남았다. 중국풍의 제도와 문화는 토착 문화의 파도 앞에 뒷걸음질 쳤다. 이러한 분위기 속에서 해안 지역의 실력자들이 국제 교역을 통해 독립적인 세력을 형성하기 시작했다. 뿐만 아니라 옛 백제와 고구려를 부흥시키려는 분리 운동이 그들의 옛 근거지에서 일어났다. 고구려의 이름을 줄여 나라의 이름으로 삼은 고려高麗(여기서 'Korea'라는 이름이 나왔다)가 918년 새로운 왕조를 개창했고, 신라와 후백제가 항복할 때까지(935~936) 힘의 우위를 지켜냈다.

고려 왕조와 지도

　　고려 왕조(918~1392)가 존속한 오랜 세월 동안 한국 문화의 많은 부분
이 만들어지고 다듬어졌다. 고려는 중국의 혼란과 분열 시기(오대五代 :
907~960, 십국十國 : 902~978)에 건국하여 중국의 조종이나 간섭으로부터
완전히 자유롭게 국가를 경영하기 시작했다. 이는 북송北宋(960~1126)과
간헐적으로 맺은 조공 관계에도 불구하고, 전체적으로 고려가 독립적
인 성격을 지녔음을 잘 설명해 준다. 남송南宋(1127~1279)과는 별다른 관
계가 없었지만, 거란(遼)·여진(金)·몽골(元)과 같은 비한족非漢族 정권들
과는 불편하거나 부자연스러운 관계에 있었다. 이 민족들은 고려를 침
입하거나 위협하고, 심지어 점령하기까지 했지만, 결코 고려의 역동적인
연속성을 중단시키거나 내정을 접수하지는 못했다. 이는 중국을 비롯해
그들이 지배했던 다른 지역의 경우와는 매우 다른 것이다. 그들 지역에
서는 정복 왕조의 엘리트 집단이 관료 기구를 직접 이끌었다.

　　950년부터 고려의 국왕들은 중국식 제도를 강조하여, 중앙 관료 기구
(송이 아니라 당의 중앙 관료 기구), 사회 구조(유교식 가부장적 의례와 상속 제
도), 문학 분야(대개 고전 한문학과 중국식 문학 장르) 등에 강고하고 지속적
인 영향을 끼쳤다. 유교의 영향력은 몽골이 중국과 고려를 지배하는 동
안 특히 강해졌다. 11~12세기에 송에서 정교화되어 몽골의 간섭기에 고
려로 유입된 신유학新儒學의 조류는 문화와 사상의 틀을 형성하는 데

자양분을 공급했고, 이는 오늘날까지 한국인들의 삶 속에 남아 있다.

하지만 고려는 대개의 경우 스스로를 불교 국가로 내세웠다. 고려는 신라 시대에 토착화된 불교를 이어받아 이를 강화했다. 불교는 고려의 자주성과 토착 문화를 뒷받침했던 반면, 중국의 문화에 보다 가까워지려 했던 엘리트 유학자들을 불편하게 하기도 했다. 하지만 고려의 최말기인 14세기 말을 제외하고 이러한 혼합의 대체적인 결과는 불교와 유교를 절충하는 것이었다.

현존하는 고려 시대 지도는 하나도 없지만, 고려에 매우 훌륭한 지도 전통이 있었다는 데는 의심의 여지가 없다. 당시 국가 조직과 지방 행정의 수준을 감당하려면 지도가 필요했을 것이다. 실제로 1275년부터 왕조의 말기까지 세금 징수를 담당하던 관서의 이름이 이른바 판도사版圖司였다.[4]

또 세련된 지도가 발전했으리라 주장할 만한 또 다른 요인으로 고려 시대에 지방뿐 아니라 전국 단위로 풍수지리 전문가들이 있었다는 사실을 들 수 있다. 이러한 현상에 대해서는 나중에 다시 언급하겠다(이 책 3장의 '한국의 풍수지리' 참조). 고려 시대에 이 분야에서 활동한 것으로 알려진 수많은 전문가는 분명히 좋은 지도의 도움을 받았을 것이다.

끝으로 고려의 역사서에는 지도에 대한 기록이 적지 않게 나온다. 예컨대 12세기의 학자 윤포尹誧가 〈오천축국도五天竺國圖〉라는 불교식 지도를 제작했다는 기록[5]과 1281년 원元의 한 사신이 고려의 지도를 요구했다는 기록에 주의를 기울일 필요가 있다.[6] 또한 고려의 관료들은 1356

---

4) 정인지鄭麟趾(1396~1478) 외, 『고려사高麗史』(1451년 간행) 권76 지志30 백관百官1 호조戶曹.

5) 윤포의 묘지墓誌(1154년 개성에 매납)에 새겨진 추모의 명문을 보라. 조선총독부朝鮮總督府 편, 『조선금석총람朝鮮金石總覽』(서울: 조선총독부, 1919) 제1권, pp. 369~371 참고. 또한 이 책 2장의 '한국의 불교식 지도 전통'을 참고하라.

6) 『고려사』 권29 세가世家29 충렬왕忠烈王 7년 1월 1일.

년 몽골인들을 쫓아낼 때 지도를 활용하여 원의 지배를 받던 철령 이북의 동북 국경 영토에 대한 권리를 주장했다.[7]

게다가 고려에는 아마 세계에서 유일한 지도학적 호기심의 사례가 있다. 고려에는 한반도의 윤곽을 닮은 돈이 있었다. 1101년의 기록에는 다음과 같은 사실이 전한다. "이 해에 은병銀瓶을 교환 수단으로 사용했다. 은병은 1근의 은으로 만들었고, 이 나라 영토의 윤곽을 닮았다."[8]

고려 시대의 1근이 정확히 어느 정도의 무게인지는 알려져 있지 않지만, 대개 500그램이나 그 이상이었을 것이다. 보통 사람들이 종종 볼 수 있는 단순한 동전이 아니어서 사실상 동전이라고 하기 어려운 것이었다. '은제 병'은 주로 대규모의 재정 거래에서 쓰거나 또는 의례적인 선물이나 보상으로 사용했던 것 같다. 은병은 14세기 중반 무렵에는 유통되지 않게 되었다.

또한 고려가 중국과 맺은 문화적 관계에서도 지도의 교류가 나타난다. 사신들은 송의 수도에 가면 중국 문헌을 적극적으로 구입했는데, 여기에는 분명히 지도가 포함되어 있었을 것이다. 송의 관리들은 고려 사람이 자국에서 지도를 구입하는 것을 일종의 첩보 행위로 간주했다.[9]

---

7) 『고려사』 권111 열전列傳24 조돈趙暾. 원 간섭기에 고려의 영토는 대부분 고려의 직접적인 행정력 아래에 있었고, 원은 전반적으로 감독하는 정도였다. 그러나 원은 오늘날의 함경도에 속하는 한 지역을 합병했고, 원 조정과 고려의 부원附元 세력이 이곳을 지배했다. 이곳이 바로 문제가 된 영토이다. 나중에 명이 이 지역을 요구한 것이 고려 왕조의 내적인 붕괴를 초래했다.

8) 『고려사』 권79 지志33 식화食貨 화폐貨幣 숙종肅宗 6년 4월. 1근은 1902년 600g으로 표준화되었다.

9) Cordell D. K. Yee, "Chinese maps in political culture," p. 83를 참고하라. 중국 관리들이 지도 관련 간첩행위를 의심하며 고려 사신들을 날카롭게 비판한 것은, 그들이 동북 지역에서 끊임없이 송을 위협하던 거란을 위해 활동한다고 생각했기 때문이다. 이 문제의 배경에 대한 훌륭한 자료로, Michael C. Rogers, "Factionalism and Koryŏ Policy under the Nothern Sung," *Journal of the American Oriental Society* 79 (1959), pp. 16~25, 그리고 같은 저자의 "Song-Koryŏ Relations : Some Inhibiting Factors," *Oriens* 11 (1958), pp. 194~202를 참고하라.

이 사건이 있고 얼마 뒤 송의 조정에서는 장기간 소재를 알 수 없던 귀중 문헌들이 고려에 있다는 소문을 듣게 되었다. 송은 이러한 문헌의 사본을 보내 줄 것을 고려 조정에 요청했고, 고려는 이에 대한 응답으로 1091년 송에 책을 보냈다. 그런데 이 가운데 지도를 수록했음직한 두 종의 지리 관련 문헌(6세기 고야왕顧野王이 엮은 30권 분량의 『여지지輿地志』와 638년 소덕언蕭德言·고윤顧胤이 엮은 500권 분량의 『괄지지括地志』. 이 책들은 오늘날 한국과 중국 어느 곳에도 남아 있지 않다)이 들어 있었다.[10] 이러한 기록들은 넓은 범주에서 지도 제작의 흐름을 보여주지만, 그 이상의 세부 내용은 알 수 없다.

한편 한국 지도보다 더 오래된 중국 지도에 한반도가 표현되어 있는 경우가 있는데 일부는 일정한 경로를 통해 중국으로 들어간 한국 지도에 기원을 두고 있는 것 같다. 이러한 사례 중 가장 오래된 것은 〈화이도華夷圖〉(도판 1-3)이다. 학계 일각에서는 지도의 제목이 비슷하다는 근거로 이 지도가 가탐賈耽(730~805)이 801년에 제작한 〈해내화이도海內華夷圖〉(널리 알려져 있지만 오래전 분실되었다)에 바탕을 둔 것이라고 믿는다. 〈화이도〉는 1136년 돌에 새겨졌으며, 지금도 중국 시안西安의 샨시성陝西省 박물관에 소장되어 있다. 한반도를 소박하게 표현했고 지도의 여백 때문에 동쪽 부분이 잘려 있지만, 서북 해안의 강어귀들은 실제에 가깝다.

좀 더 이른 시기의 지도인 〈고금화이구역총요도古今華夷區域摠要圖〉(도판 1-4)에서는 한국을 그저 반도로 암시했을 뿐으로 지도 제작자가 아마 한국 지도를 참고하지 못했던 것 같다. 이 지도는 1098~1100년 사이에 처음 간행되었는데, 1162년 목판본으로 제작된 것이 오늘날까지 전한다.

10) 『고려사』 권10 세가10 선종宣宗 8년 6월 병오. 이때 보낸 책의 목록이 여러 쪽에 걸쳐 계속된다. 이 목록에는 124종 4,800권의 책이 수록되어 있다.

[도판 1-3]
〈화이도華夷圖〉
1136년, 탁본
원본 크기 : 79(세로)×
79(가로)cm.

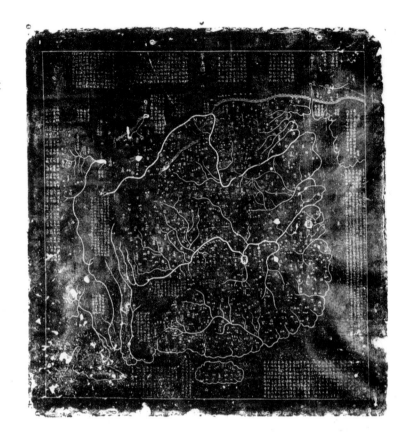

　한국을 그린 또 다른 중국 지도는 나홍선羅洪先(1504~1564)의《광여도
廣輿圖》(1555년 추정)이다(도판 1-5). 지도의 제작 연대를 정확히 알기 위해
서는 나홍선이《광여도》를 제작할 때 참고했던 주사본朱思本(1273~1337)
의《여도輿圖》(현존하지 않음)를 얼마나 따랐는지, 혹은 이탈했는지를 확
인해야 하지만 문제는 그리 간단하지 않다. 나홍선이 '조선도朝鮮圖'라는
제목을 붙이기는 했지만, 한국의 지도 전문가들은 이 지도가 궁극적으
로 고려의 지도에 기초한 것이라고 본다. 이러한 주장은 주사본과의 관
계에서나, 지도에 나타난 반도의 윤곽이 후대의 어떤 지도와도 닮지 않
았다는 점에서 분명하다.[11]

<hr>

11) 이 지도에 대해서는 나홍선의《광여도》권2(82b~83a) : 6판(1579년 간행, 1969년 영

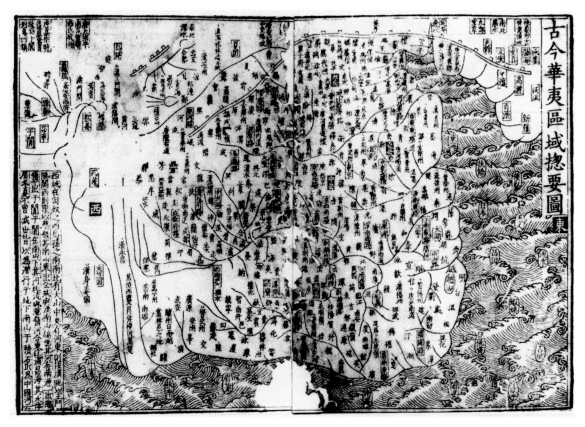

[도판 1-4]
〈고금화이구역총요도古今華夷區域摠要圖〉
원본 크기 : 미상. 중국 사회과학원 자연과학사연구소 차오 완루曹婉如의 사진 협조.

　　주사본이 그의 지도집에 한국의 지도를 포함했다는 사실을 아는 것
만으로도 우리의 목적은 충분히 달성한 것이다. 주사본은 한국과 중국
이 폭넓게 문화를 교류하던 시기에 활약했다. 이렇게 교류가 확대된 것
은 몽골이 재위 중의 고려 국왕이 죽거나 양위할 때까지 왕자를 북경北

　　인)을 참고(pp. 379~381), 지도 다음으로 조선에 대한 주석과 조선의 지방 행정조
　　직에 대한 시대착오적인 표(조선의 도道와 고려의 고을들이 섞여 있음)가 이어진다
　　(83b~85a, pp. 382~385).

京에 머물도록 한 데 기인한다. 왕자들은 북경에서 자신만의 작은 조정을 관장했는데, 여기에 수십 명의 고려 관리와 조언자들이 참여했다. 이들은 때로 수십 년 동안 중국에 체류하기도 했다. 아마도 이 시기에는 북경에서도 고려의 지도를 쉽게 구할 수 있었을 것이다.

우리는 고려 왕조가 망한 뒤 불과 10여 년 만인 1402년에 작성된 것으로 추정되는 글에서 고려 시대의 지도에 대한 합리적이고 명확한 지식을 얻을 수 있다. 이첨李詹이라는 관리는 삼국의 역사를 요약하면서, 그 첫머리에 그가 접한 고려의 두루마리 지도에 대해 자세히 기술해 두었다.

삼국을 통합한 뒤 비로소 고려도高麗圖가 생겼으나, 누가 만든 것인지는 알 수 없다. 백두산에서 시작하여 철령鐵嶺까지 굽이쳐 내려오는 산줄기를 살필 수 있는데, 철령에 이르러 별안간 풍악楓岳이 솟아오른다. 그리고는 산줄기가 나뉘어 태백산과 소백산이 되고, 죽령竹嶺·계립鷄立·삼하령三河嶺·추양산趨陽山이 되었다. 중대中臺는 운봉雲峯으로 뻗쳤는데, 여기서부터는 지형과 지도가 더는 남쪽으로, 바다로 나아가지 않는다. 맑고 단정한 기운이 서려 뭉쳤기 때문에 산이 지극히 높고 가파르며, 실제 다른 어떤 산도 이만큼 크지 못하다. 이 산줄기의 서쪽으로 흐르는 물은 살수薩水·패강浿江·벽란碧瀾·임진臨津·한강漢江·웅진熊津인데 모두 서해로 들어가고, 그 등마루 동쪽으로 흐르는 물 가운데 가야진伽耶津만이 남쪽으로 흘러간다. 원기元氣가 여기로 흐르고 저기로 뭉쳐, 산과 강이 저마다의 영역을 이룬다. 그 풍기風氣의 구역과 고을의 경계를 이 지도만 펼치면 모두 볼 수 있다.[12]

---

12) 이첨의 「삼국도후서三國圖後序」는 『동문선東文選』(서거정徐居正 외 편찬, 1478, 서울: 경희출판사, 1977년 영인) 권92에 수록되어 있다. 인용문의 '통합'이라는 용어는

[도판 1-5]
《광여도廣輿圖》 수록 〈조선도
朝鮮圖〉

나홍선의 《광여도》는 주사
본이 보다 이른 시기에 그
린 《여도輿圖》를 이어 받았
을 것이다. 따라서 이 지도
는 주사본 특유의 방안方眼
을 갖춘, 14세기의 고려 지
도에 바탕한 것으로 판단된
다. 하지만 '조선도'라는 이
름이나, 《광여도》 속에 표
로 정리된 조선 왕조의 지
방 행정 조직, 그리고 고려
가 아니라 조선의 수도를
적시한 것 등은 고려나 주
사본으로부터 전해질 수 있
는 특징이 아니다. 이러한
문제와 지도 자체의 기묘한
왜곡을 고려하면, 이 지도
는 역사학적으로 쉽게 위치
를 정하기 어렵다.
원본 크기 : 28.5×39.5cm.
영국 런던 브리티시 도서관
소장(15261.e.2).

　　위의 인용문에 뚜렷하게 드러나는 풍수지리 사상의 단면에 대해서는 뒤에 다시 언급하고, 일단 산줄기와 물줄기가 두드러지게 표시되어 있다는 점과 자연 기후대(風氣之區域)와 행정적인 경계가 드러난다는 점에 주목하고 싶다. 후대의 한국 지도 중 기후대를 묘사한 지도는 없는 것으로 안다. 따라서 이 인상적인 글 속에 이첨이 담고 싶었던 뜻은 산줄기로 구분되는 개별 지역 안에 기후대가 내포되어 있다는 것 정도였다고 생각한다.

　　그런데 중요한 점은 그가 이러한 정보를 전달하는 수단으로 지도를 떠올렸다는 사실이다. 그가 언급한 여러 산과 산줄기의 이름은 현재의 지명과는 다르다(물론 모두 확인할 수는 있다). 그러나 그 이름을 하나하나 열거함으로써 이첨이 지도와 나누었을 교감의 정취를 전하는 것도 좋을 것 같다.[13] 백두(백두산)와 풍악(금강산), 철령, 태백과 소백(태백산과 소백산)은 모두 한국 자연지리의 핵심 지형이므로 뒤에 다시 다룰 것이다.

이첨이 고려의 후삼국(935~936) 통일을 표현하기 위해 쓴 것이다. 그는 고려의 지도를 본 시점을 1396년 새로운 수도(한양漢陽)에서 재임하던 때라고 밝히고 있다. 하지만 이 서문은 그가 태종의 명령을 받아 1402년『삼국사기』의 새 판본을 준비하는 도감都監에 임명된 뒤 작성한 것으로 추정된다;『태종실록』(1400~1418 재위) 2년 5월 16일 무술(다음 문단에서『조선왕조실록朝鮮王朝實錄』에 대한 서지 정보를 참고하라). 그가 지도를 조사한 까닭은『삼국사기』의 새로운 판본에 삼국三國의 지도를 넣고자 했기 때문이다. 그런데 1402년의 세계지도 제작이 대개 이 시기에 진행되었고, 이 지도에 서문을 쓴 권근이 그와 함께『삼국사기』를 편찬하는 도감에 속해 있었다는 점이 또한 중요하다. 이첨이 말한 원기元氣는 그의 신유학적인 신념으로부터 말하자면, 땅을 이루고 있는 원래의 물리적인 물질이란 뜻이다. 그는 원기를 고체인 산으로 점차 응고되는 기체나 액체로 보았다.

*『조선왕조실록』의 구조와 그 판본에 대하여 : 조선 왕조(1392~1910)의 27명의 왕에게는 각각 공식적인 실록이 있다. 실록은 국왕이 죽은 뒤, 재위 당시의 조정 기록을 바탕으로 편찬했다. 국사편찬위원회가 모두 25명의 국왕의 실록을 수집하여,『조선왕조실록』48권으로 영인했다(국사편찬위원회, 1955~1958). 개별 실록의 이름은 국왕의 묘호廟號 뒤에 '실록'이라는 단어를 붙여 지었다(예: 태종실록, 세종실록).

13) 강의 이름도 대부분 옛 이름을 담고 있다. 살수薩水(청천강), 패강浿江(대동강), 벽란碧瀾(예성강), 웅진熊津(금강), 그리고 가야伽倻(낙동강).

　　고려 말의 나흥유羅興儒(1315~1376에 주로 활동)는 한국과 중국의 역사
지도를 편찬했다고 한다. 그는 이 지도 속에 태초 이래 영역과 지역의
통합과 분할을 비롯하여 역대 제왕帝王이 흥하고 망한 발자취를 밝혔
다.[14] 나흥유는 학문과 더불어 매우 흥미로운 경력으로 명성을 얻었다.
그의 전기에 따르면 지도를 만드는 일에 더하여 과거에 합격하지 못한
사람들을 가르치기도 했다. 아울러 궁궐의 건축 사업을 관장하면서 용
조각 등 장식품의 제작을 지휘했고, 공민왕恭愍王(1351~1374 재위)을 가까
이 모시면서 시를 지어 총애를 받기도 했다. 노년에 이른 1375년에는 일
본으로 가는 사절이 되었는데 수 년 동안 고려의 사신을 보지 못한 일
본 측의 의심으로 투옥되기도 했다.

　　나흥유는 자신의 지도에 대해 이렇게 말했다. "옛것을 좋아하는 도
량 넓고 학문이 뛰어난 군자君子라면, 지도를 보고 마음속으로 천지를
터득할 수 있다."[15] 지도에 대한 나흥유의 기발한 주장은 수사상의 분
방함으로 보는 것이 나을 것이다. 이 가운데 '태초 이래' 영토의 모든 변
화를 보여준다는 둥의 수사는 지도 위에 주註를 기입했음을 시사하는
것이다. 곧 김수홍이 제작한 후대의 지도와 같은 방식의 주기이다(이 책
118~124페이지). 아울러 제왕의 흥망을 보여준다는 대목은 1402년의 세
계지도와 마찬가지로 지도 가장자리에 목록을 둔 것을 의미하는 것으
로 보인다. 어쩔 수 없이 상상에 맡길 수밖에 없는 그의 작품은 이제부
터 우리가 살펴볼 〈혼일강리역대국도지도混一疆理歷代國都之圖〉라는 이
름의 지도와 자연스럽게 연결된다.

---

14) 『고려사』 권114 열전27 나흥유.

15) 『고려사』 권114 열전27 나흥유.

2 세계지도와 동아시아 지도

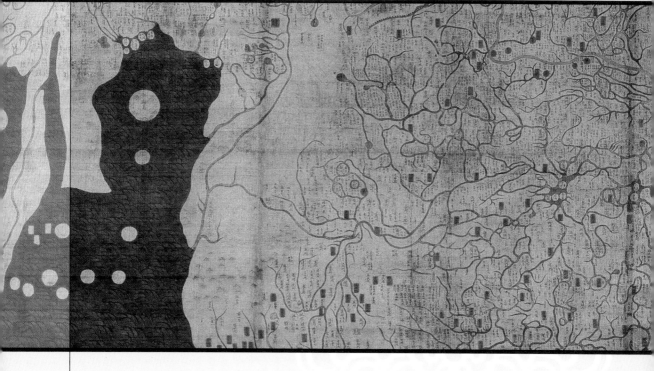

조선의 건국

　　조선 왕조의 창업자 이성계李成桂는 동북 국경 지역 출신의 무인武人
으로서, 14세기 내내 고려를 괴롭히던 왜구倭寇를 물리친 공적으로 명
성을 얻었다. 왜구는 사실상의 군대로서 때로는 2~3천 명에 이르기도
했다. 해안 지역에 침입해서 이따금씩 내륙 깊숙한 곳까지 들어왔기 때
문에 남부 지방의 어떤 고을도 안전하지 못했다. 이성계는 1380년대 내
내 이러한 위협을 물리치고 승리를 거두면서 전국적인 지지를 얻었다.
결국 그는 1389년 극적인 정변으로 권좌에 올랐다.

　　1388년 명 왕조(1368~1644)는 몽골을 요동 지역에서 축출한 뒤, 고려
의 지배자들에게 원이 직접 통치하던 철령 이북의 땅을 양도할 것을 요
구했다. 이 지역은 1356년 고려가 지도를 이용하여 탈환한 바로 그 땅이
었다. 당연히 고려는 그 요구를 거절했고, 이성계에게 요동에서 명군明
軍을 물리치라고 명령했다. 하지만 이성계는 이 정책이 어리석고 잘못된
조언에 따른 것이라고 생각하여, 명령을 따르는 대신 조정을 장악했다.
명의 군대는 고려에서의 정세 변화를 고려하여 그들의 요구를 밀어붙이
지 않았고, 동북 지역은 고려의 영토로 남았다. 그리고 3년 뒤 이성계는
스스로 왕위를 차지함으로써 거의 5세기 동안 존속해 온 고려 왕조를
종식시켰다.

　　이는 단지 왕조의 변화에 그치는 것이 아니었다. 한 세대 안에 나라

를 완전히 다른 종류의 국가로 만들 신유학의 개혁 운동이 이성계와 함께 힘을 얻었다. 개혁가들은 옛 고려 귀족을 축출하고 국교였던 불교를 폐지하는 동시에 사회정책, 교육의 재편성, 문화 발전 등에 있어서 유교의 우위를 선언하는 정치 프로그램에 착수했다. 수천 명의 승려들이 환속되고 수많은 노비들이 해방되었다. 이는 사원에서 몰수한 토지를 바탕으로 세입을 산출해 낼 농민을 되살리기 위한 것이었다.

소수지만 정력적인 유교 이론가 집단이 법전을 다시 쓰고, 정부 제도와 공공 정책의 밑그림을 다시 그렸다. 그리고 셀 수조차 없는 여러 방법으로 중국의 철학자 주희朱熹(1130~1200)의 신유학을 바탕으로 한 지적 혁명을 국가의 정통 이념으로 전환시켰다. 이들은 자신들의 정권이 '천명天命'을 받았다고 여겼고, 자신들이 천 년 동안 지속될 변화를 추진하고 있음을 잘 알고 있었다. 그들의 이상은 518년 동안의 통치를 통해 공고해졌다. 이렇게 한 왕조가 오랫동안 지속된 것은, 연대기적으로 의심스러운 중국의 주周 왕조(기원전 1027~256년 무렵)나 일본의 매우 다른 성격의 군주제를 빼면 동아시아의 역사에서 유례를 찾을 수 없는 일이다.

1402년의 세계지도

이 새로운 정권의 초기 문화 사업 가운데 세계지도와 천문도를 볼 수 있는 것은 결코 우연이 아니다. 새 왕조의 우주론적인 정통성을 증명하고자, 하늘과 땅 자체가 조선 왕조의 문화 혁명의 틀 안에서 다시 정의되고 선언되었다. 두 사업을 이끈 권근權近이라는 관료가 개혁가들 가운데 핵심적인 유학자였다는 사실은 우연의 일치가 아니다.[1] 고대 고구려 천문도의 개정판이라는 별자리 지도가 1395년 돌 위에 새겨졌고, 〈혼일강리역대국도지도混一疆理歷代國都之圖〉(이하 〈강리도疆理圖〉라 칭함)[2]는 1402년에 완성되었다. 이 지도는 중국이나 일본의 어떤 세계지도보다 앞선 것으로서, 동아시아의 지도 제작 전통에서 현존하는 가장 오래된 세계지도이다.

아울러 16세기 말~17세기 초 제작된 마테오 리치의 세계지도 이전으로도 유일한 것이다. 이러한 〈강리도〉는 한국에 남아 있지 않고, 일본에 3개의 사본이 전한다. 이 가운데 가장 오래된 것은 교토의 류코쿠龍谷 대학에 소장되어 있으며, 지도에 담긴 근거로 미루어 1470년대에 제작된

---

1) 두 사업 사이에 7년 정도의 시간차가 있지만, 두 사업에 대한 글의 서문은 권근의 문집인 『양촌집陽村集』(1674년 진주晉州에서 간행, 1937년 조선총독부에서 복간, 조선사료총간 13) 권22에 앞뒤로 편집되어 있다.

2) 이것은 류코쿠龍谷 대학 소장본에 쓰여 있는 이름이고, 학계에서는 〈강리도〉라는 짧은 이름을 표준으로 사용한다. 권근의 서문에 제시된 제목은 '역대제왕혼일강리도歷代帝王混一疆理圖'이다(『양촌집』 권22).

것으로 추정한다(도판 2-1). 류코쿠 대학 소장본의 주요한 특징은 전반적으로 보존 상태가 좋고 권근이 쓴 발문이 남아 있다는 점이다. 비단에 그려져 아직도 제 색깔이 잘 보존된 이 지도는 크기가 매우 커서 거의 164×171센티미터에 이른다. 1928년 일본의 역사지리학자인 오가와 다쿠지小川琢治가 처음 이 지도에 주목했다.[3]

범상치 않은 이 지도에 대한 논의는 먼저 그 발문을 살펴보는 데서 시작하는 것이 좋다. 류코쿠 대학 소장본에 실린 원문의 중요 부분을 아래와 같이 번역했는데, 이는 권근의 문집인 『양촌집陽村集』에 실린 매우 비슷한 내용도 참조한 것이다.

천하는 아주 넓다. 안으로 중국에서부터 밖으로 사해四海에 이르기까지 그 거리가 몇 천 몇 만 리인지 알 길이 없다. 이를 줄여 몇 자(尺)의 화폭에 천하를 그리려 하다 보니 상세히 만들기가 어려운 것이다. 이 때문에 지도가 대체로 소략하다. 그러나 (중국) 이택민李澤民의 〈성교광피도聲敎廣被圖〉가 상세하고 알기 쉬우며, 역대 제왕과 국도國都의 연혁의 경우에는 천태종天台宗 승려 청준淸濬의 〈혼일강리도混一疆理圖〉가 완벽하다.

건문建文 4년(1402) 여름에 좌정승左政丞 김사형金士衡과 우정승右政丞 이무李茂가 나라를 다스리던 여가에 지도를 연구하고, 검상檢詳 이회李薈로 하여금 다시 자세히 교정하여 지도 한 장을 만들도록 했다. 요수遼水의 동쪽 땅과 우리나라의 강역疆域은 이택민의 지도에도 오류와 생략이 많다. 이번에 이회가 특별히 우리나라의 지도를 보강하고 확대했으며, 일본의 지도를 덧붙여 새로운 지도를 완성했다. 반듯하고 칭찬할 만한 것이어서, 문밖에 나서지 않고도 세상을 알 수 있다.

3) 小川琢治, 『支那歷史地理硏究』(東京: 弘文堂書房, 1928~1929) 제1권, pp. 59~62.

[도판 2-1]
〈혼일강리역대국도지도混一疆理歷代國都之圖〉

1402년 이회·권근 제작, 1470년 무렵의 한 사본으로부터. 보통 〈강리도〉라 불리는 이 지도는 동아시아의 지도 전통에서 가장 이른 세계지도로 알려져 있으며, 현존하는 한국 지도 가운데 가장 오래된 것이다. 14세기의 중국 지도(이 가운데 하나는 출처를 알 수 없는 이슬람 지도에 기초한 것이다)에 바탕을 둔 〈강리도〉는 아프리카와 아라비아 반도의 윤곽을 분명하게 보여주고, 유럽의 윤곽도 알아볼 만하다. 하지만 인도는 중국 대륙에 가려져 버렸다. 매우 확대된 한국 부분(도판 2-2)은 일본과 만주의 세부와 마찬가지로 당시 조선에서 구할 수 있는 자료에 기초한 것이었다. 일본 부분은 1402년 조선에 입수된 일본 지도에 바탕을 둔 것으로, 남중국해에 묘하게 놓여 있다. 일본은 서쪽이 위를 향하도록 자리 잡았지만, 윤곽 자체는 당시의 일본 지도와 잘 들어맞는다.

원본 크기 : 164×171.8cm. 일본 교토 류코쿠 대학 소장.

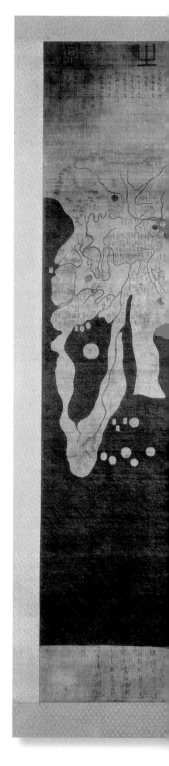

[도판 2-2]

〈강리도〉의 한반도 세부

〈강리도〉는 한국에서 제작한 지도 가운데 현존하는 가장 오래된 것으로, 당시로서는 놀라울 만큼 정확하게 해안선을 표현했다. 북방 국경은 평평한 모습을 띠고 있는데, 이러한 특성은 후대의 지도에서도 17세기까지 나타난다. 이 지도에는 '형세形勢'의 특성이 축약된 형태로 나타나는데 주 산맥이 동해안을 따라 내리뻗고 이로부터 여러 산맥이 서쪽으로 확장된다. 이 가운데 하나가 총안銃眼 모양의 원으로 표시된 서울 지역으로 뻗어 있다. 많은 항구와 강구江口의 이름이 타원형 윤곽 안에 표기되어 있다. 특정 북방 고을의 유무로 이 지도가 1470년 경에 제작된 사본임을 알 수 있다.

세부 크기 : 약 80×60cm. 일본 교토 류코쿠 대학 소장.

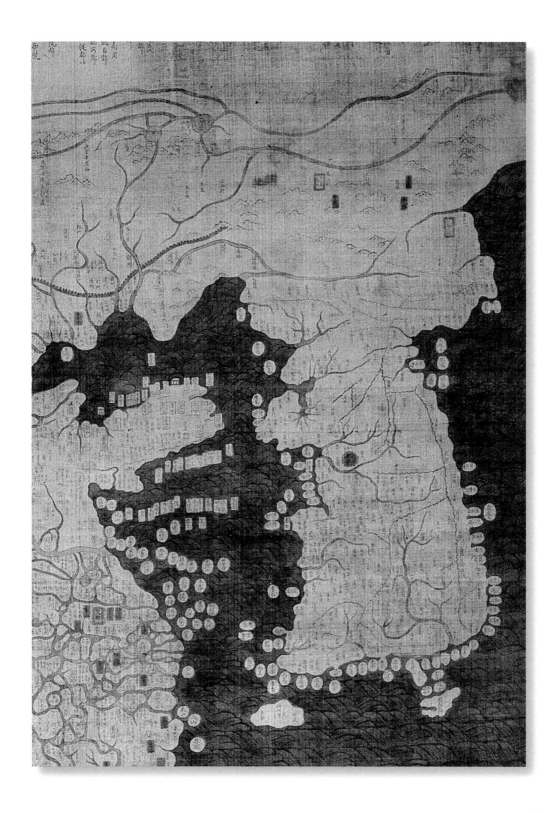

지도를 살펴보면 지역 사이의 거리를 잘 알 수 있어서 나라를 다스리는 데 도움이 된다. 두 분이 이 지도에 기울인 주의와 관심은 지도의 규모와 국량局量의 탁월함으로 알 수 있다.[4]

김사형(1341~1407)과 이무(1409년 사망) 두 사람은 조선 왕조의 형성기에 고위 관직을 지냈다. 이무가 태종(1400~1418 재위)과 충돌하여 나중에 역모로 처형되기는 했지만 말이다. 두 사람은 재임 중에 중국에 사신으로 간 일이 있는데, 1399년 여름에 끝난 김사형의 사행使行은 권근이 언급한 대로 중국 지도를 얻기 위한 것으로 보인다.[5] 김사형과 이무는 지도와 관련하여 행정적인 경험도 있었다. 지도가 완성되기 불과 몇 개월 전인 1402년 봄 태종에게 북방 접경지대의 토지 측량에 대해 보고한 일이 있었던 것이다.[6]

하지만 고위 관리인 그들은 지도를 만드는 실제 작업에 거의 간여하지 않았을 것이다. 권근은 그저 막후에서 지도를 제작하는 모습을 지켜보기를 즐겼다고 말하지만 실제로는 그의 역할이 중요했을 것이다.[7] 권근은 조심스럽고 재치 있게 행동했다. 김사형이나 이무에 비해 나이도 적고 지위도 낮았기 때문이다. 그런데 권근이 이회의 역할을 얕보기는 했지만 실제로 지도를 제작한 사람은 이회라고 할 수 있다. 이회의 관직은 낮은 편이었지만 종종 특별한 위치에 있었다. 우리는 전국 지도를 살펴볼 때 다시 그에 대해 논의할 것이다.

---

4) 이 번역문은 小川琢治, 『支那歷史地理硏究』 제1권, p. 60에 실려 있는, 류코쿠 대학 소장 사본의 원문을 번역한 것이다. 또한 靑山定雄, 「元代の地圖について」, 『東方學報』 8(東京: 1938), pp. 103~152, 특히 110~111 참고. 여기에 실린 원문은 『양촌집』 권22에 실린 것에 비해 별다른 차이가 없다.

5) 『정종실록』 6월 27일 병인. 이무는 1407년에 중국을 여행했는데, 이때는 지도가 완성된 뒤이다.

6) 『태종실록』 2년 9월 11일 신묘.

7) 『양촌집』 권22.

권근이 천태승 청준의 〈혼일강리도〉에 대해 기술한 내용으로 판단해 보면, 이 지도는 아마도 통상적인 중국 역사 지도이며 14세기 말에 편집 되었을 것이다. 청준(1328~1392)은 명의 창업자이자 한때 승려였던 홍무 제洪武帝(명 태조, 1368~1398 재위)와 가까운 사이였다.[8]

〈강리도〉의 자료로 활용되었다는 점을 제외하면, 청준의 지도에 대해 알려진 것은 아무것도 없다. 그의 〈혼일강리도〉가 〈강리도〉에 기여한 가 장 주요한 부분은 중국의 역사적 범위였을 것이다. 곧 주기와 지도 제작 기술을 조합해서 이전 왕조의 영역과 수도를 보여주는 것이었다. 이것을 빼고 보면 청준의 지도가 〈강리도〉와 연관되는 가장 큰 특징은 '혼일강 리도'라는 이름인 것 같다.

〈강리도〉의 국제적인 규모는 의심할 여지없이 이택민의 〈성교광피도〉 에서 온 것이다. 명대의 지도 제작자인 나홍선은 이택민이 주사본과 동 시대인이며 아마도 그의 동료일 것이라고 했다.[9] 일본인 학자 아오야마 사다오靑山定雄는 〈강리도〉에 나타나는 중국의 지명을 면밀하게 연구하 여, 이것들이 주사본의 지도에 이어 나홍선의 《광여도》에 보존된 지명들 과 전반적으로 일치한다고 보고했다.

물론 1328~1329년의 지명 변화를 보여주는 차이도 엿보인다고 한다. 이는 〈강리도〉의 원천이 되는 지도가 1330년대에 만들어졌음을 암시한 다. 주사본은 그의 지도에서 명시적으로 비중국 지역 대부분을 배제했 기 때문에,[10] 아오야마를 비롯한 여러 학자들은 이택민이 중국 이외의

---

8) 靑山定雄, 「元代の地圖について」, pp. 122~123.

9) 나홍선이 쓴 '구변도九邊圖'의 서문을 참고하라. 이 서문은 靑山定雄, 「元代の地圖 について」, p. 123에 일부가 인용되어 있다.

10) 지금은 남아 있지 않은 《여도》에 붙인 주사본의 서문이 나홍선의 《광여도》에 남아 있다. 이 글은 靑山定雄, 「元代の地圖について」, p. 105에 인용되어 있다. 이렇게 배 제된 지역은 주사본 자신의 말을 빌리면, "넘실대는 바다의 동남 지역, 사막의 서북 쪽, 그리고 모든 인접 종족과 이역異域"이었다.

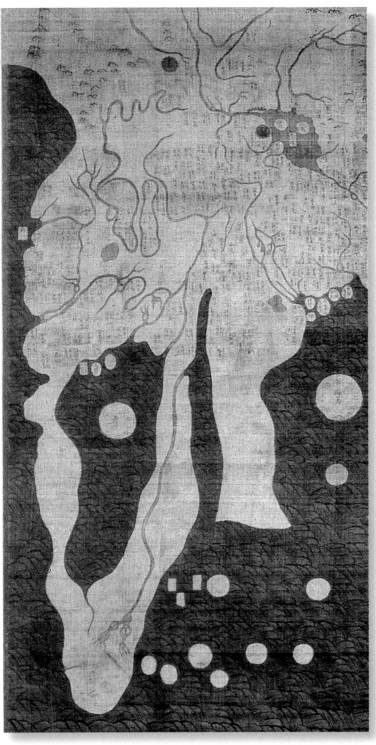

[도판 2-3]

〈강리도〉의 유럽 세부

원도原圖의 제작자나 모사자 중 누군가가 흑해와 지중해, 페르시아 만에 물결 문양을 넣는 것을 빠뜨렸다.

세부 크기 : 48×37cm.

일본 교토 류코쿠 대학 소장.

지역에 대해 참고할 만한 자료를 찾아야 했을 것이라고 추리했다. 그리고 이택민이 참고했을 만한 유일한 자료가 바로 이슬람 계통의 지도이다. 이 계통의 지도는 몽골이 중국을 지배하던 시기에 처음 등장했다.[11] 나홍선은 〈성교광피도〉를 사용했을 가능성이 있으며, 이러한 점은 그가 제작한 (중국) 동남 및 남서 해안 지역 지도를 살펴 추정해 볼 수 있다. 그리고 〈대명혼일도大明混一圖〉가 〈성교광피도〉에서 유래했을 가능성도 있다. 만주·조선·일본 등 동쪽 지역에 보이는 결손부와 불완전한 세부 내용을 제외하면, 현재 베이징의 고궁박물원故宮博物院이 소장한 〈대명혼일도〉가 〈강리도〉와 가장 가깝다.[12]

다카하시 다다시高橋正는 동남아시아·아프리카·유럽 지역의 지명에 대한 〈강리도〉의 중국식 표기가 페르시아화된 아랍의 원도原圖에서 비롯된 것임을 보여주었다. 다카하시의 짝 맞추기는 중국의 초기 근대 음운론의 관점에서 믿을 수 없는 부분이 있기는 하지만, 전반적으로는 설득력 있는 주장이다. 더욱 흥미로운 일치 중 하나는 나일강의 근원이 되는 프톨레마이오스의 쌍둥이 호수 옆의 산맥 옆에 놓인 지명이다. 〈강리도〉의 류코쿠 대학 소장본에는 없지만 덴리天理 대학 소장본에는 '저불루 하마Zhebulu Hama'에 대한 중국식 표기(者不盧哈麻)가 보인다. 다카하시는 이것이 페르시아화된 아랍어인 '줘벨 알하마르Djebel al-Qamar(달의 산맥)'와 같을 것이라고 보았다.[13] 아프리카 대륙과 그 인근에는 대

11) Joseph Needham, *Science and Civilization in China* (Cambridge: Cambridge University Press, 1954~) 제3권 ; Wang Ling, *Mathematics and the Science of the Heavens and the Earth* (1959), pp. 551~556.

12) 이 지도에서 Walter Fuchs, 「北京の明代世界圖について」, 『地理學史研究』 2 (1962), pp. 3~4의 설명과 도판 두 장을 참고하라. 이 글은 『地理學史研究』(地理學史研究會, 京都: 臨川書店)로 복간되었다(제2권 pp. 3~4와 도판 1~2).

13) 高橋正, 「東漸する中世イスラム世界圖」, 『龍谷大學論集』 374 (1963), pp. 86~94. 다카하시는 덴리 대학 소장본에는 있지만 류코쿠 대학 소장본에는 없는 많은 지명, 주로 아프리카 부분에 있는 것들을 지적한다.

체로 약 35개의 지명이 수록되어 있는데, 대부분은 지중해 지역에 있다.

이 지도의 유럽 부분에는 100개 정도의 지명이 기재되어 있다고 하는데, 아직 각각의 지명이 개별적인 연구 대상이 되지는 못했다(도판 2-3). 지중해가 분명하게 드러나 있으며, 이베리아 반도와 이탈리아 반도도 그러하다. 하지만 지명을 판독하여 해석할 수 있을 때까지는 그 출처가 무엇인지 분명히 알 수 없을 것이다.[14]

권근은 발문에서 〈성교광피도〉가 요하 동쪽과 조선을 소략하게 다루었다고 했다. 그의 말은 원래 〈성교광피도〉에 불충분하기는 해도 조선 지도가 포함되어 있었고, 이것을 이회가 보강하고 확대했음을 암시한다. 이회는 〈팔도도八道圖〉라고 불리는 조선전도를 만들었다고 하는데,[15] 〈강리도〉에 나타난 것은 아마도 이 지도였을 것이다. 아무튼 이 지도는 현존하는 가장 오래된 한국 지도이다. 전국 지도를 논의할 때 좀 더 살피고자 한다.

---

14) 다카하시는 「東漸する中世イスラム世界圖」, p. 89의 주9에서 유럽 지역에 보이는 4개의 한자식 지명을 인용하며, 이것들을 알 이드리쉬의 지도에서 온 지명들과 짝짓는다. 하지만 이 지명들이 지도 어디에 있는지도 모르면서 그것들을 평가하기란 어렵다. 유럽 지역에 있는 100개의 지명이 아직 전문가의 철저한 연구를 기다리고 있다. 또 다른 맥락에서 〈강리도〉의 지중해 지역을 논의하기 위해 이 책 111~114쪽과 [도판 2-14]를 참고하라.

15) 이 지도는 1402년 5월 16일 의정부議政府에서 태종太宗에게 바친 〈본국지도本國地圖〉와 같은 지도였을 것이다(『태종실록』 2년 5월 16일 무술). 이 날짜는 이회가 〈강리도〉를 만들던 기간과 맞아떨어지며, 〈강리도〉는 권근의 서문에 기록된 날짜인 1402년 8월쯤 완성되었을 것이다. 이회가 죽은 날은 알려져 있지 않으며, 필자가 확인한 바로는 그에 대한 기록은 1409년 윤4월이 마지막이다. 이때 그는 사간대부司諫大夫(감찰기구의 정원 외 직위)에 임명되었다(『태종실록』 9년 윤4월 29일). 이회가 〈팔도도〉를 그렸다는 사실은 문헌으로도 확인된다. 즉, 양성지梁誠之가 공적인 목적에만 사용하도록 규정하기 위해 작성한 지도 목록에 이회의 〈팔도도〉가 들어 있는 것이다. 그런데 양성지가 목록을 작성한 것은 1482년으로 이미 여러 해가 지난 뒤였다(『성종실록』 13년 2월 13일 임자).

〈강리도〉의 세계 표현

한국에서 만든 이 세계지도에 보완해야 할 마지막 주요 요소는 일본이다. 이 특별한 시기에 한국과 일본의 관계는 왜구라는 고질적인 문제 때문에 매우 어려웠다. 왜구는 아시카가足利 막부幕府의 통제 능력 바깥에 있었다. 일본에 대한 조선 조정의 지식을 개선하려는 한 한국인의 노력으로 외교 교섭이 진행되었고 해안 방어 전략도 끊임없이 발전했다. 이 과정에는 특별히 지도가 간여되었다.

일본 전문가이자 무인武人이었던 박돈지朴敦之는 적어도 두 번 일본을 여행했다. 한 번은 1398~1399년이고, 또 한 번은 1401~1402년이었다. 그의 두 번째 방문으로 말미암아 한 장의 지도가 탄생했다. 후대의 보고문에 그의 말이 다음과 같이 실려 있다. "1402년 히슈의 우두머리(肥州守) 미나모토 미츠스케源詳助로부터 지도를 받았는데, 내용이 매우 자세하고 정확했다. 온 국토가 지도에 그려져 있고, 이키壹岐와 쓰시마對馬를 제외한 모든 지역이 담겨 있었다. 그래서 나는 두 섬을 보완하고 축척을 두 배로 했다." 이 보고문에는 그가 1420년 예조禮曹에 지도를 공식적으로 제출한 것으로 되어 있다.[16]

---

16) 1402년과 1420년의 이러한 사건들은 1438년에 사후 보고되었다(『세종실록』 20년 2월 19일 계유). 박돈지의 첫 번째 일본 사행은 1398년부터 1399년까지 17개월 이상 지속되었다(『정종실록』 1년 5월 16일 을유). 히슈의 우두머리 미나모토 미츠스케는 확인되지 않는다. 이키와 쓰시마는 잘 알려진 왜구의 기지로서, 한국인들에게는 특

　한국의 지도 전문가들은 대개 이 지도가 〈강리도〉에 일본을 그려 넣는 데 기초가 되었을 것이라고 추정한다. 같은 시기의 다른 일본 지도와 비교해 보면 이 지도의 윤곽은 뛰어난 수준이다. 혼슈本州와 관련하여 규슈九州의 위치가 아주 정확하고, 간토關東 지역 북부의 만곡부도 당시 유행하던 여러 행기식行基式 지도[일본 에도 시대 초기까지 제작된 비교적 단순한 형태의 일본 지도를 일컬으며, '행기도行基圖'라고도 불린다. 현존하는 일본 지도 중 가장 오래된 교토 닌와지仁和寺 소장 지도(1305년 제작)에 행기보살行基菩薩이 만들었다는 글귀가 있어서 이와 같은 용어가 쓰이게 되었다. 다만 나라奈良 시대의 고승인 행기(668~749)가 이 지도를 직접 만들었음을 뒷받침하는 근거는 확인되지 않았다—옮긴이]보다 잘 표현되어 있다. 시코쿠四國와 혼슈를 합쳐 그린 점을 빼면 주요한 섬 세 개가 매우 반듯한 모양으로 되어 있다.

　하지만 이 멋진 노력은 일본 제도의 서쪽을 지도의 상단에 두면서 그만 가치가 손상되었다. 게다가 전체적으로 남쪽 먼 곳에 잡고 있어서, 오늘날의 독자들은 일본이 아닌 필리핀을 보는 듯한 인상을 받는다. 이러한 배치와 관련해서는 〈강리도〉의 동쪽 끝 부분에 충분한 공간이 없어서 남쪽의 공해에 일본을 둔 것이라고 설명하기도 하는데 나름대로 개연성이 있다. 그런가 하면 중국의 남해안에 일본을 그려 온, 중국 지도 제작자들의 아주 오랜 관행이 〈강리도〉에 반영된 것일 수도 있다.

　한편 서쪽을 지도의 상단에 배치한 것을 보면 박돈지가 일본에서 구한 지도의 영향을 받았을 가능성도 있다. 실제로 일본 지도 가운데 가장 이른 것으로 알려진 지도(805년)가 같은 방식을 취하고 있는 것이다.[17] 덴리 대학의 〈강리도〉 사본과 혼묘지本妙寺의 〈강리도〉 사본을 그린 조

　별한 관심의 대상이었다. 축척의 문제에 대해서는 이 책 168~170쪽을 참고하라.

17) 지도의 원본은 현존하지 않고, 17세기 중엽의 사본만 남아 있다. 이러한 상황은 이 지도가 15세기 초 박돈지가 입수할 수 있는 지도였을 가능성을 시사한다. 秋岡武次郎, 『日本地圖史』(東京: 河出書房, 1955) 도판 1을 참고하라.

선의 지도 제작자들이 일본의 윤곽을 보다 상투적인 행기식 지도에 따라 바꾸어 그리면서, 북쪽이 지도의 상단에 배치되도록 방향을 바로잡은 것은 흥미로운 일이다.

〈강리도〉를 제작하기 위해 수집한 여러 계통의 자료들이 배치되면서 처음에는 기묘한 모습이 생겨났다. T-O 지도[유럽의 중세 시대에 기독교적 세계관을 바탕으로 제작된 세계지도로 10세기에서 15세기까지 유행했다. 유럽의 지도 연구자들은 이러한 지도를 '마파문디mappaemundi'라고 부르는데, 이 용어는 라틴어로 세계지도를 뜻하며 기독교 세계관에 따른 지도에만 사용한다. 알파벳 'O'자 모양의 땅을 알파벳의 'T'자 모양으로 구분하고 있어 T-O 지도로 불린다─옮긴이]나 우주의 구조까지 표현한 〈천하도〉의 바퀴 모양이 일정한 구조로 틀이 잡혀 있는 것과 달리, 〈강리도〉의 구조와 관련해서는 공식이나 의무 같은 것이 없었다. 〈강리도〉는 중국·한국·일본에서 입수할 수 있는 가장 좋은 지도를 연구해서 포괄적이고 그야말로 통합적인(混一) 지도, 곧 세상에 알려진 모든 지역을 포함하는 지도를 구성하기 위해 제작된 것이었다. 이것은 당시 어느 나라의 지도 제작 표준에 비추어 보더라도 깜짝 놀랄 만한 목표였다.

다만 그 결과는 우리 눈에 익숙하지 않은 모습이 되었다. 중국과 인도는 아직 분화되지 않은 거대한 세포처럼 지도의 중앙부를 가득 채웠다. 아라비아 반도와 아프리카 대륙은 가냘프게 매달려 있지만 그 표현은 확신에 차 있어서 제자리를 정확히 잡은 것처럼 보인다. 아울러 아라비아 반도는 페르시아 만의 윤곽을 뚜렷하게 보여주며, 아프리카의 끝은 대다수의 초기 유럽 지도가 동쪽을 가리키는 것과 달리 정확히 남쪽을 가리킨다.

아프리카 위쪽으로는 그리 분명치 않아 보이는 유럽을 지중해가 떠받치고 있고, 북방 지역 전체는 산맥과 구름 속에서 어렴풋하다. 지도의 동쪽에 있는 한국은 아프리카 대륙 전체와 맞먹을 만큼 지나치게 크게 표현되어 있어서(사실 아프리카는 지나치게 작게 표현되었다) 그곳이 매우 중요한 곳임을 보여준다. 반면 일본은 남중국해에 불분명하게 떠 있어서 마치 손가락으로 아무렇게나 튕겨 낸 듯하다. 동아시아에서 중요한 세 나라의 상대적인 크기와 배치 모습은 15세기 초 조선의 세계관을 반영한다. 조선은 자신을 동아시아의 주요 국가로 투영하면서 중국을 문명의 중심으로 보는 전통적인 관점을 가다듬었고, 일본을 가능한 한 멀리 두려는 노력도 지속했다. 한편 한국인들은 자신의 나라가 단지 동아시아의 한 국가가 아니라 좀 더 큰 세계의 일부분임을 스스로에게 이야기하고 있다. 그리고 그러한 세계를 그리려는 그들의 포부와 능력은 지도 속에 투영된 그들의 위치를 정당화하고도 남는다.

이제까지의 논의를 통해 우리는 〈강리도〉가 도대체 무엇을 위한 것이었는지 알 수 있다. 재상 두 사람이 제작을 총괄하고 나라의 최고위 교육자와 유학자가 제작 과정을 지도할 만큼 의미심장했던 이 지도는 틀림없이 눈에 잘 띄는, 수도의 핵심적인 장소에 놓기 위해 제작되었을 것이다. 아마도 이 지도는 왕이나 고위 관료가 자주 드나드는 중요한 궁궐 전각의 벽이나 병풍에 펼쳐져 있었을 것이다. 다만 완성된 이후 이 지도에 대한 역사를 잘 알 수 없기에 그 기능을 파악하기는 쉽지 않다. 류코쿠 대학이 소장하고 있는 〈강리도〉는 조선의 지명으로 판단하면 약 1470년경의 변화를 반영한 사본이다.[18] 그 모본이 되는 지도가 1402년의 〈강리도〉였다면, 이 지도는 원본과 관련된 마지막 지도가 된다.

우리는 〈강리도〉가 어떻게 일본으로 갔는지 알 수 없다. 다만 사본들이 저마다 서로 다른 경로를 통해 갔을 것이라고 추정할 뿐이다. 류코쿠 대학 소장본과 혼묘지 소장본은 분명히 도요토미 히데요시豊臣秀吉가

---

18) 青山定雄, 「元代の地圖について」, pp. 143~145.

조선을 침략했을 때(1592~1598) 모은 전리품 중 하나다. 류코쿠 대학 소장본은 히데요시가 혼간지本願寺에 증정한 것이라고 알려져 있다. 혼간지는 교토의 중요한 불교 사원으로 뒤에 동·서의 두 갈래로 나누어졌는데, 후자가 오늘날 류코쿠 대학과 제휴 관계에 있는 니시혼간지西本願寺로서 류코쿠 대학이 〈강리도〉를 소장하게 된 배경을 설명해 준다.[19]

혼묘지 소장본은 '대명국지도大明國地圖'라는 제목이 붙은 종이 두루마리인데, 가토 기요마사加藤淸正가 혼묘지에 증정한 것이다. 그는 조선을 침략할 때 일본군의 핵심 장군 가운데 한 명이었으며, 이 사찰의 주요 후원자이기도 했다.[20] 덴리 대학 소장본의 출처에 대해서는 알려진 것이 전혀 없다. 제목이 붙어 있지 않은 이 비단 두루마리 지도는, 운노 가즈타카海野一隆 교수의 연구에 따르면, 혼묘지 소장본과 자매 관계에 있는 지도이다(도판 2-13). 그는 수록된 지명을 설득력 있게 분석해서 두 지도가 1568년경 조선에서 모사된 것임을 증명하였다. 아울러 모사의 대상이 되었던 지도가 류코쿠 대학 소장본과는 지도학적으로 거리가 있는 것이었음을 보여주었다.[21]

이러한 연구를 통해 〈강리도〉가 15~16세기 조선에서 자주 모사되었을 것이라는 결론을 얻을 수 있다.

---

19) 靑山定雄, 「元代の地圖について」, p. 110와 高橋正, 「東漸する中世イスラム世界圖」, 『龍谷大學論集』 374, p. 85와 p. 89의 주1을 참고하라. 다카하시는 1840~1850년대에 편찬된 혼간지本願寺의 도서와 필사본에 대한 미출간 목록을 조사하고 '歷代帝京竝僭僞圖'라는 항목을 발견했다. '역대歷代'라는 표현은 이 지도의 한국 제목을 일깨워 준다. '참위僭僞'는 일본이 외국의 '황제와 왕'만을 열거한 세계지도에 그저 일부로 끼어 있는 점과, 일본이 잘못된 방향과 위치에 기재된 점에 대한 분노를 나타내는 것 같다. 두 요소는 일본 제국의 위엄을 손상시키는 것으로 여겨질 수 있다. 이러한 민족주의적 태도는 혼간지의 목록이 편찬되던 19세기 중엽 일부 일본인 학문 집단에서 매우 강력한 것이었다.

20) 靑山定雄, 『日本地圖史』, pp. 80~81(도판)을 참고하라.

21) 海野一隆, 「天理圖書館所藏大明國圖について」, 『大阪學藝大學紀要』 6(1958), pp. 60~67. 혼묘지 소장 지도에 대한 추가적인 논의는 이 책 4장의 주3(186쪽)을 참고하라.

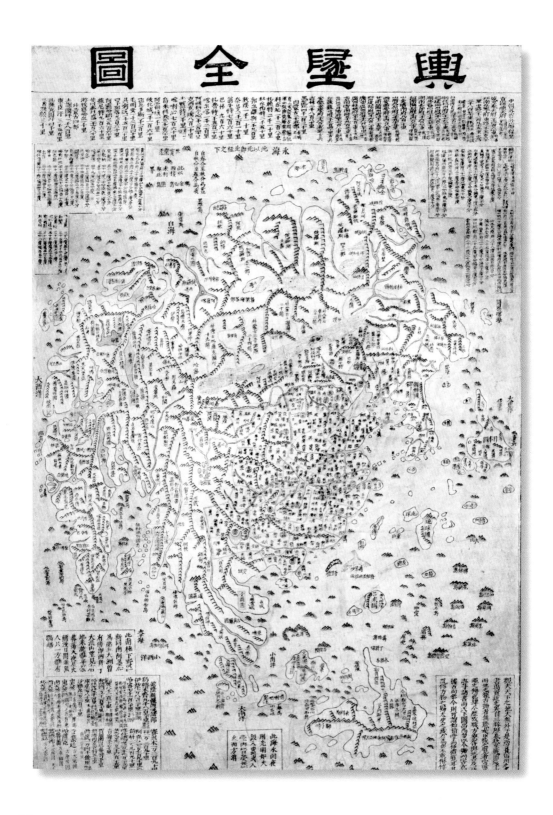

[도판 2-4]

〈여지전도輿地全圖〉

1775년 무렵 목판 인쇄 후 채색. 17세기 중국에서 활동하던 예수회 선교사들이 제작한 지도는 한국에도 들어왔으며, 이 지도는 분명히 그 영향을 받은 세계지도이다. 그럼에도 아직 1402년의 〈강리도〉의 범위와 윤곽을 떠오르게 한다.

원본 크기 : 85.5×59cm. 숭실대학교 한국기독교박물관 소장.

　이 지도가 16~17세기에 〈천하도〉와 교차했을 가능성에 대해서는 논쟁의 여지가 있지만, 또 다른 자료를 살펴보면 〈강리도〉의 존재를 18세기까지 연장할 수도 있다. 1775년경에 제작된 것으로 추정되는 〈여지전도興地全圖〉가 바로 그것이다. 이 지도는 분명 중국에서 예수회가 제작한 세계지도의 영향을 받았지만, 〈강리도〉와 구조적으로 매우 비슷해서 흥미롭다. 이 점에 대해서는 소장자인 이찬李燦도 지적한 바 있다(도판 2-4).[22] 일본의 위치를 바로잡아 제자리에 놓았고, 조선·중국·아프리카를 이루는 각각의 덩어리가 더 정확한 위치에 자리 잡았으며, 영국과 스칸디나비아가 유럽 대륙으로부터 빠져나왔다. 하지만 전체적으로 볼 때나 또는 인도와 아프리카를 그린 방식으로 볼 때나, 이 지도는 〈강리도〉를 떠올리게 한다. 이러한 점은 조선에서 〈강리도〉의 전통이 임진왜란으로 단절되지 않고 2세기 이상 살아 있었음을 보여주는 좋은 증거가 된다.

---

22) 이찬, 『한국고지도』, p. 41, 숭실대학교 박물관에 이 지도의 다른 사본이 있다.

18세기의 지구의地球儀

1402년의 〈강리도〉가 원을 통해 여과된 이슬람의 지도 제작 전통에 조선이 접촉한 사실을 증언한다면, 18세기의 지구의地球儀는 명과 청을 통해 들어온 새로운 서양의 지도 제작 기술과 조선의 만남을 보여준다. 이 지구의는 조선이 유럽의 지도학적 지식을 응용한 가장 이른 사례이다.

서양에 대한 첫 번째 소식은 1521년에 도착했다. 북경에서 돌아온 한 사신이 "'불랑기국佛狼機國(Folangji)'이라는 나라가 '만랄국滿剌國'이라는 곳을 정복하고 '광동廣東(Canton)'에서 통상할 수 있는 허가를 얻으려 했다"는 소식을 전했다.[23] 이는 1511년 포르투갈이 말라카를 정복한 사실을 전하는 것이었다. 폴랑기Folangji는 '페링기Feringhi' 또는 '프랑크 Franks'였는데, 이는 십자군 전쟁 이래로 말라카를 포함한 이슬람의 모든 영역(육지와 바다)에서 로마 가톨릭을 믿는 서유럽인들을 가리키는 일반적인 용어였다. 16세기 중반 포르투갈의 선교사들과 상인들은 중국과 일본에서 기반을 닦고 있었지만, 한국과는 직접 접촉하지 않았다. 스페인과 네덜란드도 20세기 이전에는 한국과 관계를 맺지 않았다.

하지만 서양은 지적인 영역과 종교적인 영역에서 조선에 큰 충격을 주었다. 이 모든 것이 말하자면 '외교 행랑'에 의해 이루어졌다. 마테오 리치가 북경에 도착했을 무렵, 조선의 사신들은 중국의 수도에서 정기적

---

23) 『중종실록』 15년 12월 14일 무술.

으로 예수회와 관련된 소식과 서적을 조선으로 가져가고 있었다. 이 때문에 마테오 리치가 1602년 제작한 〈곤여만국전도坤輿萬國全圖〉가 1603년에 조선에 반입될 수 있었다. 〈양의현람도兩儀玄覽圖〉라는 제목이 붙어 있는 그의 1603년판 지도 또한 1604년에 입수되었다. 이 지도는 현재 숭실대학교 박물관에 소장되어 있으며, 현존하는 몇 안 되는 판본 가운데 하나이다.[24]

1631년 중국에 사신으로 다녀 온 정두원鄭斗源은 유럽의 책·지도·기계를 300~400냥어치 사서 귀국했는데, 여기에는 줄리오 알레니Giulio Aleni (1582~1649)의 『직방외기職方外紀』를 비롯하여 '만국전도萬國全圖'라는 제목의 5장짜리 지도와 천문학·수학에 대한 책, 사용 설명서가 딸린 망원경, 북반구와 남반구의 천문도, 사용 설명서가 딸린 유럽식 대포, 자명종 등 여러 물목이 포함되어 있었다. 게다가 정두원은 서신 왕래를 통해 예수회 선교사들과 접촉을 유지했다.[25]

1645년 소현세자昭顯世子가 심양瀋陽에서 9년간의 볼모 생활 끝에 만주인들로부터 풀려났다. 그는 귀국 전 2개월 동안 북경에 머물면서 예수회의 아담 샬Johann Adam Schall von Bell(중국명, 湯若望, 1592~1666)과 가깝게 지냈다고 한다. 아담 샬은 그에게 종교 서적과 물품에 더해 천문학·수학에 대한 책과 지구의 하나를 증정했다.[26]

---

24) 김양선, 『매산국학산고』, pp. 227~229. 김양선은 이 희귀한 〈양의현람도兩儀玄覽圖〉에 실린 서문과 지리 관련 주석을 pp. 197~213에 모두 옮겨 두었다. 이 지도의 이름은 매우 암시적이다. '양의兩儀'는 음과 양, 땅과 하늘 등을 뜻한다. '현람玄覽'은 신비로운 사물을 보고 이해하는 것을 뜻하는 도교 용어이다.

25) 이능화李能和, 『조선기독교급외교사朝鮮基督敎及外交史』(서울: 조선기독교창문사, 1928), pp. 3~4 ; 김양선, 『매산국학산고』, pp. 232~233. 300~400냥 정도 되는 은의 현재 가치를 정확히 알기는 어렵다. 하지만 이는 거액의 돈이었고 대포와 망원경을 구입하는 비용이 그중 대부분을 차지했을 것이다.

26) 김양선, 『매산국학산고』, pp. 245~246 ; 山口正之, 「昭顯世子と湯若望」, 『青丘學叢』 5 (1931), pp. 101~117, 특히 105와 113. 야마구치 마사유키는 일본어 번역에서 '천구天球'라는 표현을 사용하는데, 그가 번역 대상으로 삼은 라틴어 원서의 프랑

　　결국 조선의 지도 제작 기술이 서구 세계에 반응할 만한 여건이 충분히 마련되었던 것이다. 이 무렵 그러한 반응의 대부분은 다양한 서양 지도를 베껴 사본을 만드는 것이었다. 당시 북경에 간 조선 사신이 서양 지도를 구입하거나 증정 받았으며, 입수하는 동시에 조선에 반입되었다. 한편 1708년 숙종肅宗(1674~1720 재위)은 '곤여도坤輿圖'라는 이름의 지도를 베껴 사본을 만들도록 지시했다. 〈곤여도〉라는 지도는 아담 샬이 만들었다는 주장도 있지만, 구면 투영법으로 제작된 이 지도의 제목과 세부 내용으로 판단해 보면 마테오 리치의 지도를 복제한 것이다. 이 때 제작된 사본이 두 종 알려져 있으며 모두 8폭 병풍의 형태로서 당시 영의정이었던 최석정崔錫鼎의 서문(1708년)이 실려 있다.[27] 우리는 조금 뒤에 이 자료를 다시 다룰 것이다.

　　한편 고려대학교 박물관이 소장한 혼천시계渾天時計에 장착된 서양식 지구의는 조선에서 서양 지도학을 창의적으로 응용한 대표적인 사례로서 매우 흥미롭다. 선기옥형璿璣玉衡이라고도 불리는 이 혼천시계는 명백히 동아시아의 전통에 속한 것인데, 그 속에 서양식 지구의를 도입했기 때문이다. 조셉 니덤과 그의 동료들의 연구에 따르면, 이 기계는 17세기 중기의 혼천시계 장치에 일본의 설계에 기초한(또는 아마도 전체 한 벌로 수입된) 추동식錘動式 시계 장치를 결합한 것이다.

스어 번역판에는 단순히 'sphere'라고 되어 있다.

27) 김양선, 『매산국학산고』, pp. 229~230. 사본 중 하나는 경기도 남양주시에 있는 봉선사奉先寺에 있었지만 한국전쟁 때 일실되었다. 김양선은 병풍으로 되어 있던 이 사본에 실린 최석정崔錫鼎의 서문을 기록해 두었다. 또 다른 사본의 사진이 조선총독부가 펴낸 『조선사朝鮮史』(모두 6부, 37권으로 구성됨)의 제5부 제6권 도판8에 실려 있으며, 이것이 경성제국대학京城帝國大學에 소장되어 있다고 적혀 있다(서울: 조선총독부, 1932~1937). 이 사본이 현재 어디에 있는지 분명하지 않으며, 경성제국대학의 후신인 서울대학교의 지도 목록에도 없다. 아울러 서울대학교 도서관이 1971년에 펴낸 『한국고지도해제』를 참고하라. 1930년대에 촬영된 것이어서 상태가 좋지는 않지만, 『조선사』에 실린 도판을 통해 최석정의 서문을 대부분 읽을 수 있다. 이 두 사본에는 리치의 원작에는 없는 대양에 떠다니는 바다 괴물과 17세기 서양식 배가 있다.

[도판 2-5]

선기옥형璿璣玉衡

조셉 니덤과 여러 학자들은 이것이 1669년에 처음 제작되어, 18세기에 수리되고 복제되었다고 기록된 선기옥형이라고 본다. 하지만 이 글에서는 18세기 후반의 유물이라고 주장할 것이다. 고리 모양의 바퀴테 부품이 보인다. 바깥의 수평 바퀴테에 이중의 자오선 바퀴테(子午線雙環)와 적도 바퀴테(赤道單環)가 직교하며 붙어 있는 고정식 천체부에 더하여, 시계로 구동되어 돌아가는 태양·항성·달의 궤도 부품이 있다. 단, 태양 궤도 부품은 결실된 상태이다(지구의에 대해서는 도판 2-7·2-8을 참고하라).
바깥 수평 바퀴테의 지름 : 41.3cm. 고려대학교 박물관 소장(국보 제230호).

[도판 2-6]

〈선기옥형도璿璣玉衡圖〉

1620년 『서전대전書傳大全』의 조선판에 묘사. 1669년 선기옥형의 제작자들은 명나라 때의 『서전대전』을 참고했다. 지구의 모형이 없는 점에 주목하라.
원본 크기 : 약 24.5×18cm. 런던 브리티시 도서관 소장 (MS.15215.e. 10, fol.15v).

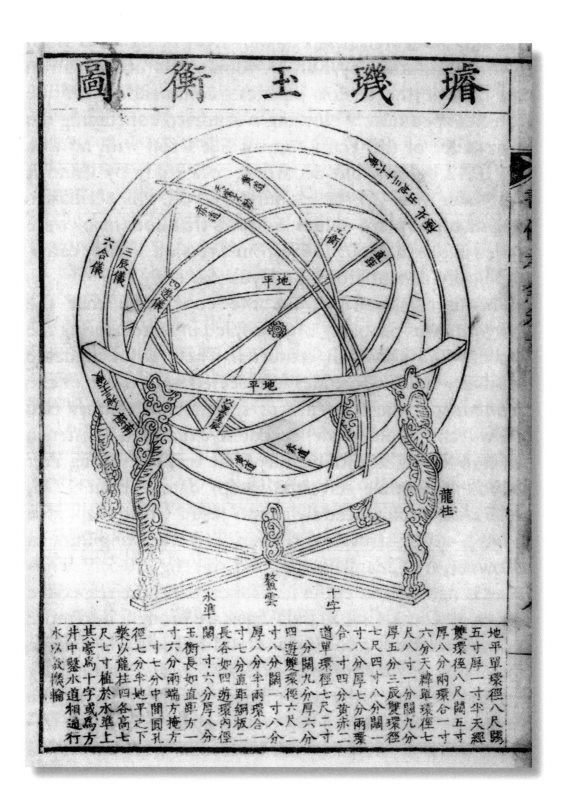

이 기계를 작동시키면 시계가 시각 표시 장치와 타종 장치로 시간을 알리고, 해당 바퀴테 위의 이동식 쐐기 못은 일정한 주기에 따라 태양과 달의 움직임을 표시했다(도판 2-5·2-6). 선회하는 바퀴테의 한가운데에 지구의가 놓였고, 자오선 축은 서울의 위도에 따라 37도 41분의 각도로 장착되었다. 지구의는 나무로 만들었고 그 위로 기름먹인 고운 종이를 덮었다(도판 2-7). 그 위로 17세기 말의 지도학적 성과에 따라 육지와 바다를 정확히 표현했으며, 유럽·아프리카·아메리카와 더불어 남극처럼 보이는 대륙(앵무지鸚鵡地로 불림)과 가본달리嘉本達利(Carpentaria)라고 명명된 오스트레일리아 등을 수록했다(도판 2-8). 지구의가 매일 회전하도록 의도한 것은 아니었지만, 이러한 기능을 부여하기 위해 기계를 개조하려 했다고 볼 만한 징후가 있다.[28]

이처럼 충분하지 않은 자료로 지구의의 제작 시기를 판단하기란 쉽지 않다. 그 까닭은 지구의를 장착하고 있는 이 비범한 기계의 제작 시기를 판단할 근거가 분명하지 않기 때문이다. 과학사학자 전상운全相運은 이것이 송이영宋以穎(1661~1669에 주로 활동)이 1669년 제작한 선기옥형이라고 주장하지만, 그 주장을 충분히 입증했다고 보기는 어렵다.[29] 니덤과 그의 동료들은 전상운의 이러한 결론을 따르고 있다.

물론 그들은 1669년의 기계에 대한 문헌 기록의 해석에 문제점이 있음을 지적했고, 여러 차례에 걸쳐 이 기계를 수리하거나 다시 제작·복제한 사례에도 주목했다. 그럼에도 고려대학교가 소장한 선기옥형이 최소한 1669년에 제작된 기계의 후예라고 결론짓고, 주저 없이 송이영의

---

28) Needham, *Science and Civilization in China*, 제3권, pp. 339~382 ; Needham 외, *The Hall of Heavenly Records: Korean Astronomical Instruments and Clocks, 1380~1780* (Cambridge: University Press, 1986), pp. 115~152.

29) Sang-woon Jeon, *Science and Techniques in Korea: Traditional Instruments and Techniques* (Cambridge[USA]: MIT Press, 1974), pp. 68~72.

[도판 2-7]

선기옥형의 지구의地球儀

지구의는 원래 움직이지 않는 것이었고 현재도 그러하다. 하지만 이 기계 속에 있는 증거를 통해(결실된 태양 부분을 포함해서) 일주운동을 시키려는 시도가 있었음을 짐작할 수 있다. 경선經線은 10도 간격으로 표시되어 있다. 여기에 제시한 사진은 아프리카(아프리카는 'Libya'의 한역漢譯인 '利末亞'라고 적어야 하는데 利末亞로 잘못 쓰여 있다)를 보여준다. 희망봉은 대랑산大浪山으로, 남극은 앵무지鸚鵡地로 표기되어 있다.

지구의 지름 : 약 9cm. 고려대학교 박물관 소장, 개리 레드야드의 사진.

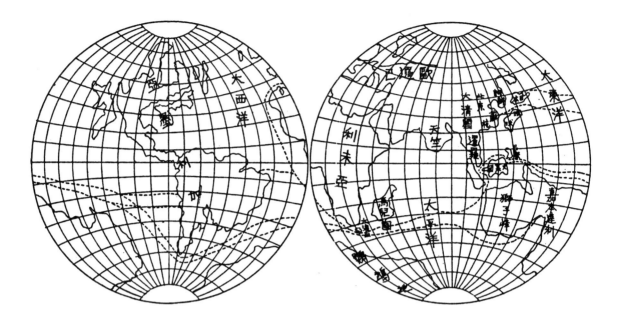

[도판 2-8]
선기옥형의 지구의 표면

W. Carl Rufus와 Won-chul Lee, "Marking Time in Korea,"
Popular Astronomy 44 (1936), pp. 252–257, 특히 257.

혼천시계로 불렀다.[30]

1669년의 기계 제작을 다룬 대부분의 문헌 기록에는 이민철李敏哲 (1669~1713에 주로 활동)이 제작한 수력 작동식(水擊式) 혼천시계에 대한 내용도 들어 있다.[31] 이민철의 혼천시계가 바퀴테 안에 지구의를 장착하

---

30) Needham 외, *The Hall of Heavenly Records*, pp. 106~114. 저자들은 "만약 이 시계가 오늘날까지 기적적으로 살아남지 못했더라면, 송이영의 혼천시계에 대한 1669년의 기록은 이해하기 매우 어려운 것이 되고 말았을 것"이라고 말한다.

31) Needham 외, *The Hall of Heavenly Records*, pp. 104~111. 1669년의 혼천시계에 대한 김석주金錫冑(1634~1684)의 글을 광범위하게 인용하여 번역했다. 이 내용에 대해서는 홍문관에서 편찬한 『증보문헌비고增補文獻備考』(서울: 대한제국, 1908)(50책 250권) 권3 상위고象緯考3 의상儀象2를 참고하라. 1704년 안중태安重泰가 만들고, 1732년 다시 일신한 1669년 수격식 기계의 복제품에 대해 영조가 쓴 글이 『증보문헌

고 있었는지는 분명하지 않다. 1687년의 기록은 이 기계에 대해 다음과 같은 내용을 전한다. "해와 달에는 각각 바퀴테가 있다. 가운데에 형衡이 없는 대신 종이로 만든 '지평地平'이 있으며 그 위에 산과 바다가 그려져 있다."[32] 이때 지평이라는 용어를 그저 '지구'라는 뜻으로 해석하기는 어렵다. 당시에는 지구라는 개념이 이미 정착되어 있었기 때문이다. 실제 혼천의와 관련될 경우 지평의 보다 통상적인 의미는 대개 다른 바퀴테들이 부착되는 수평의 납작한 바퀴테이다.

송이영의 시계 작동식 혼천의(고려대 소장 기계의 할아버지뻘로 추정됨)에 대한 1669년의 짧은 기록에는 지구의에 대한 내용이 하나도 없다. 다만 이 혼천시계가 서양식으로 추에 의해 작동된다는 점만 빼면 이민철의 수격식 시계와 다른 것이 없다는 점을 언급했을 뿐이다. 따라서 1669년의 혼천시계가 앞서 언급한 종이 지평과 실질적으로 다른 어떤 것을 내장하고 있지는 않았을 것이다. 이민철의 혼천시계를 1704년과 1732년에 복제해 만든 혼천시계에 대해 영조는 이렇게 말했다. "지구의 중심(地心) 쪽으로 구부러진 쇠막대가 남극 회전축으로부터 튀어나와 있다. 이것은 〈산해도山海圖〉를 움켜 쥔 발톱 모양이다."[33]

당시의 문헌 기록이 1669년의 지구의에 대해 아는 데 별다른 도움이 되지 않는 데 비해, 고려대학교 박물관의 지구의에는 1669년이라는 시점을 배제할 만한 내적인 증거가 있다. 카펜테리아Carpentaria라는 지명

비고』권3 상위고3 의상2에 남아 있다. 또한 『숙종실록』13년 7월 15일조를 참고하라.

32) 『증보문헌비고』권3 상위고3 의상2. 번역은 Needham 외, *The Hall of Heavenly Records*, p. 107를 따른다. 다만 다음의 마지막 문장은 이렇게 고쳐 쓴다. "그 대신에 지구의 표면을 표현하기 위해 산과 바다를 그린 지구 모양의 종이 모형이 있다."

33) 『문헌비고』권3 상위고3 의상2. Needham 외, *The Hall of Heavenly Records*, p. 108로부터 수정한 번역. 니덤이 보여주었듯이 혼천의의 바퀴테 안에 평평하거나 사각형 모양을 한 땅의 모형을 넣어 지구를 표현하는 것은 중국에서 적어도 기원후 3세기까지 거슬러 올라간다. Needham, *Science and Civilization in China*, 제3권, pp. 350, 383~386.

이 바로 그것이다. 이 지명은 현재 오스트레일리아의 케이프 요크 반도 서쪽의 거대한 만을 가리키는데, 17세기 중엽의 유럽 지도에도 오스트 레일리아의 동북 해안을 가리키는 지역 명칭으로 등장한다. 이 지명이 가장 먼저 실린 지도는 1648년의 네덜란드 지도이며, 대개 1650년대나 1660년대의 지도에 수록되어 있다.[34]

중국과 예수회를 통해서만 유럽의 지식을 접할 수 있었던 한국인들이 1669년에 카펜테리아를 알고 있었다고 생각하기는 어렵다. 이 지명이 나타난 동아시아 최초의 지도는 페르디난드 페르비스트Ferdinand Verbiest(중국명 南懷仁, 1623~1688)가 출판한 〈곤여전도坤輿全圖〉(1674년)이다. 하지만 이 지도가 조선에 들어온 것으로 볼 만한 가장 이른 시기는 1721년이다.[35] 앞서 살핀 것처럼 1708년 무렵 한국인들은 〈곤여전도〉보다 구판舊版인 마테오 리치의 지도를 복제하고 있었다. 따라서 1669년은 오스트레일리아라는 독립된 대륙의 존재를 인식하거나 카펜테리아라는 지명을 반영하기에는 너무 이르다.

이러한 증거에 따르면 고려대학교 혼천시계의 지구의는 대략 18세기에 제작된 것으로 볼 수 있다. 따라서 이 혼천시계를 송이영이 직접 만든 것이나 그 직접적인 계승품으로 보는 시각에는 동의하기 어렵다. 물론 송이영이 1669년에 제작한 선기옥형을 18세기에 다시 만들거나 보수

---

34) Joan Blaue, *Nova totius terrarum orbis tabula* (1648) ; Günter Schiler, *Austrailia Unveiled: The Share of the Dutch Navigators in the Discovery of Austrailia* (Olaf Richter 譯, Amstrdam: Theatrum Orbis Terrarum, 1976), pp. 370~371 (지도64)를 참고하라. 쉴더Schilder의 목록(지도75~88)에 있는 마지막 14종의 지도는 1652년부터 1666년에 걸쳐 제작된 것으로, 대부분이 오스트레일리아에 '노바 홀란디아Nova Hollandia (또는 Hollandia Nova)'라는 이름을 붙였다. 다만 이중 8종은 지역명으로 'Carpentaria'라는 이름을 덧붙였다. 그러므로 이 지명은 조선에서 혼천의를 만들던 바로 그 무렵에 유행했던 것이다.

35) 김양선, 『매산국학산고』, p. 234. 김양선은 1721~1722년 사행에 참여한 유척기兪拓基라는 관리가 지은 필사본 『연행록燕行錄』을 인용했다. 이 필사본은 숭실대학교 도서관에 소장되어 있다.

할 때 이 지구의가 들어갔을 가능성을 배제할 수는 없지만, 고려대학교의 혼천시계와 송이영의 혼천시계를 동일시 할 수는 없다고 생각한다.[36]

---

36) 두 시계를 같은 것으로 보는 주장을 반박할 또 다른 증거가 있다. 1669년의 기록 이래로 오늘날까지 송이영의 혼천시계를 다룬 다른 문헌 자료는 알려져 있지 않다. 수력 작동식 혼천시계에 대한 기록이 많은 것과는 대조를 이루는 일이다. 수격식에 비해 시계 장치의 뒤틀어짐이 훨씬 심했을 것이라는 점을 고려하면, 1669년에 제작된 추동식 시계가 고려대학교가 소장한 혼천시계만큼 좋은 상태로 20세기까지 남아 있었을 가능성은 적어 보인다. 게다가 내가 인용한 정보, 곧 송이영의 혼천시계 장치가 일반적으로 이민철의 것과 동일하다는 점이 맞다면, 우리는 이민철의 고안품에 대한 1704/1732년의 복제품(영조의 언급에 따르면 원주 12주척 또는 약 239cm)이 고려대학교 소장의 기계(가장 큰 고리의 지름이 41.3cm로 보고되어, — Needham 외, *The Hall of Heavenly Records*, p. 134— 원주가 129.7cm였을 것임)보다 매우 컸을 것이라는 점을 고려해야 한다. 끝으로 1669년의 혼천시계가 시간을 알리기 위해 잭jack이 작동되는 시각 표시장치를 특징으로 한 데 비해, 고려대학교의 혼천시계는 순환하는 둥근 패를 12개(각각 12시를 표현) 갖추어 같은 기능을 수행하게 했다. 물론 이러한 관찰 내용을 무위로 돌릴 수 있는 미지의 사항이 많음을 인정하지 않을 수 없다. 그렇더라도 우리가 알고 있는 사실만으로 판단한다면 두 혼천시계의 관계는 가깝지 않으며 동일성도 적은 것으로 보인다.

동양과 서양의 만남

전통에 기반한 것이지만 혁신적이었던 선기옥형이라는 혼천시계의 중심에 서구식 지도가 언제 어떻게 탑재되었든, 이러한 조합은 서양과 동아시아의 상징과 개념이 결합한 일로서 유일한 사례이다. 틀림없이 동아시아의 과학 전통에 해박하면서도 서양의 지식을 개방적으로 받아들일 수 있었던 지성이 양자의 결합을 떠올릴 수 있었을 것이다.[37]

---

37) 홍대용洪大容(1731~1783)이 그러한 사람이었다. 진정으로 박식했던 그는 유학자이면서 동시에 중국 여행가, 역관曆官, 음악가, 군사전략 전문가였다. 서양에 대해서도 잘 알고 있었으며, 지방관으로서의 경력도 성공적이었다. 그는 개인 서재에서 추동식 혼천시계를 만들고 작동시켰다. 사실 사대부의 신분으로 이와 같은 사업을 추진한 사례는 아주 드문 것이었다. 이 기계를 만드는 데는 3년이 걸렸는데, 홍대용의 중국 여행(1765~1766) 이전에 완성되었다. 그의 친구인 김이안金履安(1722~1791)이 이 기계에 대해 남긴 기록은 너무 전문적이어서 인용하기 어렵지만, 그 가운데 특별히 주목을 끄는 한 구절을 인용하면 다음과 같다. "그것의 의儀는 둘이고, 바퀴테는 열 개였다(爲儀者二 爲環者十)." 홍대용의 『담헌서湛軒書』(서울: 신조선사, 1939, 서울 경인문화사에서 1969년에 재발간)의 부록 〈농수각기籠水閣記(金履安)〉를 참조하라. '양의兩儀'라는 용어는 앞서 마테오 리치가 1603년에 만든 세계지도의 이름에서 살핀 바 있다. 양의는 "하늘과 땅"을 내포하는 고전적인 관용어이다. 김이안이 쓴 비슷한 구절은 지구의 모형이 하늘을 나타내는 바퀴테 안에 삽입되어 있음을 암시한다. 고려대학교 소장 혼천시계 또한 10개의 바퀴테를 가지고 있고, 그 크기는 홍대용이 만든 기계와 일치한다. 김이안이 느끼기에 홍대용의 혼천시계는 한 사람이 앉기에 충분한 공간 정도를 차지했다. 이러한 장치 속에 들어 있던 지구의에 대해 별다른 언급은 없지만, 홍대용은 지구의 자전自轉 개념을 옹호한 첫 한국인이었다(이것은 그의 친구인 박지원(1737~1805)이 보고한 것이다. 『담헌서』의 부록을 참조하라). 아울러 누군가 그러한 작동이 가능하도록 고려대학교 소장 기계장치를 개조하려 했을 것이라는 징후는 아무튼 흥미롭다. 내 생각으로는 송이영보다는 홍대용이 이 혼천시계의 제작자일 가능성이 높다.

그들이 어떤 생각을 하고 있었는지에 대해서는, 최석정崔錫鼎이 1708년 마테오 리치의 지도에 붙인 서문으로 가늠해 볼 수 있다. 최석정은 세계를 평평하게 투사한 이 지도를 사람들에게 소개하면서 조선의 전통적인 세계관을 일깨우려 애를 썼다. "서양 사람들은 세계가 둥글다고 하지만 조선에서 정통으로 통하는 생각은 땅의 도道는 고요함(靜)을 주로 하며 땅의 고유한 특성(德)은 네모지다는 점이다." 그는 계속해서 이렇게 주장했다. "서양의 이론이 널리 퍼져 있지만 사악하고 허풍스럽다. 그것들은 정통이 아니며 입증되지 않은 것으로 빗나가 버렸다. 그럼에도 그들의 지식은 널리 퍼져 수용되고 있다. 때문에 우리는 그것을 경시하거나 성급히 비판해서는 안 된다. 오히려 우리는 그것을 보존해서 외국의 사물에 대한 우리의 지식을 넓혀야 한다."[38]

이러한 모순이 생긴 이유 중 하나는 열성적인 유학자들의 정치 공세로부터 자신을 보호해야 했기 때문이다. 또한 서양 문화의 교섭에 대한 이념적인 차원의 근심이 있었다. 왜냐하면 북경의 '교구'에서는 과학과 수학뿐만 아니라 천주교를 보급하고 있었기 때문이다. 중국어로 번역된 유클리드의 책과 지도들을 건넨 바로 그 예수회 선교사들이 성화聖畵와 성의聖衣를 나누어주었던 것이다. 조선인들은 서양의 과학과 기계장치에 많은 관심을 가졌지만, 종교 활동을 우려하는 조정의 규제를 받지 않을 수 없었다. 예수회 선교사나 조선인이나 모두 문화 교류의 이러한 이중적 차원을 잘 알고 있었다. 1759년 청나라 흠천감欽天監의 수장이었던 할러슈타인August von Hallerstein (1703~1774) 신부는 라이바흐Laybach[오늘날의 류블랴나Ljubljana: 슬로베니아의 수도-옮긴이]에 있던 자신의 형제에게 보낸 편지에서 이렇게 밝혔다. "우리는 천문도를 보급하거나 바로

---

38) 최석정의 글을 번역한 것이다. 『조선사』(조선사편수회 편, 1936) 제5편, 제6권의 도판 8에 실린 지도(坤輿圖) 위에 써 있는 내용이다.

잡으려고 여기에 온 것이 아닙니다. 하지만 천문학은 우리 종교의 이해를 지키고 보호하는 데 필요한 것이므로, 우리는 우리가 할 수 있는 모든 일을 할 것입니다."[39]

18세기 말쯤 예수회가 가장 바라던 일이자 조선인들이 가장 두려워하던 일이 벌어졌다. 그것은 북경에 온 조선 사신의 아들[이승훈李承薰 1756~1801-옮긴이]이 세례洗禮를 받으면서 조선에 가톨릭 운동을 촉발한 것이었다. 이 운동에 대한 탄압과 저항의 과정에서 생긴 103명의 순교자는 다른 모든 동아시아 국가에서 순교자가 된 사람들을 다 합한 것보다 훨씬 많다. 이러한 상황에서 조선의 많은 관료들이 서양 문물과 접촉하기를 주저하게 된 것은 이해할 만한 일이다.

하지만 한국의 문화 전통은 지도의 발전을 위해 좋은 환경이었고, 조정에서 서양 지도의 복제와 연구를 지원했던 일도 도움이 되었다. 18세기 실학자들은 서양 지도에 적극적인 관심을 가졌고, 자신들의 연구를 위해 만든 지도집에 서양 지도를 수록했다. 1834년 학자 최한기崔漢綺(1803~1877)는 지도 제작자이자 출판업자인 자신의 친구 김정호(1834~1864에 주로 활동)의 도움을 받아, 북경에서 출간된 서양식 양반구도兩半球圖를 복제했다. '지구전후도地球前後圖'라고 명명된 이 지도에는 라틴어보다는 영어식 지명이 많이 수록되어 있다. 이러한 사실을 통해 중국에서 이제 영국의 중상주의重商主義가 라틴계 가톨릭 대신 서양을 대변하게 되었다는 점을 알 수 있다.[40]

---

39) Aloys Pfister, *Notices biographques et bibliographiques sur les Jésuites de l'ancienne mission de Chine 1552~1773*, 2 vols. (Shanghai: Mission Press, 1932~1934), 제2권 p. 754. 1750~1760년대에 한국인들은 할러슈타인 신부를 자주 방문했다.

40) 김양선, 『매산국학산고』, pp. 235~246. 최한기의 〈지구도地球圖〉에 대해서는 이규경李圭景의 『오주연문장전산고五洲衍文長箋散稿』(1840년대에 저술된 시기 미상의 수고본, 서울: 동국문화사에서 2권으로 영인) 권38 천지편天地篇 지리류地理類 만국경위지구도변증설萬國經緯地球圖辨證說을 참고하라. 이규경은 최한기와 김정호의 지도가 장정병莊廷騁의 〈만국경위지구도萬國經緯地球圖〉를 재판再版한 것

1860년 영국과 프랑스 해병대는 북경을 점령했고, 중국인들에게 새로운 세계 질서를 받아들일 것을 강요했다. 전환은 전면적으로 이루어졌고 한국인들은 자신들이 다음 차례가 될 것이라고 예상했다. 같은 해 이름 없는 인쇄업자가 중국에서 서양 지도 한 종을 수입했다. 이 일은 한국이 중국으로부터 지도를 수입한 마지막 사례로 알려져 있으며, 한국인들이 다시 한번 서양 세계를 깊이 이해하고자 노력했음을 보여준다. 이 지도는 페르비스트의 지도를 1856년에 중국 광동에서 복간한 것이었으며, 그는 이것을 서울에서 다시 인쇄했다.[41] 하지만 그 지도보다는 1834년 김정호의 〈지구전후도〉를 복간하는 편이 최신의 내용을 담는 데 도움이 되었을 것이다.

이라고 보았다. 장정병이 이 지도에 쓴 서문을 이규경이 인용했는데, 그것에 따르면 이 지도는 저 유명한 매카트니Macartney의 1793년 중국 사행使行 이후의 어느 시점에 처음 만들어진 것이다.

41) 이찬, 『한국고지도』, 도판 4와 p. 29.

한국의 불교식 지도 전통

마테오 리치와 페르비스트의 유명한 지도를 수입하고 그것들을 화려한 채색 병풍으로 제작하면서, 한국인들은 새 지도 제작 기술보다는 세계에 대한 새로운 비전에 반응하고 있었다. 앞서 나는 서양의 지도가 전반적으로 조선의 지도 제작에 거의 영향을 미치지 못했다는 점을 강조했는데, 이 점은 조선의 전국 지도를 검토하면 훨씬 분명하게 확인할 수 있다. 단, 세계에 대한 서양의 관점, 곧 지구의·반구半球·경선과 위선 등의 개념이 한국인의 호기심을 자극했음은 부인할 수 없다. 서양 지도를 본 한국인은 지리 지식이 많던 적던 이 지도를 신중하게 취급해야 한다고 생각했다. 실제 기록을 살펴보더라도, 지도를 본 누구도 여기에는 대륙이 없다거나 이 섬은 제자리를 벗어난 것이라고 반박하지 않았다. 이 지도들은 눈길을 끌었다.

하지만 서양에서 그린 세계는 기묘하고 낯선 모양에 발음할 수도 없는 지명과 상상할 수도 없는 거리 때문에 한국인들과 관계될 만한 것이 그리 많지 않았다. 세계에 대한 개념은 유교 경전을 통해 주입되었고, 또 학문 생활 속에서 강화되었다. 이 때문에 한국인들은 매우 다른 유형의 지도를 받아들였다. 〈천하도〉는 중국과 한국의 고전·역사·지리 개념과 관련되어 있었다. 좀 원초적이지만 비할 데 없이 맞춤했던 〈천하도〉가 한국인에게 훨씬 더 매력적이었던 것은 이런 맥락과 관련이 있다.

〈천하도〉는 17세기부터 다량으로 유통되었다. 다만 그보다 이른 시기에 한국인이 관심을 기울였을 만한 세계지도, 곧 불교식 지도를 먼저 살펴볼 필요가 있다. 그것이 〈천하도〉의 기원과 일정한 관련이 있다고 보는 사람들이 있기 때문이다.

불교식 세계지도는 오늘날 알려진 바와 같이 14세기 중엽부터 18세기 중엽까지 일본에서 일어난 하나의 현상이다. 운노 가즈타카는 일본에서의 불교식 지도 발전에 대해 개관한 바 있다.[42] 오천축국 유형의 지도는 당나라 승려인 삼장三藏(602~664)의 여행(그 내용은 『대당서역기大唐西域記』에 기록되어 있다)으로부터 비롯된 것이다. 〈서역도西域圖〉(1736년)는 불교 전통을 기반으로 만든 대표적인 지도이며, 원래 호쇼인寶生院이라는 사찰에 있다가 제2차 세계대전 때 멸실되었다.

이 지도는 교토의 도지東寺에 있었던 지도의 사본(도지에 있던 지도와 사본 모두 현존하지 않는다)으로부터 이어지는 것이며 다음과 같은 이야기가 딸려 있다. 즉, 명승 구카이空海(774~835)가 중국에서 공부를 마치고 일본으로 돌아올 때 〈서역도〉를 가지고 왔으며, 그 지도가 삼장이 그린 원본일 수도 있다는 것이다. 아무도 이 기록을 문자 그대로 받아들이지는 않지만, 나카무라 히로시中村宏는 이 지도가 구카이 시대의 지도일 것이라고 본다.[43] 운노는 이 이야기를 떠올리면서 "구카이의 전기 속에

42) Unno Kazutaka, "Cartography in Japan," in *Cartography in the Traditional East and Southeast Asian Societies*, *History of Cartography*, vol 2, book 2, ed. J. B. Harley and David Woodward (Chicago & London: The University of Chicago Press, 1994)을 참조하라. 특히 pp. 371~376. 또한 나는 무로가 노부오室賀信夫와 운노 가즈타카海野一隆의 철저한 연구(「日本におこなわれた佛教系世界圖について」, 『地理學史研究』 1 (1957), pp. 67~141 : 『地理學史研究』 제1권으로 복간, pp. 67~141)와 더불어, 관련 논문("The Buddhist World Map in Japan and Its Contact with European Maps," *Imago Mundi* 16, 1962, pp. 49~69)을 참고했다.

43) 中村宏, 「朝鮮につたわれるふるき中國世界地圖」, 『朝鮮學報』 39·40 合集 (1966), pp. 1~73, 특히 43~44. 이 논문은 일본어 제목을 달고 있지만, 서론과 결론 부분을 제외하고는 프랑스어로 작성되어 있다. 이 논문을 수정하고 확장한 것이 다음의

전설적인 내용이 첨가되었을 것"이라고 주장한다. 나카무라·운노·무로가는 모두 오천축국 지도의 원형이 중국에 있다고 추정하며 여러 해 동안 추적했지만, 항목 자체 외에는 관련 기록을 찾지 못했다.[44] '중국中國'이라는 개념을 떠올린다면, 대륙 동쪽 끝의 좁은 공간에 중국을 배치한 지도가 중국인들의 호감을 사지 못했을 것이라는 점은 딱히 놀랄 일도 아니다.

사실 관계를 따져 보면 '오천축국'에 대한 가장 오래된 문자 기록은 한국에 있다. 1154년 윤포尹誧라는 나이 많은 관리를 위해 만들어진 묘지석墓誌石에 관련 기록이 남아 있는 것이다. 묘지석에 새겨진 추모의 글에는 그의 삶이 이렇게 기록되어 있다. "그는 당나라 선승 삼장의 『서유기西遊記』에 바탕을 둔 〈오천축국도〉를 바쳤다. 왕은 그것을 칭찬하고 그에게 연사燕糸 일곱 묶음을 주었다."[45] 그런데 이 지도는 오래전에 사라져 그 사본은 한국에 남아 있지 않으며, 한국에 남아 있는 지도 중 분명히 불교식으로 제작되었다고 할 만한 지도는 없다.[46]

글이다. "Old Chinese World Maps Preserved by the Koreans," *Imago Mundi* 4 (1947), pp. 3~22.

44) 室賀信夫·海野一隆, 「日本におこなわれた佛敎系世界圖について」, pp. 78~79. 무로가와 운노는 『불조통기佛祖統紀』에 실려 있는 불교 계통의 지도와 함께, 잘 알려진 1607년의 렌차오(仁潮) 지도를 논한다(pp. 92~108). 하지만 더 이른 시기의 지도조차 『서유기西遊記』 관련 지도에 대한 가장 빠른 한국 측 자료에 비해 100년 이상 뒤진다. 室賀信夫·海野一隆, "Buddhist World Map in Japan and Its Contact with European Maps," *Imago Mundi* 16 (1962), p. 50와 비교하라. 나카무라의 연구에 대해서는 〈천하도〉의 출처에 대해 논의할 때 다시 언급하겠다.

45) 『조선금석총람』 제1권, pp. 369~371. 『고려사』 권18에는 그가 죽은 것이 1154년 6월 13일로 되어 있지만, 그의 경력에 대해서는 세부적인 내용이 없다. 연사燕糸는 아마도 중국 동북 지역에서 온 비단실이고, 지도를 호화롭게 장정하기 위한 것이었을 것이다. '연燕'은 북경 지역을 가리키는 고전적인 용어이다.

46) 고려 시대의 학자 윤포의 지도 외에, 불교식 지도 관련으로 필자가 확인한 유일한 자료는 통상적인 지도가 아니라 삼장이 돈황으로부터 스리랑카까지 여행한 지역의 지명을 도식으로 열거한 것이다. 나카무라 히로시는 1920~30년대에 통도사通度寺(부산의 서북쪽 양산시에 있는 사찰)에서 이 자료를 보았다고 한다. 그는 이 자료가 1652년 4월(효종 3)에 작성된 것이라고 밝혔을 뿐, 이 자료의 제목이나 다른 사항에

　이렇게 한국에서는 불교식 지도의 맥이 끊어졌고 이 유형의 지도는 일본에서 이어질 수 있었다. 그렇지만 현재 우리가 아는 한에서는 고려의 관리 윤포가 이 지도 유형의 창시자라고 주장할 만한 탄탄한 근거가 있는 것도 사실이다. 운노와 무로가는 윤포의 지도가 일본 〈오천축국도〉의 기원이 될 수 있다고 보면서, 일본 지도에 지속적으로 나타나는 두 가지 요소('오천축국'이라는 개념과 삼장이 거친 여정의 성격)가 윤포의 〈오천축국도〉에 분명히 나타나고 있음을 적절히 지적했다. 한편으로 가장 이른 시기의 오천축국 지도에 한국이 전혀 표현되어 있지 않다는 점에 주목하여 관련성을 의심하기도 했다.[47]

　하지만 윤포의 묘지석에는 지도에 한국이 기록되어 있었다는 사실을 의심할 만한 내용이 없다. 삼장이 한국을 방문하지 않았던 것은 분명한데 왜 윤포는 한국을 지도에 포함시켰을까? 일본에서 불교 전통의 지도가 전개되면서 지도에 담긴 내용과, 삼장의 여정 사이에 차이가 생겼고, 실제 세계지도와도 차이가 크게 벌어졌음은 분명한 사실이다. 그래서 일본은 초기의 모습을 띠고, 중국은 점점 커져가며 결국 한국도 묘사되기에 이르러 팔도八道까지 표현되었다. 하지만 이는 초기의 지도 모습이 아니었다. 아울러 우리가 가진 유일한 기록으로 볼 때, 윤포의 지도를

대해 별다른 언급을 하지 않았다. 이 자료가 현존하는지에 대해서도 알 수 없다. 中村宏, 「朝鮮につたわれるふるき中國世界地圖」, pp. 55~56를 참조하라.

47) 室賀信夫·海野一隆, 「日本におこなわれた佛教系世界圖について」, pp. 78~79, 90의 주12, 그리고 같은 저자의 "The Buddhist World Map in Japan and Its Contact with European Maps," pp. 50~51. 첫 번째 논문에서 무로가와 운노는 "일반적으로 한국에서 제작된 대부분의 지도는 거의 중국 지도의 정확한 사본이다"라고 말하고 있어서, 윤포의 지도가 중국 지도에 기초했다고 보는 것이 합리적이라고 볼 수도 있다. 하지만 앞서 살펴본 것처럼, 어떤 유형의 고려 시대의 지도도 남아 있지 않기 때문에, 이런 일반화를 증명할 근거를 찾을 수 없다. 아울러 오천축국에 대한 더 이른 시기의 중국 지도가 확인되지 않는 점에서도 설득력이 없다. 두 번째 논문에서 무로가와 운노는 윤포가 마치 중국인인 것처럼 그의 이름을 'Yin-pu'로 표기하기도 한다. 이러한 사례는 〈오천축국도〉와 한국의 관련성을 좀처럼 인정하려 하지 않는 전반적인 상황을 잘 보여준다.

삼장의 여행 지도로 보지 않을 근거는 없다.

그러나 운노는 적절한 질문을 던진다. 그 위대한 승려의 여정을 누가 처음 지도로 그렸든 원도가 분명히 있지 않았겠는가 하는 것이다. 그 지도는 어떤 지도였을까? 지리학적 개념으로서 오천축국은 특히 삼장 시대의 인도 아대륙亞大陸과 관계된다. 하지만 불교 문학에서는 인도와 그 세계에 대한 초기 개념으로서, 지구 표면의 육지 부분을 구성하는 것으로 여겨져 온 네 개의 커다란 대륙 중 최남단의 대륙을 자주 언급해 왔다(다른 세 개에는 사람이 살지 않는 것으로 간주되었고, 따라서 사람이 사는 모든 지역은 남섬부주南贍部洲(southern Jambudvipa)로 어떻게든 끼워 맞춰야 했다). '난셈부슈Nan Sembushu'라는 일본어 발음 표기는 여러 〈오천축국도〉에 자주 등장한다.[48] 윤포 또는 어느 누가 〈오천축국도〉의 전통을 시작했던 간에 삼장의 여정을 추적하는 데 기초를 마련해 주었을 섬부주의 전통이 존재했음은 분명해 보인다.

물론 윤포의 시대까지 연대가 올라가는 한국의 지도가 현존하지 않기 때문에, 이 전통의 창시자로 윤포를 상정하는 주장은 근거가 약하다. 하지만 기록으로 볼 때 윤포 말고는 딱히 누가 창시자라고 지목할 만한 근거가 없는 것도 사실이다. 따라서 오늘날 오천축국 관련 유산을 관리하고 있는 사람들은 이전보다 윤포에 더 많은 관심을 가질 필요가 있다.[49]

---

48) 'Sembu'와 이따금씩 나타나는 'embu'는 산스크리트어의 'jambu'에 대한 중세 중국어 발음 표기로 거슬러 올라간다. 'shu'는 중국의 주州(zhou, 큰 섬이나 대륙)에 대한 일본식 발음인데, 이는 산스크리트어 'dvipa'의 음역 표기가 아니라 번역어이다. 'embudai'의 형태에서 '-dai'는 'dvipa'의 첫 음절을 나타낸다.

49) 지난 10여 년 동안 중국의 것이라고 불려 왔고, 송이나 원 때의 것이라고 추정되어 온 일본 소재의 불화佛畵가 12종 있다. 하지만 1978년 일본 야마토문화관大和文華館이 나라奈良에서 주최한 학술회의와 전시회에서, 이중 대부분이 고려 시대로 편년되는 한국 계통임이 밝혀졌다. 기쿠다케 준이치菊竹淳一·요시다 히로시吉田宏志 編,『高麗佛畵』(奈良: 大和文華館, 1978). 아마도 '중국'의 불교식 지도에 대해서도 동일한 재검토가 필요할 것이다.

　　오늘날 중국과 한국에 불교 지도학의 흔적이 거의 없는 까닭은 수세
기에 걸쳐 신유학을 지적·사회적으로 우위에 두며 불교를 박해하고 경
시했기 때문이다. 앞서 살핀 바와 같이 조선에서는 유학자들이 불교에
반대하는 법을 만들었고, 이로 말미암아 후원자나 기증자들이 유교 교
육기관으로 발길을 돌리는 분위기가 생겨났다. 일본의 불교는 제도적으
로 안정되어 있어서 사회적으로 많은 후원을 받았다. 아울러 유교의 압
력이 매우 약한 데다가 늦게 시작되었다. 그 결과 한때는 광범위하게 유
행했던 동아시아의 불교식 지도 전통이 일본에만 남게 되었다.

대중적인 원형 〈천하도〉의 전통

　장점이 있기는 했지만 권근·이회의 〈강리도〉와 윤포의 〈오천축국도〉
는 고국에서 살아남지 못했다. 하지만 세인의 관심을 받지 못한 채 조용
히 등장한 〈천하도〉는 차츰 인기를 얻어 그것을 번안하거나 인쇄하는
사람들이 생겨났다. 〈천하도〉는 어느 세기에 등장했는지조차 알 수 없
지만, 19세기 말에는 셀 수도 없을 만큼 다양한 종류의 사본과 목판본
이 존재했고 오늘날 세계의 여러 박물관이 소장하고 있다. 과학적으로
볼 때 이 지도는 앞서 논의한 다른 세계지도에 비해 지나칠 만큼 소박하
지만, 모든 계층의 한국인과 외국인들에게 사랑을 받았다.

　이러한 매력의 원인은 무엇이었을까? 외국인들에게 이 지도는 이국적
인 호기심을 자극했다. 〈천하도〉는 대단한 기념품이었다. 아무도 중국
이나 일본에서 그와 같은 것을 본 적이 없었다. 그리고 그들이 보기에
이 지도는 한국을 잘 포착하고 있는 것으로 비쳤다. 하지만 정작 한국인
들이 이 지도를 좋아한 이유는 설명하기 훨씬 복잡하고 어렵다.

　한편 〈천하도〉에 표현된 육지는 평평한 것이었다. 일부 기민한, 심지어
는 유서 깊은 한국의 저술에 이미 그와 반대의 내용이 실려 있었지만,
전통 시대 대다수의 한국인들은 지구가 평평하다고 믿었다. 설령 그렇
지 않더라도 그렇게 믿고 싶어 했다. 그리고 중국은 가운데에 있었는데,
그곳이 바로 '중국中國'이 속할 위치였다. 반도인 한국은 늘 지도에서 두

드러져 눈에 띄었고, 고전 문명의 중심인 중국 가까이에 위치했다. 또한 일본을 늘 한국보다 작게 그렸는데, 대부분의 한국인들은 그것이 옳다고 생각했다.

지도의 가운데에 자리한 동아시아 지역을 벗어나면 지도는 점점 더 비현실적이고 이국적인 모습으로 바뀐다. 곧 식목국食木國(나무를 먹는 사람들의 나라), 장발국長髮國(머리카락이 긴 사람들의 나라) 등 이상하고 믿기 어려운 나라들이 등장한다. 하지만 앞으로 살펴보겠지만 이 나라들은 문학에서는 오랜 생명력을 지녀온 것들이다.

어느 누구도 이러한 나라들을 본 적이 없었지만 그렇다고 낯선 대상도 아니었다. 중국의 지리 전통에서는 일찍부터 외부 세계에 이름을 붙이는 것으로 그에 대한 권리를 주장해 왔기 때문에, 지도를 사용하는 사람들은 그 지명들을 알고 있었다. 이러한 전통은 한국을 비롯한 문명화된 여러 이웃 나라에서 오랫동안 내재화되었다. 이처럼 〈천하도〉는 이것을 사용하는 사람들에 대한 문화 교육과 관련되어 있었고, 실제로 그러한 목적을 달성했다.

〈천하도〉의 또 다른 중요한 특징은 그 맥락에 있다. 이따금 이 지도를 병풍에 표구하거나 별도의 표장으로 담기도 했지만, 통상적인 방법은 지도책의 첫 장에 싣는 것이었다. 사람들은 먼저 세계지도를 보고 나서 책장을 넘겨 지리적으로 가깝고 중요한 이웃 나라에 대한 상세 지도를 볼 수 있었다. 많은 한국인이 만나 이야기를 나눈 일이 있었고, 서로 언어는 달랐지만 공통적으로 한문漢文을 사용할 수 있었던 나라들로 중국·일본·류큐琉球가 있었다.

이웃 나라들의 지도 다음으로는 조선의 전국 지도와 팔도의 개별 지도를 실었다. 또한 지도책에 역원驛院과 군사 거점(鎭堡)의 위치, 인구와 쌀 생산량에 대한 수치를 도별로 보여주는 표, 역사·명승 등에 대

天下諸國圖 一百五 十三哇

[도판 2-9]

〈천하제국도天下諸國圖〉

이 지도의 소장자였던 모리스 쿠랑은 지도의 제작 시기를 1712년 이후로 보았다. 하지만 편년에 대한 기준은 분명치 않다. 이러한 편년은 현존하는 〈천하도〉 대부분에 적용될 수 있다. 이 판본은 브리티시 도서관British Library 소장의 〈천하총도天下總圖〉와 대체로 비슷한데, 두 판본에는 독특하게도 대개의 〈천하도〉에는 없는 50개 이상의 나라가 실려 있다. 대부분은 한과 당 때 중국과 접촉했던 중앙아시아의 나라들이다. 이 지도에도 다른 〈천하도〉에 나타나는 가상의 나라들이 거의 다 실려 있다. 다만 추가로 들어간 몇몇 나라들이 이 지도가 '실제'에 기초한 것임을 보여준다.

원본 크기 : 미상. 현재 소장처 미상. 모리스 쿠랑Maurice Courant, *Bibliographie coréenne* 전3권 (Paris: Ernst Leroux, 1894~1896) 제2권 도판 10.

한 주기를 싣는 경우도 많았다. 요컨대 지도책은 일반적인 사항에서부터 특수한 사항으로 옮겨가도록 고안되었다. 다시 말해서 사용자들이 먼저 세계와 친숙해지고 난 뒤 이웃 나라를 거쳐 한국을 살피고, 그 다음으로 팔도의 도별도와 328개 고을 곳곳으로 나아갈 수 있도록 한 것이다.

서양식 세계지도를 본 한국인들은 지도에 그려진 세계를 '고난'과 직결시켜 생각할 수밖에 없었다. 19세기 동아시아와 서양의 관계를 고려해 보면, 훗날 서양식 세계지도를 접한 사람들이 걱정과 두려움에 사로잡히게 되었을 것임을 짐작할 수 있다. 이러한 점은 한국인들이 〈천하도〉에서 발견할 수 있었던 안정감이나 친숙함과는 아주 다른 것이었다. '천하도'라는 것은 얼마간 '천하天下'라는 개념에서 유래한 것이었다. 이 용어는 중국이 중심에 있는 세계를 의미한다. 그 세계에서는 중국의 유교적 윤리 체계가 교양 있는 삶을 위한 도덕적 기초로 받아들여졌다. 용어가 의미하는 것처럼 중국의 칙서勅書가 '하늘 아래' 모든 곳에 미친 것은 아니지만, 이론적으로는 그래야만 했다. 한국은 이러한 중국 제국(Imperial China)과 거리를 둘 수도 있었고 실제도 그랬지만, 19세기의 마지막 시점까지 결코 중국 문명과 유리되어 있다고 생각하지 않았다.

양식 면에서 〈천하도〉는 매우 다양하고 때로 수록된 세부 지명이나 표기 방법에서 서로 다른 부분이 있다. 하지만 훨씬 더 두드러진 사실은 그 구조가 변함없이 규칙적이라는 점이다(도판 2-9·2-11). 지도에 보이는 대부분의 나라는 상상 속의 것이지만, 〈천하도〉에 실린 나라의 이름은 거의 같고 그 위치도 대개 고정되어 있다. 이 때문에 〈천하도〉가 여러 나라와 지명을 수록해서 별스럽고 잡다하게 구색을 맞춘 것으로 비침에도 불구하고, 정작 상상의 몫으로 남아 있는 것은 거의 없다. 지도의 내용과 구조는 얼마간 만다라식이며, 이 전통은 알려진 가장 오래된 사례(아마도 16세기)부터 마지막까지 거의 변하지 않았다. 물론 늦은 시기에 일부 모험적인 출판업자들이 서양 지도를 모방해서 곡선으로 된 경선과 위선을 서툴게나마 그려 넣어 '근대적'이도록 만든 경우(도판 2-10)가 있고, 〈천하도〉의 양식을 모방해서 서양식 세계지도의 내용을 재배열한 경우가 있기는 하다.[50] 하지만 이처럼 퇴화한 형태는 〈천하도〉의 시대가 종말을 맞고 있다는 점을 보여줄 뿐이다.[51]

〈천하도〉의 구조는 단순하다(도판 2-11). 둥글게 생긴 지도의 가운데에 내대륙內大陸이 있고, 이 대륙은 고리 모양의 바다(內海)로 둘러싸여 있다. 이 바다가 다시 고리 모양의 외대륙外大陸으로 둘러싸여 있고, 이 외대륙도 또 고리 모양의 바다(外海)로 둘러싸여 있다. 다만 이 바다 위에는 지명이 하나도 기재되어 있지 않으며, 따라서 이곳에는 섬이나 지명

---

50) 경선과 위선에 대해서는 Shannon McCune, "The Chonha Do — A Korean World Map," *Journal of Modern Korean Studies* 4 (1990), pp. 1~8를 참조하라. 두 종의 이본異本에 대해서는 이찬, 「한국의 고세계지도」, 『한국학보』 2 (1976), pp. 47~66(특히 도판 5와 6)을 참조하라.

51) 나는 이러한 판단이 잘 알려진 브리티시 도서관 소장의 〈천하도〉에도 적용될 수 있을 것으로 생각한다. 이 지도는 앙리 코르디에Henri Cordier의 연구, *Description d'un atlas sino-coréen manuscrit du British Museum*. Recueil de voyages et de documents pour servir à l'histoire de la géographie depuis le XIIIᵉ jusqu'à la fin du XVIᵉ siècle, section cartographique (Paris: Ernst Leroux, 1896), pp. 6~12의 대상이 되기도 했다. 아울러 Maurice Courant, *Bibliographie coréenne* 전 3권 (Paris: Ernenst Leroux, 1894~1896) 가운데 제2권 도판 10 (item 2187)에도 적용된다. 다른 천하도가 '서역西域의 여러 나라와 이웃한 변방의 열두 나라'에 대해 개략적인 표시만 하고 개별적인 이름을 기재하지 않은 반면, 코르디에와 쿠랑의 〈천하도〉를 비롯한 몇몇 〈천하도〉는 대략 50여 개의 나라 이름을 더 기재하고 있다. 이 이름들은 대개 『한서漢書』(1세기 무렵 반고班固가 편찬한 전한前漢의 역사)에서 유래한 것인데, 일부는 『산해경』에서 온 것도 있다. 코르디에는 브리티시 도서관의 소장본이 18세기의 것이라고 했다. 하지만 이는 그의 추측일 뿐이며, 그 유형이 매우 오래된 것이라고 믿었던 데서 연유한다. 쿠랑은 특정한 연대를 제시하지 않았다. 같은 유형의 지도를 2종 소장했던 나카무라 히로시는 이 지도들이 대부분 후기의 것이라고 말했다(中村宏, 「朝鮮につたわれるふるき中國世界地圖」, p. 67). 이 논문에 〈천하도〉에 수록된 나라들의 목록이 있다. 내 사고방식으로는 이 사본들이 일반적인 규범에서 비롯된 것이라는 바로 그 사실이 사본들의 연대가 떨어진다는 점을 증명한다고 본다. 이러한 유형에 속하는 것으로 알려진 사본 5종 가운데 4종은 외국의 개인이나 기관이 소장하고 있다.

이 하나도 없다(브리티시 도서관 소장본에 단 하나의 예외가 있다).

북쪽으로는 외대륙에 천리나 되는 소용돌이 나무(盤木)가 있고, 그 인근에 둘레 만리의 호수가 있다. 외대륙의 동쪽과 서쪽에는 각각 한 쌍의 나무들이 있다. 하나는 해와 달이 뜨는 곳을 표시한 것이고, 다른 하나는 그것들이 지는 장소이다. 북쪽의 나무가 늘 그런 것처럼 간혹 외대륙 위에 이 나무들을 그리는 경우도 있다. 한두 경우에서는 바다 한 켠의 섬에 그리기도 한다. 하지만 대개의 경우 나무들을 그려 넣는 곳은 외대륙의 바깥쪽 바닷가에 단단히 연결된 반도 지형이다. 한편 이찬 교수가 보급한 '원형 천하도'라는 용어는 바다와 육지의 모습이 전반적으로 둥근 고리 모양을 띤 데서 유래한 것이다.

내대륙에는 중국·조선과 역사적으로 실재한 다른 여러 나라, 유명한 산과 강, 소수의 가상 국가들, 가상의 산 등이 포함되며 모두 32개의 지명이 기재되어 있다. 내해에는 57개의 섬나라 이름이 실려 있는데, 이 가운데 일본과 류큐가 들어 있으며, 캄보디아와 샴도 섬처럼 묘사되어 있다. 이밖에 내해에 실려 있는 다른 이름들은 모두 가상의 것이다. 외대륙에는 55개의 지명이 실려 있는데, 모두가 가상의 국가·민족·산·호수·나무들이다.[52] 나라의 경계도 섬의 윤곽도 그리지 않았고, 지명 주변으로 테두리를 둘렀을 뿐이다. 연못과 호수의 이름은 원형이나 타원형의 테두리 안에 들어 있고, 산의 이름은 산 모양의 기호 아래에 쓰여 있다.

---

52) 中村宏, 「朝鮮につたわれるふるき中國世界地圖」, pp. 62~68에 실린 분석적인 지명 목록을 참고하라. 또한 Homer B. Hulbert, "An Ancient Map of the World," *Bulletin of the American Geographical Society of New York* 36 (1904), pp. 600~605 (Acta Cartographica 13, 1972, pp. 172~178에 재수록)와 이익습李益習, "A Map of the World," *Korean Repository* 1 (1892), pp. 336~341, 특히 339~340, 이찬의 「한국의 고세계지도」, 도판 5와 6, 그리고 같은 저자의 『한국고지도』, pp. 191~192 등에도 각각 목록이 있다. 불행히도 이러한 목록 간에는 모두 차이가 있다. 나는 지도의 구조에 기초하고 있는 나카무라의 체계적인 목록을 따른다.

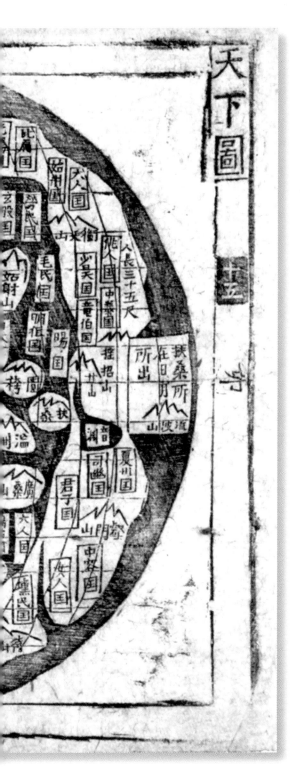

[도판 2–10]

경선과 위선이 그려진 〈천하도〉

목판본, 19세기 말 추정. 후기 〈천하도〉의 '퇴화' 형태이다. 한 진취적인 출판업자가 이 지도를 더 근대적인 것으로, 또 '과학적'인 것으로 보이도록 평평한 세상 위로 경선과 위선을 얹어 놓았다. 이 판본은 나무들을 직접 그리지 않고, 글로 대체한 점에서 보통의 천하도와 차이가 있다.

원본 크기 : 미상. 미국 의회도서관 소장(G2330.Y651 176-? Vault).

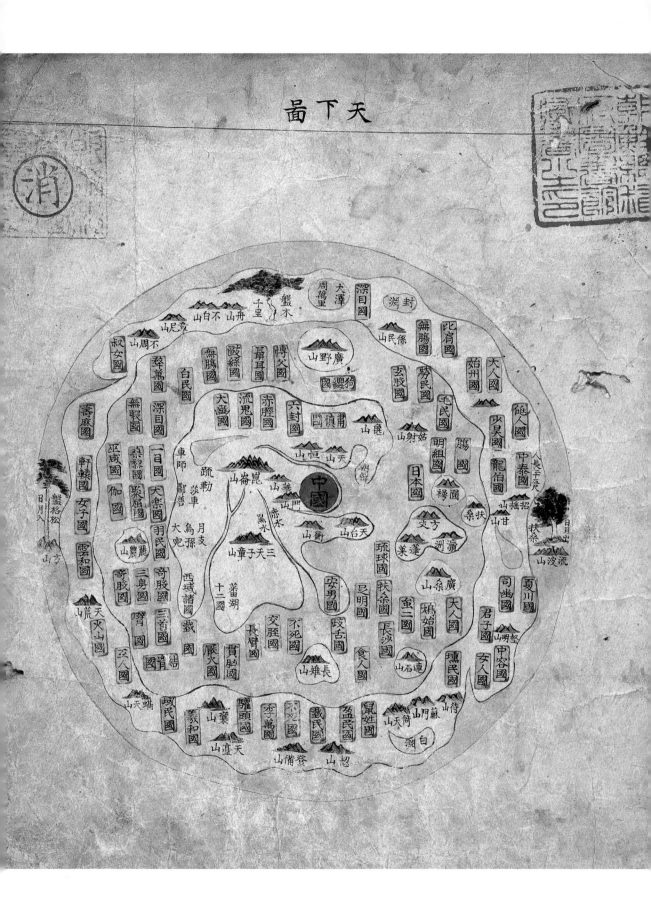

[도판 2-11]

〈천하도天下圖〉

대략 18세기 중엽의 필사본 지도책으로부터. 세부에는 다른 지도와 다소 차이가 있지만 이 지도는 〈천하도〉의 전형적인 사례라고 할 수 있다. 내대륙은 바다로 둘러싸여 있는데 이 바다에는 전설상의 나라와 산이 여럿 위치하고 있다. 또한 이 바다는 고리 모양의 외대륙으로 둘러싸여 있는데, 역시 허구적인 것이다. 동쪽과 서쪽의 나무들은 해와 달이 뜨고 지는 장소를 나타낸다. 또 다른 나무는 외대륙의 북쪽을 장식한다. 허구적인 나라와 산의 이름, 또한 세 그루의 나무 이름은 중국 고대의 지리서인 『산해경山海經』에서 온 것이다.

원본 크기 : 36.5×33.7cm. 국립중앙도서관 소장(貴230, 韓61-3), 《여지도輿地圖》(貴230, 韓61-3) 전6책 중 제1책 수록.

〈천하도〉에 대한 좋은 논문이 있기는 하지만 이 유형의 지도에 대해 제기된 가장 중요한 질문을 해결하지는 못했다. 〈천하도〉는 언제, 왜 제작되었는가? 또한 서양식 세계지도가 더 정확하고 쓸 만하다는 선입견에도 불구하고, 겉보기에 이처럼 원초적인 지도가 왜 그렇게 늦게까지 인기를 끌었을까? 후자의 질문에 대해서는 이 장의 서두에서 하나의 답을 제안했으므로, 결론 부분에서 다시 이 문제를 다루도록 하겠다. 기원을 추적하는 문제는 더욱 어렵다.

〈천하도〉의 기원과 『산해경』

〈천하도〉의 여러 사본에 제작 시기나 제작자의 이름이 수록되어 있지 않은 점은 모든 연구자들이 아쉽게 생각하는 부분이다. 필자의 소장본을 포함한 여러 〈천하도〉 지도책에는 자칭 '금호산인錦湖散人'이라는 여온呂溫의 서문과 '기유己酉'라는 간지가 기재되어 있다. 이는 1849년이나 그보다 60년 전후에 해당할 것이다. 나카무라는 이 시기를 1849년으로 주장한 데 비해, 김양선은 1789년으로 추정했다.[53] 이는 〈천하도〉와 관련하여 고정할 수 있는 유일한 시점이다. 하지만 그가 누구였던지 여온은 1789년이나 1849년 이전에 분명히 존재했을 이 지도의 제작자는 아니다. 여온은 그저 출판업자나 편집자였을 것이고, 스스로를 지도 애호가라고 칭했을 뿐이다.

이른 시기의 근대적 주석가인 이익습李益習은 〈천하도〉를 영원한 문화재라고 생각하면서, 이것이 아주 오래전부터 공인된 한국의 세계지도라고 했다.[54] 김양선은 이 지도가 고려 말이나 조선 초(14~15세기)까지 거

---

53) 김양선, 『매산국학산고』, p. 218 ; 中村宏, 「朝鮮につたはれるふるき中國世界地圖」, p. 29. 김양선은 1789년이라는 연대의 근거를 제시하지 않았지만, 나카무라는 자신의 소장본을 토대로 1849년이라는 명백한 연대를 가리키는 특별한 산출식을 인용한다. 이러한 증거에도 불구하고 나카무라는 여온에게 주어진 필명을 근거로, 이 사람이 임형수林亨秀(1504~1547)라는 이름의 16세기 사람이라고 믿었다. 임형수의 생애에 기유년이 포함되지 않음을 나카무라는 알지 못한 것 같다(가능한 기유년은 1489년과 1549년이다).

54) 李益習, "A Map of the World," p. 336.

슬러 올라갈 것으로 추정함으로써, 더 납득할 만한 시점 쪽으로 옮겨갔다. 그러나 그는 천하도·천하총도·천하지도 등 15세기와 16세기의 기록에서 발견되는 몇몇 비슷한 이름의 지도를 근거로 제시할 수 있었을 뿐이다.

이러한 지도 이름과 그 밖의 다른 이름이 〈천하도〉를 뜻하는 말로 쓰인 것은 확인되고 있다. 하지만 김양선도 인정했듯이 그가 인용한 15~16세기의 자료들은 당시 같은 이름으로 불리던 명 때의 중국 지도였을 가능성이 훨씬 크다.[55] 나카무라는 〈천하도〉의 인쇄본과 필사본에 대한 가장 방대한 비교 자료 집성(이 가운데 대부분이 그의 소장품)을 활용한 매우 값진 연구에서, 현재와 같은 형태의 지도는 아마도 16세기보다 더 이른 시기까지는 올라가지 않을 것이라고 결론지었다.[56] 이것은 지금까지 가장 그럴듯한 의견으로 일치를 보았고, 아무도 그보다 더 이르거나 더 늦다는 설득력 있는 주장을 하지 못하고 있다.

하지만 이 독특한 세계지도는 16세기에 터무니없이 튀어나온 것이 아니었다. 이 지도는 더 이른 시기의 자료에 근거한 것이므로, 이러한 자료에 접근하려면 지명을 연구하는 것이 가장 좋은 방법이다. 나카무라는 좋은 출발을 했지만 해결해야 할 문제점도 많이 남겼다. 그중에는 현존하는 사본과 인쇄본의 파생관계가 만족스럽게 조직되어 있지 못한 점, 상이하고 전와轉訛된 이름들을 추려내야 하는 점, 여전히 많은 지명의 출처를 확인할 수 없는 점 등이 있다. 무엇보다 궁금한 것은 왜 이러한 지명들을 선택하고 다른 것들은 선택하지 않았는가 하는 점이다. 또한 이러한 지명들이 지도 위의 가상의 위치에 자리 잡은 근거는 도대체 무엇인가 하는 점이다.

---

55) 김양선, 『매산국학산고』, pp. 216~226.
56) 中村宏, 「朝鮮につたわれるふるき中國世界地圖」, p. 49.

　　나카무라는 〈천하도〉에 수록된 143개의 지명을 목록으로 만들었다. 그리고 이것들을 지도상의 위치에 따라 분류하고, 문헌적 근거를 찾아냈다. 이 내용이 [표 1]에 요약되어 있다. [표 1]에 보이는 대로 『산해경山海經』에서 유래한 지명이 전체의 72퍼센트를 차지하여 〈천하도〉 전체를 주도한다. 하지만 내대륙에는 상대적으로 『산해경』에서 온 이름이 거의 없고, 다른 고전과 역사서에서 온 지명이 많다.

　　내대륙에 있는 14개의 『산해경』 지명 가운데 반은 실제 지명인데, 이것들은 원래 고전이나 역사서에 있던 것일지 모른다. 도교道教 문헌에서 온 지명(대개 전설적인 것들이다)으로 내대륙에 나타나는 것은 없다. 내대륙의 지명 가운데 8개만이 허구적인 것이다. 따라서 〈천하도〉의 내대륙에는 기본적으로 실제적이고 친숙한 지명들이 실려 있다. 그 바깥의 내해와 외대륙으로 가면 지도의 성격이 전설적인 것으로 변한다.

표 1. 〈천하도〉에 수록된 지명의 출처

구분	지명 수	『산해경』	고전	역사서	도교 문헌	미상
내대륙	32	14	3	14	–	1
내해	56	40	–	5	7	4
외대륙	55	49	2	–	2	2
합계	143	103	5	19	9	7

출전) 이 표는 나카무라 히로시의 연구(「朝鮮につたわれるふるき中國世界地圖」, 『朝鮮學報』 39・40, 1966, pp. 1~73, 특히 62~68)에 실린 표에 기초한 것이다. 하지만 범주와 일부 자료는 필자의 연구로 조정했다. 일부 지명은 하나 이상의 범주에 나타나므로, 여기에서의 배정은 때로 임의적인 것이다. 하지만 가장 잘 맞는 범주를 선택했다.

　　『산해경』은 고대 중국의 지리학적 전승을 담고 있다. 이 전승은 전한前漢 시대(기원전 206~기원후 8)에 비로소 개별 문헌으로서의 지위를 획득했지만, 훨씬 뒤의 자료도 텍스트에 섞여 있다. 『산해경』은 중국에서 관념으로 세계를 조직한 매우 이른 시기의 작품이며, 그 당시 해체되고 있던 더 이른 시기의 신화적 전통이 남긴 부산물도 포함되어 있다. 『산해경』 표준 텍스트의 18개 장은 다음과 같은 다섯 개의 주요 그룹으로 묶을 수 있다.

1. 산경山經(1~5장) : 사방과 중앙에서의 산의 흐름(남산경·서산경·북산경·동산경·중산경)

2. 해외海外(6~9장) : 바다 바깥의 사방(해외남경·해외서경·해외북경·해외동경)

3. 해내海內(10~13장) : 바다 안쪽의 사방(해내남경·해내서경·해내북경·해내동경)

4. 대황大荒(14~17장) : 거대한 황무지 내의 사방(대황동경·대황남경·대황서경·대황북경)

5. 해내海內(18장) : 바다 안쪽의 지역(해내경海內經)[57]

물론 1~3의 그룹은 일반적으로 초기 텍스트로 인정되며, 4·5그룹은 『산해경』이 일정한 형태를 갖춘 뒤에 추가된 것으로 본다. [표 2]에 보이는 것처럼 〈천하도〉에 실린 『산해경』의 지명은 대부분 그룹 2·4에서 나온 것이다.

지명의 배분에는 분명한 패턴이 존재한다. 〈천하도〉의 내대륙에 나타나는 『산해경』의 지명이 비록 많지는 않지만 모두 그룹 1·3·5(산경과 해내)에서 온 것이다. 이 가운데 절반은 앞서 살핀 대로 실제 지형이거나 지명이다. 이러한 상황은 내해에서 많이 달라진다. 수록된 지명의 대부

---

57) 위앤커袁珂가 편집한 『산해경교주山海經校注』를 사용했다(上海: 上海古籍出版社, 1980). 이 책은 『산해경山海經』의 현대 판본 중 가장 우수한 것이다. 3세기의 곽박郭璞의 주석을 비롯하여 1804년 학의행郝懿行의 주석이 위앤커의 여러 유용한 주석과 함께 실려 있다.

표 2. 『산해경』에 있는 〈천하도〉 지명의 분포

구분		산경	해외				해내				대황				해내
			북	동	남	서	북	동	남	서	북	동	남	서	
내대륙(14)		2					1	1	2	3					5
내해 (40)	북(7)		5	2											
	동(9)	1		6			1	1							
	남(12)	1			9	1							1		
	서(12)		5		1	6									
외대륙 (49)	북(13)										11			2	
	동(10)										1	9			
	남(18)											4	14		
	서(8)											1		7	
합계(103)		4	10	8	10	7	2	2	2	3	12	14	15	9	5

출전) 이 표는 나카무라 히로시의 연구(「朝鮮につたわれるふるき中國世界地圖」, 『朝鮮學報』 39·40, 1966, pp. 1~73, 특히 62~68에 실린 표에 기초한 것이다. [표 1]에 달린 내용을 참고하라.

분이 해외(그룹 2)에서 나온 것들이다. 아울러 외대륙에는 대황(그룹 4)의 지명만 들어 있다. 이 지역은 신화와 몽상이 지배하는 셈이다.

[표 2]로 분명히 알 수 있는 또 하나의 요점은 『산해경』과 〈천하도〉 사이에 방위 관계가 전반적으로 일치한다는 점이다. 예컨대 〈천하도〉의 내해와 외대륙에서 북쪽에 있는 지명은 대개 『산해경』의 그룹 2와 4의 북쪽 장에서 확인되며, 다른 방위에서도 마찬가지다. 이러한 경향은 생각보다 훨씬 더 강하게 나타나는데, 이는 〈천하도〉에 눈에 띨 만한 변동의 사례들이 있기 때문이다. 방위를 기준으로 내해와 외대륙을 구획하고 지명을 분류한 나카무라의 분석 내용을 [표 2]에 담았다. 그는 내해와 외대륙을 가장 자연스러운 지점에서 방위별로 구분해 주었다.

하지만 구석 부분에 위치한 지명들을 『산해경』의 개개 장까지 추적해 보면, 일부 지명이 90도 벗어난 방위에 배정되어 있는 것을 발견할 수 있다. 예컨대 나카무라의 73번 일비국一臂國이 〈천하도〉에는 내해의 남쪽

부분에 있지만, 『산해경』에는 해외의 동쪽 구역에 있는 것이다. 또한 100 번 부주산不周山은 〈천하도〉에는 외대륙의 북쪽에 있지만, 『산해경』에는 대황의 서쪽 구역에 자리하고 있다. 이처럼 구석 부분에 있는 지명의 분류를 이러한 변동을 반영하여 수정한다면 〈천하도〉와 『산해경』 사이에 일치하지 않아 보이던 13개 정도의 지명은 서로 일치하게 될 것이고, 자료상으로 이미 강하게 드러나는 경향을 더욱 강화할 수 있다. 그리고 이러한 변화는 규칙적인 패턴을 보인다. 곧 내해의 지명은 『산해경』의 자료로부터 시계 반대 방향으로 움직이고, 외대륙의 지명은 시계방향으로 자리를 옮긴다.[58]

이러한 사실로부터 도출되는 유일한 결론은 〈천하도〉를 처음 만든 사람이나 이후의 제작자들이 지도의 기본 구조를 정성들여 만들 때 『산해경』을 활용했다는 점이다. 다른 지명들은 역사서인 『한서漢書』(기원후 1세기 편찬)와 도교 문헌(특히 내해와 외대륙),[59] 또는 상식(일본·류큐·샴)에서 추가했다. 하지만 이런 지명들은 『산해경』이라는 요리에 들어가는

---

58) 내해內海의 지명 가운데 나카무라의 73번은 『산해경』의 '해외海外' 그룹에서 서쪽에 있지만, 〈천하도〉에는 남쪽에 있다. 86~88번은 『산해경』에서 북쪽에 있지만, 〈천하도〉에는 서쪽에 있다. 33~34번은 동쪽에 있던 것이 북쪽으로 가서 모두 시계 반대 방향이다. 외대륙의 경우 100~101번이 『산해경』의 '대황大荒'에서 서쪽에 있었지만 〈천하도〉에는 북쪽에 있으며, 103번이 북쪽에서 동쪽으로, 118~121번이 동쪽에서 남쪽으로 가서 모두 시계 방향이다. 나는 이러한 이동이 〈천하도〉의 원 제작자로부터 비롯된 것이 아니라, 구역을 어디에서 구분해야 할지에 대한 나카무라의 견해에서 온 것이라고 생각한다. 나카무라는 동북·동남·서남·서북 모서리에서 경계를 명시하는 데 납득할 만한 과정을 거쳤다. 다만 최초의 〈천하도〉 제작자는 (암묵적으로) 좀 더 유동적인 방식으로 지명을 배치했던 것 같다.

59) 도교 선경仙境의 오악五嶽, 즉 광상산廣桑山(동), 여농산麗農山(서), 장리산長離山(남), 광야산廣野山(북), 곤륜산崑崙山(중앙)이 도교의 저작인 『상청령보대법上淸靈寶大法』(1436~1449) 권10에 '역중선경역中僊境'이라는 제하의 도표에 나타난다(『정통도장正統道藏』 총 1120책 중 제945책, 上海: 商務印書館, 1923~1926). 곤륜산崑崙山은 〈천하도〉의 내대륙에 있고, 나머지는 내양內洋(내해)에 있다. 곤륜산을 제외하면 나머지 산들은 『산해경』에는 실려 있지 않다. 따라서 〈천하도〉를 도교 계통의 지도라고 할 수는 없다. 하지만 도교의 오악이 〈천하도〉에 나타나는 것을 고려하면 불교 계통의 지도라고 하는 것보다는 훨씬 낫다고 본다.

양념 같은 것이었다. 이처럼 서로 다른 자료들을 자유롭게 썼고, 『산해경』의 여러 지명 가운데 단지 일부만을 선택했다는 점을 고려하면, 〈천하도〉 제작자들의 실제 의도가 『산해경』 지도를 만드는 것은 아니었음을 알 수 있다. 〈천하도〉 제작자들은 분명 세계지도를 만들고자 했다. 그리고 이를 위한 기본 자료로 고대 중국의 전설적인 지리적 전승을 활용했던 것이다.

그렇다면 당시 제작자들이 『산해경』에 실렸던 더 이른 시기의 지도를 그들 임의로 처리한 것일까라는 질문이 제기된다. 청나라의 위대한 주석가 학의행郝懿行(1757~1825)은 산·강·도로·역驛 등을 수록했을 실제 『산해경』 지도가 한때 존재했겠지만, 오래전 3세기에 곽박郭璞이 주석을 할 무렵에는 이미 남아 있지 않았을 것이라고 보았다.[60] 곽박이 언급한 '도圖(지도·일러스트레이션·차트를 포함하는 도표식 묘사)'라는 것은 『산해경』 이라는 우주에 사는 기묘한 사람들과 괴상한 짐승을 그린 것에 불과했던 것으로 보인다. 학자들에 따르면 『산해경』을 서지학적으로 인용한 고대와 중세의 문헌에서 '도圖'를 언급하는 경우는 모두 이러한 유형을 뜻하는 것이라고 한다. 실제로 『산해경』에 대한 가장 이른 기록인 전한 시대의 기록에도 『산해경』은 이미 지리서라기보다는 우화집으로 간주되었다.[61] 한때 『산해경』 지도가 실재했던 그렇지 않던 후대의 어떤 중국 지도도 그 공백을 메우지는 못한 것 같다. 결국 〈천하도〉는 『산해경』 지도에 가장 근접한 유일한 지도가 된다.

---

60) 『산해경교주』 부록 p. 484.

61) 『산해경교주』 부록 pp. 477~478에 실려 있는 유수劉秀의 최초 서문(기원전 1세기 말). Needham, *Science and Civilization in China*, 제3권, pp. 504~507와 비교하라. 이러한 관점은 매우 보편적인 것이어서 니덤은 그의 위대한 저서의 지리 부문에서, 아무도 그 괴물들에 대한 생물학적인 연구를 하지 않았음을 애석해 하고 있다. 우리가 늘 필요로 해왔고, 여전히 필요한 것, 그리고 아직도 필요로 하는 것은 『산해경』의 지리학적 기초를 밝혀내는 연구이다.

〈천하도〉의 내해와 외대륙은 『산해경』 속의 내해와 대황 구역을 이념
적으로 묘사한 것이다. 〈천하도〉의 고리 모양(環形) 구조와 관련해서는
『산해경』에서 어떤 문헌적 근거도 찾을 수 없다. 다만 그 가능성을 배제
하는 내용이 없는 것도 사실이다. 말하자면 〈천하도〉는 개연성이 있는
이론의 구성체이다. 그렇다면 다분히 현실적인 중심부의 내대륙은 어떻
게 된 것인가? 그것의 지도학적 모델은 무엇이었는가?

〈천하도〉와 불교의 관계

　나카무라는 〈천하도〉가 불교 전통의 중국 지도에서 유래한 것이라고 보았다. 그가 줄곧 견지한 관점에서 보면, 그 지도는 중국에서 온 것이어야 했다. 왜냐하면 한국인들은 역사적으로 자신들의 문화를 창조하지 못하여, 독창성 없이 중국에서 문화를 빌려다 썼을 뿐이기 때문이다.[62] 그리고 그것은 불교식 지도여야 한다. 왜냐하면 중국에는 다른 전통의 세계지도가 없기 때문이다(그는 7세기에 삼장이 직접 오천축국 유형의 지도를 창시했다고 믿었다).

　그는 〈천하도〉에 수록된 지명을 연구하고 11세기 이후의 저술로부터 유래한 지명이 하나도 없음을 증명하였다. 그래서 그는 11세기부터 16세기까지의 문헌 가운데 가능성이 있는 사례들을 조사했다. 그 까닭은 16세기쯤 〈천하도〉가 전형적인 형태로 고정되었을 것으로 추정했기 때문이다. 먼저 그는 장황章潢(1527~1608)이 편찬한 『도서편圖書編』(1577년 완성)에 수록된 〈사해화이총도四海華夷總圖〉(도판 2-12)에서 〈천하도〉의 몇

---

62) 〈천하도〉의 기원에 대해 나카무라는 이렇게 쓰고 있다. "그러한 자료는 한국보다는 중국의 전거에서 나올 것으로 기대된다. 왜냐하면 이러한 지도 세계는 순전히 중국적인 것이기 때문이다. 이 지도에는 달리 한국적이라고 할 수 있는 부분이 없다. 이것은 한국의 과학과 예술이 늘 중국에 맹종하고 있음을 고려할 때 더욱 납득할 만한 일이다."(Nakamura, "Old Chinese World Maps Preserved by the Koreans," *Imago Mundi* 4, 1947, p. 13) 같은 내용이 프랑스어로 쓴 「朝鮮につたわれるふるき中國世界地圖」, p. 36에도 실려 있다.

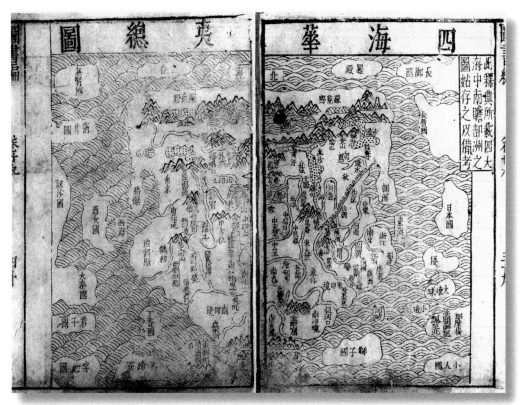

[도판 2-12]

〈사해화이총도四海華夷總圖〉

각 페이지 크기 : 22.5×14.5cm. 미국 하버드 대학교 하버드-옌칭 도서관 소장.

가지 전조를 보았다고 생각했다. 장황이 '대해大海 안쪽의 남섬부주 지도'를 일부 이름 없는 불교 자료와 연관시켰던 것이다. 하지만 나카무라는 이 지도의 바탕이 되었던, 13세기 이전의 지도학적 전례를 찾을 수 없었다. 게다가 〈사해화이총도〉를 이전의 불교식 지도와 〈천하도〉의 조형으로 추정되는 중국 지도 사이의 잡종으로 상정했기 때문에, 〈천하도〉의 조형이 될 수 있는 중국 지도는 좀 더 빠른 시기, 즉 11세기까지는 올라가는 것이어야 했다.

다음으로 그는 티베트 계통의 중국 지도 한 장을 조사했다. 삼장이 주석하던 사찰로부터 9세기에 일본에 전해진 이 지도는 삼장의 여정보다 넓은 지리학적 범위를 보여주었고, 따라서 세계지도로서 더 나은 자격을 갖춘 것이었다. 게다가 지명을 타원형 테두리 안에 넣어 각각의 위치에 표시하는 등 도식적인 특성에서도 공통점이 있었다. 이러한 발견에 힘입어 나카무라는 이미 7세기에 〈천하도〉의 원형이 중국에 존재했고, 나중에 이 지도가 중국에서는 없어졌지만 한국에서는 살아남아 16세기쯤 그 최종 형태가 완성되었다고 확신했다.[63]

이러한 노력에도 나카무라는 〈천하도〉의 원형으로 추정한 중국 지도가 불교식 지도였다는 사실을 증명하지 못했다. 이 지도는 불교식 지도였던 티베트 계통 중국 지도의 전례였을 뿐이다. 그의 주장이 완전히 설득력을 잃은 것이다. 그럼에도 〈천하도〉가 불교식 지도와 관련되었다는 인식이 확산되어, 지금도 서양 학계의 인정을 받고 있으며 이러한 인식이 심화되고 있는 실정이다.

어떤 학자는 우주에 관한 불교의 도형학적 견해를 다룬 선험적인 형식 속에 지리적 사실들이 어떻게 압축되었는지를 바로 〈천하도〉가 보여준다고 썼다. 다른 연구자는 〈천하도〉의 북·동·서쪽 끝에서 발견되는 나무가 불교의 상징일지도 모른다고 추측했다. 또 다른 연구자는 〈천하도〉가 늘 불교식 지도책에 나타난다고도 주장했다.[64]

한국과 일본의 학자들은 나카무라와 견해를 같이하고 싶어 하지 않는다.[65] 실제 애석할 만큼 편향된 그의 선입견, 곧 한국인들은 어떤 문화

---

63) 中村宏, 「朝鮮につたわれるふるき中國世界地圖」, pp. 36~56.

64) A. L. Mackay, "Kim Su-hong and the Korean Cartographic Tradition," *Imago Mundi* 27 (1975), pp. 27~38, 특히 31 ; McCune, "Chonha Do" ; Norman J. W. Thrower and Young Il Kim, "Dong-Kook-Yu-Ji-Do: A Recently Discovered Manuscript of a Map of Korea," *Imago Mundi* 21 (1967), pp. 30~49, 특히 32. 스로워와 김영일은 〈천하도〉를 그 별칭 중 하나인 〈사해총도四海總圖〉로 언급하고 있다.

65) 예컨대 室賀信夫·海野一隆, 「日本におこなわれた佛敎系世界圖について」, p. 51의 주 7과 p. 57의 주 16 ; 이찬, 「한국의 고세계지도」 (1976), pp. 57~58.

적 독창성도 이루지 못했다는 것부터 시작해서 그의 주장을 끝까지 따라
가면 증거보다는 추정을 더 많이 만나게 된다. 다른 학자들이 추가한 요
소들도 의심스럽기는 마찬가지다. 다시 말해서 〈천하도〉를 수록한 전형
적인 지도책에는 불교적이라고 부를 만한 요소가 전혀 없는 것이다. 〈천
하도〉에 수록된 그 유명한 나무들은 다른 지명들과 마찬가지로 『산해경』
에서 나온 것이다.[66] 『산해경』 자체는 불교와 아무런 관련성도 없다.

물론 『산해경』에 없는 지명이면서 불교적인 반향을 일으킬 만한 두 개
의 지명이 〈천하도〉에 수록되어 있기는 하다. 천태산天台山과 가비加毗가
바로 그것이다. 천태산은 이 산에 있는 사찰과 더불어, 산의 이름을 종
파의 이름으로 삼은 천태종으로 유명한데, 도교와도 관련이 있을 수 있
다. '가비'는 석가족의 왕국이자 부처의 탄생지인 '카필라바스투Kapila-
vastu'의 약자일 가능성이 있으며, 달리는 설명하기 어렵다. 이 두 지명은
일반적인 문헌에 흔히 나타나며, [표 1]에서도 역사적인 지명으로 간주
했다. 이것 말고는 〈천하도〉의 어떤 지명도 불교와 관련되는 것이 없다.

지도학적으로 불교와 연관성을 갖는 〈천하도〉의 지형은 곤륜산과 여
기서 흘러 나가는 네 개의 강이다. 그러나 오천축국과 섬부주(Jambud-

---

66) 『산해경교주』 권9(p. 260), 권14(p. 354), 권16(p. 394), 권17(p. 423). 이름에는 변화
가 있지만, 〈천하도〉에 나타나는 나무들이 『산해경』에서 비롯된 것이라는 점은 의
심할 여지가 없다. 편찬자 위앤커는 한나라 때의 표준 텍스트로부터 북방의 나무
에 대한 흥미로운 자료를 인용하고 있는데, 이 자료는 오늘날 알려져 있는 『산해
경』 텍스트에는 보이지 않는다. 이에 따르면 북방의 나무는 3,000리 길이의 소용돌
이 모양의 가지들을 가지고 있으며, 이것은 세상의 혼령들을 관장하는 두 신神의
거주지로서, 불교와 관련이 없는 것이 명백하다. 맥케이MacKay는 이 나무들이 아
마도 동북아시아 샤먼의 신수神樹(Cosmic tree)일 것이라고 추정했다. 이는 불교적
인 설명보다는 그럴듯하지만 설득력 있는 설명은 아니다. 중국의 샤머니즘은 동북
아시아보다 동남아시아의 다양성과 연관이 있다. 그가 북방 나무의 이름을 지축地
軸 나무(axle-tree)라고 번역한 것은 잘못이다. 중국의 주석들은 '반盤'이 소용돌
이를 의미한다는 점을 분명히 한다. 샤머니즘의 관점에도 불구하고 매카이는 일반
적으로 〈천하도〉에 대한 불교적인 설명을 옹호한다(MacKay, "Kim Su-hong," pp.
31~33, 그리고 도판 5에 대한 설명).

vipa) 지도에 있는 '수미산須彌山'과 곤륜산 사이에는 많은 차이점이 있다. 곤륜산은 『서경書經』의 「우공禹貢」편과 자생적인 중국 신화라는 큰 본체에 기원을 두고 있다. 이러한 사실은 곤륜산이라는 지명이 『산해경』에 반영되어 있다는 점에서도 알 수 있다.

결론적으로 말하면 〈천하도〉가 불교에 기원을 두고 있다는 주장은 〈천하도〉를 이해하는 데 도움을 주지 못한다는 것이다. 실제로 16세기는 조선에서 대중문화의 상징으로 불교 유물이 떠오를 수 있는 가능성이 가장 적은 시기였다. 학술과 문화 분야에서는 더더욱 그러했다. 이 시기에는 유교적인 신념과 관습이, 정부가 지원하는 약 325개의 향교鄕校와 약 200여 개의 서원(사립 유교 학교), 수천 개의 비공식적인 서당(독서당과 글방 : 이러한 곳에서 어린 아이들은 공자와 맹자를 큰 소리로 읽었다)을 통해 조선 사회의 모든 계층에 확산되었다. 불교 사원은 도시와 마을에서 추방되었고, 승려들은 단지 산사에서 생존을 유지할 뿐이었다. 이러한 환경에서 조선 사회는 오천축국이나 섬부주, 또는 그것을 바탕으로 상상할 수 있는 지도학적 성과에 매력을 느낄 수 없었다.

〈천하도〉의 기원에 관한 또 다른 설

한국의 지도 연구자인 김양선은 〈천하도〉의 기원에 대해 색다른 주장을 펼쳤다. 그는 〈천하도〉가 고대 중국의 자연주의 철학자 추연鄒衍(기원전 3세기)의 이론에 따라 그린 세계지도라고 설명하면서, 위백규魏伯珪 (1727~1798)가 편찬한 『환영지寰瀛誌』라는 책을 인용했다. 지리학자이자 박물학자로 잘 알려진 위백규는 추연이 다음과 같이 말했다고 한다.

"중국 주위에 있는 사방의 바다를 작은 바다(稗海)라고 부른다. 그 바다를 넘어서 그것을 둘러싼 큰 대륙이 있다. 그리고 그 대륙을 넘어서 다시 주위를 둘러싼 드넓은 대양이 있다. 여기에서야 세상의 끝에 닿을 수 있다."[67]

이러한 표현은 〈천하도〉의 모습을 훌륭하게 일깨워 준다. 문제는 옛 문헌에 인용되어 편린으로만 남아 있는 추연의 저술 속에서 이러한 내용을 확인할 수 없다는 점이다.[68]

사마천司馬遷의 『사기史記』(기원전 91년경 완성)에 수록되어 있는 추연의 전기에는 비슷하기는 하지만 상당히 다른 세계관이 담겨 있다. 곧 중국

---

67) 김양선의 『매산국학산고』, p. 217에 인용된 위백규의 『환영지寰瀛誌』. 위백규의 원본을 확인하지는 못했다.

68) 추연의 저술로 완전하게 남아 있는 것은 없다. 위의 인용문은 마국한馬國翰이 집성한 『옥함산방집일서玉函山房輯佚書』(마국한이 편집한 옛 일서逸書의 모음으로 1853년 편찬) 권77(추연)에는 들어 있지 않다.

[도판 2-13]

무명의 중국전도中國全圖

이것은 사실상 〈혼일강리역대국도지도〉의 사본이거나 그 전통 속에 있는 지도이다. 이 지도는 일본 구마모토의 혼묘지에 있는 〈강리도〉와 자매 관계에 있는 것으로 생각되며, 운노 가즈타카는 이 지도가 1568년 무렵 조선에서 모사되었다고 보았다. 대륙이 바다로 완전히 둘러싸인 모습에서도 〈강리도〉의 다른 두 사본과 구별된다.

원본 크기 : 135.5×174cm. 일본 덴리 대학 도서관 소장.

은 하늘 아래 존재하는 81개의 주州(대륙 크기의 섬) 가운데 하나일 뿐이라는 것이다. 사마천은 추연의 세계관을 다음과 같이 설명했다.

"중국만한 크기의 주가 9개 있고, 각각은 작은 바다로 둘러싸여 있는데, 모두 인간이나 짐승이 들어갈 수 없다. 그런데 9개의 주는 추연이 '큰 주'라고 부르는 하나의 구역 안에 들어 있다. 이러한 것이 아홉 개가 있으며, 그 외연을 광대한 바다가 고리 모양으로 둘러싸고 있다. 그리고 바로 이 외연에서 하늘과 땅이 만난다."[69]

이러한 설명은 〈천하도〉라는 영문 모를 지도의 모습을 바로 떠올리게 하는 것이어서, 김양선이 '추연식鄒衍式 〈천하도〉'라는 용어를 선택한 이유를 잘 설명해 준다. 하지만 위백규가 잘 알려진 내용이었지만 뜻이 모호한 사마천의 글에 주목하면서도 당시 전성기를 누리던 〈천하도〉에 대해 언급하거나 설명하지 않은 것은 의심스러운 부분이다.

한편 〈천하도〉와 『산해경』이 유형학적으로 관련되어 있다는 점은 의심의 여지가 없다. 내해와 외대륙에는 『산해경』의 지명과 지형을 체계적으로 채워 넣었다. 내해와 외대륙에 실린 지명은 『산해경』의 지리학적 구분을 이론적으로 투사한 것에 지나지 않으며, 어느 정도는 추연의 지리 사상에서도 영향을 받았다.

다만 〈천하도〉 내대륙의 윤곽은 부분적으로는 상상의 산물이지만 어떤 이론에 따른 것이 아니다. 한반도·황해·양쯔강과 아마도 통킹만으로 보이는 동남 해안선의 만곡부, 곤륜산, 그리고 그 밖의 지형 등을 살펴보면, 이 지도가 지도 제작 경험을 통해 다져진 일정한 토대 위에 있으며 내대륙 전체를 형태학적으로 분석하는 데 필요한 충분한 자료를 담

---

69) 사마천, 『사기』 권74 ; 총 10권으로 된 판본(中華書局, 1959)을 참고. 이 텍스트는 그 뜻이 모호하다. 추연과 그의 행실을 좋아하지 않았던 사마천은 그의 개념을 명확하게 설명하지 않았다. 또 다른 번역으로 Needham, *Science and Civilisation in China*(Cambridge: Cambridge University Press, 1954~) 제2권과 Wang Ling, *History of Scientific Thought* (1956), p. 236를 참조하라.

고 있다는 점을 알 수 있다. 대륙의 윤곽에는 어색하거나 균형을 잃은 부분이 나타나는데 이러한 점은 〈천하도〉가 이론이나 또는 상상에 기초한 모델과는 거리를 두고 있음을 알려 준다.

1402년의 〈강리도〉는 한국에서 제작된 것이 분명하고, 조선에서 1568년까지 복제된 것으로 알려져 있으므로 〈천하도〉의 모델에 대한 그럴듯한 후보가 될 수 있다. 특히 덴리 대학에서 소장하고 있는 사본이 흥미롭다. 그 이유는 류코쿠 대학이나 혼묘지의 다른 두 사본과 달리 땅덩어리가 완전히 바다로 둘러싸여 있기 때문이다(도판 2-13). 아프리카도 독립된 대륙이 아니라 유럽에 매달린 반도로 보인다. [도판 2-14]는 덴리 대학 소장 사본의 윤곽을 전형적인 〈천하도〉의 윤곽과 나란히 비교해본 것이다. 그리고 그 아래로 과도기 단계의 가설적인 삽도를 제시해 보았다. 이러한 전환을 시사하는 중요한 단서 두 개를 〈천하도〉에서 확인할 수 있다.

첫째는 대륙의 서반부 안쪽에 있는 삼각형 모양의 반도로서 곤륜산바로 아래에 있다. 이 반도는 남쪽으로 흘러 바다로 들어가는 긴 흑수黑水와, 흑수로 흘러드는 짧은 양수羊水 사이에 형성되어 있다. 두 강은 모두 『산해경』에 언급된 가상의 강으로서 곤륜산에서 발원한다.[70] 중요한 것은 이러한 내부의 반도 지형이 대륙의 전체적인 배치 양상에서 독특하다는 점이다. 왜냐하면 그것이 내륙 지형 가운데 수역水域으로 윤곽이 잡힌 유일한 사례이고, 강의 지류를 보여주는 유일한 사례이기 때문이다.

두 번째 단서는 이 반도의 서북쪽에 있는 큰 호수이다. 이 호수는 흔히 소륵(疏勒 또는 疎勒)으로 불린다. 하지만 여러 번 변형되었고, 원래는

---

70) 『산해경교주』 권2(p. 48)와 권11(p. 297).

이름이 없었던 것 같다.[71] 이 호수는 〈천하도〉에서도 독특한 것으로, 내 대륙에 있는 유일한 내해內海이다. 이러한 두 지형 말고는 대륙에 9개의 산, 4개의 큰 강, 한반도, 그리고 만곡하는 해안선이 있을 뿐이다.

〈강리도〉의 서쪽 부분에서 아프리카가 대륙의 본체로 융합되어, [도판 2-14]에 보이는 것처럼 아라비아해와 서인도양이 남쪽으로 흐르는 하나의 긴 강이 된다고 상상하면, 〈천하도〉의 삼각형 모양 반도는 아라비아 반도의 흔적이고, 커다란 내해는 지중해와 흑해의 흔적인 셈이다. 〈강리도〉의 아라비아해와 서인도양은 〈천하도〉에서 흑수가 되고, 홍해는 양수가 되는 것이다. 이렇게 대륙의 모양에 대한 전체적인 틀을 잡고 보면, 이제 〈천하도〉의 기본 윤곽에 도달하기 위해 어느 정도의 축약과 마무리 작업을 하고 황하와 양자강, 적수赤水를 삽입하기만 하면 된다.

〈강리도〉에 보이는 대륙의 바깥 해안선이 점진적으로 변화한다는 주장은 분명 임의적인 것이며, '이미 알고 있는' 〈천하도〉의 윤곽을 전제로 한 것이다. 형태학적으로 더욱 중요한 것은 내적인 진화이며, 이는 〈강리도〉의 지중해, 흑해, 홍해, 아라비아해, 아라비아 반도를 〈천하도〉로 감싸 넣는 진화이다. 이러한 내적 진화는 임의적인 것이 아니고 형태학적으로 뜻 깊은 것이다. 왜냐하면 이러한 지형의 진화가 없었다면 〈천하도〉에 지류가 딸린 강과 내해가 생겨날 수 없었을 것이기 때문이다.

'그럴듯함'이라는 기준으로 이제까지의 설명에 대해 판결을 내려 본다면, 아무튼 〈강리도〉의 중요한 땅덩어리가 모두 유연한 해안선 속에 어떻게든 접혀 들어간 것이라고 주장할 수 있다. 〈강리도〉의 '과학적인' 내

---

71) 소륵(카슈가르로 밝혀짐)은 역사상 실재한 중앙아시아의 한 왕국의 이름으로서, 한漢과 당唐의 역사 문헌에서 확인할 수 있다. 그것은 바다나 호수와는 어떤 식으로도 연관되지 않는다. 〈천하도〉의 다른 판본에는 여타 고대 중앙아시아 왕국들의 이름과 함께 무명의 호수가 있는 경우가 있다. 나는 이것이 정확한 모습이 아닌가 생각한다. 일부 판본에서는 이것을 약弱, 익溺, 뇨尿라는 이름의 강(실제 모습은 호수나 바다의 모습)으로 표현하고 있다.

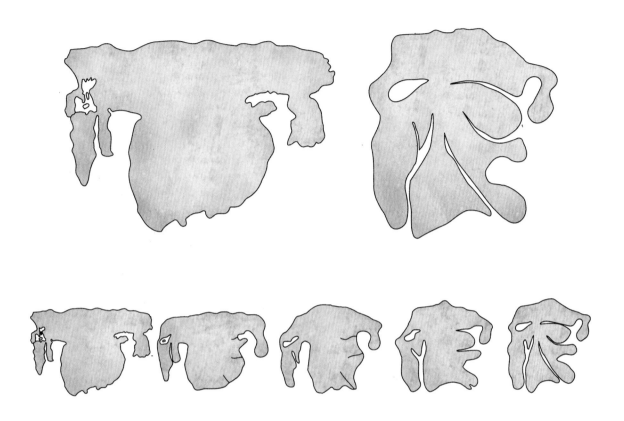

[도판 2-14]

〈강리도〉와 〈천하도〉 사이의 대륙 윤곽 비교

상단 왼쪽은 덴리 대학 〈강리도〉의 윤곽, 상단 오른쪽은 전형적인 천하도의 윤곽. 하단에 있는 일련의 윤곽들은 〈강리도〉에서 〈천하도〉 내대륙으로의 진화 과정을 제안해 본 것이다. 이 진화 가설의 핵심 요소는 아라비아 반도이다. 홍해와 아라비아해는 〈천하도〉에서 각각 강으로 진화하고, 아라비아 반도는 그 사이에 낀 반도가 된다.

용과 〈천하도〉의 '원초적인' 성격을 비교해 볼 때 〈천하도〉는 잘못된 것으로 보일지 모르는 방식으로, 오히려 대륙의 땅덩어리를 훨씬 더 균형감 있게 표현했다. 곧 〈천하도〉에서는 강을 신중하게 배치함으로써 전체 대륙을 지역별로 알기 쉽게 나누었고, 완만한 곡선으로 인도 대륙과 베트남의 윤곽을 표현하였다.

역사적으로 볼 때 〈천하도〉는 등장 시기도 적절했다. 〈천하도〉에 대한 17세기 이전의 문헌 기록은 없지만, 합리적인 추론을 통해 16세기 중엽에 발생했다는 점을 알 수 있다. 덴리 대학이 소장한 〈강리도〉 사본은 한국에서의 지명 변화, 곧 운노 교수의 연구에 따라 1568년으로 추정할 수 있는 지명의 변화를 담고 있다.

이러한 가정이 허용된다면, 〈강리도〉의 땅덩어리가 바다로 둘러싸인 하나의 대륙으로 진화한 것이 〈천하도〉에 있는 내대륙이 출현하는 기본적인 조건이 되었을 것이다. 일단 이러한 지리학적 형태를 얻게 된 뒤로는 『산해경』의 환상에 매료된 몇몇 영리한 사람들이 이것을 보완했을 것이다. 〈강리도〉의 아프리카와 유럽 지역에 나타나는 아랍식 지명의 한역漢譯 지명은 이해하기 무척 어려운 것이었다. 이 때문에 〈천하도〉 제작자는 이것들을 무시하고 아프리카와 유럽의 모양 자체를 역사적 상상력을 표현하는 데 적합한 모양으로 맞추려 했을 것이다. 이렇게 해서 유럽은 내해의 북쪽에 위치한 좁은 띠 모양의 육지가 되고 아프리카는 중국사의 서역西域이 되어 중앙아시아에 있던 만이蠻夷들의 이름으로 채워지고 만다. 즉, 〈강리도〉는 사라지지 않고 〈천하도〉로 진화했다고 볼 수 있다.

문화의 안락함보다는 과학적 진보의 영광을 선호하는 사람들은 이러한 전개를 퇴보라고 생각할지 모른다. 하지만 애초의 〈강리도〉가 아무리 위대하고 독특한 지도학적 성과라 할지라도, 15세기 초에 존재했던 모습 그대로는 한국과 동아시아의 전통적 지도 문화와 관련되지 못했고 그럴 수도 없었음을 쉽게 알 수 있다.[72] 권근과 이회가 만든 〈강리도〉는 그것을 본 소수의 사람들을 제외하면 문화적으로 큰 의미가 없는 오락거리에 지나지 않았다. 내 추측이 정확하다면, 〈강리도〉에 수록된 대륙의 구조는 신속한 지각변동을 통해 〈천하도〉의 일부로 토착화되어 새로운 생명을 얻게 되었다.

---

72) 이 점에 대해서는 방동인도 『한국의 지도』, p. 76에서 같은 주장을 하고 있다.

한국에서 제작한 중국 지도

지금까지 〈천하도〉를 '하늘 아래 모든 것'을 그린 지도로 논의해 왔다. 그런데 중국적 세계, 특히 중국 황제의 실제 권위가 아니더라도 그 신망과 명성이 지배하는 지역을 뜻하는 '천하'라는 용어는 매우 오랫동안 사용되어 왔지만, 〈천하도〉의 대상은 항상 모호했다. 명대(1368~1644)에 한국인들은 보통 중국 지도나 그에 가까운 변형을 〈천하도〉라고 불렀다. 중국 지도는 특히 명 왕조의 개창 이후 인기를 얻었다. 왜냐하면 중국의 일부나 전체 영역이 이민족 왕조의 지배를 받던 250년간의 상황이 끝나면서, 중국이 한층 더 중국다운 특성을 갖게 되었기 때문이다.

중국의 역사에서 몽골은 중국 전체를, 그것도 장기간 지배한 첫 비非중국 민족이었다. 이러한 상황이 끝나자 사람들은 다시 한 번 '천하'와 같은 고전적인 표현을 혼란 없이 쓸 수 있게 되었다. 1370년대에 제작되었지만 오늘날에는 전하지 않는 나흥유의 중국 지도와, 한국인들이 15세기 초에 수입해서 〈강리도〉에 통합시킨 중국 지도에 대해 앞서 언급한 바 있다. 한국인이 만든 중국 지도(우리는 나흥유의 지도와 〈강리도〉에 더해 1469년 홍문관弘文館에서 만든 지도를 알고 있다)가 분명히 있었지만,[73] 15~16세기 한국에 있던 대부분의 중국 지도는 대개 중국에서 만들어

---

73) 『예종실록』 1년 6월 21일 계유.

져 수입된 것일 가능성이 크다.[74] 아울러 한국인이 만든 중국 지도도 창작품이라기보다는 주로 모사본이었을 것이다.

1644년 만주족이 명 왕조를 정복한 사건을 계기로 한국인들은 중국 지도를 자체적으로 만들어야겠다는 자극을 받았다. 1627년과 1636~1637년의 침략, 강요에 따른 명과의 단교, 조선 국왕에게 강요된 치욕스러운 충성의 맹세, 왕족과 유력 가문이 볼모를 바쳐야 했던 일 등 만주인들이 안긴 쓰라린 경험들은 전국적으로 반청反淸 감정을 불러일으켰다. 아울러 1590년대 일본이 침략했을 때 명의 군대가 조선을 도와준 사실은 조선의 지식층 사이에서 친명親明 의식을 북돋웠다. 이러한 분위기를 단적으로 보여주는 사례가 청 때에도 명의 연호를 쓴 일이다. 비록 공식적인 일은 아니었지만, 1628~1644년에 쓰인 숭정崇禎이라는 명의 마지막 연호가 조선에서는 19세기 말까지 사용되었던 것이다. 또 다른 사례는 청이 아닌 명의 수도와 지방 조직을 수록한 중국 지도를 더 선호한 일이다.

명 왕조는 두 개의 수도(남경과 북경)를 두었고 지방은 13개의 성省으로 편제하여 모두 15개의 주요 행정 조직을 운영했다. 청의 행정 체계는 대개 명과 비슷했지만, 북경 한 곳에만 수도를 둔 점이 달랐다. 남부에 있던 옛 수도 지역과 호광성湖廣省은 각각 두 개의 성으로 분리되었고, 서쪽에는 감숙성甘肅省이 추가되었다. 변화는 비교적 작았지만 중요한 것은 상징성에 있었다. 조선에서 보았을 때 이러한 변화는 불법적인 왕조

---

74) 1482년에 논의된 지도 목록에 들어 있는 두 종의 중국 지도는 다른 한국 지도와 마찬가지로 그 제작자가 밝혀져 있지 않다. 따라서 이 지도들은 대개 수입된 것으로 추정된다(『성종실록』 13년 2월 13일 임자). 1511년에 언급된 지도는 중국에서 만든 것인지 한국에서 만든 것인지 확인하기 어렵다(『중종실록』 6년 8월 12일 기축). 명나라의 지도를 수입하기 위한 노력과 성공 사례가 1536년에서 1538년 사이에 보고된 일이 있다(『중종실록』 31년 5월 10일 갑자, 32년 3월 15일 갑오, 3월 16일 을미, 33년 11월 25일 을미, 11월 28일 무술).

교체에 따른 것이었다. 그리고 조선이 중국 지도를 자체적으로 제작한 것은 나름대로 정통성에 대한 표준을 가지고 있었기 때문이다. 조선에서 제작된 중국 지도 모두가 명의 행정 조직을 보여주는 것은 이러한 사실을 잘 보여준다.[75]

가장 정교한 사례가 1666년 김수홍金壽弘이 제작한 목판본 지도다. 이는 한국의 인쇄본 지도 중 제작자와 제작 시기를 명시한 몇 안 되는 지도 중 하나다. 〈천하고금대총편람도天下古今大摠便覽圖〉라는 이름의 이 지도(도판 2–15)는 명의 행정 조직뿐 아니라 중국 문명의 흐름을 상고시대부터 조망한다.

이처럼 흥미로운 지도가 도록에 실려 있기는 하지만 수록된 내용을 읽어내기는 어렵다. 이 지도를 연구한 연구자에 따르면 지도 전체에 걸쳐 고사故事·경승景勝·고찰·인물·효자 등에 대한 설명문이 적당한 장소에 배치되어 있다고 한다.[76]

코델 이Cordell Yee는 동아시아의 지도 제작에서 지속적으로 나타나는 특징으로 지도와 설명문이 밀접하게 조합되는 점을 강조했다. 김수홍의 지도는 그러한 현상을 보여주는 훌륭한 사례이다. 이 지도는 중국 지도라는 틀에 담은 중국 문명에 대한 설명문이라고도 할 수 있다. 김수홍의 지도는 다른 자료도 참고한 것으로 보이지만 더 이른 시기의 중국 지도들을 떠올리게 한다. 그중 주목할 만한 것이 1593년 양주梁輈의 『건곤만국전도고금인물사기乾坤萬國全圖古今人物史記』이다.[77]

---

75) 예컨대 이찬, 『한국고지도』, pp. 40~45와 p. 18의 도판 5. 후자에는 1747년에 해당하는 간기가 있다.

76) 김양선, 『매산국학산고』, pp. 223~225. 김양선 소장본(현재는 숭실대학교 박물관 소장-옮긴이)은 필사본으로 보인다. 맥캐이Mackay는 김수홍에 대한 글에서 김양선 소장의 필사본 두 점을 언급했다. 목판 인쇄본을 이찬이 소장하고 있는데[이찬의 기증으로 현재는 서울역사박물관 소장(서13124)-옮긴이], 그 사진이 『한국고지도』, p. 40에 수록되어 있다.

77) 이 지도는 한때 런던의 필립스Philips 컬렉션 중의 하나였다. 소더비 社의 카탈로

김수홍(1602~1681)의 공적인 경력은 불운했지만, 그 내용은 흥미롭다. 『조선왕조실록』에는 그를 비방하는 내용이 실려 있다. 곧 "사람됨이 괴팍하고 망녕스러워서 많은 이들이 그를 피했다."는 것이다.[78] 아울러 "그는 노련한 이단아였고, 경멸스러울 만큼 사악해서 모두가 그를 몹시 싫어했다."고 한다. 그는 1659년과 1674년 조정에서 벌어진 격렬한 논쟁[기해예송己亥禮訟(1659)과 갑인예송甲寅禮訟(1674)을 가리킨다. 1659년 효종이 죽자 그의 계모인 자의대비 조씨慈懿大妃 趙氏가 얼마동안 상복을 입어야 하는가 하는 문제를 둘러싸고 조정 내에 격렬한 논쟁이 벌어졌으며, 1674년 효종의 비인 인선대비 장씨仁宣大妃 張氏가 죽자 같은 논쟁이 재연되었다. 예제禮制에 대한 것이기는 했지만 사실상 정치적 주도권과 관련된 이 논쟁에서 김수홍은 같은 서인西人의 주장을 비난하고 남인南人의 주장에 동조하여 논란을 일으켰다─옮긴이]에서 자기 편의 논객들에 반대하고 반대파를 지원하면서 이러한 비난을 받았다.

그의 행동은 그가 안동 김씨의 일원이었기 때문에 좀 더 특별한 것이었다. 안동 김씨는 보수파의 중추 세력 중 하나로서, 반청을 주장하는 서인에 속했다. 서인은 당시 권력을 장악하고 있던 그 유명한 송시열宋時烈(1607~1689)이 이끌고 있었다. 송시열의 여러 주장 가운데 하나가 바로 숭정이라는 명의 연호를 기년紀年을 위해 계속 사용하는 것이었다. 김수홍은 송시열을 자극하기 위해 당시 통용되던 청의 연호인 '강희康熙'를 썼다고 한다.

그인 *The Library of Philip Robinson*, pt.2, *The Chinese Collection* (판매일 1988.11.22), p. 76~77 (no.85)에 수록되어 있다. 아울러 Howard Nelson, "Maps from Old Cathay," *Geographical Magazine* 47 (1975), pp. 702~711, 특히 708을 참고하라. 동아시아에서 지도와 설명문의 조합에 대해서는 Cordell D. K. Yee, "Taking the World's Measure: Chinese Maps between Observation and Text," *Cartography in the Traditional East and Southeast Asian Societies*, pp. 96~127를 참조하라.

78) 『숙종실록』 7년 8월 23일 계묘. 사망 기사의 날짜는 1681년 8월 23일이다. 이 기사에 따르면 김수홍은 일부 자료에 실려 있는 것과 달리 1601년이 아니라 1602년에 태어난 것이 된다.

[도판 2-15]

〈천하고금대총편람도天下古今大總便覽圖〉

1666년 김수홍이 제작한 오른쪽 지도는 목판본으로는 유일하게 남아 있는 사례로 보인다. 세 장의 필사본이 알려져 있다. 조선 후기에 제작된 중국 지도가 늘 그런 것처럼, 청이 명을 대체했지만, 지도에는 명나라의 지방 행정 조직이 실려 있다. 지도에는 글자가 빽빽하게 기재되어 있는데, 유명한 역사적 인물·사건·명승지에 대한 자료를 수록한 명의 지도 양식을 모방한 것이다.

원본 크기 : 142.8×89.5cm. 숭실대학교 한국기독교박물관 소장.

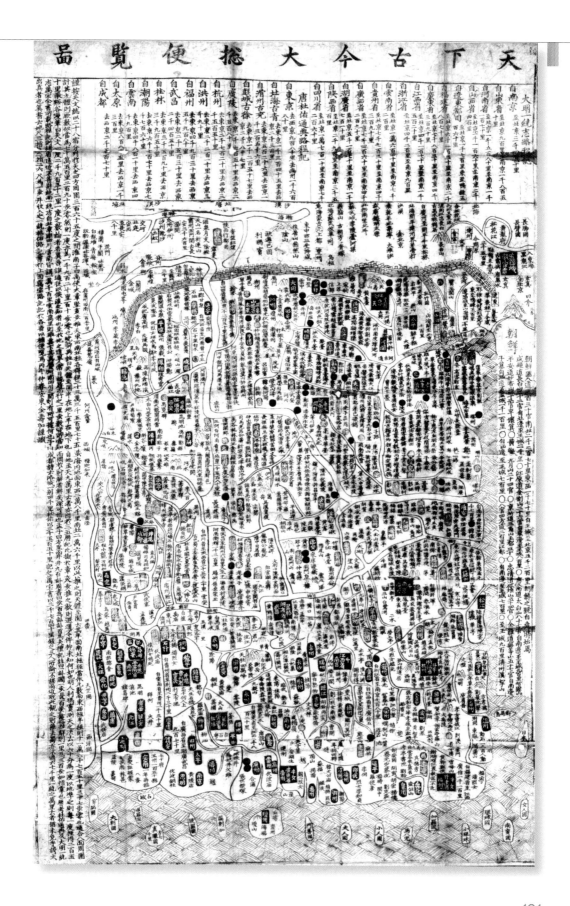

天下古今大總便覽圖

[도판 2-16]

〈중국도中國圖〉

1849년으로 편년될 수 있는 서문이 붙어 있는 필사본 지도책으로부터. 큰 원 속에 있는 지명은 이미 1644년에 폐지된 명나라의 지방 행정 조직을 보여준다. 사각형 안에는 전설적인 우禹 임금이 홍수를 수습하면서 구획했다는 '구주九州'가 기록되어 있다. 또한 더 작은 원 속에 춘추전국 시대의 주요 국가들을 표시하고, 주요 지역과 산, 역사적 명소 등을 표시했다. 19세기의 실제 중국을 반영하려는 어떤 시도도 이루어지지 않았고, 오히려 고전 시대의 중국과 명이 제시되어 있다.

원본 크기 : 32.4×26.8cm.
개리 레드야드 소장.

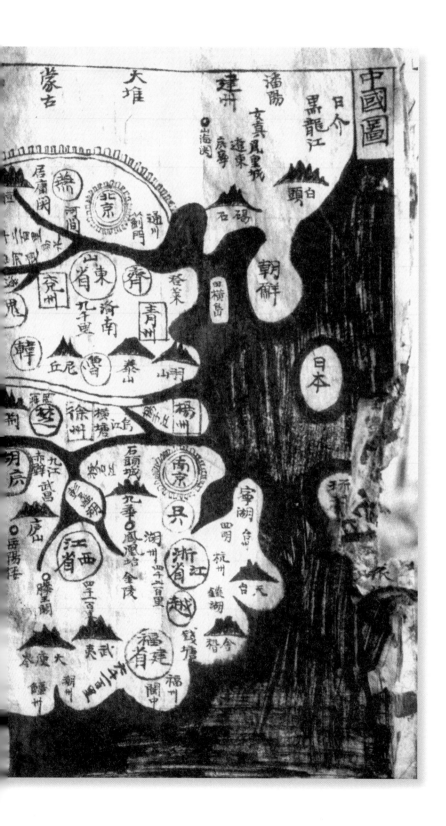

그를 적대시하는 사람들의 눈에 이것은 불효의 구성 요건이 되었다. 불효는 당시 유학자에게는 가장 가증스러운 범죄였다. 김수홍의 할아버지 김상용金尙容은 이름 높은 반청 순교자였다. 1637년 강화성에서 마지막까지 저항하던 그의 할아버지는 만주족에게 항복하느니 차라리 죽겠다며 폭탄을 안고 자폭했다. 한 서양 학자는 김수홍이 청의 연호를 사용함으로써 '변화를 인정'했고, 그 결과 '반동'들에 맞서 '진보'의 편에 섰다며 감탄했다.[79]

하지만 『조선왕조실록』에 실린 김수홍에 대한 명백히 편견 어린 의견을 참작하더라도 그가 진보의 편에 섰다는 관점을 뒷받침할 만한 근거는 거의 없다. 그 주장은 당시 강력했던 이념적 분위기를 고려하지 못한 것이다. 지도 제작과 관련해서 배심원을 가정해 본다면, 반대의 평결을 내리는 편이 옳았을 것이다. 만주족이 북경에 입성한 지 22년 뒤에 제작된 김수홍의 지도는 명의 지방 제도를 충실히 보여주고 있으며, 청이 존재한다는 어떤 단서도 주지 않는다.

김수홍의 지도와 마찬가지로 19세기 중반까지 조선에서 제작한 다른 중국 지도도 같은 상황이었다. 정교하고 큰 한 장짜리 지도부터 일반적인 지도책에 수록되는 중국 지도에 이르기까지, 조선의 독자들이 접할 수 있던 것은 명의 수도와 성省이었다. 실학파와 관련된 지도책 가운데 일부는 이러한 전반적인 현상으로부터 예외였을 가능성이 있지만, 그것들은 극히 소수였다.

지도책에 수록되는 전형적인 중국 지도에는 명대의 행정 조직을 바탕으로 북경과 지방 중심지 사이의 거리를 표시했을 뿐 아니라, 만리장성·황하·양자강을 비롯하여 고전과 문학서에 나타나는 주요 산, 제국의 주요 도시 등을 대담하고 추상적인 표현으로 강조했다(도판 2-16). 이

79) Mackay, "Kim Su-hong," p. 27.

러한 지도책은 기본적으로 〈천하도〉와 같은 방식으로 제작된 것으로, 〈천하도〉의 세부를 확대한 것으로 볼 수 있다.

한국에서 제작한 일본 지도

　전통적으로 이웃 나라 일본 또한 조선의 정치가와 지도 제작자 입장에서 중요한 관심 대상이었다. 이러한 점은 앞서 1402년의 세계지도 제작에 대해 상술할 때 살펴본 바 있다. 조선 시대에 제작된 일본 지도의 대체적인 수준을 고려해 보면 〈강리도〉에 그려진 일본의 윤곽은 매우 우수한 것이다. 비록 세계지도 속에 편집될 때 일본열도의 위치와 방향이 잘못되기는 했지만, 이 지도는 14~15세기에 일본에서 제작한 일본 지도에 비해서도 손색이 없다. 시코쿠가 혼슈에 붙어버리면서 내해가 없어지지 않았다면 이 지도는 가장 훌륭한 지도로 꼽혔을지 모른다. 물론 당연한 일이지만 〈강리도〉의 일본 지도는 박돈지가 1402년 조선으로 반입한 일본 지도에 기초한 번안품이었고, 근본적으로 일본 지도 제작 기술상의 한 가지 독특한 흐름을 대표하고 있다.

　일본을 그린 인쇄본 지도로 가장 오래된 지도는 1471년 신숙주申叔舟의 『해동제국기海東諸國記』에 실린 지도로서 조선에서 만든 것이다.[80] 『해동제국기』에는 일본전도뿐 아니라 일본과 류큐, 그리고 이키와 쓰시

---

[80] 신숙주, 『해동제국기』(서울: 1471년 간행, 조선총독부 1933년 영인: 조선사료총간 제2권) 일부 자료가 후대의 인쇄 과정에서 이 책에 추가되었지만, 원본이 변경되었다는 증거는 없다. 원본은 활자로 인쇄되었지만 지도 부분은 목판본으로 제작되었다. 한편 Unno Kazutaka, "Cartography in Japan," *Cartography in the Traditional East and Southeast Asian Societies*, p. 370의 주100을 참조하라.

마의 상세 지도가 실려 있다. 신숙주(1417~1475)는 초기에 세종(1418~1450 재위)이 추진한 여러 연구 사업에 참여했고, 1443년의 일본 사행 때는 서장관書狀官으로 참여했다. 이때의 사행에서 신숙주는 일본이 조선 해안에서 노략질하는 것을 종식시켰을 뿐 아니라, 도요토미 히데요시의 침략 전까지 지속되는 외교 관계의 기초를 만들었고, 나중에는 오랫동안 예조판서로 지내면서 십여 년 이상 조선의 외교 업무를 지휘했다.

『해동제국기』는 일본과 류큐의 역사·지리·관습에 대한 개론서로서 두 나라와 조선의 관계에 관련된 사건일지, 관례, 조서詔書 등을 요약하고 있다. 신숙주는 평생 일본 문제에 관심을 쏟았으며, 조·일 관계를 매우 중요하게 인식했다. 그는 숨을 거두는 자리에서도 성종 (1469~1494 재위)에게 일본과 평화로운 관계를 지속할 것을 부탁했다고 한다.

『해동제국기』에 수록된 지도들은 15세기 전반 이래로 예조에 구비되어 있던 여러 지도에 바탕을 둔 것이었다. 박돈지의 지도는 예조에 있던 지도들 가운데 이른 시기의 지도에 속했다. 또 다른 일본 지도와 류큐 지도가 1453년에 추가되었는데, 이것은 독립 왕국이었던 류큐 국왕의 사신으로 일하고 있던 일본 승려 도안道安이 제공한 것이었다.[81] 오늘날 구할 수 있는 『해동제국기』 사본은 흑백의 목판본 뿐이지만, 초기의 사본은 채색본이었던 것 같다. 지도 바로 앞에 있는 범례에는 "지도에서 황선은 도계道界이고, 흑선은 주계州界이며, 홍선은 도로이다. (중략) 도로는 일본의 리里 수로 나타냈는데, 이는 우리나라의 10리에 해당한다." 라고 적혀 있다.

---

[81] 『단종실록』 1년 7월 4일 기미. 도안道安의 지도는 『성종실록』(13년 2월 13일 임자)에 실린 1482년의 지도 목록에도 들어 있다. 이 책 185쪽의 [표 6]을 참고하라.

[도판 2-17]

〈해동제국총도海東諸國總圖〉

1471년 신숙주가 지은 『해동제국기』에 수록된 이 지도는 일본 및 류큐와 관련된 6장의 지도 가운데 가장 앞에 있는 것으로 인쇄본 일본 지도로는 가장 빠른 것이다. 일본열도, 또 일본열도와 류큐, 일본·류큐와 한국의 상대 위치를 총체적으로 보여준다. 이 지도는 종종 일본을 양자강의 위도 또는 그보다 훨씬 남쪽에 배치하던 중국의 지도나 다른 한국 지도보다 훨씬 수준이 높다. 한국과 일본 사이의 해협에 있는 이키와 쓰시마 두 섬은 전체적으로 과장되어 있다. 1506년 무렵 발간된 활자본을 1933년 석판 영인한 것으로부터.

각 지도 크기 : 17.6×12.3cm.

미국 하버드 대학교 하버드-옌칭 도서관 소장.

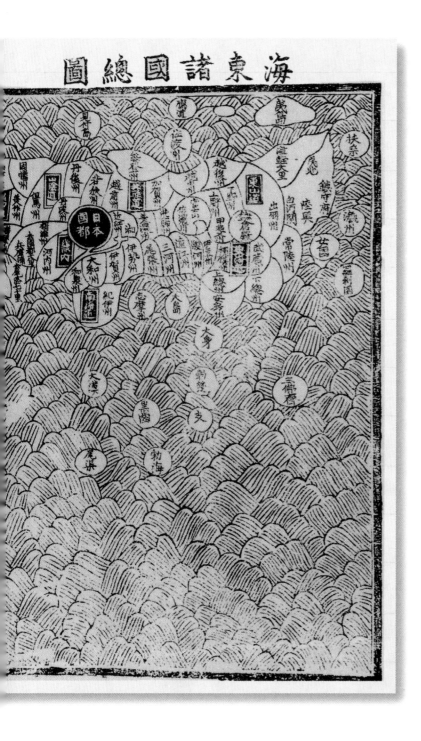

[도판 2-18]

〈일본국대마도지도日本國對馬島之圖〉

1471년 신숙주가 지은 『해동제국기』에 수록된 지도. 쓰시마는 일본 본토보다 한국에 가까웠으며, 독자적인 다이묘가 있었다. 수 세기 동안 대마도는 양국간의 정치·경제 교류를 중개하는 역할을 했다. 이 섬을 말굽 모양으로 표현한 것은 왜곡에 의한 것이지만, 그 덕분에 한 장의 지면 위에 해안선에 있는 모든 만과 강구를 표시할 수 있었다. 또한 오늘날 아소만淺茅灣이라고 불리는, 서쪽으로 열린 큰 내만을 통해 접근하는 것이 전략적으로 중요하다는 점을 반영하고 있다. 1419년 조선 수군이 왜구의 근거지를 공격했다. 흰 선은 원래 붉은색으로 채색되어 있었는데, 이 선은 조선으로 오가는 중요한 항로를 가리킨다. 선이 육지 부분을 가로지르는 곳에 연수連水 육로가 있었다(일본명 후나코시船越). 러·일 전쟁 때 일본 해군은 이 지협을 제거했고, 그 결과로 쓰시마는 두 개의 섬이 되었다. [도판 2-19]를 참조하라. 1506년 무렵 간행된 목판 활자본을 1933년에 석판 영인한 것으로부터.

각 지도 크기 : 17.6×12.3cm.

미국 하버드 대학교 하버드-옌칭 도서관 소장.

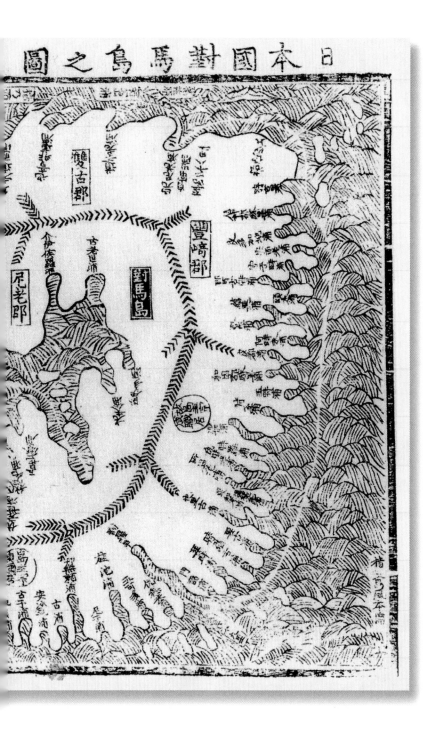

〈해동제국총도海東諸國總圖〉는 일본의 주요 섬 3개와 류큐, 조선과 규슈 사이의 해협에 있는 이키와 쓰시마(두 섬 모두 매우 과장되어 있음), 한반도의 동남쪽 구석을 보여주며, 일본 상인의 왕래가 허용되던 세 개의 항구를 표시하고 있다(도판 2-17). 한 장의 지면에 이 모든 지역의 상대적인 위치를 보여주는 지도는 조선과 일본 두 나라를 통틀어서 이것이 유일했던 것으로 보인다. 다음으로 두 장의 지도가 있는데, 하나는 혼슈와 시코쿠를 그린 지도이고 다른 하나는 류큐 지도이다.

또한 이 작은 지도집에서 특별히 관심을 끄는 것은 한 장짜리 〈일본국대마도지도日本國對馬島之圖〉(도판 2-18)이다. 이 섬은 조선에게 매우 중요한 곳인데, 그 이유는 쓰시마가 조선과 지리적으로 가까웠으며 동시에 조·일 양국의 외교 사절과 여행자들이 들르는 경유지였기 때문이다. 쓰시마의 다이묘大名는 조선 조정과 일본 사이에서 공식적인 계약 당사자로서 조·일 무역 때 일본을 대리했다. 그는 대대로 조선과 관련된 사안에서 사실상 일본의 대리인이었다.

조선은 외교적으로 쓰시마를 조공국으로 간주했지만, 그렇다고 해서 쓰시마가 조선의 영토라는 것이 아니라는 점은 신숙주가 이 지도에 붙인 이름(日本國對馬島)을 통해 분명히 알 수 있다. 쓰시마를 말굽 모양으로 묘사한 것은 섬 전체를 한 면에 담기 위한 관례에서 비롯된 것으로 보인다. 이 섬의 남북 길이는 약 72킬로미터인데, 동서로 가장 넓은 곳은 15킬로미터에 지나지 않기 때문이다(도판 2-19).

일부 연구자들은 한국의 지도에서 쓰시마가 두 개의 섬이 아니라 일관되게 하나로 표현된 점을 당황스러워하기도 했다. 하지만 전통적인 지도 제작자들이 옳았다. 일본 해군이 20세기 초에 북도와 남도 사이의 자연적인 지협을 전략적인 이유(이러한 조치는 1905년 쓰시마 전투에서 일본군이 러시아 함대에 승리를 거둠으로써 적절한 것으로 입증되었다)로 제거했기 때문이다. 그러므로 쓰시마가 두 개의 섬으로 존재한 기간은 비교적 짧은 것이다.

중국과 한국의 지도 제작자들은 일본을 지도 위에 표현하면서 일본을 동해의 어디에 배치할지를 지속적으로 고민했다. 서기 238년 중국의 외교 사절이 일본에 다녀온 여정(가장 이른 기록이며『삼국지三國志』에 실려 있다)에는[82] 일본이 남쪽으로 멀리 뻗쳐 있으며, 그 중심이 양자강 하구와 같은 위도에 위치하고 기후가 해남海南(중심이 북위 19도)과 같다는 기록을 남겼다. 아주 이른 시기의 것이기는 했지만 잘못된 인상이 남긴 결과가 중국과 한국의 지도에 늦은 시기까지도 분명하게 나타났다. 명의 지도는 대개 일본을 중국 중남부 해안가의 작은 섬으로 묘사했다. 앞서 1402년의 〈강리도〉에서 일본을 이보다도 훨씬 남쪽에 둔 것에 주목하면서, 그 이유가 지도의 동쪽에 공간이 적기 때문이라고 했지만 앞서 언급한 문제가 다시 한 번 반영되었을 가능성도 배제할 수 없다.

19세기에 유행한 지도집에 실린 대개의 지도는 여전히 일본을 조선의 동쪽이 아니라 남쪽에 두었다. 하지만 신숙주가 남긴 정보에 주의를 기울였다면 이런 실수를 피할 수 있었을 것이다. 신숙주는『해동제국기』의 서문에 일본의 범위와 위치를 명확히 기록해 두었다. "그 영역은 흑룡강(아무르강) 하구의 북쪽에서 시작되어 우리 제주도의 남쪽에 이르며 류큐 제도에 닿아 있어 매우 길다."[83]

이는 일본의 북쪽 끝을 사할린의 북쪽 끝에 설정하는 것으로서, 당시는 물론 오늘날까지 일본이 도달한 최북단을 훨씬 넘어서는 것이다. 하지만 실수는 그 지역에만 국한된다. 일본인들 스스로가 15세기라는 이른 시기에 나라의 북쪽 한계를 그렇게 정의하고 있지 않았으므로, 신숙

---

82) 일본 고단샤講談社에서 펴낸 *Kodansha Encyclopedia of Japan* (전 9권)에 개리 레드야드가 쓴 'Yamatai' 항목(제8권 pp. 305~307)을 참고하라.
83) 신숙주,『해동제국기』서序.

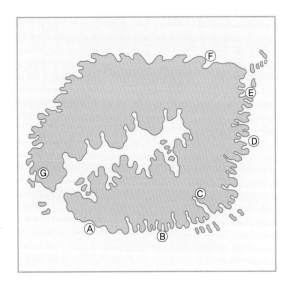

위는 1471년 지도(일본국대마도지도)의 윤곽 위에 로마자로 일부 지명의 위치를 표시한 것이다. 아래는 쓰시마의 현대 지도 위에 같은 장소를 표시한 것이다.

주가 언급한 내용은 그가 살던 시기에 매우 활동적이었던 만주의 여러 종족들과 관계하면서 얻은 정보에 기초한 것으로 추정된다.

『해동제국기』의 지도들은 조선에서 제작한 일본 지도의 정점이다. 이 책은 1629년까지 완본 또는 요약본으로 여러 번 출간되었다. 18세기 초로 접어들면서 중국과 일본 관계를 다룬 새로운 공식 지침서가 나오면서 『해동제국기』의 역할은 끝이 났지만, 새로운 책에 지도는 실리지 않았다. 조선의 대중적인 지도책에 실린 일본 지도들은 『해동제국기』에 실린 이른 시기의 지도를 표준으로 볼 때 오히려 원초적인 모습이다. 지도 제작에서 나타나는 이러한 쇠퇴 양상은 아마도 임진왜란 이후 조선과 일본의 관계가 정서적으로도 나빠졌음을 반영하는 것이다.

　이제까지 살핀 세계지도와 동아시아 지도는 대부분 중국으로부터(또
는 이슬람과 서양의 영향을 받은 지도의 경우에는 중국을 거쳐) 한국에 들어온
지도와 자료를 개선하거나 다시 작업한 것이다. 물론 이러한 지도 제작
활동은 한국에서 직접 지리 현상을 관측한 결과에 바탕을 둔 것이 아니
었고 그들 나름의 측량 기술이나 투영법을 응용한 것도 아니었다. 오히
려 한국의 지도 제작은 다른 나라의 지도를 다시 처리(분명히 흥미롭고 혁
신적인 과정이었다)하는 것이었다.

　이보다 이른 시기에 자국의 지도(물론 현존하지 않지만 앞서 문헌상의 증거
를 검토한 바 있다)를 제작하기 위해서는 보다 근본적인 수준의 지도 제작
기술을 다루어야 한다. 이 과정에서는 다른 사람의 지도나 데이터가 아
니라 직접 측량한 지리적 실재를 지면 위에 해석하는 작업이 필요하다.
이제 우리가 다루어야 할 것은 이러한 근본적인 수준, 곧 일반적인 지리
지식, 풍수지리 관념, 측량술, 투영법과 축척 등의 문제이다.

지리 연구

　한국에는 길고도 독특한 행정 지리학의 전통이 있다. 대개 이러한 전통은 아주 오래된 중국의 모델을 따르고 있다. 두 나라에서는 공통적으로 중앙집권적인 관료제가 일관되게 지속되었고, 중앙 정부가 지방 단위까지 직접 다스렸다. 국가 안에는 지방 자치의 원리가 없었다. 황제나 왕이 도의 관찰사나 고을의 수령을 임명했다. 더 낮은 단위에서는 지방 호족의 합의로 지도자를 뽑기는 했지만, 중앙의 임명을 받은 지방관들은 그들을 교체할 힘을 가지고 있었다. 이러한 체제는 지방 행정 조직이 통일적이고 체계적인 구조를 갖도록 했고, 각 도와 고을의 지리지 자료를 중앙에서 집성하는 데 유리한 여건을 만들어 주었다. 지리지 자료에는 인구, 토지 소유, 자연자원을 비롯하여 세입과 통치에 관계된 여러 정보가 등록되어, 왕조의 역사에서 여러 차례에 걸쳐 추진된 지리지 편찬 작업에 주기적으로 활용되었다.

　이러한 자료들은 지역 공동체에 대한 행정의 역사를 반영하고 있다. 중앙 정부가 이런저런 정치적·재정적 상황에 대응하여 행정 체계를 부단히 보완했으므로 기록에는 빈번한 변화가 있었다. 어떤 지역에 한때는 중앙의 임명을 받은 관리가 있을 수도 있었고, 같은 지역이 또 다른 시기에는 이웃 지역에 소속될 수도 있었다. 또 이 과정에서 종종 지명이 바뀌기도 했다.

조선의 각 고을들은 정치적·경제적·군사적 중요성에 따라 위계가 결정되었다. 그리고 위계는 가변적인 것이었다. 예컨대 어떤 지역에서 반란이 일어나면, 그 지역은 위계가 강등되거나 다른 지역에 합병되어 위계 자체가 없어질 수도 있었다. 그 결과 해당 지역의 주민들은 이제까지 누리던 일부 특권을 잃거나 세금 납부에서 불이익을 당했다. 반면 국가적으로 주목할 만한 성취를 이룬 지역은 그에 상응하여 승격했다. 행정 지리에 대한 전형적인 보고서인 지리지地理誌는 오랜 기간에 걸친 변천의 내용을 연대기적으로 설명하는 것으로 시작된다.

한국 지리에 관한 현존하는 가장 이른 시기의 지리지는 1145년 김부식金富軾이 편찬한 『삼국사기三國史記』에 들어 있다.[1] 『삼국사기』는 국왕의 지시로 편찬된 공식 역사서로서, 일반 자료뿐 아니라 정부 자료를 활용한 것이다. 이 지리지를 편찬하기 위해 김부식은 더 이전 시기의 편찬물을 참고했으며, 이 가운데는 8세기까지 올라가는 문헌도 들어 있었을 것이다.

『삼국사기』 지리지에 수록된 정보는 신라 경덕왕景德王(742~765 재위) 때의 지방 행정 조직을 반영하고 있다. 그리고 고구려나 백제보다는 신라에 대해 풍부하고 신뢰할 만한 자료를 수록하고 있다. 특히 한국의 지명으로 알려진 것 가운데 가장 오래된 지명(주로 방언의 형태이다)이 보존되어 있어서 특별한 가치가 있다. 다만 대부분의 지명은 경덕왕과 그의 시대가 선호했던 중국식 지명으로 교체되었다.

고려 시대에 대한 공식 역사서는 정인지鄭麟趾(1396~1478)가 왕명으로 편찬한 『고려사高麗史』이며 1451년에 간행되었다. 『고려사』에도 고려 시대의 변화상에 대한 지리지가 실려 있으며, 주로 양성지梁誠之(1415~1482)

---

1) 김부식, 『삼국사기』 권34~37 지3~6 지리地理.

가 찬술한 것이다.[2] 앞으로 우리는 15세기의 주요 지도 제작자 가운데 한 사람이었던 그에 대해 살펴볼 것이다. 이러한 두 종의 지리지 덕분에 한국의 대부분의 지역에 대한 역사적 개요를 대개 삼국 시대(대략 4세기부터 668년)까지 소급하여 알 수 있다.

조선 왕조는 1392년 집권과 동시에 지방 행정에 많은 변화를 추구했다. 1424년 세종이 전국의 도와 고을을 광범위하게 조사하도록 지시할 당시에도 이미 많은 변화가 있었다.[3] 다행히 당시 전국의 지방관들에게 보낸 질문의 내용이 남아 있어서 이 조사 사업의 상세한 내용을 알 수 있다. 조정에서는 각 지방의 관리들에게 매우 다양한 자료를 요구했다. 그들은 각 도와 소속 고을에 대한 행정의 역사를 비롯하여, 인구와 경계, 인근 고을과의 거리, 자연지리적 특징, 모든 종류의 경제적·사회적·종교적 사안에 대한 세부 사항 등을 파악하고자 했다. 그 결과 조정에서는 광범위한 자료를 보유할 수 있게 되었다. 이러한 자료는 전국의 334개 고을 모두로부터 일정한 보고 기한에 걸쳐 체계적으로 수집한 것이며, 이 가운데 경상도의 답변 자료가 남아 있다. 모두 66개의 고을이 소속된 경상도는 가장 크고 부유한 곳이었다.[4]

고을 간의 거리에 대한 정확한 정보는 지도 제작의 열쇠가 될 만큼 중요한 것이었다. 따라서 거리 정보는 지도 제작자들이 활용할 수 있을 만큼 매우 반복적이고 철저한 확인 절차를 거쳐 수집되었다. 이러한 자료는 1432년 왕에게 증정된 『신찬지리지新撰地理志』에 통합·정리되었을 것이다.[5]

---

2) 『고려사』 권56~58 지10~12 지리.

3) 『세종실록』 6년 11월 15일 병술.

4) 『경상도지리지慶尙道地理志』(1425년 12월에 초고 작성), 『경상도속찬지리지慶尙道續撰地理志』. 두 책 모두 1938년 조선총독부 중추원에서 영인되었다.

5) 『세종실록』 14년 1월 19일 계묘.

그리고 그 책은 『세종실록』에 부록으로 붙은 지리지(『세종실록지리지』)에 통합되었을 것이다. 다만 이 지리지에는 1424년 당시의 여러 질문 사항 중 많은 항목의 자료가 누락되어 있다.[6)]

이 자료는 1469년 정부에서 활용할 목적으로 갱신되고 보충되었다. 곧 각 고을에 경제와 군사 관련으로 광범위한 항목의 추가 자료를 요구한 것이다. 특히 지도 제작자들의 관심을 끈 것은 서울까지의 수송로와 거리, 그리고 역원驛院 망에 대한 정보였다.[7)] 이러한 정보 중 많은 부분, 특히 군사 정보는 정부만을 위한 것으로 결코 체계적으로 출판되지 않았다. 하지만 이때 진행된 각종 지도 제작 사업의 담당자들은 정보를 접할 수 있었을 것이다.

다음 10여 년 동안 더욱 철저한 사업이 진행되어, 1481년 『동국여지승람東國輿地勝覽』으로 결실을 맺었다.[8)] 이행李荇 등이 편찬한 이 책은 『대명일통지大明一統志』(1461년 편찬)와 궤를 같이하는 광범위한 지리지였다. 다음 반세기 동안 정제되고 갱신된 『동국여지승람』은 1531년의 최종판으로 오늘날에 전한다.[9)] 이후 1770년 『문헌비고文獻備考』라는 백과전

---

6) 『세종실록』 권148~155 「세종실록지리지」.

7) 『경상도지리지』와 『경상도속찬지리지』 사목事目 1~3.

8) 1481년 봄에 편찬된 것으로 기록된 『동국여지승람』에 따르면, 편찬 작업은 1478년에 시작되었다. 이 책의 주 편집자는 노사신盧思愼, 강희맹姜希孟, 서거정徐居正으로 기록되어 있다. 그러나 1482년 양성지는 그것을 자신의 작품으로 주장했는데, 이 주장은 아마도 정당한 것으로 보인다(『성종실록』 13년 2월 13일 임자). 『동국여지승람』은 행정지리를 위한 참고 자료로서의 기능 외에 명문집名文集의 성격을 띠었다. 곧 조선 각 지역의 풍광·문화·역사와 특별한 관련이 있는 시문詩文들을 책 전반에 걸쳐 풍부하게 수록했다. 이 책은 중국 송나라의 『방여승람方輿勝覽』을 모델로 하고 있으며, 제목도 그 영향을 받은 것이다. 『신증동국여지승람新增東國輿地勝覽』에 수록된 이행의 서문을 보라(『신증동국여지승람』은 1531년에 간행되었으며, 1958년 동국문화사에서 영인되었다).

9) 최초의 판본과 연산군燕山君의 치세(1495~1506)에 등장한 또 하나의 판본 중 일부가 오늘날까지 남아 있지만, 1531년 판본은 철저히 개정되어서 원본보다 5권이나 더 많다. 『동국여지승람』과 『대명일통지』를 비교해 보면, 여러 측면에서 체제와 지도의 유사성을 확인할 수 있다. 아울러 『대명일통지』가 『동국여지승람』의 서문에 분명하

서에 새로운 요약본이 수록될 때까지 조선 왕조는 전국에 대한 행정 지리 조사 결과를 간행하지 않았다.

이 작품의 최종판이 1908년의 『증보문헌비고增補文獻備考』이다.[10] 『문헌비고』는 몇 가지 점에서 『동국여지승람』보다 훨씬 개선된 것이기는 하지만, 지리 부문은 『동국여지승람』보다 잘 되었다고 할 수 없다. 또한 대중성과 명성에서도 결코 『동국여지승람』을 대신할 수 없다. 『문헌비고』는 많은 주제와 분야를 포괄하는 광대한 백과전서였지만, 1908년까지는 널리 이용할 수 없었다. 반면 『동국여지승람』은 지리정보만을 담아 훨씬 편리하게 만든 작품이었다. 그 유용성에 영향을 미친 또 다른 요인은 『동국여지승람』에 도별 지도를 넣은 점인데, 『문헌비고』에 지도가 없는 것과 대조를 이룬다. 이 지도에 대해서는 뒤에 다시 논의하고자 한다.

이렇게 공식적으로 편찬된 작품에 더하여, 조선 시대에는 매우 독특한 사찬私撰 자료들이 편찬되었다. 17세기와 18세기의 실학자들은 지리를 열심히 연구했고, 특히 이 나라의 영토에 대한 역사적 지식을 재정립하고 정제하는 데 관심이 많았다. 하지만 지도와 관련된 부분에서는 어떤 작업도 김정호가 편찬한 『대동지지大東地志』만큼 높은 수준에 도달하지 못했다.[11]

게 인용되어 있다.

10) 『문헌비고』에는 지리 관련으로 「여지고輿地考」에 27개의 장이 편성되어 있다(권 13~39). 내용은 역사적인 원칙에 입각하여 조직되었으며 자료적 가치가 크다. 중요한 표제로는 강역과 경계, 지역별 행정의 역사, 산천, 도로, 관방關防, 해방海防, 해로 등을 들 수 있으며 이 밖에도 일부 잡다한 항목이 있다. 늦은 시기에 발간되었음에도 이 책에 수록된 정보는 내용과 분류 두 측면 모두 전통에 탄탄한 바탕을 두고 있다.

11) 김정호, 『대동지지』(1864년으로 편년되는 필사본), 1974년 한양대학교 국학연구원에서 영인. 애초의 필사본이 완전히 통합되지는 않았다. 작품의 말미로 가면서 장의 구성에 중대한 변화가 있다. 문제는 두 개의 장이 완전히 빠져 있고, 몇몇 표가 빠져 있다는 점이다. 김정호는 1864년에 죽었다고 하는데, 이 책의 편집에 대한 기술을 마무리하지 못한 것이 분명하다. 1974년 이병도李丙燾가 편집한 영인본이 중요하기는 하지만, 이 책을 참고서로 유용하게 쓰기 위해서는 좀 더 체계적이고 현대적인

[도판 3-1]

〈함경도咸鏡道〉

18세기 말 또는 19세기 초에 제작된 《동여지도東輿地圖》라는 이름의 지도집(전도와 도별도로 구성)으로부터. 장진長津을 도호부로 표시한 것으로 보아 1787년 이후에 제작되었을 것이다. 상단의 여백에는 1712년에 세운 조·청 정계비문定界碑文을 비롯하여, 오라烏喇와 영고탑寧古塔 등 만주 지역과 함경도의 역사가 기록되어 있다. 현대적인 느낌을 주는 지역 간 거리표는 이 지도의 중요한 특징이다.

원본 크기 : 48.6×57.5cm.

국립중앙도서관 소장(古朝61-48).

김정호는 말할 필요도 없이 한국의 가장 위대한 지도 제작자이다. 그의 죽음으로 일부가 미완으로 남은 『대동지지』는 김정호가 자신의 나라에 대해 풍부하고 깊은 지식을 가지고 있었음을 보여준다. 각 고을에 대해 수록한 정보의 범위는 역사적으로나 문화적으로 『동국여지승람』만큼 철저하지는 못하지만, 더 다양한 수치 정보, 특히 거리와 위치에 대한 자료를 수록했다. 통상적인 행정의 역사와 자연지리 자료와 별도로 그는 면面의 이름과 위치에 더하여, 곡물창고·목장·교량·봉수의 이름과 위치를 수록했다. 또한 향교와 사당도 소홀히 하지 않았다.

주요 지점은 각 고을의 읍치를 기준으로 정교하게 위치를 잡았다. 각 도道에 대한 내용은 고을 사이의 거리를 보여주는 여러 벌의 표로 끝을 맺고, 각 고을에 대해서는 경작지의 면적, 세대수, 인구, 군역軍役을 지는 사람(양인良人)의 수 등을 수록했다. 또한 통신과 군사적인 연락망에 대한 간단한 요약과 더불어 도별로 인구와 교량, 제언堤堰, 사당에 이르기까지 모든 것의 통계 자료를 수록하고 있다. 아울러 비록 부정확한 것이기는 하지만 수백 개의 고을에 대한 측지 좌표는 그의 자료 중 특히 중요한 것이다.[12] 김정호는 이처럼 많은 항목에 대해 전국 단위의 체계적인 정보를 수집한 최초의 인물이다. 그리고 그의 풍부한 데이터베이스는 그의 지도에 널리 반영되었다.

공식적인 편찬 작업이 이루어진 이유는 관료 사회의 수요 때문이었다. 국가 차원에서도 그러하고 지역 차원에서도 그러했다. 김정호의 정보 가운데 많은 부분이 정부에서 수집한, 출간 또는 미출간의 자료를 활용한 것이었다. 하지만 17세기와 18세기에는 중대한 경제 발전이 있었고, 한국인의 삶도 다양해지고 있었다. 일찍이 관리들을 위해서 수집한

---

12) 김정호는 이러한 수치 좌표와 함께 중국 각 성도省都의 수치 좌표, 한·중 사이의 여정에 대한 잡다한 정보를 함께 수록했다(김정호, 『대동지지』, 권28).

정보도 이제 여러 부류의 상인과 여행자들을 위해 쓰이게 되었다. 그 결과 이런 정보가 일반 대중 사이에 통용되는 편람이나 지도의 형태로 간행되었다. [도판 3–1]의 지도는 18세기 말에서 19세기 초 사이의 도별 지도책에 실려 있는데, 함경도 모든 고을의 고을 간 거리 정보를 제공하는 삼각형 모양의 표를 수록하고 있다.

한편 이중환李重煥(1690~1753)은 땅에 대해 인문적인 접근 방식을 취한 지리지 편찬자로 주목할 만하다. 이중환이 1730년대나 1740년대에 저술한 것으로 추정되는 『택리지擇里志』는 전국적인 차원에서 여러 지역의 자연지형·기후·토질·경제 조건·명승·인간의 행동과 성격 등을 조사한 주목할 만한 작품이다. 그가 이루고자 했던 궁극적인 목적은 선비가 살 만한 장소를 찾는 것이었다.[13] 이중환은 조선의 각 도와 여러 고을들을 살피고 평가했다. 어느 지역에 대해 대단히 높은 평가를 하는가하면 또 다른 지역에 대한 평은 지독히 비판적이었다. 그는 빈틈이 없었고 때로는 완고했지만 땅과 경관에 대해 늘 흥미로운 비평을 했다. 이중환의 논평이 특징적인 것은 한국의 산과 강, 그리고 그것들이 국토의 전체 구조를 조직하는 방식을 잘 알고 있었기 때문이다. 또한 산줄기와 평야, 강과 분수령이 이루는 상대적인 균형에 대한 풍부한 감수성이야말로 그가 한국의 풍수지리 전통에 가장 깊이 연관된 사람 중 하나라는 사실을 보여준다.[14]

---

13) 이중환, 『택리지』(필사본, 연대 표기 없음. 최남선崔南善이 1912년 조선광문회朝鮮光文會에서 영인). 한국의 연구자들은 이 작품을 '동국산수록東國山水錄'이라는 제목으로 인용하기도 한다. 이 책은 서울대학교 규장각에 소장된 희귀 필사본이다.

14) 최창조, 「조선 후기 실학자들의 풍수사상」, 『한국문화』 11 (1990), pp. 469~504.

한국의 풍수지리 – 땅의 모양과 힘

땅과 삶에 대한 풍수지리적 접근 방식은 지리에 좀 더 실용적으로 접
근하려 했던 관료 사회의 관심과 공존했다. 이것은 땅을 바라보는 직관
적인 방식으로서, 경관景觀을 지각하면서 나타나는 여러 감성적·종교적
요소를 대지의 자연적 속성에 대한 기민하고 통찰력 있는 분석과 결합
한 것이다. 한국에서 그 뿌리는 먼 과거로 거슬러 올라간다. 풍수지리는
일반적인 인식대로 무덤과 주택의 상서로운 입지를 고르기 위해 응용하
는, 땅에 대한 믿음과 이론의 체계이다.[15]

15) 동아시아의 풍수 이론과 실제에 대한 개설로서 큰 가치를 지니는 저작 두 편이 있
다. Sophie Clément, Pierre Clément, Shin Yong Hak, *Architecture du paysage en Asie
orientale* (Paris: Ecole Nationale Supérieure des beaux Arts, 1982) ; Steven J. Bennett,
"Patterns of the Sky and Earth : A Chinese Science of Applied Cosmology," *Chinese
Science* 3 (1978), pp. 1~26. 베넷은 'geomancy(풍수)'라는 용어를 버리고 'topographi-
cal siting(지형학적 입지)'이나 그저 'siting(입지)'이라는 용어를 쓰자고 주장하는데,
그 근거는 'geomancy'에 대한 서구의 관습이 동아시아의 관습과는 전혀 관련이 없
다는 것이다. 그 주장은 정확하지만 제안된 해결 방법은 그렇지 않다. 'siting'이라
는 단어는 한국 풍수지리의 이론과 실제를 묘사하는 데 결코 적합하지 않다. 서
구 사회에서는 'geomancy'라는 단어가 그리 대단한 영향력이 없으며(베넷은 이 단
어가 매우 유치하다며 은연중에 비웃고 있다), 또한 대부분의 서구인들이 일생 동
안 거의 한 번도 듣지 못할 단어이기 때문에, 이 단어(geomancy)는 동아시아의 경
험에서 온 낡거나 새로운 내용을 담을 이상적인 그릇이다(비슷한 예로 서양인들은
'dragon'이라는 단어가 담고 있는 매우 부정적인 인식을 극적으로 개선하는 데 성
공했다). 또한 형용사나 부사로 쉽게 만들어 쓸 수 있어서 문법적으로도 편리하다.
'siting'이라는 단어는 일반적인 풍수 논의에서는 매우 유용하지만, 실제 작문에서는
매우 어색하다. 두 저작 중 클레망의 것은 형편없는 체제와 로마자 표기에도 불구
하고, 한국과 관련이 많고 한국의 자료들을 잘 활용하고 있다. 다만 중국식 로마자
표기가 너무 많아서 이런 사실이 아쉽게도 잘 드러나지 않는다. 특히 이 글은 한국

　　오늘날에도 한국에는 이러한 지식에 정통한 전문가들이 적지 않으며, 더 이른 시기에는 이 전승에 대한 믿음이 사회 전체에 널리 퍼져 있었던 만큼 더 많은 풍수지리 전문가가 필요했다. 통상 '풍수'나 자칭 '감여가堪興家'라는 이름으로 불리는 이 전문가들은 많은 양의 기술과 지식을 축적해 왔다. 풍수지리에 입각한 입지(택지擇地) 관습은 아직도 무덤 지도에 흔히 보이는 특별한 지도 제작 관습을 만들어 냈다(도판 3-2).

　　하지만 풍수지리가 단지 무덤과 주택의 입지 선정에만 응용되었다면 이 논의에서 별다른 관심을 끌지 못했을 것이다. 한국에서는 이른 시기부터 풍수지리가 국가적인 차원에서 많은 역할을 수행했고, 그 용어와 관습은 전반적인 정치적·문화적 담론에서 중요한 부분을 차지했다. 고려 시대에 대개 국가의 후원을 받았던 불교 사원과 사당은 종종 비보裨補의 목적으로 입지를 결정했다. 비보란 풍수지리적으로 결점이 있다고 여겨지는 땅을 보완하는 것으로서, 대중적인 관심사였을 뿐만 아니라 정치적 관심사이기도 했다.

　　풍수지리는 정치 중심지의 입지 선정과 평가에서 더 중요한 역할을 했다. 그것이 국가 차원이든, 도나 고을 차원이든 그러했다. 일정한 지역을 국가의 수도나 제2의 수도로 삼자는 주장에는 그 나라 전체와 해당 지역의 정신적인 관련성이 수반되어야 한다고 보았기 때문에, 전국적인 얼개 위에서 정치적이고 풍수지리적인 분석을 해야 했다. 따라서 전문가들이 지리적·정신지리적 관점에서 내린 결론이 한국의 국가 의식과 자기 정체성에 깊은 인상을 남겼다.

　　한국의 풍수지리 관습 가운데 많은 요소들은 땅에 대한 상식적인 통찰력과 친근함에 뿌리를 두고 있으며, 이는 공동체 생활의 시작 단계까지 거슬러 올라간다.

지도를 잘 활용하고 있다.

[도판 3-2]

〈산도山圖〉(무덤 지도)

이전 판본들을 개정하여 1960년 서울에서 간행된『하동정씨대동보河東鄭氏大同譜』로부터. 오른쪽 도판은 족보나 가승家乘 등에서 일반적으로 발견되는 유형의 것으로, 무덤의 터와 주변의 지형을 목판으로 인쇄한, 매우 기본적인 유형의 형세形勢 지도이다. 산지는 뚜렷한 검은색으로 되어 있고, 강과 개울은 폭을 나타내기 위해 두 줄의 점선으로 나타냈다. 왼쪽에는 한 기의 무덤과 사당이 있고, 오른쪽에는 두 기의 봉분이 있으며 좌향坐向이 기재되어 있다. 상단 우측의 산봉우리들은 지리산 줄기(智異山脈)로 연결된다. 이는 지리산, 곧 한반도 남부 지방에서 가장 유력한 산에서 오는 힘을 생생히 보여준다. 이 무덤들은 하동河東 정씨鄭氏의 주요한 조상의 것이다. 18세기의 유명한 지도 제작자 정상기가 바로 하동 정씨다.

원본 크기 : 31×19cm. 미국 하버드 대학교 하버드-옌칭 도서관 소장.

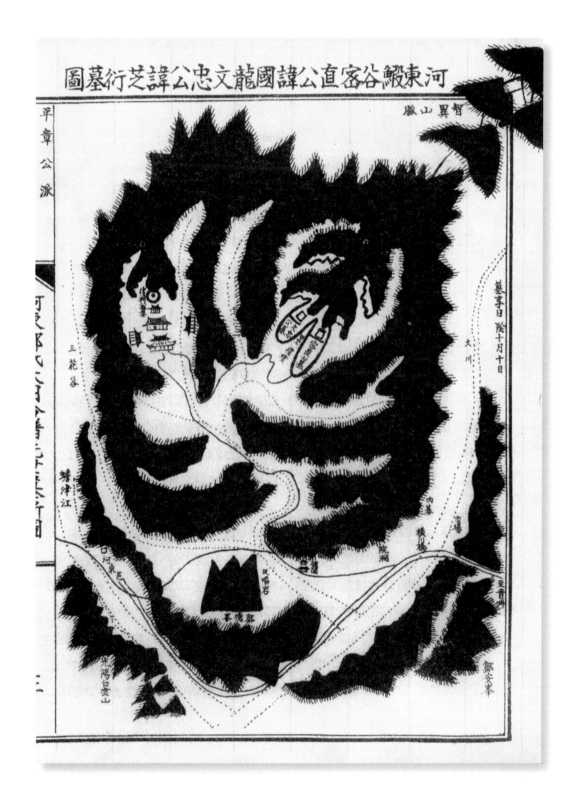

하지만 9세기 중반에 비롯되어 한국을 휩쓴 조직화되고 체계화된 형식을 고려하면, 풍수지리는 중국에서 수입된 것으로 보아야 한다.[16] 이 이론은 육조六朝 시대 말기부터 당대唐代까지(317~907) 남중국의 선禪불교 중심지에서 많은 정제 과정을 거쳤다. 풍수지리는 그 자체로 불교 신앙이 아니었고, 오히려 불교 전래에 앞서는 중국의 오랜 전승 가운데 하나였다. 선승들이 산속에 사찰을 세울 때 이상적인 입지를 찾는 과정에서 응용하게 된 것이다.

많은 유파들이 있었지만, 한국에서 중요해진 유파는 9세기 말 중국의 선승 양균송楊筠松(874~888에 주로 활동)과 연계된 '형세形勢' 유파였다. 이들은 산과 강을 땅의 내부 에너지를 분배하는 도관導管으로 간주했다. 땅(의 에너지)은 자연적인 또는 환경적인 조건과 음양 이론에 따라 이로울 수도 있고 위협적인 것일 수도 있다. 그들의 궁극적인 목적은 모든 요소를 분석하여 이로운 영향이 두드러지게 나타나는 장소를 찾는 것이었다. 그러한 장소는 명당明堂이라고 불렸다. 이러한 분석에서 쓰이는 어휘는 의학적인 전통을 연상시켰다. 그래서 산맥은 동맥이 되고, 풍수가는 구릉을 진맥하여 땅의 건강을 판단하는, 말하자면 대지의 의사였다.[17]

이러한 관념이 적용될 만한 조건이 무르익은 곳이 바로 한국이었다.

---

16) 최병헌崔柄憲, 「도선의 생애와 나말여초의 풍수지리설」, 『한국사연구』 11 (1975), pp. 102~146 ; Michael C. Rogers, 「편년통록編年通錄」, *Korean Studies* 4 (1982~1983), pp. 3~72, 특히 26~30.

17) 이 점에 대한 유용한 논의를 베넷의 "Patterns," pp. 6~7, 그리고 클레망 등의 *Architecture du paysage en Asie orientale*, pp. 77~79와 85~87에서 보라. 형세形勢라는 용어를 베넷은 'forms and configurations (p. 2)'로 번역했고, 클레망은 'l'Ecole des formes'나 'la force des formes,' 또는 'les aspects des configurations (p. 85)' 등으로 번역했다. '형形'과 '세勢'의 두 음절을 소유격 관계에 있는 것으로 파악한 것은 잘못된 조언에 따른 것이다. 두 글자의 동등한 관계가 원문에 압도적으로 많이 나타나기 때문이다. 이러한 여러 제안 가운데 '세勢'는 힘(force)이라는 정의, 곧 산맥(동맥)에서 밀어닥치는 기氣를 시사하며, 이것이 풍수지리의 맥락에 가장 적합하다. 나는 궁극적으로는 하나로 귀결되는 이 개념의 병렬적인 속성을 강조하기 위해 하이픈을 넣어 'shapes-and-forces'라는 형태를 택했다.

한국에서는 어디에서든 지평선 위로 산을 보지 않을 수 없다. 9세기와 10세기 한국의 여러 산길은 나라의 지맥 체계를 찾아 나선 풍수가와 승려들로 가득했을 것이다. 그 덕분으로 이른 시기에 한국의 산악 연계망을 정리한 하나의 상이 탄생했다. 이러한 연계망에서 백두산白頭山(장엄한 화산 봉우리로 그 꼭대기에 압록강·두만강·송화강의 발원지인 화산호 천지天池가 있다)은 한국의 혈관을 통해 흐르는, 강력한 정통의 힘을 보내는 영적인 발전소임이 드러났다.

풍수지리 이론은 고려 왕조를 정통으로 만든 주요 요인 가운데 하나였다. 고려 왕조의 수도인 송도松都(오늘날의 개성)에 있는 송악산松嶽山은 백두산에서 뻗은 가장 유효한 도관 중 하나의 종점이었을 것으로 추정된다. 승려 도선道宣(827~898)은 875년 송악산을 조사하고, 이것이 백두산과 연결되어 있음을 확인했다. 그리고 바로 이 때문에 미래의 왕이 송악에서 태어날 것이라고 예언했다.[18] 2년 뒤 맞춤하게 이곳에서 고려 왕조의 창업자인 왕건王建이 태어났다. 이러한 상서로운 시초 이래 고려 왕조 내내 풍수지리는 일상적으로 모든 종류의 정치적 사안과 관련을 맺었다. 특히 수도를 옮긴다거나, 평양·한양(현재의 서울)·경주에 있는 부도副都를 지원하거나 지원하지 않는 계획과 관련되어 때로는 심각한 정치적 불안을 불러오기도 했다.[19] 국가적 차원에서 풍수지리의 영향은 조선 왕조에서, 특히 서울에 새로운 수도를 건설한 초기에 계속 감지된다.

---

18) 『고려사』 고려세계高麗世系. Rogers, "Foundation Legend," pp. 10~11, 47~50 ; 이병도, 『고려 시대의 연구』(서울: 을유문화사, 1954), pp. 3~61.

19) 12세기 전반 고려의 수도를 송도에서 평양으로 옮기고자 했던 승려 묘청妙淸이 일으킨 소요는 내전으로 번졌고, 고려가 만주의 여진으로부터 압력을 받는 시점에는 고려의 안정성을 크게 위협하기도 했다. 다음의 논고를 참고하라. Michael C. Rogers, "The Regularization of Koryŏ-Chin Relations (1116~1131)," *Central Asiatic Journal* 6 (1961), pp. 51~64, 특히 68 ; 이병도, 『고려 시대의 연구』, pp. 174~233.

고려 시대에 풍수지리가 지도 제작 기술의 발전에 주요한 영향을 준 것은 분명해 보인다. 도선은 직접 풍수지리가로 나타나 지도와 관련된 재미있는 이야기 속에 자리를 잡았다. 지리산의 한 암자에 머물고 있던 도선에게 어느날 낯선 사람이 찾아왔다. 그는 자신에게 작은 술법이 있으며, 뒷날 남해안의 물가에서 그것을 줄 것이라는 말을 남기고 사라졌다. 도선은 산을 내려가 그곳에 찾아가 다시 한 번 그 기인을 만났다. 그는 해변의 모래를 쌓아 '산천山川이 조화되거나 거스르는 형세'를 보여주었다. 도선이 이 모래 지도를 살피자, 그 사람은 사라졌고 다시는 돌아오지 않았다.[20]

나중에 이 이야기는 인근 마을의 이름으로 남았는데, 그것이 바로 사도촌沙圖村이다.[21] 이렇게 도선의 풍수지리 사상은 모래 속의 지도로 태어나게 되었다. 도선의 지리 사상은 그가 살던 시대를 주도했을 뿐만 아니라 고려 시대 내내 도선을 본받으려는 사람들에게 영감을 주어, 어떤 계획을 추구하던지 도선의 생각을 구하도록 했다. 불행히도 도선의 저술 가운데 지금까지 남아 있는 것은 아무것도 없고, 단지 그가 남겼다는 말이나 격언이 있을 뿐이다.

고려 시대에는 풍수지리가 너무 지나친 측면이 있었다. 그러나 이러한 대유행은 지구물리학적인 탐험에 대한 관심을 불러일으켰고, 나라와 여러 지역의 지형에 대한 지식을 늘리는 데 기여했다. 그러한 탐험은 광범위한 지도 제작 없이는 진행될 수 없었을 것이다. 강과 산줄기에 대한 의식이 고양되면서 전국 지도에는 조심스레 이러한 내용이 묘사되기에

---

20) 최유청崔惟淸(1095~1174)이 도선을 위해 쓴 추모 비문(『동문선東文選』 권117 백계산옥룡사증시선각국사비명白鷄山玉龍寺贈試先覺國師碑銘)과 Rogers의 "Foundation Legend," pp. 30~31을 참고하라.

21) 『신증동국여지승람』 권39~40. 15~16세기에 이러한 기록이 나올 무렵, 전라도 구례求禮에 있던 마을의 이름은 사도沙圖에서 사등沙等으로 전와轉訛되었다.

이르렀다.

앞에서 1390년대에 이첨이 고려 시대의 지도 한 장을 연구하고 쓴 내용에 주목한 바 있다. 이 글에서 지도 제작과 관련하여 그의 전체적인 관심사는 온통 산맥과 하천 분지에 사로잡혀 있었다. 그의 글은 다음과 같은 표현으로 고동친다. "원기元氣가 여기로 흐르고 저기로 뭉치며, 산과 강이 저마다의 영역을 이룬다.", "맑고 단정한 기운이 서려 뭉쳤기 때문에 산이 지극히 높고 가파른 것이다."[22] 이첨이 쓴 용어는 신유학적인 것이고 그가 살던 시대에 적합한 것이지만, 고려 시대의 풍수지리적 감수성과도 잘 들어맞는다. 지도 위에 그려진 산맥과 분수령을 분명하게 묘사하는 방식에서 풍수지리적 관점이 드러나며, 지도 비평가로서 이첨의 인식은 바로 그러한 관점의 영향을 받은 것이었다.

22) 「삼국도후서三國圖後序」에 있는 이첨李詹의 언급을 참조하라. 이 책의 35쪽.

조선 초기의 지도 제작과 풍수지리

한국어로 지도地圖라는 단어는 '땅에 대한 도표'나 '땅의 그림'을 뜻한다. 두 번째 음절인 '도圖'는 다른 이름이나 용어에 붙을 경우 그 자체로 지도를 뜻하는데, 전도全圖나 읍도邑圖 같은 것이 바로 그러한 예이다. '도'가 가리키는 뜻은 범위가 매우 넓어서 그림으로 된 모든 종류의 표현을 포괄하며, 계획이나 음모, 다른 종류의 정신적인 심상으로까지 확장된다. 철학적인 체계, 도덕적인 개념, 그리고 그 밖의 공식 등에 대한 도식적인 표현도 '도'라는 항목 아래에 넣을 수 있다.[23]

형세도形勢圖는 문자 그대로 풍수지리와 관련되어 있다. 형세도는 조선 초기의 기록에 자주 등장한다. 처음은 한양 천도遷都를 위한 준비의 일환으로 현지답사를 했을 때였고, 그 다음은 세종과 그의 아들 세조世

---

23) '치평도治平圖'라는 명칭에서 이렇게 확장된 용법을 볼 수 있다. 치평도는 지도가 아니라, 마음의 곧음, 자기 수양, 비판의 수용, 권위의 위임 등과 같이 통치자의 육성과 활동에 필수적인 유교적 개념을 원이나 사각형 속에 넣어 배열한 일종의 도식이었다. 불과 몇 달 전에 전국의 지도(전도·도별도·고을 지도)를 편찬하는 대규모 사업을 맡았던 양성지가 1454년 〈치평도〉를 소년 단종端宗에게 바쳤다(『단종실록』 2년 1월 27일 기묘조를 참고하라). 전상운全相運이 이 '지도'를 양성지의 행정 지도와 관련지어 논의한 것은 잘못이다(*Science and Technology in Korea*, p. 295). 양성지는 경험 많은 지도 제작자이기는 했지만, 이 경우에는 이러한 도식을 선호했던 신유학 학자들의 전통 속에서 활동하고 있었던 것이다. 양성지의 윤리 지도는 현존하지 않으며, 그 개요를 『단종실록』을 통해 재구성할 수 있을 뿐이다. 이 도식은 광의의 지도 개념 속에서는 지도이다. 곧 인간 세계 속의 사물·개념·조건·과정·사건에 대한 공간적인 이해를 촉진하는 도식으로 된 표현 등이 포함된다.

祖(1455~1468 재위)가 전국과 각 고을의 지도를 제작할 때였다. 1393년의 기록에는 한양과 이곳에 들어설 주요 건물의 입지에 대한 형세도 관련 자료[24]와 전라도 진동현珍同縣에 들어설 예정이던 사당의 형세도 관련 자료가 있다.[25] 두 지도는 모두 남아 있지 않지만, 이 지도들이 산과 강의 형세를 보여주는 지형도이며 주요 지형의 방위가 기록되어 있었을 것임을 짐작할 수 있다. 이러한 유형에 속하는 전통 지도로서, 비교적 늦은 시기의 것이 [도판 3-3]과 [도판 3-4]에 제시되어 있다.

앞서 세종이 추진한 지리 조사(1424~1425)에 주목한 바 있다. 이 조사에서 각 고을의 읍치와 그 사방 경계까지의 정확한 거리 정보가 확보되었다는 사실은 전국 단위나 고을 단위의 정확한 지도 제작을 위한 광범위한 데이터베이스의 구축이 계획되었음을 보여준다. 이는 세종이 과학 관련 사업을 광범위하고 정밀하게 추진한 것을 미루어보면 충분히 기대할 만한 일이다. 세종은 그의 과학 개념 안에 분명히 풍수지리적 요소를 담고 있었다. 그는 측량 조사 사업에 착수하자마자 풍수지리에 따라 입지가 결정된 사찰과 사당에 관한 조정의 기록뿐만 아니라,[26] 전국 여러 지역의 산과 강의 형세와 관련된 문서들을 떠올렸다. 그리고는 충주의 한 문서고에 있던 이 자료들을 지리 조사를 담당하는 한성의 춘추관春秋館으로 옮기도록 명했다.[27]

관찰사들과 수령들에게 하달된 지침에는 지도에 대한 내용은 들어있지 않았고, 춘추관에서 측량 조사에 대해 보고(『신찬지리지新撰地理志』, 1432년)할 때에도 지도는 언급하지 않았다.

---

24) 『태조실록』 2년 3월 10일 을유.
25) 『태조실록』 2년 1월 2일 무신.
26) 고려 시대에는 풍수의 결점을 보완하거나 풍수의 힘을 키우기 위해 사원과 사당을 설치했는데, 이것을 비보裨補라고 부른다.
27) 『세종실록』 7년 6월 2일 경자.

[도판 3-3]

〈영변부전도寧邊府全圖〉

오른쪽 지도는 형세에 강조점을 둔 지도로서, 영변의 산줄기와 강줄기 모습을 상세히 그렸다. 아울러 사찰·사당·학교·창고·역원 등도 표시했다. 사면이 험한 절벽으로 둘러싸인 유명한 철옹산성鐵甕山城이 지도의 왼쪽 하단을 차지하고, 톱니 모양의 봉우리로 이루어진 묘향산妙香山이 오른쪽 상단에 두드러져 보인다. 제작된 연대는 기록되어 있지 않지만, 18세기 말이나 19세기 초에 제작된 것으로 추정된다.

원본 크기 : 69.5×75.0cm. 국립중앙도서관 소장(古2702-18).

寧遠府全圖

熙川一百八十里
雲山六十里
楚山四百二十里
泰川八十里
博川五十里
安州六十里
价川五十里
德川一百三十里
寧遠一百

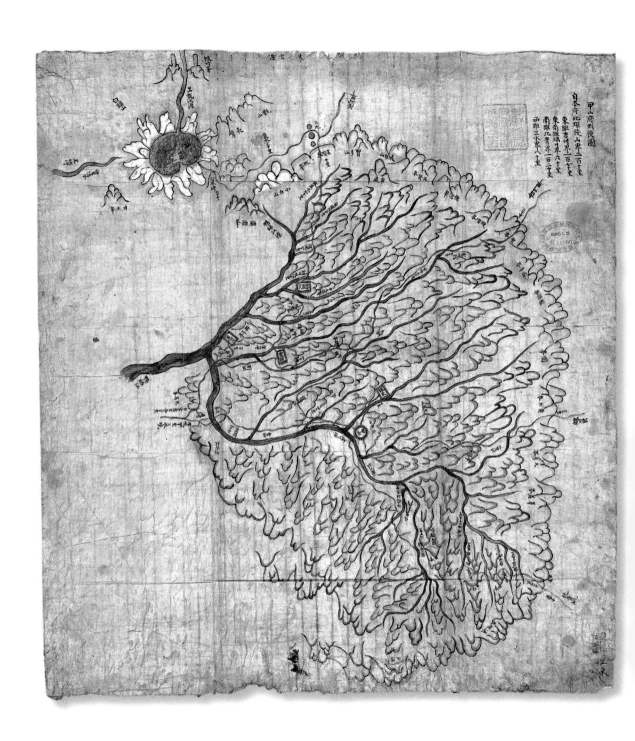

[도판 3-4]

〈갑산부형편도甲山府形便圖〉

갑산부는 백두산 남쪽의 넓은 지역을 관할했다. 백두산이 지도의 왼쪽 상단에 보인다. 갑산의 읍치는 중앙에 동그라미로 표시되어 있다. 이 지역의 형세가 매우 독특한 양식으로 표현되어 있는데, 산과 강이 거의 생물 같은 모습이다. 제작 시기는 기재되어 있지 않지만, 대개 18세기 말에서 19세기 초에 제작된 것으로 추정된다. 원본 크기 : 74.8×69cm. 국립중앙도서관 소장(古朝61-51).

그러나 일단 보고 내용을 파악한 세종은 병조兵曹에 보관된 지도 목록을 조사하고 그 내용이 부실함을 확인했다. 1434년 지방에 명을 내려 모든 공공건물의 배치와 방향, 산과 강의 내맥來脈, 도로의 길이, 중심지에서 경계까지의 거리(두 번째 지시), 정확하고 상세한 지도 등 다섯 가지 정보를 수집하도록 했다.[28]

1436년 세종은 예조의 중간급 관리였던 정척鄭陟(1390~1475)을 뽑아 북방 3개 도의 현지 측량을 실시하도록 했다.[29] 1434년에도 풍수지리에 대한 관심이 분명히 드러났던 것처럼, 측량 사업에 정척을 임명한 것도 형세의 연구와 관련된 것으로서 이는 '도화圖畵'로 이어졌다. 도화라는 용어의 통상적인 의미는 회화이다. 하지만 여기에서는 지도와 관련되는 것으로 보아야 할 것이다. 당시 사업의 성과를 알 수는 없지만, 이후 정척은 중요한 지도 제작자로 떠올랐다. 그가 제작한 지도는 남아 있는 것 같지 않지만, 지도 역사가들은 15세기부터 17세기까지 유행한 조선전도의 한 유형에 그의 이름을 붙였다.

그의 존재는 1454년 수양대군首陽大君이 서울 지도를 제작할 때 다시 한 번 나타난다. 당시 수양대군(나중의 세조)은 일행을 이끌고 서울을 굽어보는 한 봉우리에 올라 새로운 서울 지도를 만들었다. 수양대군이 직접 밑그림을 그렸는데, 일행 중에는 한 사람의 대가(양성지)와 정척, 화원·지관·산사算士 들이 있었다. 이들은 '산과 강의 형세'에 식견을 가지고 있던 사람들이었다.[30]

자료를 보면 세종은 정확한 지도에 관심이 있었음이 분명하지만, 지도 제작 성과는 그리 많지 않았던 것 같다. 1482년 양성지가 보고한 지

---

28) 『세종실록』 16년 5월 24일 경자.
29) 『세종실록』 18년 2월 29일 을축.
30) 『단종실록』 2년 4월 17일 무술.

도 목록에도 세종 때의 것으로는 정척과 관련된 2종의 지도가 있을 뿐이다.[31] 지도 제작이 명백히 쇠퇴하는 양상을 보인 것은 세종의 시력이 그의 말년 10년 동안 나빠진 탓일 수도 있다. 또는 언어와 문학 관련 사업에 대한 관심이 더 커졌기 때문일 수도 있다. 그는 세상을 뜨기 전 6년 동안 한글을 발명했고, 한글을 활용하여 여러 중요한 출판 사업을 완수했다. 한글 창제와 출판 사업은 모두 한국의 문화사에서 신기원을 이루는 사건들이다.

아무튼 그의 아들 세조는 지도 제작 사업을 이어나갔고, 이 사업에 상당한 정력을 쏟아 밀어붙였다. 나이 어린 조카 단종 대신 왕 노릇을 했던(나중에는 그를 내쫓고 죽였다) 수양대군은 1453년 양성지를 임명하여, 전국 지도와 8도 도별도, 330여 개 고을 지도의 제작 사업을 감독하도록 했다.[32] 1455년에는 그에게 새로운 지리지도 편찬하게 했다.[33] 그 뒤 양성지는 국경 지역의 3개 고을을 그린 지도를 제출했다. 이 고을들은 앞서 40여 년 사이에 새로 설치되었지만, 통치도 어렵고 인근 여진족으로부터 방어하기도 어려운 지역이었다.[34] 양성지가 제출한 지도와 그의 권고가 일부 이유가 되어, 세조는 이 지역을 행정 단위로 유지하는 것을 포기했다. 1456년 양성지는 세조에게 지난 3년간 지속적으로 지도를 제작해 왔다고 보고했다.

---

31) 이 두 건의 지도 제작 사업이 〈팔도도八道圖〉와 〈양계대도兩界大圖 및 소도小圖〉였다(『성종실록』 13년 2월 13일 임자). 정척의 국경지역 지도는 실제로 세종의 사후인 1451년에 제출되었고, 양성지의 목록에 나타나지 않는 〈팔도도〉는 아마 정척과 양성지가 1463 세조에게 바친 〈동국지도東國地圖〉와 같은 것이었을 것이다(『문종실록』 1년 5월 29일 병인, 『세조실록』 9년 11월 12일). 따라서 세종 때 언급되었던 사업도 세종의 사후에 완료된 것으로 보인다.
32) 『단종실록』 1년 10월 17일 경자.
33) 『세조실록』 1년 8월 12일 을묘.
34) 『세조실록』 1년 11월 10일 신사. 이 지도에는 양성지가 북방의 방어와 관련하여 주청한 많은 제안들이 실려 있다.

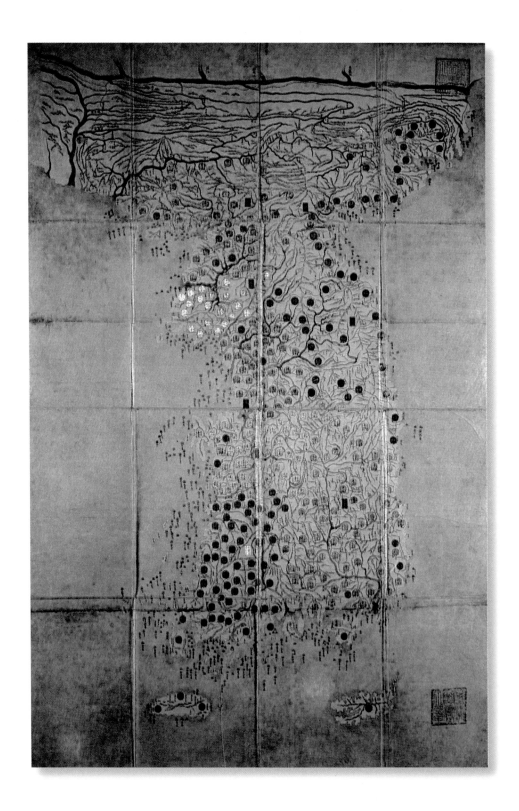

[도판 3-5]

무명의 조선전도朝鮮全圖

일본 내각문고內閣文庫에서 소장하고 있어 내각 지도로 알려져 있고, 일본에서는 '조선국회도朝鮮國繪圖'라는 이름을 붙였다. 이 지도는 정척과 양성지가 1463년 세조에게 바쳤던 〈동국지도〉의 사본이거나 그 전통 속에 있는 지도인 것 같다. 북방 지역의 압축된 모습은 정척 유형 지도의 특징이며, 다른 부분에서는 제작 시기에 비추어 꽤 정확한 내용을 담고 있다. 정척은 유명한 형세 전문가로서, 전국의 산줄기(녹색으로 채색)와 수계(청색으로 채색)를 매우 상세하게 묘사했고, 또한 고을의 위치, 해안의 섬, 도로 등을 풍성하게 표시했다. 읍치의 위치를 표시하는 원형 윤곽은 도별로 서로 다르게 채색했다[한국에 남아 있는 정척 유형의 지도로는 국사편찬위원회가 소장한 보물 제248호 〈조선방역지도朝鮮方域之圖〉가 대표적이다—옮긴이].

원본 크기 : 151.5×90.9cm이상. 일본 내각문고 소장.

양성지는 모든 것을 조사했다. 전국에 걸쳐 산과 강, 전략 지역, 도로와 거리, 고을과 진보鎭堡 등 모든 사안들을 조사했다. 그러나 양성지가 올린 보고의 대부분은 문화적·종교적 사안과 관계가 있었다. 바로 조선을 조선이도록 만드는 것이 무엇이냐는 것이었다. 양성지는 그것을 지리와 문화의 조합으로 보았다. 그래서 국가가 종교적으로 특별히 유의해야 할 산과 강의 이름을 알기 쉬운 목록으로 만들었다. 이 작업에서 국가가 특별한 제사를 지냈거나 혹은 지내야 할 산과 강이 가진 신격의 위계를 검토하였다. 이어 그는 과거의 영웅과 위대한 왕, 그리고 그들의 업적을 개관하고, 당시 조선에 널리 보급된 높은 수준의 유교 문화를 칭송했다. 이것은 주목할 만한 보고서였다. 다만 지도 제작에 대한 내용은 종교와 문화에 할애된 많은 지면 끝부분의 한 문단뿐이다.[35]

이와 같은 강조로 말미암아 우리는 땅의 신성한 힘을 인식할 수 있다. 이론적으로 이 힘은 대개 풍수가의 결정으로 분명해지는 것이었지만, 풍수가의 관념이 우월해지기 이미 오래전에 산과 강에 대한 고대인의 경배에도 반영되어 있었다. 이러한 제의祭儀는 민간 차원에서, 또한 국가와 관리들의 후원과 집행을 통해서 조선 왕조 말기까지 활발하게 진행되었다.

경관에 대한 풍수지리적 관념은 기나긴 고려 시대에 국가 정신 속에 깊이 뿌리박혀서, 조선이 건국하고 수십 년이 지나도록 조금도 약화되지 않았다. 이러한 사정은 앞서 검토한 문헌 기록뿐만 아니라, 15세기의 지도나 또는 이 시기의 양식을 반영하는 몇 안 되는 전국 지도에서도 증명된다(도판 2-2·3-5). 소피 클레망(과 그의 공저자)은 경관 상에 "에너지가 모이고 집중되는 지점"의 본질에 대해 다음과 같이 언급하면서 형세 관념에 바탕을 두고 지도를 제작하는 방식에 대해 설명했다.

---

35) 『세조실록』 2년 3월 28일 정유.

"(이러한 지점들은) 결코 위도나 경도 같은 좌표 체계에 맞추어 통상적인 외부 공간을 정의한다고 해서 설명할 수 있는 것이 아니며, 반드시 (에너지의) 연계망에 의해 창출되는 유기 체계의 내적 구조에 따라 자리를 잡아야 한다. 땅은 살아 움직이는 물질이지, 정적이고 생기 없는 언덕이나 바위 덩어리가 아니다. 따라서 대지의 어떤 지점에서도 영역의 구분이란 있을 수 없다. 모든 지점은 산이나 강으로 대표되는 정맥과 동맥에 상응하여 자리를 잡는다. 산과 강은 스스로 생명을 전달하는 자연 요소들이다."[36]

위와 같은 접근 방식이라면 산과 강을 에너지 분배 체계상의 결절점과 관련지어 보여주는 것이 실상 그 체계에 따라 입지한 도시와 마을 사이의 기하학적 관계를 정확히 제시하는 것보다 중요해진다. 이러한 접근 방식이 내각문고內閣文庫 소장본 지도(도판 3-5)에 분명히 반영되어 있다. 이 지도는 세종의 전담 지도 제작자 정척이 만든 조선전도의 사본이거나 그 전통 위에 있는 지도이다. 산과 강의 체계는 매우 세밀하게 표시되어 있지만 축척은 표기되어 있지 않다. 쓸 만한 자료가 조정에 갖추어져 있었지만 이 지도에는 지역 사이의 거리도 기록되어 있지 않다.

하지만 그렇다고 해서 공간적인 관계가 완전히 무시되었다는 것은 아니다. 내각문고 소장 지도는 정치 지도이며, 도성에 있는 관료들이 중요하게 여기는 많은 요소들, 특히 도성에서 각 고을까지의 거리를 수록하고 있다. 뿐만 아니라 나라의 전체적인 모양을 매우 잘 파악했다. 전반적으로 북부 국경 지대와 동해안의 모양을 잘못 잡아 윤곽이 휘어 있기

---

36) Clément, *Architecture du paysage*, p. 216에서 번역했다. 풍수지리에서 본 경관의 역동적인 속성을 동일하게 평가한 논저로 다음을 참고하라. David J. Nemeth, "A Cross-Cultural Cosmographic Interpretation of Some Korean Geomancy Maps," *Introducing Cultural and Social Cartography*, comp. and ed. Robert A. Rundstorm, Monograph 44, *Cartographica* 30, no.1 (1993), pp. 85~97.

는 하지만, 이 부분만 빼면(지속적으로 나타나는 이 두 문제는 나중에 다시 다루겠다) 한국의 전반적인 범위가 현대 지도에 버금갈 정도이다.

축척이 의식되고 있었다는 점은 분명하다. 문제는 이러한 의식이 어떻게 형성되고 적용되었는가에 대한 명확한 증거가 없다는 점이다. 한국의 지도에서 축척을 표시한 가장 첫 사례나, 측정된 거리를 표현하는 방식에 대한 첫 논의는 모두 18세기의 지도 제작자 정상기鄭尙驥(1678~1752)로부터 시작되었다. 한국에는 주사본과 그의 16세기 편집자 나홍선의 축척 지도와 저술에 대한 기록이나, 송宋 때의 석각石刻 방안 지도方眼地圖(도판 1–3)에 대한 기록이 없다. 3세기 중국의 지도 제작 이론가 배수裵秀(223~271)의 고전적인 원칙 6가지에도 축척에 대한 지식이 담겨 있지만, 19세기 이전 한국의 지도 제작자들 사이에서는 토론의 주제가 되지 않았던 것 같다(이 책 352~355쪽 참조).

막연하나마 축척에 대한 느낌이 권근이 쓴 〈강리도〉 서문에 나타난다. 여기에서 그는 "규모와 국량의 탁월함"을 언급했다(이 책 50쪽 참조). '규모規模'라는 용어는 각각 "원을 그리다" 또는 "계획하다(規)", "모양이나 모형(模)"을 뜻하는 글자로 이루어져 비전이나 계획이 크다는 점을 내포할 뿐, 관측된 거리와 이를 지도에 표현했을 때의 비율이라는 뜻의 지도학적 축척과는 관련이 없어 보인다. 권근은 그저 지도의 인상적인 크기를 언급한 것으로 보인다.

아울러 우리는 박돈지가 1402년 일본에서 가지고 온 지도에 대해 언급한 내용에 주목해야 한다. "일본의 육지 전체가 그 위에 있었다. 다만 이키와 쓰시마가 빠져 있어서 내가 그것들을 덧붙이고 축척은 배로 늘렸다."(이 책 55쪽 참조) 그가 쓴 중모重模라는 용어는 문자 그대로 모형이나 형태의 크기를 늘리거나 배로 늘리는 것을 뜻한다. 1438년 이 지도에 대해 논평한 세종은 그의 나쁜 시력에 비해 일본의 섬들이 너무 작다고

생각했고, 개모改模, 곧 원형을 변경 또는 수정하여 사본 하나를 제작하도록 지시했다.[37]

이러한 중모와 개모의 사례는 분명히 축척이 커졌음을 시사한다. 박돈지 지도의 1402년판은 아마도 〈강리도〉(도판 2-1·2-13)에 들어간 일본 지도의 바탕이 되었을 것이다. 하지만 〈강리도〉에는 일본이 멀리 떨어져 배치되고 조선이 전체적으로 확대되는 등 왜곡이 꽤 심해져서(여기 제시된 두 사본이 서로 다른 특성을 가지고 있기는 하다), 〈강리도〉로는 박돈지가 이야기하려던 내용에 대해 어떤 단서도 잡아낼 수 없다.

한편 신숙주의 일본 지도(도판 2-17)와 박돈지의 지도 사이에 일정한 연관성을 상정한다면, 박돈지의 지도가 어느 정도 도움이 되었을 가능성이 있다. 신숙주의 지도에서 이키와 쓰시마의 크기는 전체적으로 일본열도의 혼슈·시코쿠·규슈에 비해 과장되어 있다. 따라서 박돈지가 하고 싶었던 말은 이키와 쓰시마를 덧붙이고 크기를 두 배로 늘렸다는 것 뿐만 아니라, 일본을 상대적으로 더 작게 만들었다는 것일지도 모른다. 분명히 추리적인 이 해석에서, 축척의 개념은 지도 일부에만 선택적으로 적용되었을지 모른다. 그 결과로 말미암아 공간적인 관계를 정확히 표현하지 못하고 왜곡을 불러온 것이다.

권근·박돈지·세종이 언급한 내용은 모두 외국 지도에 관련된 것이다. 한국인들은 외국 지도를 가지고 있기는 했지만 각 지도의 축척을 알지 못했기 때문에, 이 지역들을 〈강리도〉 속에 통합할 때 중국·조선·일본의 상대적인 크기를 왜곡한 것이다. 따라서 규모, 중모, 개모와 같은 용어는 축척의 개념에 대한 본능적인 인식을 보여주는 정도일 뿐, 지도 제작의 진정한 축척 개념, 곧 경험적으로 파악된 실제 거리와 이것을 지도에 옮겼을 때의 축소 비율에 대해 알고 있던 내용이 무엇인지는 알려

37) 『세종실록』 2년 3월 28일 정유.

주지 않는다. 이러한 문제를 해결하려면 그들이 만든 한국 지도를 살펴야 한다. 여기에서는 실제 거리를 측정할 수 있기 때문이다. 그러므로 이제부터 15세기의 측량 활동과 발맞추어 발전했던 측량의 표준과 기술을 살펴보겠다.

조선 초기의 길이 표준과 측량

전상운 교수와 방동인 교수가 잘 요약해 주기는 했지만,[38] 15세기 중엽 세종과 세조가 발전시킨 측량 표준과 측량 기구의 실제 형태·기능·사용법에 대해서는 아직 확실하지 않은 부분이 매우 많다. 세종의 천문학 기구는 『세종실록』에 실린 한 문건에 잘 정리되어 있어서 그 내용을 알 수 있다. 반면 토지 측량 방법은 중요성만큼의 연구가 없었고, 당시 이루어졌던 작업을 체계적으로 요약하지도 않았다. 나는 여기서 거리 측정과 측량 도구, 예컨대 자, 밧줄, 주행거리 계측기 등을 개선하려는 노력에 대한 자료를 다루는 정도로 논의를 한정하려 한다. 아울러 북극 고도北極高度를 측정하고 그 결과를 지도에 적용했을 가능성을 보여주는 약간의 세부 자료도 개관할 것이다.

한국은 매우 이른 시기에 십진법에 입각한 중국의 척尺 제도를 채용했다. 이처럼 오랜 길이 측정의 경험이 조선 왕조의 법전인 『경국대전經國大典』에 공식적으로 성문화되었고, 1469년에 정식으로 채택되었다.[39] 다만 『경국대전』에 척을 리里와 같은 장거리 단위로 환산하는 비율을 명기하지 않은 것은 명백한 실수였다. 물론 1746년에 간행된 증간본 『속

---

38) Sang-woon Jeon, *Science and Technology in Korea*, pp. 294~296 ; 방동인, 『한국의 지도』, pp. 87~90.
39) 최항 등 편찬, 『경국대전』(1469년 편찬, 1476년 개정) 권6 공전工典.

대전續大典』에 1리당 2,160척(360보)이라는 비율이 명시되어 있지만,[40] 앞으로 살펴볼『동국여지승람』에 수록된 거리 수치에서 그 비율은 모호하기만 하다. 다음의 [표 3]은 거리 단위의 개요를 정리한 것이다.

표 3. 한국의 전통적인 길이 단위

10리釐	=1푼分
10푼分	=1촌寸
10촌寸	=1척尺
6척尺	=1보步
10척尺	=1장丈
2,160척尺	=360보步 =1리里

출전) 최항崔恒 등 편찬,『경국대전』권6 공전 ; 김재로金在魯(1682~1759) 등 편찬,『속대전』(1746) 권6 공전.

한국과 중국에서는 척의 십진 단위에 각각의 명칭을 만들어 썼다. 예컨대 어떤 대상의 길이를 4척尺 7촌寸 2푼分 6리釐로 표현하는 것이다. 물론 이 체계는 십진법에 입각한 것이므로 같은 길이를 4.726척이나 47.26촌으로 줄여 표현할 수도 있다. 문제는 조선 초기에 적어도 5종의 척이 존재했다는 것이다. 더욱 어려운 점은 이렇게 다양한 척에 대한 표준이 시간과 장소에 따라 달랐고, 따라서 신뢰할 만한 환산 비율을 적시할 수 없다는 점이다.

세종 시대의 학자들과 초기의 정부 전문가들은 주척周尺을 제도의 표준으로 채용하고자 했는데 이것은 명백히 이념적인 이유 때문이었다. 주척은 11세기와 12세기 중국의 신유가 개혁가들이 공자孔子 당대의 길이 표준을 복원하기 위해 주장했던 단위이다.『세종실록』에 실린 1437년의 기록이 이 문제의 역사를 간단히 알려준다.

---

40) 김재로 편찬,『속대전』(1746년) 권6 공전.

사마광司馬光(1019~1080)은 고대의 금석문에 새겨진 주척의 탁본을 가지고 있었고, 바로 이 척이 신유학의 대중적인 가정의례 개설서인『가례家禮』에 복제되었다고 한다. 하지만 다른 판형으로 자주 간행되었기 때문에, 척을 정의하려는 시도는 혼란에 빠져 버렸다.

1393년 조선의 관리들은 매우 엄격한 유교식 제례를 올리던 여러 집안의 사당에 비치된 신주神主의 길이를 일정한 표준으로 채택함으로써 척에 대한 정의를 다시 확립하고자 했다. 신주의 길이가 주척과 어느 정도 직접적으로 관련되어 있었던 것은 분명했다.[41] 공식적인 길이가 결정되어 표준 자가 제작되었으며, 세종의 새 천문학 관측소를 위한 기구가 완성되던 1437년 길이 단위가 공식적으로 채택되었다. 그리고 주척이 관측소에서 사용할 시계 장치와 관측 기구들을 만드는 데 사용되었다. 또한 주척은 사대부들의 사당에 있는 모든 신주의 크기, 거리의 측정, 활터의 보측步測 등을 위한 표준으로 규정되었다.[42]

이제 남은 문제는 당시 통용되던 다른 척과 주척의 비율을 규정하는 일이었다. 이를 위해 황종척黃鐘尺이 통합적인 기준이 되었다. 황종은 고전적인 음계의 첫 음조, 곧 악기를 위한 표준적인 조율 음조의 이름이다. 세종은 고전 음악을 재구축하고, 한 벌의 표준적인 협주 악기를 제작하는 사업의 첫 단계로 1425년 이 단위를 정의했다. 황종관黃鐘管은

---

41) 세부적인 사항은 확인할 수 없었다.『가례』의 현대 판본에는 주척을 그린 그림이 실려 있지 않다. 1781년 건륭제乾隆帝의 검서관檢書官들이 가장 좋다고 평가한 판본(『문연각사고전서文淵閣四庫全書』권142에 복간됨, 臺北: 商務印書館, 1983)은 신주神主의 상세 설명에서 주척을 언급하지 않았다. 물론『가례』는 수없이 많은 판본을 거쳤기 때문에, 원작자가 누구인지를 비롯하여 텍스트의 역사를 복원하는 문제도 거의 요원해 보인다(전통적으로 주희의 작품이라고 알려져 왔지만 이러한 추측은 오랫동안 부정되어 왔다). 하지만 주척이 송 이후 동아시아의 측량에서 차지하는 막대한 중요성을 고려하면, 신유학의 의례와 주척의 관계는 연구할 만한 가치가 있다.
42)『세종실록』19년 4월 15일.『가례』권4에는 신주의 길이가 1척 2촌으로 규정되어 왔다. 이러한 표준을 주척에 적용하면, 정밀하게 만들어진 신주 길이의 5/6가 주척 1척에 해당할 것이다.

길이·부피·무게 등 모든 측정의 기초가 되었다.[43] 황종척과 다른 척의 환산 비율은 그 뒤 1430년대 말이나 1440년대 초에 결정되었다. 아울러 1440년대에 주조된 동주척을 모든 고을에 배포하고,[44] 공식적인 환산 비율을 1469년의 성문법에 수록했다(표 4).

이처럼 다양한 척을 미터법의 단위로 전환하는 것은 아직도 과제로 남아 있다. 전상운은 『세종실록』에 인쇄된 조례기척造禮器尺을 측정하여, 그것이 28.9센티미터임을 확인했다. 그는 이를 바탕으로 황종척의 길이를 35.1센티미터, 주척의 길이를 21.27센티미터 로 도출했다.[45] 하지만 중국의 연구에서는 주척 1척의 길이에 대해 19.91센티미터와 24.525센티미터라는 값을 얻었다. 조례기척에 대한 전상운의 연구 내용이 아직 분명하지 않기 때문에, 나는 잠정적으로 오승락吳承洛의 19.91센티미터라는 값을 받아들여 왔다. 나는 이 값이 한국의 거리 자료에 적용될 수 있는지를 확인하기 위해 검증해 본 결과, 무난히 적용할 수 있다고 판단했다. 잠정적인 것이기는 하지만 한국의 길이 단위를 미터법으로 환산한 수치는 여기에 기초한 것이며, [표 4]와 [표 5]에 제시했다.[46]

---

43) 『경국대전』에 대한 현대의 번역과 주석에 따르면, 1425년 세종의 음악 담당관이었던 박연朴堧은 해주海州 지역에서 중간 크기의 기장 낟알을 가져왔다. 이 가운데 100개의 낟알을 골라 이것들을 줄지어 늘어놓고, 그 길이를 황종척의 길이로 정했다. 황종 율관律管은 길이가 황종척으로 9촌, 원주는 0.9촌으로 정의되었다. 아울러 이 피리를 채울 만한 물로 부피와 무게 측정의 표준을 정했다. 한우근韓沽劤 편, 『역주경국대전』 주석편(서울: 한국정신문화연구원, 1986), p. 751과 『증보문헌비고』 권91 악고樂考2 도량형度量衡을 참고하라.

44) 세종 때의 청동제 표준척은 세월이 흘러 분실되었으며, 아마도 임진왜란 때 분실했을 가능성이 있다. 그러던중 1740년 조정에서는 삼척현三陟縣 관아에 있던 청동제 포백척布帛尺에 대해 알게 되었다. 이 포백척에는 병인년(1446년) 12월이라는 명문이 들어 있었다. 이 자와 비교하면 애초 통용되던 포백척 자는 0.5촌에서 1촌 정도 짧은 것으로 나타났다. 다른 표준척에 대한 원래 비율을 알 수 있었기 때문에, 영조는 삼척에서 발견된 자를 바탕으로 청동 표준척을 새로 주조해서 배포하도록 명했다(『증보문헌비고』, 권91 악고2 도량형).

45) Sang-woon Jeon, *Science and Technology in Korea*, p. 134.

46) Sang-woon Jeon, *Science and Technology in Korea*, pp. 131~134. 전상운은 『세종실록』의

조례기척造禮器尺 측정치를 제시했지만 별다른 설명을 덧붙이지 않았다. 그가 제시한 그림은 1604년의 두 번째 목판본을 1956년 영인한 책에 실려 있는 것이다. 그런데 28.9센티미터라는 수치는 이 영인본에서는 얻을 수 없었을 것이다(실제 이것을 재보면 18.1센티미터로 나타난다). 그렇다면 이 수치는 1604년 판본이나 1472년의 최초 판본(서울대학교 도서관, 규장각 #12722)에서 온 것일까? 사람들은 그것이 후자에서 온 것이기를 바라지만, 전상운은 그렇게 보지 않는다.

전상운이 주척 1척을 21.27센티미터로 도출한 데 더하여, 吳承洛,『中國度量衡史』(上海: 商務印書館, 1937)의 [표 15](pp.64~66)에서 또 하나의 값을 얻을 수 있다. 오승락은 주척과 시척市尺(약 33.3센티미터)의 비율을 0.5973으로 계산하고, 주척을 19.91센티미터로 환산했다. 니덤 등이 엮은 The Hall of Heavenly Records, p. 90에서는 명 때의 청동제 양천척量天尺(알려지기로는 6세기의 초기 중국 철제 자와 일치한다고 한다)을 실제로 계측하여 주척을 24.52591센티미터라고 추정했다. 하지만 니덤과 그의 동료들이 근거로 삼고 있는 伊世同,「量天尺考」(『文物』(1978), 第2期, pp.10~17)에는 주척에 대한 논의가 없고, 그것을 양천척量天尺과 동등한 것으로 본다는 언급도 없다. 이러한 대안들 중에서 하나를 선택하기 위해, 나는 15세기 한국의 거리 정보에 기초한 실험 하나를 고안했다.

나는『동국여지승람』에서 현대 한국 지도(미국 공군 제작 작전용 항법 지도, 1964년, 축척 100만분의 1)로 확인할 수 있는 지점(가급적 평지로 선택)들 사이의 리里 단위 거리 정보 20개를 무작위로 골랐다. 나는 곡선계(opisometer)를 사용하여 현대 지도에서 같은 거리를 미터법으로 측정하고, 이 값들을 오승락·전상운·니덤의 표준에 따라 이수里數로 환산했다. 모두 20개의 거리 측정치를 합치면, 미터법으로는 614킬로미터가 되고 리로는 1,423리가 되어 1킬로미터 당 2.318리라는 평균값이 나왔다. 이에 비해 오승락의 수치(2.325리=1킬로미터)로는 614킬로미터가 1,428리로 산출되어, 앞서 언급한 수치에 비해 0.3퍼센트를 초과할 뿐이다. 아울러 전상운의 수치(2.17리=1킬로미터)는 1,334리(-6.3퍼센트), 니덤의 수치(1.89리=1킬로미터)는 1,160리(-18.5퍼센트)로 산출된다. 앞서 본대로 니덤의 수치는 이미 가능한 대안이 아닐 뿐만 아니라, 적어도 한국에서 사용한 주척과 관련해서도 마찬가지로 배제할 수 있다.

이제 오승락과 전상운의 주장 가운데 선택을 하자면, 이 실험은 분명히 오승락의 주장을 뒷받침한다. 물론 이 실험은 측정 대상이 된 40개 지점 사이의 도로가 수세기에 걸쳐 거의 동일했다는 점을 전제로 한다. 또한『동국여지승람』에 기록된 거리 정보가 정확할 것이라는 점도 전제로 한 것이다. 일부 오류가 있다 하더라도 전국의 서로 다른 지역에서 측정된 20개의 거리 정보는 합리적인 평균치로 보아야 할 것이다. 다만 100만분의 1 지도 위에서 운용한 곡선계가 도로의 많은 굴곡을 평평한 것으로 측정했을 것이므로, 614킬로미터라는 측정값은 실제보다 적은 수치일 것이다. 이러한 점들을 고려하여 수정하면(지도상의 측정치가 614킬로미터 이상이 될 것이므로—옮긴이) 전상운의 방식으로 계산한 이수의 합계가 앞서 언급한 이수의 합계(1,423리) 쪽으로 접근할 것이다. 반면 오승락의 방식으로 계산할 경우에는 그것으로부터 멀어지게 된다.

그러나 나의 실험에 따르면 오승락의 값(한국의 주척을 알지 못한 채 결정되었으므로, 이러한 논증에서 순환성을 배제시킨다)을 존중하지 않을 수 없다. 전상운이 주척의 환산에 사용했던 의례용 척의 길이에 대한 불확실성이 해결될 때까지, 오승락이 주척을 19.91센티미터로 환산한 것은 신뢰할 만하다. 따라서 이후 이 책에서 줄

표 4. 15세기에 통용된 한국의 표준 길이 단위

단위	적용사례	비율	미터법 환산치(잠정)
황종척黃鐘尺	황종관의 길이를 위한 표준	1,000	32.85cm
주척周尺	일반적인 길이 측정	0.606	19.91cm
조례기척造禮器尺	의식용 척, 의식용구	0.823	27.04cm
영조척營造尺	건축용 척	0.899	29.54cm
포백척布帛尺	직물을 위한 척	1.348	44.29ccm

출전) 최항崔恒 등 편찬, 『경국대전』(1469년 편찬, 1476년 개정). 위 대조표의 미터법 환산
치는 주척을 19.91센티미터로 가정한 데 기초한 것이다(吳承洛. 『中國度量衡史』, 上
海: 商務印書館, pp. 64~66(표 15)). 이 값을 한국에 적용할 수 있는 가능성과 관련하
여 이 장의 주46을 참조하라. 이러한 값은 한층 더 분명한 연구 결과가 나올 때
까지의 잠정적인 것이다.

표 5. 거리 단위로 쓰는 주척 단위

단위 비교표				미터법 환산치(잠정)		
1척				19.91cm		
6척	=1보			119.46cm	1.19m	
2,160척	=360보	=1리			430.05m	0.43km
	10,800보	=30리	= 1식息			12.90km

출전) 김재로 등 편찬, 『속대전』 권6(1746년 편찬). 미터법 환산치는 잠정적인 것이다. [표
4]의 주를 참고하라.

조선의 관리들이 고려의 전임자들로부터 거리 정보를 물려받은 것은
분명하다. 1402년에 이러한 자료가 적용된 사례가 있다. 당시의 법 전
문가들이 유배流配에 대한 규정을 성문화하고 수도로부터의 거리 등급
을 규정할 때, 국토의 동북쪽 끝의 경원慶源(1급 유배지)이 도성으로부터
1,680리, 남동쪽 끝의 동래東萊(2급 유배지)가 1,230리임에 주목했다.[47] 이
것은 이미 당시에 체계적인 거리 정보를 가지고 있었음을 뜻한다.

곧 적용할 것이다. 물론 이 문제에 대한 다양한 접근 방식이 있다. 한국의 도량형에
대해서는 앞으로 더 많은 연구가 필요하다.

47) 『태종실록』 2년 9월 3일 계미.

1469년 경상도 지역에 대한 조사 자료도 남아 있다. 이 조사에서는 다른 여러 정보 가운데 서울로부터 각 고을 읍치까지의 거리가 중심이 되었다.[48] 한편 전국을 포괄하는 자료가 『동국여지승람』(1481년, 최종판은 1531년)에 수록되어 있으며, 여기에 수록된 자료는 모두 일관성 있게 주척으로 기재되어 있다. 그런데 1469년의 수치가 모두 『동국여지승람』의 수치보다 낮은 점이 흥미롭다. 경상도의 전체 66개 고을 가운데 55개에 대한 자료가 남아 있는데, 서울부터 각 고을까지의 거리를 모두 합하면 31,260리가 된다. 같은 방식으로 『동국여지승람』에 실린 같은 지역들에 대한 거리 수치를 모두 합하면 39,711리가 되어, 1469년 조사 자료의 수치는 『동국여지승람』의 78.7퍼센트에 해당한다.[49]

『동국여지승람』에 적용된 측정 단위는 1469년의 측정에 사용된 단위보다 분명히 작았다(따라서 같은 거리를 측정하더라도 그 수치가 더 높아진다). 하지만 주척이나 [표 4]의 다른 어느 표준과의 비율에도 맞아떨어지지 않는다. 여기서 우리가 얻을 수 있는 유일한 결론은 거리 측정 단위가 실제 1469년까지 표준화되어 있지 않았으며(공식적인 비율이 그해에 성문법으로 확립되기는 했다), 1437년 거리 측정을 위해 주척이 규정되었지만 한 세대 뒤까지도 균일하게 적용되지 않았다는 점이다. 동래 지역만 살펴보더라도 1469년의 조사 결과는 725리 96보(또는 725.27리)이고, 『동국여지승람』에는 962리로 기록되어 있다. 아울러 1402년 유배지에 대해 논의할 때 동래까지의 거리가 1,230리로 언급되었음을 감안하면, 국가 표준

48) 『경상도지리지』와 『경상도속찬지리지』.
49) 이 논의에서 1469년의 자료는 『경상도속찬지리지』에 있는 수치에 기초한 것으로서, 경상도 66개의 고을에 대한 각각의 표제 아래 실려 있다. 4곳에 대해서는 자료가 없거나 불완전하다. 7곳에서는 1469년의 수치가 『동국여지승람』의 수치보다 훨씬 크다. 이는 서울까지의 노정路程이 달랐거나 이 자료에 다른 문제가 있음을 시사한다. 이러한 수치들은 샘플에는 들어 있지 않다. 『동국여지승람』의 수치 자료는 권 22~32의 해당 항목으로부터 나온 것이다.

177

을 만들기 위해 극복해야 할 많은 관행이 얼마나 많았는지를 알 수 있다.

실제로 측량을 어떻게 수행했는지에 대한 정보는 거의 없다. 1393년 서울 지역의 측량을 기록한 자료에 따르면, 조사단은 줄을 이용했다.[50] 그리고 1425년 보고('보步'로 기록된 거리 수치에 대한 보고)의 정확성을 고려하면, 이러한 방법이 장거리를 측정하는 데에도 적용되었던 것 같다. 하지만 세종은 분명히 더 나은 방법을 찾고 있었다. 1441년 세종이 충청도의 온천으로 행차할 때 기리고차記里鼓車라는 이름의 새로운 장치가 모습을 드러냈다. "이 행차에서 주상께서 처음 마차에 타셔서 거리를 재는 기리고차를 사용하셨다. 1리를 지날 때마다 나무 인형이 자동으로 북을 쳤다."[51] 그 뒤 같은 해의 또 다른 기록에는 "걸음 수를 세는 측량용 막대(步數尺)"가 새로 만들어져 평안도에서 거리를 측정하는 데 사용되었다고 한다. 병조는 모든 길에 30리마다 표지를 세우거나 나무를 심도록 했다.[52]

기리고차가 얼마나 광범위하게 사용되었는지는 분명하지 않다. 내가 말할 수 있는 범위에서는 세종의 온천 여행이 기리고차에 대한 유일한 기록이다.[53] 나는 기리고차가 실제 측량 작업을 위한 것이었더라도, 실

---

50) 『태조실록』 2년 2월 10일 을유.

51) 『세종실록』 23년 3월 17일 갑인. 방동인은 다른 몇몇 저자와 같이 목인木人이 10리마다 북을 쳤다고 말한다(『한국의 지도』, p. 88). 그렇게 큰 계측 기계의 실용성이 모호하다는 점은 고사하고, 원전에는 10리가 아니라 1리라고 되어 있다.

52) 『세종실록』 23년 8월 29일 계사. 방동인은 이것과 그 밖의 여러 사례를 인용하면서 기리고차가 측량에 사용되었다고 주장한다. 하지만 그가 인용한 어느 사료에도 기리고차가 직접 언급된 경우는 없다(『한국의 지도』, p. 88).

53) 이러한 자료로부터 추론할 수 있는 것은 기리고차는 세종의 개인적인 용도를 위한 장비였다는 점이다. 기리고차는 같은 이름의 중국 모델과 비슷하다. 그 유명한 사남차司南車 또는 지남차指南車와 함께 기리고차는 서진西晉(265~317)이 갖춘 장비의 일부로서, 제국의 위엄을 상징하는 물건으로 여겨졌다. 317년 북방 유목민에게 빼앗겼던 이 장비들은 409년과 417년의 원정에 성공하면서 되찾았다. 방현령方玄齡 등이 편찬한 『진서晉書』(646~648 편찬, 1974년 北京에서 中華書局이 펴낸 10권짜리 판본을 참고) 권25를 참조하라. 중국과 한국의 사례를 고려해 보면 이수를 재는 기리고차가 거리 측정에 실용적으로 응용되었다는 사실은 증명될 필요가 있다.

용적이지 않은 것으로 드러나지 않았을까 싶다. 걸음 수를 세는 측량용 막대가 훨씬 간단하고, 더 정확하며, 쓰기 쉬웠을 것이다. 우리는 1441년 실시된 거리 측량이 주척에 따라 조정되었을 것이라 기대하지만, 1469년 경상도에서 이루어진 측량도 아직 더 길고, 더욱 관습적인 거리 표준에 기초했음이 분명하다. 다만 1481년 『동국여지승람』에 대한 초기 교정 작업을 할 때는 그 이전 어느 시점에 새로운 측량을 했거나, 옛 측량 수치를 주척에 따라 다시 계산했을 것이라고 분명히 이야기할 수 있다.

1467년 세조가 발명한 규형窺衡이라는 삼각측량 기구에 대해서는 더 많은 내용이 알려져 있다. 그해 봄 세조는 기술에 관심이 있는 관료들에게 여러 번 연회를 베풀면서 인지의印地儀라는 새로운 장치를 소개했다.[54] 실록의 편자는 이것을 '땅의 거리를 측정하기 위한 도구'로 정의했다.[55] 세종의 능 근처에서 실험이 실시되었지만, 실제 무엇을 행했고 어떤 결과가 있었는지 아무런 기록도 남아 있지 않다.[56] 당시의 측량가 가운데 한 사람인 이육李陸의 글이 18세기의 백과사전인 『문헌비고』에 인용되어 있다. 그러나 그것이 모종의 삼각측량 기구라는 점을 언급했을 뿐, 내용은 실망스러울 만큼 소략하다.[57] 규형이 같은 해 서울 지도를 만드는 데 사용되었다고 하지만, 그 뒤로는 기록이 없다.[58]

기리고차와 규형에 대해 불분명한 점이 많기는 하지만, 남아 있는 자료만으로도 한국인들이 15세기 중반에 정확한 거리 측정을 위해 노력했고, 이를 통해 내적으로 일관성 있는 거리 수치를 1481년 『동국여지승람』에 기록할 수 있을 만큼 충분한 정확도를 확보했음을 알 수 있다.

---

54) 『세조실록』 13년 3월 14일 기묘, 3월 18일 계미.
55) 『세조실록』 13년 2월 15일 신해.
56) 『세조실록』 13년 3월 18일 계미.
57) 『문헌비고』 권2, 상위고2, 의상1.
58) 『세조실록』 13년 10월 13일 을사.

한편 북극 고도를 이용하여 조선의 남북 길이를 측정하려는 노력에 대해서도 주목할 필요가 있다. 1437년 세종의 천문 관측소를 설계한 사람들은 서울의 북극 고도를 38도 보다 좀 높은 수치로 측정했다.[59] 이 수치는 천체의 원주를 365.25도로 가정하고 도출한 것이므로, 이것을 360도로 고치면 서울의 위도로 +37.45도의 값이 나오는데, 이 수치는 현대의 측정치인 37도 35분 44초(37.595도)와 큰 차이가 없다.

『문헌비고』에는 세종이 역관曆官 세 사람을 보내서 강화도의 마니산(대략 서울과 같은 위도), 백두산(상징적인 한국의 극북), 제주도의 한라산(한국의 극남점에 가까움)의 북극 고도를 측정하도록 했다는 기록이 전한다. 『문헌비고』의 편자도 아쉽게 여긴 것처럼 그 결과는 기록되어 있지 않지만,[60] 이러한 측정의 목적이 나라의 전체 길이를 도성으로부터 남북으로 계산하려는 것이었을 가능성이 있다. 정확도 여부와 관계없이 이미 모든 지점에 대한 거리 수치가 존재했으므로, 이 때의 작업은 측정된 거리를 점검하려는 것이거나, 나라의 길이를 분명히 해서 지도를 제작하고자 함이었을 것이다.

어떤 이유에서든 세종이 그의 조사단을 온성穩城(그의 무관들이 여진족을 정벌한 뒤 1440년 두만강의 북부 만곡부 안에 설치했다)에 보냈더라면 좋았을 것이다. 온성은 당시나 지금이나 한국에서 가장 북단에 있는 고을(42도 57분 21초)로서, 백두산의 분화구(42도)에 있는 천지天池보다 위도상 더 북쪽에 있다. 당시 한국인들은 백두산을 나라의 극북極北으로 인식했을지 모른다. 이러한 가능성에 대해서는, 백두산과 온성을 거의 같은 위도에 둔 이른바 정척 유형의 지도와, 온성을 위도상으로 백두산 남쪽에

---

59) 『세종실록』 19년 4월 15일 갑술 ; Sang-woon Jeon, *Science and technology in Korea*, p. 102~104 ; Needham 외, *The Hall of Heavenly Records*, pp. 108~109.

60) 『문헌비고』 권2, 상위고2, 북극 고도. 편찬자는 『관상감일기觀象監日記』를 인용하면서 역관 세 사람의 이름을 든다. 하지만 달리 그들을 추적할 방법이 없다.

둔 『동국여지승람』의 지도(전국 지도와 함경도 지도)에서 북쪽 국경을 '평 평하게' 그린 점에 대해 논의하면서 다시 살피고자 한다.

세종의 흥미로운 북극 고도 측정 사업을 빼고 보면, 서양의 측정 방 법이 소개되기 전까지 천문학적 방법으로 경도와 위도를 측정한 기록이 없다. 서구의 측정 방법이 소개된 첫 사례는 1713년에 나타난다. 한 만 주인 사신이 한성에 도착해서, 예수회가 훈련시킨 중국인 측량기술자를 도심에 보내 북극 고도를 측정하도록 한 것이다. 매우 흥미로운 이 사안 에 대해서는 뒤에 다시 다루겠다.

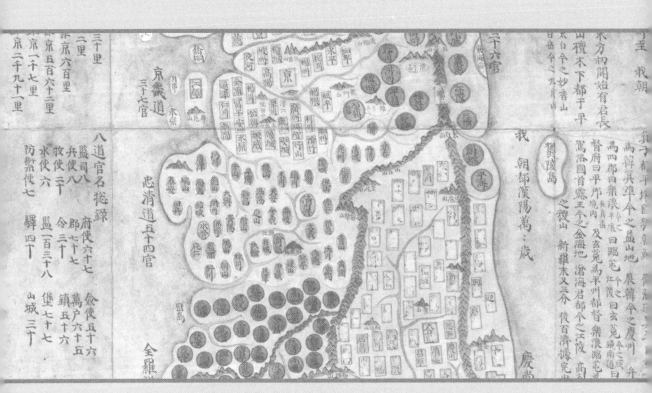

三十里
三里
新京六百里
京五百六十二里
京一千二里
京二十七里
京二千九十一里

京畿道
三十七官

八道官名摠錄
監司八　府使六十七　僉使五十六
兵使八　郡守二十七　萬戶六十五
牧使二十　令三十　鎮五十六
水使六　監一百三十八　堡七十七
防禦使七　驛四十　山城三十

忠清道
五十四官

全羅

三十六官

我
朝都漢陽萬萬歲

慶尚

4 전구 지도

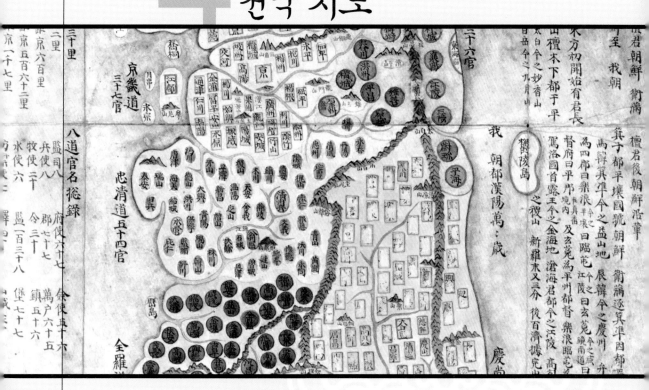

〈강리도〉의 조선 지도

1482년 죽음을 몇 달 앞둔 양성지는 그의 생애 동안 편집된 많은 공식 편찬물을 조사했다. 이 가운데 다수는 전체적으로든 부분적으로든 그가 수행한 작업의 결과였다. 이어 그는 이것들을 인쇄하여 조정에 배포할 것을 제안했다. 그는 지도에 각별한 관심을 가지고 있었으며, 그가 알고 있거나 소장하고 있는 20종의 중요 지도 목록을 작성했다. 이 목록(표 6)에는 고려 시대부터 전하는 전국 지도 한 장과 중국·일본에서 수입한 여러 지도가 포함되어 있지만, 대개는 그가 제작했거나 동시대의 다른 사람이 제작한 지도였다. 앞서 밝힌 대로 이 목록은 세조가 지시한 사업의 결과를 보여주는 것으로서, 전국 지도와 도·고을 단위의 지도와 함께 군사 지도·연안항로 지도가 포함되어 있다.

목록에 있는 지도 가운데 2종이 오늘날 사본으로 남아 있다. 앞서 언급한 것처럼 일본과 류큐 지도는 아마도 『해동제국기』에 반영되었을 것이다. 이후의 한국 사본이나 중국 사본에서 명나라 지도의 영향이 감지될지 모르지만, 이 빈약한 찌꺼기를 빼고 보면 양성지의 목록에 실린 지도들은 다른 문헌 기록이나 다른 지도에 조금도 흔적을 남기지 않은 것 같다.

이러한 상황은 부분적으로는 양성지 자신이 선호했던 정책의 결과다. 그는 정보의 자유를 옹호하는 사람이 아니었다. 그는 정부 간행물의 공

표 6. 1482년 양성지의 조선 지도 목록

연번	제목	제작 시기	제작자	연번	제목	제작 시기	제작자
1	오도양계도 五道兩界圖[a]	고려 중기 (1150년 무렵)		11	영안도연변도 永安道沿邊圖	세조	어유소 魚有沼
2	팔도도八道圖	조선 초기 (1400년 무렵)	이회 李薈	12	평안도연변도 平安道沿邊圖	세조	이순숙 李淳叔
3	팔도도八道圖	세종 (1418~1450)	정척 鄭陟	13	삼남영아각도 三南營衙各圖	세조	?
4	양계대도兩界大圖·소도小圖	세종	정척	14	일본유구국도 日本琉球國圖	세조	도안 道安 (일본 승려)
5	팔도도八道圖	세조 (1455~1468)	양성지 梁誠之	15	대명천하도 大明天下圖	세조	?
6	여연무창우예삼읍도閭延茂昌虞芮三邑圖[b]	세조	양성지	16	지리지내팔도주군도地理志內八道州郡圖	세조	양성지
7	연변성자도 沿邊城子圖	세조	양성지	17	팔도산천도 八道山川圖	세조	양성지
8	양계연변방수도 兩界沿邊防戍圖	세조	양성지	18	팔도각일양계도 八道各一兩界圖[c]	세조	양성지
9	제주삼읍도 濟州三邑圖	세조	양성지	19	요동도遼東圖	세조	?[d]
10	연해조운도 沿海漕運圖	세조	안철손 安哲孫	20	일본대명도 日本大明圖	세조	?

출전) 『성종실록』 13년 2월 13일(1482년 3월 2일) 권138 양성지의 상소.
  a : '팔도'라는 용어는 집합적인 명칭으로 조선을 나타낼 수도 있다. 고려 시대와 15세기 대부분의 시기 동안 양계 지역은 별도의 군사 행정 하에 있었다.
  b : 압록강 지역의 3개 고을(현재의 강계)은 각각 1416년, 1443년, 1442년에 설치되었다. 하지만 1455년에 폐지되었다.
  c : 이 경우는 팔도에 대한 개개의 도별도로 이해해야 한다.
  d : 양성지가 19번·20번 지도를 제작했는지는 분명하지 않다.

개를 대부분 엄격히 제한할 것을 주청했으며, 이러한 내용을 그의 목록과 함께 실어 두었다. 고려 시대에 대한 표준 역사서인 『고려사』조차도 백성들이 읽어서는 안 된다고 여겼으며, 이것은 과거 수세기에 걸친 군사작전의 상세 내용이 너무 쉽게 알려지지 않도록 하려는 것이었다. 지도는 조정에 보관되어야 하는 것이지 백성들 사이로 흩어져서는 안 되는 것이었다.[1] 이러한 태도를 고려하면 양성지의 지도가 거의 유통되지 않았을 것이라는 점은 의심할 여지가 없다.

양성지의 목록에는 한 가지 두드러진 누락 사항이 있다. 곧 1402년의 〈강리도〉가 이 목록에 들어 있을 것이라 기대할 수 있는데, 그 까닭은 이 지도가 지도 제작자로서 양성지가 전성기를 누리던 시기에 복제되었을 것이기 때문이다.[2] 하지만 〈대명천하도〉(표 6-15번)가 그 지도가 아니라면 이 지도에 대한 언급은 없는 셈이다.[3] 이회의 〈팔도도〉(표 6-2번)에 잘 맞아떨어지는 지도는 이회가 권근을 위해 제작한 〈강리도〉의 조선 부분이다. 〈강리도〉에 수록된 조선 부분에는 도별 구분이 없지만, 반도의 기본적인 윤곽과 그 밖의 상세 내용은 관련이 있을 것으로 보인다.

〈강리도〉의 조선 부분에서 가장 주목을 끄는 것은 산줄기를 두드러지게 표시한 점이다. 곧 동해안을 따라 남북 방향으로 표시된 주맥主脈뿐만 아니라, 서울과 개성으로 뻗은 지맥支脈을 표시했으며 이러한 지맥은 주맥과의 연관성을 분명하게 보여준다(도판 2-2). 주맥이 백두산과 직접 연결되지는 않는다(백두산은 특별히 강조되지 않았고, 그것이 있어야 할 곳에서 동남쪽으로 치우쳐 제자리를 잃었다. 다만 선이 끊어진 지점에 변색 등 화면

1) 『성종실록』 13년 2월 13일 임자.
2) 〈강리도〉의 류코쿠 대학 소장 사본은 압록강 국경 지역의 세 고을(여연閭延·무창茂昌·우예虞芮)의 이름 앞에 '고古' 자를 붙여 두었다. 이 고을들은 1455년에 폐지되었다. 한편 이 지도는 각각 1459년과 1466년에 폐지된 예원豫原과 수천隋川을 보여주고 있다. 따라서 이 사본은 1470년 무렵 제작된 것으로 보인다(青山定雄, 「元代の地圖について」, 『東方學報』 8, 1938, pp. 111~112, 143, 149).
3) 이렇게 동일시하는 주장을 해 볼 수 있다. 만주·한국·일본 지역만 빼고 보면 〈강리도〉와 매우 흡사한 북경 박물관 소장의 〈대명혼일도大明混一圖〉와 일본 혼묘지 소장 〈대명국지도大明國地圖〉(〈강리도〉의 또 하나의 사본)에는 둘 다 제목에 '대명大明'이라는 글자가 들어 있다. [표 6-15번] 지도의 제목에 '천하도天下圖'라는 일반적인 명칭이 나타나는 점은 후기의 〈천하도〉가 〈강리도〉에서 진화한 변종이라는 나의 제안과 관련하여 어쨌든 흥미롭다(이 책의 110~115쪽 참고).

에 손상이 있었고, 수리도 완전하지 않다). 산맥을 이렇게 표시한 경우는 〈강리도〉의 다른 곳에는 없다. 하지만 앞서 살핀 대로 이러한 표현 방법은 한국인들이 산줄기 체계를 선호한다는 점을 잘 반영한다.

한반도의 강도 알맞게 표현했다. 특히 중부와 남부 지역이 그러해서, 한강과 낙동강의 수계를 잘 표현했다. 대부분의 고을을 표기했고, 감영監營(도의 중심지)과 주요 군사 중심지를 사각형 윤곽 안에 기재했다. 서울은 총안銃眼 모양의 큰 원으로 강조했다.[4] 타원형의 윤곽 안에 표기한 항구와 강구江口는 이 지도가 만들어질 무렵 왜구의 압박을 심하게 받던 해안 지역의 방어조직과 곡물 수송의 중요성을 반영하는 것이다.

한국 학자들의 논평은 대부분 나라의 전반적인 윤곽에 대한 것이다. 이 윤곽은 반도의 중부와 남부 지방에서는 실제 해안선에 가깝지만, 북방 경계 지역에서는 생략이 심해서 전체적인 윤곽이 평평한 것이 특징이다.[5] 1402년 〈강리도〉가 제작될 무렵 압록강과 두만강의 국경 지역 대부분은 아직 여진족(뒤의 만주족)이 차지하고 있어서 조선이 정복하지 못한 상태였다. 당시 이회와 권근은 시대에 뒤떨어진 고려 시대 지도의 제작 모델을 따랐던 것 같다.

북방의 국경을 그저 평평하게 표현하는 것은 18세기까지 한국의 지도 제작 기술의 한계였다. 따라서 고려와 조선 시대의 압록강–두만강 국경의 역사를 먼저 약술하는 것이 유용할 것이다.

통일신라의 국경은 서쪽의 평양에서 동해안의 원산 바로 북쪽까지 뻗은 선으로 표시할 수 있다(도판 1-1-B·4-1). 고려 초기 새 왕조는 국경을 압록강 하구까지 북쪽으로 밀어붙이면서 청천강–대동강 유역에 주민을 살게 했다. 그리고 거란족과 여진족의 잇따른 침입에 저항하면서 이 영

4) 니덤은 이 원이 평양을 나타내는 것이라고 잘못 보았다(Needham, *Science and Civilization in China*, 제3권, p. 555).
5) 이찬, 『한국고지도』, p. 198 ; 김양선, 『매산국학산고』, pp. 260~262.

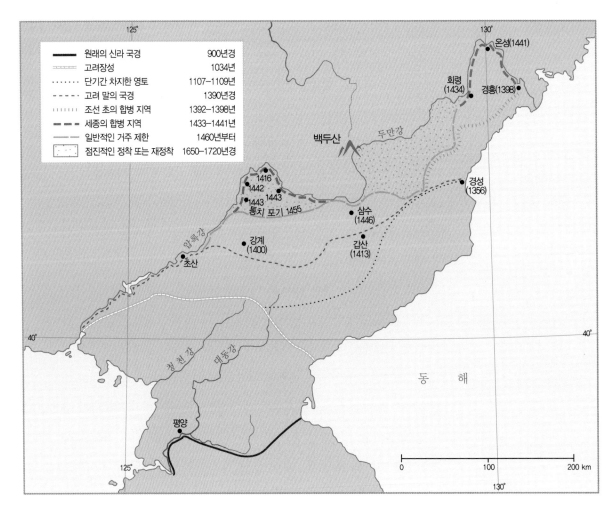

[도판 4-1]
10세기부터 14세기까지 북방 경계의 변화

역을 지켜냈다. 1034년에 완성된 고려장성高麗長城은 이 지역을 분명하게
표시해 준다. 1107년 윤관尹瓘(1111년 사망)이 이끈 원정으로 동해안 북쪽
의 경성鏡城(대략 북위 41도 35분)까지 넓은 지역에서 여진족을 쫓아냈다.
이어서 아홉 개의 성을 설치하고 요새화했다. 2년 뒤 여진족이 이 지역을 되찾았지만, 13세기에는 몽골의 수중으로 들어갔다. 고려 공민왕은 1356년 몽골을 쫓아내고 이 지역을 되찾았다. 1392년 고려 왕조의 말기에는 압록강 연안의 초산楚山 동쪽부터 동해안의 경성에 이르는 선에 도달했다.

조선 왕조의 창업자인 이성계는 두만강 하류의 경흥慶興(이전의 공주孔州, 대략 북위 42도 36분)까지 진출하여 동해안 지역의 영토를 확장했다. 1441년 무렵 세종의 치세에는 멀리 두만강의 만곡부 안쪽의 모든 땅을 추가했다. 이것은 고구려 이후 한국의 국가가 도달한 가장 북쪽이며 이후 이 영토를 계속 영유했다. 또한 세종은 북중부 국경 지대에서 압록강 만곡부 안쪽의 땅을 장악하고 편제했다. 하지만 이곳은 매우 거친 지대여서 영유하는 것이 매우 어려운 것으로 드러났고, 1455년 세조는 이곳을 포기했다. 이후 이 땅은 백두산 지역 두만강 남쪽의 넓고 거친 다른 지역과 함께 조선의 통치 영역 밖에 남게 되었다. 17세기와 18세기 초가 되어서야 이곳에 주민이 영구 정착하고 행정적으로 편제되었다. 백두산의 정상 천지天池부터 두만강 원류까지의 국경은, 1712년 청 왕조와의 공식 협정으로 결정되었다. 이 협정은 한국의 현 국경을 확립하는 마지막 단계였다.

1402년 〈강리도〉가 제작될 무렵에는 두만강 안쪽 지역 대부분에 조선의 행정력이 도달하지 못했다. 하지만 북방의 국경은 이미 이성계의 조상이 묻힌 경흥의 동북쪽쯤이었다. 이회와 권근은 〈강리도〉의 조선 부분에 경흥을 표기함으로써 두만강 하구 지역을 그려 넣었지만, 그것이 얼마나 북쪽인지에 대해서는 높이 평가하지 않았다. 1402년에는 이 지역의 지리를 거의 이해하지 못했음이 분명하다. 류코쿠 대학 소장 사본에는 두만강 만곡부에 있는 주요 고을의 이름이 적혀 있는데, 이 고을들은 1430년대와 1440년대까지 설치되지 않았으므로 1471년경 사본을 제작할 때 추가되었음에 틀림없다.

　두만강 국경보다 더 문제가 되는 것은 반도의 서북쪽 구석 부분의 국경 지역이다. 이회와 권근은 압록강의 흐름을 사실상 수평선같이 서쪽으로 흘러 황해로 들어가는 것으로 묘사했다. 압록강 하류의 서남 방향 유로는 고려 시대에도 잘 알려져 있었기 때문에, 1402년의 지도 제작자들이 이 지역을 이렇게 표현한 것은 이해하기 어렵다. 하지만 사실상 '평평해진' 북방 국경의 모습은 〈강리도〉의 출현 이후 거의 3세기 동안 한국 지도의 특징으로 남았다.

　한국의 학자들은 〈강리도〉 이후의 한국 지도를 4가지로 분류한다. 첫째는 정척 유형의 지도로서 15세기 중기부터 17세기 중기까지 유행했고, 북방 국경의 윤곽이 평평한 모양을 띤다. 둘째는 『동국여지승람』에 수록된 지도를 모방해 만든 지도 유형으로서, 대개 〈천하도〉 지도책에 수록되어 19세기 말까지 인기를 누렸다. 셋째는 정상기 유형의 지도로서 비교적 사실적으로 북방 국경을 묘사한 첫 지도이며, 처음으로 지도 위에 축척을 그려 사용했다. 이 유형의 지도는 대개 18세기 전반에 출현하기 시작하여 19세기 중기까지 유행했다. 넷째는 정상기의 지도를 정제하고 완성한 김정호의 지도이다. 그야말로 한국 전국 지도의 총정리이며, 1834년부터 1864년까지 제작되었다. 19세기 말부터는 서구의 영향을 받은 지도로 대체되었다.

정척 유형의 지도

우리는 앞서 정척과 여러 번 마주쳤다. 오늘날에는 그의 이름을 특정한 지도 유형이나 세종의 전담 지도 제작자로 기억하지만, 『성종실록』에 실린 그의 졸기卒記에는 지도와 관련된 내용이 한 마디도 없다.[6] 이것은 한국 역사지리학에서 조선 시대에 나타나는 전형적인 양상으로서, 공무상의 과학·기술 업적을 높이 평가하지 않는 경향 때문이었다. 그러한 전문화는 유교의 학문적인 이상에 역행하는 것이었다. 정척의 조상은 비교적 낮은 신분의 향리鄕吏였지만 조선 초기에는 재능 있는 향리들이 입신의 기회를 얻을 수 있었다. 정척은 1414년 과거에 급제하여 관료 사회의 중상층까지 도달했다. 그는 세종이 좋아하는 측근이 되어 세종의 여러 문화·과학 사업에 참여했다.

정척과 연관이 있다고 알려진 주요 지도는 〈동국지도東國地圖〉이다. 이 지도는 1463년 정척이 양성지와 함께 왕에게 바친 것이었다.[7] 이 지도는 현존하지 않지만, 일본 도쿄에 있는 내각문고 소장의 지도(일본명 조선국회도)가 사본이거나 그 전통을 따르고 있다고 생각한다(도판 3-5). 아오야마 사다오는 이 지도에서 제작 시기를 15세기로 추정할 만한 특징을

---

6) 『성종실록』 6년 8월 2일 무인. 사망 기사의 날짜와 정척의 사망 날짜는 1475년 8월 2일에 해당한다.
7) 『세조실록』 9년 11월 12일 병인.

확인했다.[8] 이를 근거로 이 지도는 한국의 지도학에서 정척 유형이라고 부를 만한 지도의 원형을 담고 있는 것으로 인정되었다. 아무튼 〈동국지도〉는 조선 시대에서도 상대적으로 오래된 지도에 속한다.

내각문고 소장 지도는 〈강리도〉에 수록된 한국 지도에 비해 상당히 진전되었다. 강은 짙은 청색으로 명확히 표시했고, 세부적으로 매우 정확해졌다. 산줄기의 체계는 〈강리도〉보다 훨씬 발전했다. 내각문고 소장 지도는, 동해안의 주맥만 강조하고 주요 지맥은 개략적으로 표시한 〈강리도〉보다 매우 발전하여, 나라의 전체적인 산악 연계망을 빈틈없이 표현했다. 물론 형세를 강조하고 있어서 1436년과 1454년 정척의 작업과도 연관되어 있는데, 이 지도에서도 이러한 점이 명확하게 나타난다. 곧, 나라의 어느 곳에서 산줄기를 따라가더라도 백두산에 이를 수 있는 것이다. 이러한 표현 방식은 만주까지 확장되어, 매우 압축된 표현이기는 하지만 만주 지역의 상당 부분을 포함하고 있다.

고을의 이름은 원형 윤곽 안에 기재되어 있으며, 이 윤곽은 도별로 색상이 정해져 있다. 도별로 비슷한 채색의 윤곽을 집중시켜서 쉽게 도를 구분할 수 있도록 했으며 경계는 따로 표현하지 않았다. 아오야마는 도별로 채색된 색상을 다음과 같이 정리했다.[9]

| 경기도 | 짙은 노랑 | 전라도 | 빨강 | 강원도 | 녹색 | 평안도 | 회색 |
| 충청도 | 옅은 노랑 | 경상도 | 분홍 | 함경도 | 청색 | 황해도 | 흰색 |

이 체계에는 때로 변화가 있고 보편적인 것은 아니지만, 김정호 시대까지 내려오는 채색 지도의 통상적인 특징이다. 색상의 배정은 대개 임

---

8) 青山定雄, 「李朝における二三の朝鮮全圖について」, 『東方學報』 9 (1939), pp. 143~171. 아울러 국사편찬위원회가 소장한 채색 사본 〈조선팔도지도朝鮮八道地圖〉의 도판이 이찬의 『한국고지도』에 실려 있다(p. 24, 도판 10).
9) 青山定雄, 「李朝における二三の朝鮮全圖について」, p. 157.

의적인 것이 아니라, 고전적인 중국의 오방五方(五常) 체계에 따른 것이다. 중앙은 황색, 동쪽은 녹색(청색), 남쪽은 적색, 서쪽은 백색, 북쪽은 흑색이다. 이러한 도별 색상 체계는 일본의 흥미로운 한 용례에 반영되었다. 1590년대 조선에 주둔한 히데요시의 군대는 군사적 의사소통이나 일상 대화에서 각 도를 색상으로 일컬었다.

원정 중인 주군主君을 따라 종군한 일본 승려 게이넨慶念은 1597년에서 1598년 사이에 한반도의 남부 지역을 다닌 뒤 흥미로운 일기 한 편을 남겼다. 여기에서 그는 전라도를 적국赤國(紅國), 충청도를 청국靑國, 경상도를 백국白國으로 불렀다.[10] 전라도의 붉은색을 제외하면 이러한 명칭들은 위의 체계와 일치하지 않는다. 이러한 용례는 일본군이 과연 조선측 지도에 의존했을까 하는 의구심마저 들게 한다.[11] 사실 첩보 자료를 그렇게 활용하는 것은 그저 기대에 그쳤을 뿐이다.

내각문고 소장 지도의 특성 가운데 또 주목할 점은 중요 군사 중심지뿐만 아니라 수백 개의 섬과 강구의 이름을 표시한 것이다. 주요 도로는 빨간 선으로 표시하고, 각 고을 중심지에서 서울까지의 거리를 이수와 여행 일수로 표기했다.[12] 이 지도에서는 한국의 모습을 현실적인 비율에 따라 묘사했지만, 축척을 표시하지는 않았다. 지도에 축척을 표시하는 발전은 정상기의 시대를 기다려야 한다. 이찬은 내각문고 지도의 축척을 대략 80만분의 1로 추정했다.[13]

---

10) 게이넨의 일기인 「朝鮮日日記」가 『朝鮮學報』 35 (1965), pp. 55~167에 실려 있다. 도 道의 이름을 색깔로 명명한 것에 대한 자료는 pp. 68, 75~76, 150에 있다.
11) 국사편찬위원회가 소장한 정적 유형의 지도(《조선팔도지도》)는 경상도 지역의 지명 윤곽을 흰색으로 칠했다. 이는 일본의 군사용 지도와 같은 것이다. 하지만 원래의 분홍색이 복제 과정에서 나타나지 않은 것일 수도 있다. 같은 사본에서 충청도의 경우는 주황색으로 보이는데, 이는 북쪽 경기도의 노란색, 남쪽 전라도의 붉은색과 조화를 이루고 있다.
12) 거리나 여정은 국사편찬위원회 소장 〈조선팔도지도〉에는 표시되어 있지 않다.
13) 이찬, 『한국고지도』 p. 206.

[도판 4-2]

〈조선국팔도통합도朝鮮國八道統合圖〉

북방 국경이 평평하고 도별로 다른 색상의 윤곽에 고을의 이름을 넣어 구별하는 것이 정척 유형 지도의 특성이다. 하지만 주요한 산맥을 표시한 것은 이회와 권근이 제작한 〈강리도〉의 조선 부분을 연상시킨다. 유형상으로는 이른 시기에 속하지만 독특한 민화적 요소로 미루어 18세기나 19세기에 제작된 것이다. 왼쪽 여백에는 나라의 전체 크기와 고을의 수가 적혀 있다. 오른쪽에는 단군부터 조선에 이르는 한국의 역사에 대한 내용이 있으며 '조선이 만세萬歲 동안 영원하리라'는 표어도 적혀 있다.

원본 크기 : 50.3×40.8cm. 이찬의 기증으로 서울역사박물관 소장(서13181).

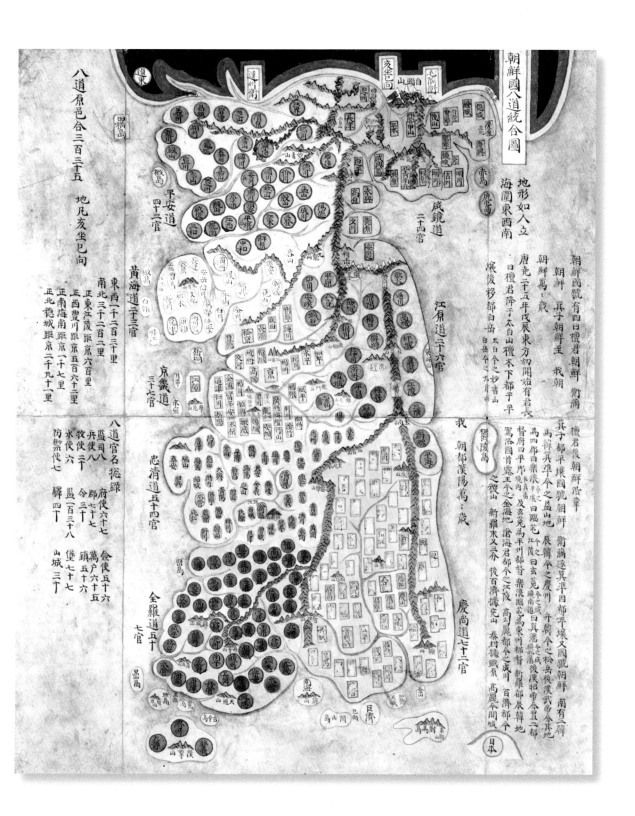

불분명했던 북방 국경의 표현은 〈강리도〉에 비해 확연히 개선되었다. 하지만 압록강 하류가 서남쪽으로 흐르는 모습을 적절히 표현한 반면, 상류는 초기의 지도에 나타난 것처럼 거의 평평한 모습이다. 두만강 쪽에서도 서서히 국경이 동북쪽으로 올라갔지만 현실적으로 보일 만큼은 아니다. 북방 국경에 대한 표현이 주는 전체적인 인상은 아직 평평하고 압축된 모습이고, 수평선의 모습을 띠고 있는 만주 지역의 산과 분지도 그런 인상을 짙게 한다. 물론 세종과 세조 치세에 지리 답사와 측량이 광범위하게 이루어진 것을 생각해 보면, 이러한 잘못된 표현이 1460년대 쯤에는 수정될 기회가 있지 않았을까 생각할 수도 있다.

아마 만주의 전반적인 모습을 표현하려다 보니 지도 윗부분에 공간이 필요했고, 이 때문에 조선의 북쪽 경계를 평평하게 표현하는 결과를 불러왔을지도 모른다. 하지만 이러한 설명으로는 다른 지도에서, 그리고 이후의 정척 유형의 지도(이 기준에서는 오히려 퇴보의 경향을 보인다)에서 북방 국경이 평평하게 표현된 점을 잘 설명할 수 없다. 예컨대 한국 고유의 민화풍으로 그려진 매력적인 지도 〈조선국팔도통합도朝鮮國八道統合圖〉에 주목해 보자. 이 지도에서도 북방 지역의 경계선은 평평하게 표현되었을 뿐만 아니라, 심지어 동남쪽으로 처져 있다(도판 4-2).[14]

이러한 결점이 북방 지역에 대한 거리 정보가 부족했기 때문이라고 볼 수 없는 것은 분명한데, 적어도 15세기 이후 정척 유형의 지도 사례들만 보아도 그러하다. 『동국여지승람』은 서울에서 압록강 연안 의주까지의 거리를 1,186리로 기록했고, 두만강의 북쪽 만곡부 안에 있는 온성까지의 거리는 2,101리로 기록했다.[15] 수도로부터의 거리에 나타나는 상대적인 차이를 대략적으로 인정하기만 했어도 국경의 묘사 문제를 대부

---

14) 한반도 북부 지역을 평평하게 또는 처진 모양으로 그린 정척 유형의 다른 지도들이 이찬의 『한국고지도』 pp. 64~65, 70, 79에 실려 있다.
15) 『동국여지승람』 권50 온성穩城, 권53 의주義州.

분 해결할 수 있었을 것이다.

자료를 16세기 초부터 쉽게 입수할 수 있었음에도 국경의 모습을 평평하게 유지한 이유를 쉽게 설명하기는 어렵지만, 몇 가지 요인이 작용했을 가능성을 제기할 수 있다. 그 하나는 보안 문제 때문일지 모른다. 앞서 우리는 양성지가 군사 기밀의 보안을 걱정하여 어떤 지도도 조정 밖에 나돌 수 없게 한 것을 보았다. 이러한 맥락에서 보면 조선 지도를 입수할지도 모를 중국이나 여진의 군사 지도자들의 판단을 흐리게 하기 위해 일부러 경계의 윤곽을 미흡하게 남겨 놓았을 가능성도 있다.

15세기 여진 지역에서는 매우 활발한 움직임이 있었다. 명은 남부 및 동부 만주 지역 전역에 걸쳐 여진을 막기 위해 군현郡縣을 설치하고 그것들을 강화했다. 그리고 조선은 압록강과 두만강을 국경으로 고착시키려고 부단히 노력했다. 두 나라의 정책은 모두 여진족의 희생을 전제로 한 것이었다. 또한 명과 조선 사이에도 조용하기는 했지만 어쩔 수 없는 경쟁이 있었다. 양성지는 지도 제작과 국가 안보의 접점에 서 있었던 것이다. 나중에 양성지 스스로도 분명히 인정했던 안보 편집증은 지도학적 판단을 뛰어넘는 것이었다. 또한 양성지 말고도 그런 걱정을 하던 사람들이 있었다.

동람도東覽圖 유형의 지도

한편 국경 문제에 대한 안보 중심의 접근 방식이 양성지의 말년 무렵 첫 번째 판본의 편찬 작업이 한창 진행 중이던 『동국여지승람』의 지도 [판심에 '동람도'라는 약칭이 있다-옮긴이]에 영향을 끼쳤을 가능성이 있다. 초기의 교정본은 현존하지 않지만 1499년에 간행된 것으로 추정되는 지도는 1531년 판본에 실린 지도와 동일하다. 따라서 지도의 형태가 이미 편찬 과정의 초기 단계에 확정되었음을 보여준다. 『동국여지승람』의 본문은 매우 철저하고 신뢰할 만해서 명성이 높지만, 지도는 첫눈에도 실망스럽다.

1485년 성종은 『동국여지승람』의 간행을 준비하던 사람들에게 지시를 내려 1461년 『대명일통지大明一統志』의 형식과 체제를 엄격히 따르도록 했다.[16] 『대명일통지』의 1461년 판본과 『동국여지승람』을 비교하면 이러한 지시를 충실히 지켰음을 알 수 있다.[17] 『대명일통지』에 실린 지도의 양식은 매우 과장되고 양식화된 간결성으로 특징지을 수 있다. 해안선은 대체적인 곡선으로 표현하여 전체적인 특성만 나타냈다. 강은 한결같이 직선화되어서 넓은 띠 모양으로 보인다. 산은 봉우리 모양으로 장

---

16) 『동국여지승람』에 대해 1486년 김종직金宗直이 쓴 간기刊記는 1531년 판본의 끝부분에 인쇄되어 있다.

17) 나는 뉴욕 컬럼비아 대학의 씨 브이 스타C. V. Starr 동아시아 도서관에서 『대명일통지』의 1461년 판본을 조사했다.

식해서 여기저기 표시했을 뿐, 산줄기나 지구물리학상의 유형에 대한 관심은 없다. 지방 지도에는 주요 행정 단위인 부府가 표시되어 있을 뿐이며, 각 부의 이름 주위로 사각형 윤곽을 둘렀다(도판 4-3). 지도학적으로 이 이상의 절제를 생각할 수 없을 정도이다.

『동국여지승람』에 수록된 지도를 만든 사람들은 성종이 지시한 양식이 너무 공허함을 알고, 이를 좀 더 보기 좋은 방식으로 개선했다. 그 결과로 얻은 양식은 조선에서 지속적으로 인기를 얻었으며, 특히 16세기에 제작되기 시작한 〈천하도〉 지도집을 통해 인기를 누렸다.[18]

〈팔도총도〉는 『동국여지승람』 전체 55권의 첫머리에 수록되어 있다(도판 4-4). 동북 지역은 더 이른 시기의 지도와 비교해 보아도 놀라울 만큼 축약되어 버렸다. 이 지도에는 왜곡뿐만 아니라 의도적인 과장도 있었던 것으로 보인다. 지도를 만든 사람들은 그 내막을 잘 알고 있었다. 왜냐하면 그들이 작업했던 바로 그 서고에 더 나은 지도들이 소장되어 있었기 때문이다. 하지만 그들은 일정한 의도 속에서 움직였고, 일정한 한계도 가지고 있었다. 그중 가장 큰 것은 목판 인쇄 방식이었다. 인쇄용 목판은 크기에 제약이 있을 수밖에 없고, 목재의 고유한 특성 때문에 목판을 조각하는 각수刻手들은 강이나 해안선을 직선화하려는 경향을 띠었다. 아울러 목판의 면을 모두 사용하려는 목판 기술자들의 습관도 한몫 했다. 이러한 관행과 더불어 『동국여지승람』을 위해 사용된 목판의 크기(21.3×34.1센티미터)를 감안하면,[19] 한반도의 모습이 남북 방향으로는 압축되고 동서 방향으로는 확대되는 과정을 이해할 수 있다.

아울러 이러한 결점과 관련하여 편찬자들의 의도를 생각해 볼 필요

---

18) 『동국여지승람』 유형의 후기 지도책의 예는 이찬의 『한국고지도』, pp. 63, 76, 80에 실려 있다.

19) 이것은 이찬이 국립중앙도서관 소장의 목판본 『동국여지승람』(貴228, 韓60-3)을 측정한 수치이다(『한국고지도』 p. 61).

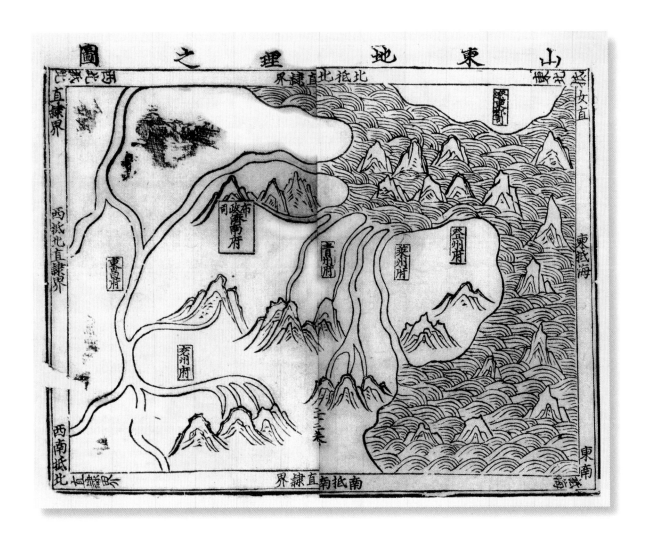

[도판 4-3]
〈산동지리지도山東地理之圖〉
『대명일통지』(1461년)의 1505년 판본 권22의 권두卷頭. 명나라 때 제작된 이 지도에는 단지 6개의 부府만 표시되었을 뿐, 나머지는 표시되지 않았다. 산과 강에도 이름이 붙어 있지 않다. 이 밖에 해안선이 있을 뿐이다. 이처럼 빈약하고 절제된 양식은 동시대에 조선에서 편찬된 『동국여지승람』(1481년)에 많은 영향을 주었다. 다만, [도판 4-4·4-5]에 보이는 대로, 한국의 지도들은 좀 더 내용이 많고 흥미롭게 제작되었다.
원본 크기 : 20×27cm. 미국 하버드 대학교 하버드-옌칭 도서관 소장.

가 있다. 이 지도는 원래 상세하고 풍성한 본문을 보조하는 개략적인 참고 자료로 기획된 것이었다. 전국 지도인 〈팔도총도〉는 이 책의 요소요소에 배치된 8장의 도별 지도로 충분히 보완되었다. 성종은 『동국여지승람』를 널리 보급하고자 했기 때문에,[20] 군사적으로 유용한 정보는 엄격히 제외해야 했다. 이것이 아마도 전도全圖와 마찬가지로 도별도(평안도·함경도)의 북방 국경을 엉성하게 처리한 이유일 것이다.

〈팔도총도〉의 정보는 제한적이었지만 주의 깊게 선택되었다. 도성都城과 팔도(도명을 사각형 윤곽 안에 표기)처럼 눈에 잘 띄는 요소와 더불어, 주요 도서(일본의 쓰시마도 포함됨)의 이름도 있었다. 그 밖에 지도에는 산과 강이 수록되었다. 산과 강의 지명 중 하나를 제외하면 모두가 정부 관리들이 제사를 지내던 대상이었다(예외는 바로 백두산인데, 조선에서 매우 중요한 산이었지만 당시 조선 조정의 행정권 바깥이었다). 다섯 개의 주요 하천을 독瀆으로, 다섯 개의 주요 산을 악嶽으로 분류하고, 이들에 대해서는 두 번째 등급의 제사(中祀)를 지냈다. 명산과 대천大川 가운데 다른 부류는 세 번째 등급의 제사(小祀)를 지냈다. 아울러 제사의 범주와 시기는 『경국대전』에 성문화되었다.[21] 앞서 나는 양성지가 종교적으로 중요한 지리 요소를 강조했다는 점에 주목했다.[22]

---

20) "성종成宗은 유학자들에게 『대명일통지』의 본보기에 맞추어 개정하도록 하고, 위로는 궁궐의 서고에서부터 아래로 개인 장서에 이르기까지 이 책을 갖출 수 있도록 인쇄하여 전국에 배포하도록 했다."(1531년 판본의 말미에 실린 임사홍任士洪의 『동국여지승람』 간기刊記로부터).

21) 방동인, 『한국의 지도』, pp. 97~100. 아울러 『경국대전』 권3 ; 한우근 외 편, 『역주 경국대전』 주석편, pp. 412~413, 417를 참고하라.

22) 국가 제사를 지낼 만한 산과 강을 정리한 양성지의 목록(『세조실록』 2년 3월 28일 정유)에는 이 책 4장 주7(191쪽)의 자료나 〈팔도총도〉에 있는 것과 사뭇 다른 지명들이 실려 있다. 사실 그는 후자에 속한 산과 강들을 열거하면서 제사의 폐지를 주장했다. 이를 둘러싼 정치적 대립이 있었다고 가정하면, 그는 이 대립에서 패배한 것으로 보인다. 그의 연구와 글이 『동국여지승람』의 편찬에 매우 중요한 것이었지만, 정작 편찬자 명단에서 제외된 것은 아마도 이 때문일 가능성이 있다.

[도판 4-4]

〈팔도총도八道總圖〉

『신증동국여지승람』(1531, 초판 1481) 권1의 권두. 조선에 대한 2천 쪽에 달하는 광범위하고 상세한 본문에 딸려 있는 이 지도를 도안한 사람들은, 본문에 상세한 내용을 수록하는 대신 지도는 단순화하는 데 집중했다. 이 지도에 표시된 강과 산은 모두 국가가 행한 종교적 제의의 주요 대상이었다. 그 밖에 도성과 팔도, 그리고 주요 도서의 이름이 지도 위에 기재되어 있을 뿐이다. 압록강과 두만강의 유로는 과감하다 싶을 만큼 평평해졌고, 이에 따라 북방의 경계선이 왜곡되었다. 이러한 왜곡은 부분적으로는 인쇄에 사용된 목판의 판형이 사각형이었기 때문이며, 국가의 안보도 분명히 일정한 요인이 되었을 것이다.

원본 크기 : 27×17.1cm.

서울대학교 규장각 소장.

솔직히 성글다고밖에 할 수 없는『동국여지승람』의 〈팔도총도〉에 이렇게 진지한 고민이 들어 있다는 점을 떠올리면, 이 지도를 평가할 때는 제작자가 문화적으로 무엇에 우선 순위를 두었는지 생각해야 한다.『동국여지승람』을 펼쳐 지도를 본 16세기의 독자들은 이렇게 생각했을지 모른다. "이것이 우리나라다. 그리고 이것들이 우리나라를 수호하는 산과 강이며 우리나라를 위대하게 한다." 당시 이용자들에게 이 지도가 제작 기술 측면에서 훌륭하기만 한 것은 아니었겠지만, 이런 문제점이 오늘날 한국의 비평자나 세계의 지도학자들이 생각하는 만큼 심각한 사안도 아니었다.

〈팔도총도〉에 나타나는 한반도의 전체적인 모양을 평가하기에 앞서 나라의 윤곽에 대한 일반적인 생각들을 미리 염두에 두는 것이 유용할 것이다. 현대의 한국인들은 현대 지도를 떠올리고 있기 때문에, 한반도가 한 마리의 토끼 같다고 생각한다. 토끼가 왼쪽(서쪽)을 향해 앉은 모양을 상상하면서, 토끼의 뒷발과 엉덩이 부분은 남쪽 해안이고 등은 동해안이며 앞발을 서해로 불쑥 내밀고 있다고 생각한다. 머리와 코는 압록강의 서북쪽 모서리에 해당하며, 귀는 동북쪽의 두만강 만곡부로 뻗어 있다.『동국여지승람』의 〈팔도총도〉를 본 한 한국 여인은 자신의 조상이 토끼 모양의 국토를 알지 못했다는 사실에 놀랐다고 한다. '토끼'는 정상기의 시대가 되어서야 비로소 일어나 앉는다. 우리는 곧 정상기를 살펴볼 것이다.

조선 시대의 첫 세기 동안 반도의 모양에 대한 일반적인 개념이 무엇이었는지 먼저 확인할 필요가 있다. 이 주제와 관련된 문헌을 찾지는 못했지만, 고려 시대에도 한반도의 모양에 대한 일반적인 관념은 있었다. 앞서 나는 12세기부터 14세기까지 고려에서 특정 단위의 은화인 은병을 주조했다는 사실에 주목하고(31쪽), 그 모양이 이 나라의 영토와 닮은 것이었다고 했다. 아울러 꽃병의 이미지가 이 화폐에 대한 통상적인 이름으로 반영되어 활구闊口라는 이름이 생겨났다.[23]

이 동전은 오늘날 하나도 남아 있지 않지만 반도의 본체를 꽃병의 몸체로 생각했을 가능성이 있다. 가장 좁은 부분(대략 북위 39도 20분)은 은병의 목이고, 평평하게 벌어진 동북과 서북 모서리(북쪽으로 팽창하기 이전 시점) 쪽은 은병의 넓은 입이었다. 『동국여지승람』의 전국 지도(팔도총도)에서 북방 국경의 서쪽과 동쪽 모서리가 각각 미심쩍게 좌우로 쭉 뻗거나 수그러지는 것을 보면, 이 모습이 혹시 꽃병 윗 부분의 입술 부분이 아닐까 떠올려 볼 수도 있다. 이것은 물론 추리일 뿐이지만, 『동국여지승람』에 실린 지도가 한반도의 모양에 대한 민간의 관념과 일치하는 측면이 있었기 때문에 2세기 동안 유행했을 것이라고 생각한다.

15세기의 문헌에 개별 도별도에 대한 여러 참고 자료가 있기는 하지만, 『동국여지승람』에 수록된 여덟 장의 도별도는 오늘날까지 남아 있는 가장 오래된 지도이다. 충청도 지도가 [도판 4-5]에 제시되어 있다. 본질적으로 이 지도들은 『대명일통지』에 실린 지도의 제작 방식을 벗어나지 못하지만, 『대명일통지』의 지도보다 우수하다는 점은 명백하다. 이러한 사실은 산동山東 지도(도판 4-3)를 자세히 살펴보면 명확해진다.[24]

『동국여지승람』의 지도는 주요 지역뿐만 아니라 지방의 모든 고을을 표시했다. 고을 마다 하나씩 표기한 산이 바로 진산鎭山이다. 이곳에서 수령들이 정기적으로 제사를 지냈다. 종교적인 요소가 지도에서 중요한 역할을 했음을 다시 한 번 볼 수 있는 대목이다. 산을 나타내는 기호가 장식적이고 흥미롭기는 하지만 이제까지 한국 지도의 주요 특징으로 내려온, 풍수지리에 입각한 산줄기의 연결 관계를 보여주지는 않는다.

---

23) 『고려사』 권79 지志33 식화食貨, 화폐貨幣 숙종肅宗 6년 4월.
24) 『대명일통지』 권22의 권두卷頭.

[도판 4-5]
〈충청도忠淸道〉

『신증동국여지승람』권14의 권두(또한 도판 4-4를 참고하라). 약도처럼 보이는 이 지도 뒤로는 충청도를 설명하는 215쪽 분량의 본문이 이어진다. 54개의 고을과 각각의 고을을 보호하는 진산鎭山의 이름이 실려 있다. 각 고을에서는 이 산에 연례적으로 제사를 지냈다. 이 지도와 『대명일통지』에 실린 산동 지도(도판 4-3)를 비교하는 것은 흥미롭다(충청도에서 서해를 건너면 나타나는 중국 해안에 바로 산동성이 있다).

원본 크기 : 27.3×17.7cm.
서울대학교 규장각 소장.

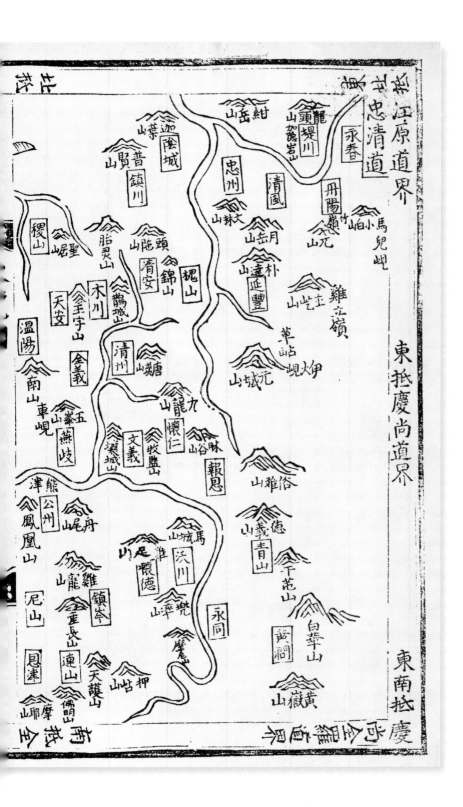

한국 지도학사에서 볼 때 산줄기의 연결망을 빠뜨린 일이 영속적인 것은 아니었더라도, 중요한 이탈이었음에는 틀림없다. 한국에서 전통으로 완고하게 지켜 온 중요 관심사를 『동국여지승람』 양식의 지도에서 전혀 다루지 않은 것은 매우 특별한 일이다. 그리고 이러한 경향에 대한 반감이 뒤이어 출현하는 정적 유형의 지도에 분명하게 반영된다.

형세에 대한 인식은 15세기 한국 지도학의 뚜렷한 특징이어서, 15세기가 끝날 무렵 이렇게 갑작스러운 변화가 생긴 것은 의식적으로 정책을 추진한 결과이거나 조선 상류층의 지적인 동향을 반영하는 것임에 틀림없다. 조선 왕조의 첫 100년 동안 지배층 사이에서 눈부시게 발전한 신유학은 형세와 같은 대중적인 믿음이 정치적으로 분화되어 나오는 것을 본능적으로 경계했다. 실제로 신유학은 풍수지리 이론을 억제하는 데 도움이 되었던 것 같다. 물론 이 말은 개인적인 차원에서 집이나 무덤을 위한 좋은 자리를 찾는 것을 억제했다는 것은 아니고(실제 결코 그렇지 않았다), 국가적 차원에서 형세를 분석하는 일이 억제되었다는 뜻이다.

하지만 당시 널리 퍼져 있던 풍수지리의 흐름이 완전히 제거될 수는 없었을 것이다. 이 흐름은 정상기 유형의 여러 지도에서 다시 강력하게 등장했으며, 정상기의 지도가 제작되던 시대에 살았던 이중환의 『택리지』에 담긴 지리인식에도 나타난다. 그리고 19세기의 김정호를 통해 지도 표현의 새 기원인 동시에 최후의 단계에 오른다. 하지만 최후의 순간까지도 〈동람도〉 양식의 지도는 형세를 중요시하는 이 흐름의 영향을 받지 않았다. 흥미롭고도 명백한 이분법이 아닐 수 없다.

『동국여지승람』에 실린 지도는 편집자의 목적에 아주 완벽하게 맞아떨어졌다. 지리와 종교의 공식적인 관계를 상징적으로, 또 다분히 도상학적으로 설명하려는 목적을 이루었을 뿐 아니라, 다른 한편으로는 풍성하고 상세한 지리 관련 본문에 대한 대략적인 참고 자료로서도 성공

표 7. 1484~1756년 사이의 한국 지도에 대한 문헌 자료

범주	1484 ~1550	1551 ~1600	1601 ~1650	1651 ~1700	1701 ~1756	계
중국, 천하[a]	3	1	0	0	0	4
전국 지도	1	0	0	0	0	1
도별도	2	0	0	0	0	2
고을 지도	5	6	0	1	0	12
북방 국경	4	0	0	0	6	10
기타 국방[b]	3	0	0	6	3	12
도서	1	0	0	0	3	4
형세[c]	2	0	0	0	0	2
문화[d]	3	0	0	0	1	4
계	24	7	0	7	13	51

출전) 방동인, 『한국의 지도』(서울: 세종대왕기념사업회, 1976) pp. 191~193에 수록된 내용을 필자가 연대별로 분류한 것이다. 방동인은 이 목록에 51종의 지도를 담았으며 42개의 표제어를 설정했다. 일본과 청나라의 침입이 있었던 1592년부터 1637년까지는 군대의 검열, 문화적인 혼란, 기록의 일실 등의 사정으로 적은 수의 지도가 기록되어 있다.
   a. 4종 중 2종은 천하 지도이다. 16세기에 '천하'는 종종 명나라를 의미하지만, 〈천하도〉 유형의 세계지도도 배제해서는 안 된다.
   b. 이 범주는 북쪽부터 서울까지의 여러 고을을 비롯해서 왕의 중요한 피난처인 남한산성과 강화도의 국방 지도와 도道 단위의 군사 조직을 그린 지도를 포함한다. 핵심적인 군사 지역과 관련된 두 건의 '형세' 유형 지도도 여기에 포함된다.
   c. b를 참조.
   d. 이 범주에는 궁궐·사원·왕릉·명산 지도가 포함된다.

적이었다. 하지만 이 지도가 16세기에 유행하기 시작한 '지도책'을 통해 전국 지도와 도별도에 끼친 영향은 더욱 큰 것이어서, 정척 유형의 지도에 기대할 수 있는 그 나름의 발전 가능성을 압도해 버렸다. 내각문고 지도(도판 3-5)에서는 분명해 보였던 큰 기대가 18세기까지 후속 전국 지도에서 실현되지 못했던 것이다.

안보에 대한 관심이 이러한 양상을 가져왔을 것이라는 점은 거의 확실하다. 1590년대 일본의 침입과 장기간에 걸친 만주족의 압력(1627년과

1636~1637년의 침입을 포함)은 17세기까지 지속되어, 조선으로 하여금 매우 신중한 자세를 취할 수밖에 없도록 만들었다. 이 시대에는 일반적인 필요를 충족시키면서도 세부 내용은 억제하거나 왜곡한 『동국여지승람』 유형의 지도들이 널리 유통되었다. 그리고 다른 유형의 지도들은 대부분 정부나 지배층 안에서만 유통되도록 제한된 것으로 보인다.

하지만 전반적으로 볼 때 이러한 환경적인 요인이 지도 제작의 발전을 방해한 것은 아니다. 군사 보안 문제는 오히려 지도 제작 활동을 자극했을 것이다. 잠재적이면서 실제적인 적敵으로부터 지도를 지키는 것이 중요했듯이, 국방의 책임을 진 관리에게 정확한 지도를 제공하는 것도 중요했다. 『동국여지승람』의 첫 판본이 간행된 이래 정상기 유형의 지도가 출현하는 시기 사이에 제작된 것 중 현존하는 지도의 숫자는 사실 많지 않다.[25] 하지만 방동인은 문헌 기록(대부분 『조선왕조실록』)에 언급된 내용만으로 흥미로운 지도 목록을 편집해 냈다(방동인의 목록을 요약한 것이 [표 7]이다). 이 목록이 한국의 모든 지도 제작 활동을 대표한다고 볼 수는 없지만, 목록에 들어 있는 것은 분명 국왕의 주목을 받은 지도였다. 따라서 그 지도들이 지금은 알 수 없고 확인도 할 수 없는 여러 지도를 대변한다고 할 수 있다. 목록에서 국방 지도와 지방 지도의 비중이 높고 전국 지도와 도별도의 비중이 낮은 것을 보면, 오랜 기간 동안 정부의 지도 제작자들이 어떤 일을 하고 있었는지 잘 알 수 있다.

---

25) 방동인, 『한국의 지도』, pp. 191~193.

조선, 예수회, 지도 외교

17세기의 세 가지 전개 양상이 한국의 문화를 변형시키고 지도학에 새로운 움직임을 불러일으켰다. 이중 첫 번째는 만주족이 1644년 명을 쓰러뜨리고 마침내 1684년 중국 전역을 정복한 일이다. 명이 멸망하자 조공 관계에 껄끄러운 변화가 일어났고 만주족에 대한 격렬한 적대감이 생겨났다. 만주족은 이전부터 조선을 거칠게 다루어 왔으며 이러한 상황이 지속된 것도 적대감의 요인이 되었다. 만주족과의 대립은 조선에 한층 독립적인 자의식을 형성시켰고, 그 결과 여러 부문에서 문화적인 독창성이 꽃을 피웠다. 뿐만 아니라 북방 국경의 방어에 대한 관심과 더불어, 미편입 상태였던 백두산 인근의 두만강 안쪽 영토에 대한 관심도 촉발되었다. 이러한 상황 전개로 말미암아 지도도 변화했다.

두 번째는 학문의 새로운 동향이 과학과 실용적인 연구에 대한 신선한 관심을 불러일으킨 일이다. 나중에 실학實學이라는 이름을 얻은 이러한 움직임 속에서 여러 분야 중 지리학이 많은 학자들 사이에 새로 유행하게 되었다.[26] 지리학의 유행은 정확한 지도에 대한 관심을 불러일으켰다.

---

26) 그렇다고 해서 학자들이 '보수적인' 유학의 낡은 관점을 거부하고, 진보적이고 근대적인 학문에 헌신했다는 의미는 아니다. 그와는 반대로 새로운 통찰력을 얻은 학자들이 유학에 생기를 불어넣는 정도였다. 이러한 사정은 실학자 가운데 가장 위대하다고 평가받는 정약용丁若鏞의 경우에서 잘 드러난다.

세 번째는 앞서 살핀 바와 같이 중국에서 예수회의 주요한 지도학 기념물이 조선으로 들어온 일이다. 혼천시계에 장착된 18세기의 지구의는 한국 지도학사에서 이국적인 이야깃거리일 뿐이었다. 사실 이것을 제외하고 보면 조선에서는 서양의 지도학 양식을 모방한 일이 없었다. 그러나 서양 지도학은 간접적이나마 정확성과 현실성의 표준을 제공했고, 측지학測地學의 탄탄한 토대가 주는 장점을 알려 주었다. 세종이 나라 곳곳에서 북극 고도를 측정했다고는 하지만, 오늘날 이 사업이 어떤 성공을 거두었는지, 또 어떻게 지도에 응용되었는지는 확인할 수 없다. 그러나 18세기 초가 되면 조선의 전문가들이 서양의 관측 및 측량 도구를 알게 되었고, 이내 그들 자신의 도구를 확보했다. 이로써 지도학의 수준을 도약시킬 잠재력이 새로 생겼다.

만주족의 흥기는 처음에는 조선이 발전하는 계기가 되었다. 1600년 무렵 백두산과 두만강 지역의 여진족(1636년에 와서야 자신들을 만주족이라 부르기 시작함)이 조선과 인접한 국경 지역을 포기하고 그들의 위대한 새 지도자 누르하치의 원정에 합세했다. 이는 조선에 침투하는 데 훨씬 유리한 옛 활동 무대를 떠나는 것을 의미했지만, 침투는 이내 시작되었다. 만주족은 러시아가 차츰 팽창하며 도전해 오자, 이에 맞서기 위해 1650년대와 1660년대에 자신들의 본거지를 방어할 태세를 정비했다. 이로 말미암아 오늘날의 지린성吉林省 지역은 새로운 전략 지역으로 바뀌었다.

1677년 여름 만주족의 한 측량대가 백두산 지역을 조사했다. 1679년 무렵 강희제康熙帝가 백두산 남쪽 기슭의 물줄기에 호기심을 나타내자, 만주인들은 이 지역의 지도를 입수하거나 직접 제작했다. 이 지도는 사실상 조선 쪽 경계의 전체, 즉 한반도의 한쪽 끝에서 다른 쪽 끝까지를 포함하는 것이었다. 이 해에 그들은 북방의 조선 장군 한 사람을 만나, 백두산 인근의 시설, 지도, 범철泛鐵(나침반) 상의 방위 정보를 요구하면서, 그에게 자신들이 가진 지도를 모사하도록 허락했다. 이 소식은 신속하게 조정에 보고되었고, 조정에서는 지도를 보고 놀라지 않을 수 없었다.[27)]

만주족 지도의 세부 내용을 본 조선의 관리들은 백두산 지역에 대한 강희제의 관심이 높다는 사실에 충격을 받았다. 의심할 바 없이 이 사건은 두만강 상류의 남안 지역에서 조선의 위치를 더 확고히 해야 한다는 인식을 심어 주었다. 물론 이전에도 일부 관리들이 이런 주장을 한 일이 있었고,[28)] 1684년에는 무산茂山이 새로 설치되었다.[29)] 1685년 만주족의 측량대가 『대청일통지大淸一統志』(청나라의 표준 행정지리지)를 편찬하기 위해 압록강 북쪽 대안에서 자료를 수집하다가, 조선 측 사냥꾼들의 총격을 받았다. 1694년에야 해결된 이 사건으로 말미암아 숙종은 국경 지역의 조선 주민들을 엄격하게 통제하라는 청 측의 요구를 받았으며 많은 배상도 치러야 했다. 청은 1699년 조선의 사신에게 조선의 팔도와 교통로, 거리 정보를 담은 지도를 그릴 것을 요구했다.[30)] 노련한 외교관이었던 사신들은 이러한 요구를 피할 수 있었지만, 종주국인 청에게는 조공국의 지도를 가질 권리가 있었다. 강희제가 지도를 갖겠다고 결심하면, 그 압력은 점점 커질 수밖에 없었다.

제국을 지도에 담으려는 강희제의 사업은 1709년 예수회 선교사들이 동참하면서 새로운 동력을 얻었다. 해가 가기 전에 그들은 만주와 조선의 국경을 지도로 그렸고, 1710년 후반에는 아무르강 지역의 지도를 제

---

27) 『숙종실록』 8년 12월 12일 계유. 추가적인 자료와 논의를 위해 張存武, 「淸代中韓邊務問題探源」, 『中央研究院近代史研究所集刊』 2 (1971), pp. 463~503, 특히 473~475를 참고하라.

28) 1674년 함경감사 남구만南九滿이 이런 주장과 관련된 상소를 올렸으며, 그 내용이 『문헌비고』 권18에 실려 있다. 아울러 『현종실록』(1659~1674 재위) 14년 12월 30일 을축조를 참고하라.

29) 『문헌비고』 권18 여지고輿地考 6 군현연혁郡縣沿革 함경도咸慶道.

30) 張存武, 「淸代中韓邊務問題探源」 (1971), p. 474.

작하고 돌아왔다. 질병·사망·조직의 재정비 등으로 많은 어려움이 있었지만 1716년쯤 예수회 선교사들은 한족漢族·만주족滿洲族 조수들과 함께 청 제국 전체와 티베트, 조선의 지도를 제작했다. 1717년과 1719년에는 중국어판이, 1721년에는 개정증보판이 간행된 이 지도《황여전람도皇興全覽圖》는 지도 제작자 당빌Jean Baptiste Bourguignon d'Anville에 의해 호화롭게 편집되었다. 이는 1735년 뒤 알드Du Halde의 유명한 작품(*Description géographique, historique, chronologique, politique, et physique de l'empire de la Chine et de la Tartarie chinoise*, 《중국제국전지中國帝國全誌》)에 수록되어 파리에서 출판되었다.[31] 예수회가 제작한 조선전도의 초안과 당빌이 편집한 지도가 각각 [도판 4-6]과 [도판 4-7]이다.

강희제는 예수회 선교사들이 직접 조선에 들어가는 것을 허락하지 않았다. 조공 관계의 의례가 그것을 금지했을 뿐더러, 이 사안에 대해 조선이 민감하게 반응할 것이며 어떤 방법을 써도 선교사들의 입국을 허용하지 않을 것이라는 점을 강희제는 잘 알고 있었다. 따라서 조선의 지도는 강희제의 대리인(서양에서는 타타르(韃靼) 영주領主로 불림)이 조선에서 확보한 지도를 참고해서 어렵사리 만들었다. 레지스Jean-Baptiste Régis (1664~1738) 신부는 자르투Pierre Jartoux (1669~1720) 신부, 프리델리Ehren-berg Xavier Fridelli (1673~1743) 신부와 함께 1709년과 1710년에 만주와 조선 국경에 대한 지도를 제작했다. 그리고 뒤 알드는 레지스 신부가 조선 지도를 만든 과정을 기록했는데 그 내용을 요약하면 다음과 같다.

'타타르 영주'는 중국인 역관曆官 한 명과 측량대를 대동했는데, 그들은 예수회 선교사들의 훈련을 받은 자들이었다. 한 명의 예수회원(아마도 레지스일 테지만 그는 '우리'라고 할 뿐이다)이 그들과 함께 봉황성鳳凰城(조선에

---

31) Theodore N. Foss, "A Western Interpretation of China : Jesuit Cartography," *East Meets West : The Jesuits in China, 1582~1773*, ed. Charles E. Ronan and Bonnie B. C. Oh (Chicago: Loyola University Press, 1988), pp. 209~251, 특히 224~240.

가려면 거쳐야 하는 전통적인 중국의 관문)에 가서 임무를 완료할 때까지 그
곳에 머물렀다. 타타르 영주와 그의 측량대는 봉황성부터 조선의 관문인
압록강 연안의 의주까지, 그리고 의주에서 한성까지 천문을 관측하고 줄
로 거리를 측량했다. 함께 갔던 역관은 한성의 북극 고도를 측정하여 37
도 38분 20초라는 결과를 얻었다. 이 수치를 봉황성의 북극 고도와 비
교하여 "조선의 북쪽에서 중심부까지의 거리를 확인하고", 이로써 조선
에서 제공한 것이나 다름없는 거리 측정치를 도출하여 한성에서 남부 해
안까지의 거리를 추론했다. 이들은 조선에 있을 때 늘 감시를 받았지만,
타타르 영주는 궁궐에 보관되어 있던 조선 지도 하나를 받았다. 레지스
는 이 지도를 비롯하여 조선에서 수집한 자료와 국경의 만주 쪽 측정치
를 활용하여 강희제의 지도집《황여전람도》에 수록되어 있는 조선전도를
만들었다. 이 지도는 결국 당빌 판版으로 프랑스에서도 발간되었다.[32]

　당빌은 조선의 지도를 매우 높이 평가했고, 예수회 선교사들이 직접
측량하지 못했다는 사실이 결코 불리하게 작용하지 않았다고 생각했다.
그는 이렇게 기술했다. "그와는 반대로, 정확하다고 할 만한 지도가 있
다면 바로 이 지도임에 틀림없다. 그 까닭은 이 지도가 원래 왕의 명령
으로 조선의 지도 제작자들이 만든 것이고, 원본이 궁궐에 보관되어 있
던 것이기 때문이다.

32) Jean Baptiste Du Halde(1674~1743), *Description géographique, historique, chronologique, poli-
tique, et physique de l'empire de la Chine et de la Tartarie chinoise*, 전4권 (Paris: P. G. Lemercier,
1735), 제4권, pp. 424~425를 참조하라. 마테오 리파Matteo Ripa(1682~1745) 신부는
조선의 지도 외교에 대한 다른 내용을 짧은 기록으로 남겼다. 리파 신부가 조선에
대해 몇 가지 오해를 하고 있기는 했지만, 조선의 관리들이 끊임없이 감시하고 주목
한다고 보고한 내용은 한국 측의 기록에서도 쉽게 확인된다. 그는 측량을 한 사람
(그의 지인이었다)을 사신使臣으로 알고 있었다. 그러나 그 역관은 분명 사신이 아
니었다. 마테오 리파의 *Memoirs of Father Ripa, during Thirteen Years Residence at the Court of
Peking in the Service of the Emperor of China* (포르투나토 프란디Fortunato Prandi가 이탈
리아어 원문을 1846년에 영어로 번역함, New York: Wiley and Putnam, 1846), p. 77
를 참조하라.

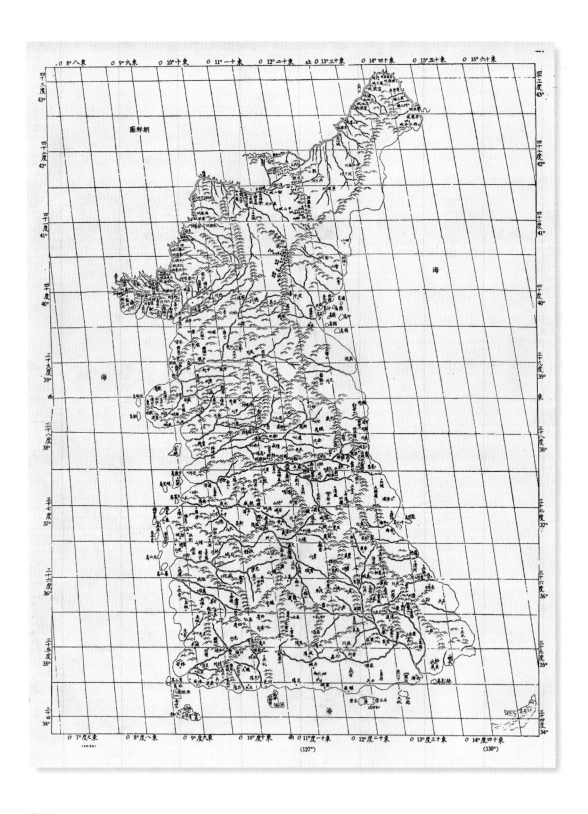

[도판 4-6]
《황여전람도皇輿全覽圖》 수록 〈조선도〉
《황여전람도》의 1721년 판본에 실려 있는 지도이다. 이 지도에 나타난 한국의 북부 지방은 북위 39도선까지는
오늘날의 지도에 가깝지만 그 아래는 비교조차 어려운 정도이다. 예컨대 서울은 서해안으로부터 너무 멀리 배
치되어 있고, 한강은 서북쪽으로 흐르는 대신 서남쪽으로 흐르는 것으로 되어 있다.
원본 크기 : 58×43cm. 영국 런던 브리티시 도서관 소장(Maps C11.d.15).

[도판 4-7]

〈조선 왕국ROYAUME DE CORÉE〉

당빌이 편집한 예수회 지도가 뒤 알드Du Halde가 1735년 펴낸 *Description géographique, historique, chronologique, politique, et physique de l'empire de la Chine et de la Tartarie chinoise*(《중국제국전지中國帝國全誌》)에 수록되어 처음으로 간행되었다. 1737년 당빌이 직접 편찬한 『중국신지도첩*Nouvel atlas de la Chine*』에 수록되어 다시 발간되었다. 북경에서 제작된 예수회의 초기 지도(도판 4-6)와 위의 지도를 비교해 보라. 당빌은 원래 예수회 지도에서 강을 쌍선으로 표현하던 것을 바꾸어 단선으로 고치고, 매력적인 기호들을 도안하였으며, 해안에 음영을 넣었다. 이러한 한국의 이미지가 19세기 중엽까지 서구의 여러 지도에서 널리 유행했다.

원본 크기 : 53×37cm. 서울역사박물관 소장(서14507).

여기 이 지도는 바로 원본에서 도출된 것이다. 선교사들은 조선의 북방 국경 지역을 조사하고 일정한 결론을 얻었는데, 그들이 관측한 결과와 지도에 표시된 경계 사이에 별다른 차이를 발견하지 못한 것 같다. 만약 그런 일이 있었다면 그들은 반드시 그것을 언급했을 것이다."[33]

이 내용은 조선의 지도 제작술을 높이 평가하는 것인데, 당빌과 같은 유명한 지도 제작자의 칭찬이기 때문에 더욱 그러하다. 이제 자연스럽게 조선 측에서 제공한 지도가 어떤 지도였는지 궁금하다. 예수회에서 제작한 조선전도에 북방의 국경 지역이 비교적 정확하게 표현되었다는 점 때문에, 학자들은 정상기 유형의 지도를 이 역할에 적합한 후보로 상정하려고 한다. 정상기 유형의 지도들이 당시로서는 북방의 국경 지역을 비교적 정확하게 표현한 유일한 조선전도였기 때문이다.

그러나 많은 학자들이 인정하는 것처럼 이 지도는 당빌의 지도가 파리에서 출판된 뒤 한참 뒤에도 등장하지 않은 것으로 알려져 있어서 이 설명은 성립될 수 없다. 예수회의 실제 작업이 1710년대에 이루어진 것을 고려하면 그 간극은 더 크게 벌어진다.[34] 당빌은 두 지도에 표현된 국경 지대가 거의 동일했으며, 그렇지 않았다면 예수회 선교사들이 무언가 언급했을 것임을 암시했다. 사실 다음의 두 의견은 모두 잘못된 것이다. 첫째는 당빌이 조선의 지도학에 대한 실질적인 지식 없이 단지 추론했을 뿐이며, 특히 국경 문제에 대해서는 더더욱 그러했을 것이라는 의견이다. 둘째는 예수회 선교사들이 북방 지역에 대한 그들 나름의 자료

---

33) Jean Baptiste Bourguignon d'Anville, *Nouvel de atlas de la Chine, de la Tartarie chinoise de la Thibet* (The Hague: H. Scheurleer, 1737), 도입부의 주석, 레드야드의 번역.

34) Shannon McCune, "Some Korean Maps," *Transactions of the Korean Branch of the Royal Asiatic Society* 50 (1975), pp. 70~102. 특히 94~102를 참조하라 ; 방동인, 『한국의 지도』, pp. 217~219 ; 김양선, 『매산국학산고』, pp. 276~280. 매큔은 1710년과 1713년의 활동을 구분하지 못한 레지스의 실수에 영향을 받아, 목극등이 조선에 온 것이 1710년이라고 잘못 상정했다.

를 가지고 있어서 굳이 조선의 지도에 의존할 필요가 없었음을 오늘날
의 학자들이 고려하지 못했다는 의견이다.

조선에 대한 강희제의 관심

그럼에도 이 조선 지도의 원형을 찾는 문제는 중요하며, 한국의 역사 기록을 통해 단서를 찾을 수 있다면 그 지도는 더욱 중요하다. 지도의 이름을 특정해서 실체를 분명히 확인할 수는 없지만 관련된 지도의 유형이나 가능한 후보를 상정할 수는 있다. 동시에 청나라가 이 지도를 확보하게 된 정황을 확인할 수도 있다.

이른바 타타르 영주는 목극등穆克登이었다. 청나라의 자료에서 그의 직함은 타생오라총관打牲烏喇摠管이며, 조선 측의 자료에는 호렵총관護獵摠管으로 나온다. 그러나 그보다 중요한 것은 목극등이 강희제가 신뢰하는 조력자이며 강희제의 개인적인 문제를 해결하는 사람이었다는 점이다. 그는 황제를 위해 1710년 이래 조선 문제에 관계했지만, 1713년까지는 조선의 지도를 확보하지 못했다.

1710년 조선의 인삼 밀수꾼이 압록강의 만주 쪽 대안에서 중국 상인 몇 사람을 살해한 일이 일어났다. 목극등은 이 사건을 판결하기 위해 봉황성에서 지역 법정을 열었다. 목극등은 조선의 국경 주민들 앞에서 본보기를 보이려고 범인의 고향인 압록강 중류의 위원渭原에서 그를 공개 처형하라고 했다. 강희제는 목극등에게 이 사건을 이용하여 조선의 견고한 빗장을 벗기면서 형의 집행을 감독하도록 했다. 그리고 조선에 머물면서 백두산의 수원水源까지 압록강을 따라가서 두만강의 근원을 찾아 그 결과를 보고하라고 명했다.

1711년 형이 정식으로 집행되었다. 조선의 당국자들은 목극등이 형 집행을 감독하는 일에 대해 선례가 없음을 주장하고, 자신들이 형 집행을 충분히 잘 증언할 수 있다고 항변하면서 목극등이 의주로 들어오는 것을 거절했다. 그러나 목극등은 그러한 전략에 방해받지 않았다. 목극등은 만주 쪽에서 압록강을 건너 예정된 날에 위원으로 와서 죄인의 참수를 주관했고 이어서 백두산으로 가겠다고 예고했다. 조선의 관리들은 그를 따라나서든지 아니면 최소한 그런 시늉이라도 하지 않을 수 없었다. 기운찬 사냥꾼이자 전사인 목극등이 씩씩하게 길을 나서기 시작했기 때문이다. 하지만 치밀하지 못한 탐사 계획으로는 길 없는 황무지와 폭우, 성난 압록강을 이길 수 없었다. 결국 목극등은 탐사를 포기하지 않을 수 없었다. 그는 이듬해 돌아올 것을 예고했다.

1712년 목극등은 경험 많은 조선 호송 관리들의 협력으로 목표를 이루었다. 그들은 백두산에서 옛 분화구인 천지의 웅장함을 보았고, 동쪽 산기슭에서 두만강의 수원을 확인하고는, 처음으로 조선과 만주 지역의 경계를 표시하는 명문을 새긴 비석을 세웠다. 얼마 지나지 않아 이름 없는 조선의 지도 제작자가 이 지역을 훌륭하게 묘사했다(도판 4-8).

그러나 강희제는 이것으로 만족하지 않았다. 1713년 목극등은 다시 한 번 조선에 파견되었고, 조선에는 목극등이 황제의 칙령을 가지고 온다는 소식이 알려졌다. 이 칙령은 이른바 '천하승평天下昇平(제국의 평화 앙양)'을 위해 조선에 많은 사여품을 하사한다는 내용이었다. 이는 상황을 특별한 외교적 국면으로 몰아갔고, 조선에서는 외교 사절을 영접할 준비를 해야 했다. 그런데 칙사의 일행이 조선에 들어오면서부터 일행에 속한 측량대가 측량용 줄을 가지고 길을 오르내리기 시작했고, 역관들은 북극 고도를 관측했으며 나침반으로 방위를 측정했다.

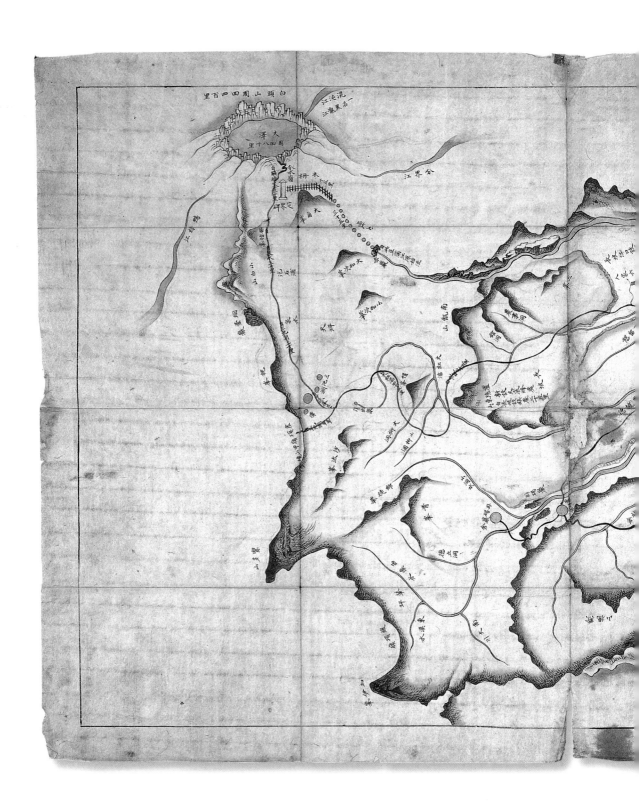

[도판 4-8]

⟨북관장파지도北關長坡之圖⟩

18세기 중엽에 제작된 것으로 추정되는 이 지도는, 백두산 지역과 1712년의 정계定界 때에 정한 경계를 보여준다. 장파산長坡山(왼쪽 중앙에 長坡로 표시)은 두만강의 수원 위에 우뚝 서 있으며, 무산茂山(오른쪽 짙은 원)에 주재하는 무관들이 관할하던 봉수망의 중심에 있었다. 왼쪽 상단에는 천지天池와 더불어, 동서를 가르는 분수령의 꼭대기에 1712년 세워진 정계비가 있다. 목책木柵이 석퇴石堆까지 15리 뻗어 있고, 석퇴는 '두만강이 흐르기 시작하는' 30리 지점까지 뻗어 있다. 현재의 경계는 1887과 1909년 협상의 결과로 이 선의 북쪽에 있다.

원본 크기 : 71.5×109.7cm.

국립중앙도서관 소장(古朝 61-59).

칙사의 일행이 한성에 이르기 오래전부터 목극등이 지리 정보와 지도를 요구한다는 전갈이 도착했다. 1713년 윤5월 27일 한성에 도착한 목극등은 왕에게 직접 그러한 요구를 전달했다.[35]

목극등은 구체적으로 세 가지를 요구했다. 먼저 백두산 남쪽 기슭의 물줄기에 대한 지도와 기타 정보를 원했다. 둘째는 조선의 각 고을에 대한 정확한 거리 정보를, 셋째는 조선의 전국 지도를 원했다. 협상은 어렵게 시작되었다. 목극등은 이렇게 말했다. "우리는 백두산 남쪽 기슭의 물줄기와 산줄기에 대해 확실한 정보가 없으므로, 귀국의 지도를 보고자 합니다. 이것은 황제의 명령입니다." 조선 국왕 숙종은 즉석에서 그의 신하들과 상의하고는 이렇게 답했다. "이 지역은 거칠고 인적이 끊긴 곳이어서 지도를 그린 적이 없습니다."[36]

왕이 지도가 없다고 답한 것은 신하들의 잘못된 조언 때문이었지만, 믿기 어려운 것이어서 목극등의 구체적인 지식과 부딪혔다. 어느 경우에도 이는 당황스러운 일이었다. 뒤에 한 측근이 술회한 것처럼, "어떻게 한 나라에 지도가 없다는 사실을 이해할 수 있겠는가?"[37] 측근들은 왕의 실수를 해명하고자 청의 칙사에게 왕의 뜻이 단지 베껴 놓은 지도가 없다는 것이라고 해명했다. 이윽고 목극등은 직접 지도를 만들어 제시하면서, 자신이 언급한 대상이 무엇인지 잘 알고 있으며 따라서 결코 속지 않을 것임을 강조했다.

조선의 관리들은 이제 그를 만족시키면서도 너무 많은 정보를 노출시키지 않을 지도를 열심히 찾았다. 꾀 많은 한 대신이 왕에게 "국방 지도

---

35) 장춘우張存武는 이 모든 활동을 한국의 사료들을 충분히 인용하여 정리했다(『清代中韓邊務問題探源』, pp. 475~484). 목극등의 직함에 대한 조선의 기술은 『숙종실록』 39년 5월 16일 임진조를 참고하라.

36) 『숙종실록』 39년 6월 2일 정축.

37) 『승정원일기承政院日記』 숙종 39년 6월 1일. '유국有國'은 중국 정치의 고전적인 수사로서 나라를 다스린다는 뜻이다.

는 너무 자세하지만, 최근 얻은 지도는 자세하지도 너무 소략하지도 않
으며 백두산 부근에 실수가 많으니 그에게 이것을 내보이자"고 주청했
다. 그는 이 지도를 목극등의 지도와 비교하면서 목극등의 지도에 있는
실수들을 보여주자고 했다.[38]

　오늘날 활용할 수 있는 자료로 판단해 보건대, 당시 조선은 백두산
문제에 이렇게 대응했다. 목극등은 제공된 지도를 모사하고, 그와 함께
온 지도 제작자들은 이것을 바탕으로 자신들의 지도를 다시 도안했다.
그리고 이 지도를 조선 측에 제공했다. "우리는 한 장의 사본을 가지고
가며 한 장은 귀 측에 남기고 가니, 우리의 이름과 명성이 이곳에 퍼질
수 있을 것입니다."[39] 이로써 얻은 성과가 무엇이든지 강희제가 백두산의
남쪽 물줄기에 품은 잘못된 퍼즐에 마침표가 찍혔음이 틀림없다. 본질
적으로 아무것도 없었다. 모든 물줄기는 움직이며, 빠르게 동쪽이나 서
쪽으로 흐른다. 남으로 움직이는 것은 산줄기였지 물줄기가 아니었다.

　조선에서는 상세한 정보를 담고 있는 『동국여지승람』의 사본을 만주
인들에게 건네지 않은 데 안도의 한숨을 쉬었지만, 거리 정보도 못지않
게 민감한 사안이었다. 이 문제에 대해서도 상세한 기록이 없다고 변명
했다. 그리고 이것과 관련해서는 목극등을 설득하는 데 성공했던 것 같
다. 다만 그들은 목극등에게 한성에서부터 조선의 여러 극지極地까지의
거리 정보를 주었다.[40]

　목극등과 함께 북쪽으로 간 조선전도와 관련하여, 그가 요구한 것이
팔도지도八道地圖였을 것이라는 점만 알 수 있을 뿐이다. 이 지도에 정
확한 제목이나 포괄적인 명칭이 붙어 있었는지를 확인하기는 어렵다. 그
리고 '팔도지도'라는 용어를 쓴 것이 목극등이었는지, 아니면 그 요구를

38) 『숙종실록』 39년 6월 4일 기묘.
39) 『승정원일기』 숙종 39년 6월 6일 신사.
40) 『승정원일기』 숙종 39년 6월 2일 정축 ; 『숙종실록』 39년 6월 4일 기묘.

전한 영의정 이유李濡(1645~1721)였는지도 분명하지 않다.[41] 하지만 '팔도'라는 용어를 썼다는 사실은, 목극등이 입수한 지도의 제목 안에 이 용어가 포함되었음을 시사한다.

물론 '팔도'라는 용어가 지도 이름으로 흔히 쓰이는 것이기는 하다. 하지만 그것이 무엇인가 분명한 전거를 갖는 것이라면, 가장 가능성이 높은 것은 『동국여지승람』의 〈팔도총도〉에서 비롯된 전도全圖나, 『동국여지승람』에 수록된 개별 도별도를 한 장의 지도로 합성한 노작勞作이라고 보아야 할 것 같다. 현재 서울역사박물관이 소장한 지도는 『동국여지승람』 양식의 지도로서 같은 이름(팔도총도)이 붙어 있으며, 17세기 전반에 제작된 것으로 추정된다(도판 4-9).[42] 이 지도는 예수회 지도의 공간적 범위에 영향을 끼쳤던 것으로 보이며, 동시에 부정확한 정보도 다수 제공했던 것으로 보인다. 예수회 지도에 수록된 많은 지명 가운데에는 종종 잘못된 위치에 적혀 있는 것들이 확인되는 것이다. 앞서 강조한 바와 같이 조선의 모본 지도에 북방 경계선이 평평하게 표현되어 있었더라도 그것은 아무런 문제가 되지 않는다. 왜냐하면 예수회 사제들은 이미 이 지형에 대해 그들 자신들만의 훌륭한 자료를 가지고 있었기 때문이다. 그런데 〈팔도총도〉에 그려진 한반도 국경의 동북쪽이 상당히 들려 있는 것은 무척 흥미로운 점이며 이는 『동국여지승람』 양식의 지도 중에서는 독특한 것이다.

1717년의 예수회 지도와 당빌 판 지도에는 남부 지방이 특히 부정확한데, 이것은 중국과 만주족의 외교 사절과 관리들이 이 넓은 지역을 관찰할 수 없었다는 점을 고려하면 이해할 만한 일이다. 이 지역은 인구가 많고, 재부財富도 많은 곳이었다. 중국인과 다른 외국인에게 자국의

41) 『숙종실록』 39년 6월 18일 계사.

42) 이찬, 『한국고지도』, p. 62. 이찬은 지명과 지질紙質을 근거로 이 지도가 광해군光海君(1608~1623 재위)이나 인종仁宗(1623~1649 재위) 때에 제작된 것으로 보았다.

정보를 속이려고 하는 조선의 일반적인 경향을 고려하면(그리고 지도에 관한 일화만으로도 수세기에 걸친 외국의 침입으로 조선에 널리 퍼진 관습을 이해할 수 있다), 목극등에게 제공된 지도가 어느 정도 위조된 것이었을 가능성도 배제할 수 없다.

한성과 한강의 배치, 또한 전략적으로 중요한 강화도와 교동도의 배치는 특히 흥미롭다. 예수회의 원도(도판 4-6)에서 한성(조선으로 표기됨)은 너무 남쪽에 배치되었고, 한반도의 서쪽이 아니라 중앙에 놓였다. 한성에서 서해로 흘러드는 한강의 흐름도 서북 방향이 아니라 서남 방향으로 표현되어 있다. 아울러 강화도와 교동도의 위치는 터무니없이 잘못되어 있고, 교동은 명칭조차 잘못되어 있다. 이것은 북경에서 누군가의 시선을 끌었을지 모른다. 왜냐하면 한성과 한강에 대한 실수들이 그대로 남아 있기는 하지만, 당빌의 지도(도판 4-7)에서 이 섬들의 위치와 명칭이 어느 정도 수정된 사실을 확인할 수 있기 때문이다. 이러한 왜곡이 사실이라면 이는 중대한 일이다. 강화도는 비상시 왕실의 피난처로서 고도로 요새화되어 있는 곳이었다. 이곳의 위치와 한성으로부터의 거리 등은 침략자의 손에 들어갈 경우 치명적인 정보가 될 것이므로, 이러한 사정을 지도 변조의 합리적인 동기로 추정할 수 있다.

예수회 지도에 나타난 남부 해안의 전반적인 모습은 서울역사박물관 소장 〈팔도총도〉와 그리 다르지 않다. 큰 차이는 예수회 지도가 한반도의 동남 모서리를 오른쪽으로 늘여 놓았다는 점이다. 물론 이러한 특성은 당빌의 지도에서는 덜 과장되어 있다. 하지만 해안 지역의 경도는 대략 북경(그리니치 기준 동경 129도 30분) 동쪽 13도 50분이다. 이 수치는 두만강 최북단 곡류 지점의 경도와 같은 것으로서, 예수회 사제들은 이곳에 대한 나름의 측정치를 가지고 있었을 것이다. 현대 지도에도 이러한 일치 양상이 그대로 드러난다.

[도판 4-9]
〈팔도총도八道總圖〉
왼쪽의 목판본 조선전도는 지명과 지질의 분석으로 미루어 17세기 전반으로 편년된다. 본질적으로『동국여지승람』에 실려 있는 같은 이름의 전도로부터 변형된 지도로서,『동국여지승람』의 도별도에 있는 상세한 지명들을 수록했다. 하지만 이 지도는 북방 국경의 표현이나 작도作圖 양식이 매우 다르다. 즉, 북방 국경이 정척 유형을 따르고 있다. 이 유형의 지도에는 원산만이 뚜렷하지는 않지만, 예수회가 지도를 만드는 데 모델이 되기에 충분할 만큼 상세했고 동시에 충분히 부정확했다.
원본 크기 : 106×68cm. 이찬의 기증으로 서울역사박물관 소장(서13144).

예수회 사제들이 일본 지도를 만들 때 네덜란드의 자료를 활용했는데, 조선의 남동 해안에 대한 경도 자료도 같은 정보원을 활용했을 것이다. 남동 모서리가 경도 상 두만강의 북측 곡류 지점과 일직선상에 있다는 사실을 확인한 그들은 동남 해안을 오른쪽으로 당겼을 것이다. 이러한 야릇한 조정을 빼고 보면, 남해안의 윤곽과 제주도·쓰시마의 위치는 서울역사박물관 소장 〈팔도총도〉와 비슷하며, 쓰시마는 모양도 비슷하다.[43]

조선의 모본 지도에 대해 이러한 잠정적인 가설을 제안하면서 나는 몇 가지 문제점을 인정하지 않을 수 없다. 〈팔도총도〉에 나타난 동해안의 원산만은 과장되었지만 대체로 정확한 편인데, 예수회 지도에는 희미한 흔적이 있을 뿐이다. 이 대목에서 더 나은 후보로 조금 다른 비율을 가진 『동국여지승람』 계통의 지도를 추천할 수도 있다. 조선의 관점에서 본다면 일정한 다양성이 있는 『동국여지승람』 계통의 지도가 목극등에게 준 지도에 대한 이상적인 답이 될 수 있다. 이 지도를 도안한 의도가 처음부터 국토의 지형에 대한 세부 표현을 드러내기보다 감추는 것이었고, 그것이 그들의 궁극적인 목적이기도 했기 때문이다.

조선은 본능적으로 지도와 지도 자료에 대한 요구를 거절했지만, 목극등의 측량대에 대해 그들 나름의 요구 사항도 가지고 있었다. 그들은 가능하면 측량대로부터 많은 것을 배우고자 열심히 노력했다. 국왕의 조언자들은 그들의 측량 도구와 측량 방법에 관한 기술 정보를 얻을 기

---

43) 동남 해안의 모서리가 두만강 북측 만곡 지점까지 당겨진 것을 설명할 대안으로, 나홍선의 《광여도廣輿圖》(도판 1-5)에 있는 〈조선도〉(이 지도에도 비슷한 왜곡이 있다)의 영향을 제시할 수 있지만 그 가능성은 적어 보인다. 다만 이 지도에서 조선의 수도를 '조선朝鮮'이라고 표기한 점, 수도를 반도의 서쪽이 아닌 중심부에 둔 점은 예수회의 지도 초안과 비슷하다. 예수회 신부들은 나홍선의 지도를 참고한 것으로 알려져 있다. 중국 지도의 경우는 그럴 만한 일이었지만 만약 조선 지도의 경우라면 잘못된 정보를 참고한 것이 된다.

회를 놓치지 않았다. 관상대의 젊은 기술자들이 중국의 기술자들과 친교를 맺고 가능한 한 많은 가르침을 받도록 했으며, 역관譯官들도 동원되어 이 기술자들과 교유하며 가능한 한 많이 배우도록 했다.[44]

측량대의 책임자인 하국주何國柱라는 중국인은 많은 호기심을 불러일으킨다. 그는 청 조정의 흠천감에 소속된 역관曆官으로 확인된다. 숙종의 대신 중 한 사람이 외교 업무로 북경에 머물 때 흠천감을 방문하여(그는 그곳에 서양인밖에 없었다고 했다), 한 남자를 만났고 그가 하국주의 친척일지 모르겠다고 생각했다.[45] 이 사람은 하국주의 형인 하국종何國宗이었던 것으로 추정된다. 두 사람 모두 예수회의 수련생들이었고, 강희제의 지도 제작 사업과 관련된 경험이 풍부했다.[46] 잘 알려져 있는 한성의 북극 고도를 측정한 것이 바로 하국주였다. 1713년의 사행에 대한 기록에는 이러한 사실이 실려 있지 않지만, 『문헌비고』와 그 밖의 문헌에서 이 사실을 확인할 수 있다.[47]

---

44) 조선의 관리들이 중국의 기술자에게 어떻게 접근할지를 논의한 내용이 『승정원일기』 숙종 39년 윤5월 1일조에 실려 있다.

45) 『승정원일기』 숙종 39년 윤5월 15일.

46) 하국주는 아마도 하국종(1766년 사망)·하국동何國棟 형제의 동생이거나 사촌이었을 것이다. 모두 역관으로서 청 조정의 흠천감欽天監에 있던 예수회 선교사들과 가까운 동료였다. Arthur W. Hummel, ed. *Eminent Chinese of the Ching Period, 1644~1912*, 전2권(Washington, D.C.: United States Government Printing Office, 1943~1944), 제1권, pp. 285~286, 330. 하국주는 서양의 수학과 역법에 대한 개론서인 『역상고성曆象考成』 편찬시의 역법 전문가로 기록되어 있다. 하국종과 매곡성梅穀成이 편찬한 『역상고성』(1723)을 참고하라(臺灣: 商務印書館에서 1971년에 발간한 『사고전서진본四庫全書珍本』 2,400권 가운데 하나로 현대 판본으로 발간되었다. 제4차 시리즈. 권151~154, 책머리에 있는 편찬자 명단). 한국의 자료에서는 하국주의 직위를 오관사력五官司曆이라고 기록했는데, 글자의 뜻으로는 '다섯 관리, 주임 역관'이라는 뜻이다. 이 표현의 구조는 어렵다. 김정호는 『대동지지』 권28에 이것을 '오백사력五百司曆'이라고 잘못 전했고, 방동인은 그것을 '5명의 역관曆官'으로 번역했다(『한국의 지도』, p. 172). '오관五官'의 정확한 뜻을 알기는 어렵지만, 흠천감 소속 관리나 다른 관리의 관직명으로 쓰일 수 있다는 점은 분명하다. 『대청회전大淸會典』(1732년판) 권86을 참고하라.

47) 『문헌비고』 권2 ; 김정호, 『대동지지』 권28.

관상감觀象監의 관리였던 허원許遠은 북경에 일관日官으로 갔을 때, 역법 관련 자료와 보조 교재, 계산 기구 등을 구입한 일이 있었다. 하지만 그것들을 적절히 활용하려면 교육을 받아야 했다. 이러한 사실이 목극등을 둘러싼 회의 과정에 언급되어 있다. 허원은 이 기회를 이용하여 측량대와 접촉했을 가능성이 있다.[48]

마침내 1713년 6월 8일 목극등이 한성을 떠나면서 조선의 당국자들은 그의 요구 사항으로부터 자유로워졌다. 그리고 그들이 겪은 수고에 대한 일정한 보상이 분명히 있었다. 측량대의 관측 과정을 비롯해서 그들과 접촉하는 과정에서 얻은 정보들이 바로 그러한 것들이다. 1715년 획득한 여섯 가지 장치 중에는 북극 고도를 측정하고 경도를 결정하는 최신 장치가 포함되어 있었다. 식蝕[전통시대에는 월식 또는 일식 현상을 여러 곳에서 관측하여 이 현상이 발생하고 종료하는 시각의 차이를 구함으로써 지역 간의 경도차를 산출했다—옮긴이]에 대한 자세한 정보는 경도를 측정하기 위한 관측을 계획하는 데 필수적인 것이었다. 그리고 조선의 지도 제작자들은 당시 세계에서 가장 선진화된 지도 제작 방식을 관찰할 기회를 얻었으며 이것이 그들에게 많은 도움이 되었을 것이다. 다만 다음 장에서도 보겠지만 이러한 도움이 활용되었다는 증거를 찾기는 쉽지 않다.

48) 『승정원일기』 숙종 39년 윤5월 15일. 앞서 그가 역법 관련 자료 등을 구입한 1715년의 두 번째 방문에 대한 기록에 나타난다 ; 『숙종실록』 41년 4월 18일 계미.

정상기 유형의 지도

　우리는 이제 정상기 유형의 지도를 고려할 위치에 있다. 지도 제작에 있어 그의 선배라 할 이회·정척·양성지와는 달리, 18세기의 대가 정상기(1678~1752)는 과거를 치르거나 관료의 길을 걷지 않았다. 어떤 기록(그리 폭 넓은 것은 아니다)을 봐도 그는 은거하면서 실학을 추구하는 데 헌신했다고 한다. 그의 저술은 정치·경제·국방·군사전략·의약·농학·기계학 연구에 걸쳐 있지만, 오늘날 그는 지도로 가장 유명하다. 이 지도는 조선에서 최초로 축척을 사용하여 마침내 나라의 모습을 실제에 가깝게 그려냈다. 그의 지도학적 관심은 적어도 증손자까지 이어졌던 것으로 보인다. 하지만 영조 때 성공적인 관직 생활을 했던 아들 정항령鄭恒齡을 빼면, 정작 그들에 대해 알려진 것은 거의 없다.[49]

　정상기의 사후에야 그의 지도가 조정의 주목을 끌었다. 1750년대 말 조정은 『동국여지승람』을 다시 개정해야 할지 고민하고 있었다. 그리고 그 논의 과정에서 여러 지도가 국왕에게 제출되었다. 1757년 영조는 하급 관리였던 정항령의 집에 보관되어 있는 지도에 대해 들었다. 이 지도는 왕의 열람을 위해 정식으로 반입되었고, 산·강·도로의 묘사가 매우 상세하다는 점을 인정받았다.

---

49) 이찬, 『한국고지도』, pp. 207~208, 226~227 ; 이홍직李弘稙 편, 『국사대사전國史大辭典』 4版(삼영출판사, 1984), p. 1353.

[도판 4-10]

〈동여총도東輿總圖〉

한 장짜리 목판본 지도. 장진長津이 도호부都護府로 승격되지 않은 것으로 보아 1787년 이전에 제작된 지도이다. 도의 경계가 그려져 있지 않지만, 이른 시기의 정척 유형 지도처럼 각 고을의 지명 주위 윤곽에 칠한 색상으로 도를 구분해 낼 수 있다. 정상기는 처음 진정한 의미의 축척을 사용했고(다만 이 지도에는 축척이 표시되어 있지 않다), 나라의 전체 윤곽과 경계를 비교적 정확하게 그려냈다. 그가 가진 중요한 문제점은 압록강이었다. 북쪽으로 너무 휘어서 평안도 지역을 많이 부풀려 놓았다. 지도는 그의 사후인 1757년에 사료에 처음 나타나며, 그의 지도 유형은 1750~1860년 사이에 크게 유행했다.

원본 크기 : 98×57cm. 국립중앙도서관 소장(古朝61-16).

정상기의 지도들은 백리척百里尺이라는 일종의 축척이 특징이었다. 그
것을 본 사관들은 지나칠 만큼 감동한 나머지, 사실상 지도 측량의 오류
를 제거했다는 평을 내리기도 했다. 영조도 "내 칠십 평생에 백리척에 대
해서는 들어본 적이 없다."면서 감탄했다. 영조는 '동국대지도東國大地圖'라
는 이름의 지도를 홍문관弘文館에 보내 모사하도록 하고, 며칠 뒤 지방 지
도(도별도)도 같은 과정을 통해 입수하여 복제하고 홍문관과 비변사備邊司
에 보관하게 했다.[50]

정상기의 지도가 영조에게 알려졌을 때쯤에는 실학자들과 지도 애호
가들 사이에도 알려져 있었겠지만, 이 사실을 증명하기는 쉽지 않다. 그
의 이름이 적혀 있는 지도는 한 점도 남아 있지 않고, 제작 연대가 적혀 있
는 것도 거의 없으며, 있더라도 시기가 늦은 것들이다. 작업의 핵심이라 할
수 있는 도별도들은 인쇄되지 않았고, 남아 있는 것들은 모두 필사본뿐이
다. 정상기 유형의 지도들은 다양한 여러 이름을 달고 있어서, 표준이 될
만큼 우세한 이름은 없다. 이러한 사실을 고려하면, 정상기의 지도가 알
려진 정확한 시점을 짚어 내기란 어렵다. 섀넌 매큔은 그의 지도가 나타난
대략적인 시점으로 1730년을 제시했다.[51] 그의 의견은 지도학 방법론의
전반적인 발전 양상과 당시 52세였던 정상기의 지도학자로서의 성숙도
와 부합하므로 설득력을 갖고 있다.

정상기 유형의 지도는 조선전도(도판 4-10)에 더해 팔도를 각각 그린

---

50) 방동인, 『한국의 지도』, p. 161. 또한 『영조실록』 33년 8월 6일 을축조를 참고하라.
국왕이 지도를 점검한 두 사례의 전개 과정을 비롯하여 전체적인 상황으로 미루어
이 도별도가 정상기의 것이었다는 점은 분명하다. 게다가 조정에서 1770년에 이 지
도를 모사하기까지 했다. 하동 정씨의 족보에 따르면, 이 해에 조정의 지도 제작자들
이 정씨 가문에 와서 정상기의 아들 정항령과 손자 정원림鄭元霖의 지휘를 받으며 도
감都監(임시 사무소)을 만들고, '대동여지도大東輿地圖'라는 이름의 조선전도를 모
사했다. 아울러 족보 제작자들의 주장에 따르면, 이러한 일은 한국에서 처음 있는
일이었다. 『하동정씨대동보河東鄭氏大同譜』(1960) 권2를 참고하라.

51) McCune, "Some Korean Maps," p. 101.

도별도(도판 4-11)로 구성되어 있다. 둘 사이에는 의도된 호환성이 있다. 정상기는 모든 도별도를 동일한 축척으로 만들었다. 그래서 개별 지역들을 모아 하나의 전국 지도를 구성할 수도 있고, 필요시에는 도별도들을 지역적으로 조합할 수도 있다. 필사본 지도를 제작하는 사람들은 도별도를 모사하고자 했다. 도별도는 여러 용도에 사용할 수 있었고, 보통한 권의 책으로 제본했다. 이러한 양상은 당시 목판본 출판업자들이 전국 지도를 인기 상품으로 보았던 것과 비교되는 것이다. 오늘날의 학자들은 낱장으로 된 전도를 '동국지도東國地圖'라 부르고, 도별도를 묶은 지도책을 '팔도지도八道地圖'라 부르는 경향이 있다. 하지만 제목은 매우 다양하게 나타난다.

정상기가 손수 만든 〈동국지도〉는 확인되지 않고 있다. 이찬은 가장 가까운 후보로 국립중앙도서관 소장의 '팔도지도八道地圖'라는 이름의 지도책을 꼽고 있다.[52] 이 책의 서문에 서명이나 제작 시기가 들어 있지는 않지만 서문은 대체로 정상기의 글로 여겨진다. 이러한 서문은 종종 지도책의 첫 장에 실려 있는데, 첫 장은 함경도를 그린 두 장의 지도 중 하나가 된다.[53]

---

52) 이찬, 『한국고지도』, pp. 96~103에 지도의 전체 모습이 실려 있다.
53) 〈좌해여도左海輿圖〉와 〈동국지도〉의 첫 장에 있는 삽도를 보라(이찬, 『한국고지도』, pp. 112, 114). 미국 로스앤젤레스의 UCLA 대학 도서관이 소장한 중요 사본에도 이러한 서문이 실려 있으며, 다른 한편으로 많은 이문異文이 실려 있기도 하다. UCLA 소장본에 대해서는 다음의 논문에 해설과 사진이 실려 있다(Thrower and Kim, "Dong-Kook-Yu-Ji-Do: A Recently Discovered Manuscript of a map of Korea," *Imago Mundi* 21, 1967). 이 지도에는 '기축己丑'이라는 간지가 써 있다고 한다. 1882년 설치된 인천仁川이라는 지명이 지도에 수록되어 있다는 점을 근거로, 이들은 기축이라는 해를 1889년으로 보았다. 그러나 이러한 가정은 근거가 없는 것이다. 인천이라는 지명은 1413년 세종의 포고로 생긴 것이다. 다음의 가정을 배제할 다른 요소가 없다면 기축년己丑年은 1769년이나 1829년이 될 가능성이 높고, 이 가운데 지도의 양식이나 외관을 고려하면 1829년일 가능성이 높다. 표준적이지 않은 로마자 표기는 그렇다 치더라도 지도 제작자의 이름을 계속 'Chung Sang-ik'으로 잘못 표기했고, 1752년에 사망한 그가 1786년에 이 지도의 제작을 마쳤다고 하는 등 이 논문에는 많은 오류와 오해가 있으므로 주의해서 사용해야 한다.

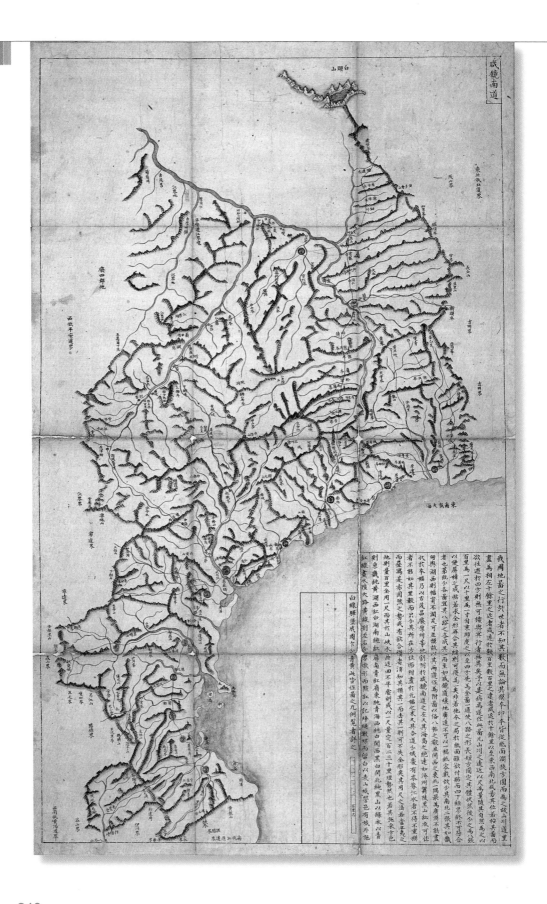

[도판 4-11]
〈함경남도咸鏡南道〉

왼쪽의 지도는 《동국지도》라는 이름의 지도책에 실려 있는 것으로서, 정상기 유형의 도별도를 신중하게 모사한 것이다. 정상기 유형의 지도가 띠는 형세形勢적 특성이 잘 반영되어, 함경도 남부 지역의 분수령과 하천 유역을 잘 묘사했다. 아울러 고을·도로·역원·진보 등이 기재되어 있다. 오른쪽 하단의 여백에는 정상기의 서문이 있는데(242~244쪽 참조) 끝부분에 그가 서문에서 설명한 '백리척百里尺'이 그려져 있다. 이 지도는 장진長津이 아직 도호부로 승격되어 있지 않으므로, 1787년 이전에 제작된 것으로 보인다.
원본 크기 : 103.3×64.1cm. 국립중앙도서관 소장(貴122, 古朝61-12).

여러 사본의 서문 아래에는 100리(구불구불한 지형에서는 120~130리를 나타내기도 함)를 나타내는 축척의 그림이 이어진다(도판 4-11). 영어권의 저자들은 척尺을 종종 'foot'으로 번역한다. 앞서 영조의 일화에서 필자도 그랬지만, 이러한 번역은 일반적으로 피하는 것이 좋다. 왜냐하면 한국의 1척(약 19.9센티미터)이 지도에서 100리에 상당하는 것으로 생각해서는 안 되기 때문이다. 정상기 유형의 지도 가운데 그렇게 큰 것은 없다. 이병도李丙燾 소장의 도별도를 측정한 결과, 축척의 실제 길이는 8.2센티미터이며 이는 약 42만분의 1 정도의 축척에 해당한다.[54]

이 서문에 실린 내용은 다음과 같다.

우리나라 지도로 세상에 나온 것이 헤아릴 수 없이 많다. 그러나 그 모사본이나 인쇄본을 논할 것도 없이, 모두 지면의 모양과 크기에 따라 그렸다. 그런 까닭에 산천山川과 거리가 모두 바르지 못하다. 10리 남짓 되는 가까운 곳이 간혹 수백 리나 멀리 떨어져 있는가 하면, 수백 리나 되는 먼 곳이 10리쯤의 가까운 곳이 되어 있고 동서남북의 방위가 뒤바뀌기도 한다. 만약 그 지도를 보고 어디로든 여행을 가려고 한다면, 의지할 것이 하나도 없어 어두운 밤길을 걸어가는 것과 다를 것이 없다.

나는 이러한 문제점을 걱정하여 이 지도를 만들었다. 무릇 산천의 험하고 평탄한 곳과 거리의 멀고 가까운 것을 자(尺)로 헤아려 실제의 모습과 일치하도록 지도를 만들었다. 100리를 1척이 되게 하고, 10리를 1촌寸이 되게 했다. 서울로부터 헤아려 사방에 이르도록 해서 먼저 전도全圖 한 장을 만들었는데, 이는 크기나 모양에 관계없이 팔도

---

54) 이찬, 『한국고지도』, p. 207. 이병도가 소장한 지도 3종의 사진이 Thrower and Kim, "Dong-Kook-Yu-Ji-Do," pp. 44~46에 실려 있다. 이들은 축척을 40만분의 1로 보았다.

의 모든 지형의 관계를 정하기 위함이다. 그런 뒤에 이 지도를 여덟으로 나누어 지도책에 따라 담기 좋도록 했다. 만약 전도를 보려면 지도 각각의 경계를 다시 맞추어 하나로 만들면 된다. 이는 다른 지도들이 지면의 제약을 받고 있어서, 설령 지도들을 붙여 보려 해도 네 모서리와 경계가 들어맞지 않는 것과 다른 것이다.

지도를 나누어 만든다면 도별로 한 폭씩 나누어 만드는 것이 마땅하지만, 함경도처럼 땅이 넓은 곳은 한 폭에 모두 담을 수 없다. 그런 까닭에 남과 북의 두 폭으로 나누어 만들었다. 기전畿甸(경기도)과 호서湖西(충청도)[55] 같은 곳은 지역이 넓지 않으므로, 둘을 함께 두어도 충분하다. 그런 까닭에 두 지역을 한 폭에 합쳐 그려 8폭을 맞추었다. 그리고 관서關西(평안도)의 동북 모서리는 매우 넓어서 해당 지도에 모두 그릴 수 없으므로, 고무창古茂昌과 폐후주廢厚州[1440년(세종22) 평안도에 무창현이 처음 설치되었고 1442년(세종24)에 무창군으로 승격되었으나 1455년(세조1) 폐지된 이후 고무창으로 불렸다. 후주에는 세종대에 보堡가 설치되었으나 무창 등 사군四郡과 함께 세조 초에 폐지되었고, 1674년(숙종1)에 진이 다시 설치되었으나 1686년(숙종12)에 폐지되어 폐후주로 불렸다-옮긴이]를 떼어 함경남도 지도의 왼쪽(삼수三水 서쪽)에 붙였다.[56]

또한 바다의 섬 가운데 제주도·울릉도·흑산도와 홍의도·가가도[각각 오늘날의 전라남도 신안군 흑산면의 홍도와 가거도(우리나라 최서남단의 섬)-옮긴이] 같은 곳은 물길이 매우 멀어 그 거리를 정확하게 알 수 없다. 그런 까닭에 그 곳의 방위만 구분하여 해당 폭의 지도에 첨부해 그려 넣었다. 또한 각 도의 경계 부분에 산등성이와 고개, 물길이 있는 경우에는(같은 것이라도) 중복해서 그려 넣지 않을 수 없으니, 이 또한 본래 형세에 따른 것이다. 만약 합쳐 그리고자 한다면, 모름지기

---

55) 서문에서 작자는 각 도에 대해 통상적인 별칭을 사용했다.
56) 1455년 세조가 포기한 지역. 이 책의 [도판 4-1]을 참조하라.

하나만 그리고 하나는 표현하지 않을 줄 알아야만 제대로 된 모습을 얻을 수 있다.

축척을 쓰는 법은 만약 평탄한 지역이라면 1척으로 100리를 나타내고, 산이 깊고 강이 굽어 우회해야 하거나 평탄하지 않은 지역이라면 간혹 1척이 120~130리에 해당한다.

만약 채색을 한다면, 경기는 순황색, 호서는 홍백색, 호남湖南(전라도)은 순홍색, 영남嶺南(경상도)은 청홍색, 영동嶺東(강원도)은 순청색, 해서海西(황해도)는 순백색, 관서는 백흑색, 관북關北(함경도)은 순흑색으로 칠했다.[57] 산은 녹색으로, 강은 청색으로 색을 입혔다. 홍색 선으로 수로와 육로 가운데 큰길을 그리고, 황색 선으로 각도를 좌와 우로 나누었다.[58] 홍색으로 점을 찍어 봉수烽燧를 표시하고, 성의 여장 모양에 흰색을 칠해 산성을 나타냈다. 감영이나 고을에 성이 있으면 흰 선을 둘렀다. 역원과 진보鎭堡는 둘레를 치되 각각 청색과 황색을 넣어 구분했다. 이것들이 지도를 만드는 데 사용된 범례이니, 이 지도를 보는 사람들은 이를 상세히 알아야 한다.[59]

정상기 유형의 지도로 말미암아, '형세'를 강조하는 초기의 경향이 조선 지도학에 강력하게 돌아왔다. 모든 강은 산줄기 사이를 흐르고, 모든 산줄기의 양쪽에는 강이 있다. 이것은 상식에 지나지 않지만, 이러한

[57] 이것은 앞에서 언급한 색상 원칙과는 좀 다르다. 물론 이것이 오방색五方色에서 온 것이기는 하지만 말이다. 지도 자체에 채색하는 것이 아니라 고을의 지명을 둘러싼 테두리에 소속 도에 따라 각기 다른 색상으로 채색하는 것임을 기억하라. 아울러 정상기가 뜻하는 것은 두 색상을 사용할 경우 이것들을 혼합한다는 것이 아니라, 두 색상을 조합하여 해당 고을의 소속을 식별하도록 한다는 것이다.
[58] 함경도를 제외한 다른 도들은 군사 지휘권에 따라 각각 두 지역으로 나뉘었다. 이러한 구분은 좌도左道와 우도右道라는 개념으로 표현되었다.
[59] 이 글이 이찬의 『한국고지도』, pp. 96, 114에 도판으로 수록되어 있다. p. 96의 지도는 '팔도지도'라는 이름의 지도책에, p. 114의 지도는 '동국지도'라는 이름의 지도책에 수록되어 있다. 두 지도 사이에는 약간의 차이가 있다.

모습을 모두 모아 명확하고 일관되게 표현할 수 있다면 그것은 상식으로는 쉽게 만들 수 없는 이미지를 만들어 자연의 총체적인 특성을 극적으로 보여줄 수 있다. 곧 산지가 많은 북부 지방과, 충적 평야가 넓은 남부 지방 사이에 나타나는 지형의 극적인 차이점이 경제·인구·경관 등의 다양한 특성과 함께 지도를 보는 즉시 눈에 들어오는 것이다. 이러한 기법을 지나치게 강조하다 보면 과도한 정보를 실어 명료함을 망칠 수도 있다. 차라리 이러한 기법을 적게 쓰거나 정보 제공의 책임을 포기하는 편이 훨씬 쉬울 수도 있다.

그러나 정상기와 김정호는 이러한 지도 제작 기술을 분명하게, 또 실용적으로 활용하여, 지명·도로·경계 등의 다른 중요한 정보와 균형을 맞추었다. 주요 정보들은 공동체의 삶을 관장하는 형세의 내용을 보여주었고, 또한 여러 자연지리 요소들을 쉽게 알 수 있도록 했다. 실제로 많은 지도 사용자들은 '형세' 관념을 백두산의 신비로운 도관과 관련시키기보다는 지형학적·정치경제적 이해를 구하는 수단으로 보았다.

이러한 원칙을 바탕으로 많은 공을 들여 진행한 작업 덕분에 조선의 실제 모습을 발견하는 데 중요한 계기가 마련되었을 것이다. 수맥과 산맥의 방향에 대한 형세 관념을 정밀하게 강조하는 동시에 정상기의 엄격한 축척을 적용하면서, 압록강과 두만강의 복잡한 수계를 정확히 이해하는 길이 열렸다. 실제로 이런 작업이 진행되면서 필연적으로 북방 변경의 실제 윤곽이 드러났다.

이른 시기의 한국인들은 '삼천리강산'에 둘러싸여 형세 이론을 본능적으로 이해했지만, 정밀한 측량 결과를 바탕으로 위치를 정확히 표현하는 방법은 알지 못했다. 18세기에 이르러 오랫동안 사용해 온 믿을 만한 거리 정보를 바탕으로 지리학적으로 진정한 의미의 축척을 응용하게 되었다. 압록강의 중상류 지역을 파악하는 데는 몇 가지 문제가 끝까지 남아 있었지만, 정상기는 북방 국경 지역을 표현하는 데 있어서 레지스(도판 4-6)를 넘어서서 진정 '진전'을 이루었다.[60]

---

60) 시기에 차이가 있어서 정상기가 예수회 지도에 영향을 받았을지 의문이 생긴다. 한국의 기록에서는 북경에 공무로 간 조선의 관리들이 1721년에 제작된 희귀한 예수회 지도의 사본을 구입했다는 사실을 확인할 수 없다. 그들이 그 지도에 대해 들었다면, 그것을 사기 위해 모든 노력을 기울였을 것이다. 하지만 지도의 존재를 알지 못했다고 보는 것이 좋을 것 같다. 당시 지도를 반출하는 일이 법으로 금지되어 있었지만, 조선의 사신들은 어떻게든 그것을 가져갈 방도를 찾고는 했기 때문이다. 예수회의 중국 지도는 진몽뢰陳夢雷와 장정석蔣廷錫이 편찬한 『고금도서집성古今圖書集成』에 부분적으로 수록되었고, 조선에서도 그것을 재빨리 입수할 수 있었다. 하지만 방대한 조선 관련 부분에는 지도가 실려 있지 않았다. 어떻든 정상기의 북방 지역 표현은 레지스보다 정확한 것이었고, 이것은 의심할 여지없이 그가 축척을 활용했기 때문이다.

정상기 유형의 지도와 측지 좌표

다들 이야기하는 것이지만 정상기 유형의 지도에는 아직 발전의 여지가 있었다. 그가 그린 조선은 폭에 비해 길이가 좀 길었다. 압록강의 경우 주 만곡부가 북쪽으로 너무 올라갔고 하구 쪽의 흐름이 남쪽으로 치우쳐서 결과적으로 평안도 북부 지역의 크기가 부풀려졌다. 정상기가 실제로 작업한 과정을 추적한다면 이러한 문제점을 한결 쉽게 찾아낼 수 있을 것이다. 그가 활동하던 시기에는 정확한 경위선 측량 기술이 조선에 존재했을 가능성이 높다. 그렇다면 과연 이 기술이 정상기에게 스며들 수 있었을까? 이러한 발전은 지식사회학적 관점에서 보면 그럴 듯해 보이지만, 학문 세계와 관료 세계 사이에는 간극이 있었다. 실제로 진전이 있었다는 징후를 확인할 수 없는 것이다. 결국 중요한 사실은 조선의 관리들이 북경에서 줄기차게 가져온 기계와 지식을 효율적으로 사용했는지 확신할 수 없다는 점이다.

조정이 일정한 계획을 가지고 경위선 좌표에 관심을 가졌다는 증거는 1791년에 처음 나타난다. 정조(1776~1800 재위)는 관상감의 수장에게 팔도의 시간차를 새로 계산하도록 명했다. 이 조치는 지방관들에게 줄 달력에 일몰과 24절기[61]의 시작점에 대해 한층 더 정확한 정보를 수록하

---

61) 이러한 24절기는 춘·추분과 하·동지를 중심으로 구조화된 것인데, 농부들과 자연 관측자들에게 음력과는 일치하지 않는 태양력의 상수常數를 제공했다. 전상운의 글을 참고하라(*Science and Technology in Korea*, p. 90).

기 위한 것이었다. 지역에 따라 절기의 시간이 다르다는 사실을 알게 된 정조는 전국에 획일적인 시간을 제공하는 것이 후진적이라고 생각했다. 관상감의 수장이었던 서호수徐浩修는 국왕이 요구한 자료에 대해 보고서를 제출하면서 측지 좌표에 대한 흥미로운 자료를 보고했다. 그러자 정조는 관계된 세부 내용을 이듬해 달력에 수록하라고 재촉했다. 이러한 계획을 추진하는 와중에 반대 의견이 제기되어 계획 자체가 취소되었지만, 다행히도 당시의 보고서가 『정조실록』에 살아남았다.[62]

서호수는 위도와 경도에 대한 일반적인 설명으로 보고를 시작했다. 그는 경도 1도가 4분의 시간차를 나타내며, 서울이 북경보다 42분 앞서 있다고 보고했다. 거리와 관련해서는 위도와 경도 1도가 대개 200리에 상당한다고 했다. 이어서 그는 지도 위에 직선을 그은 뒤 백리척을 활용해서 측지 좌표를 측정했다고 했다.[63] 아울러 팔도 중 7곳의 감영에서 측정된 위도와 경도 수치를 보고했다.

김정호도 이 일에 대해 언급하면서 비슷한 내용을 기록해 두었다. 곧 관상감의 관원이 비변사 소장 지도를 이용하여 팔도 감영의 북극 고도와 서울 기준의 동서 경도를 측정했다고 했다. 계속해서 그는 한 벌의 대조표를 제시했다. 200리=1도, 10리=3분(또는 180초), 1리(또는 2,160

62) 『정조실록』 15년 10월 11일 임자壬子. 경도 수치는 『문헌비고』에도 수록되어 있다. 정조가 지시한 사업은 중국의 여러 성省에서 입춘立春이 시작되는 시간의 차이를 파악하려는 중국에서의 논의를 참고한 것으로 보인다. 『역상고성』(pt.2, 1.14b-15b)을 참고하라. 이 책에는 서울의 경도를 편동 10도 30분으로, 시간차를 +42분으로 기록했다. 두 수치는 모두 북경을 기준으로 한 것이다. 이것은 서울의 경도에 대한 가장 빠른 기록이며, 한국주의 측량에서 도출된 것으로 생각된다.

63) 『정조실록』 15년 10월 11일 임자. 측지 좌표를 측정하기 위해 한국에서 지도를 사용한 것 또한 『역상고성』을 참고한 것으로 보인다. 이 책에 실린 세주細註에는 다음과 같은 기록이 있다. "각 지방의 경도를 측정하기 위해 지도에 반영되어 있는 도수度數를 빠짐없이 참고했다. 우리는 입춘의 시간을 확인하기 위해 해시계의 그림자를 관측했으며, 월식의 관측으로 확인한 시간차로 이것을 증명했다." ; 『역상고성』 pt. 2, 1.15b. 한국의 경우에는 이처럼 중요한 확인 절차가 있었다는 기록을 찾지 못했다.

보)=18초, 120보=1초.[64] 이것은 분명 장·중·단거리 측량을 측지 공간에 연관시키는 김정호의 기본 공식이었다. 결과는 피할 수 없는 것이었다. 즉, 1791년의 측지 좌표는 지도상의 직선거리(直道)로 결정되었다. 우리는 비변사가 정상기의 지도를 소장했음을 알고 있으며, 이 때 '백리척'이라는 용어를 쓴 점은 1791년의 좌표 설정에 사용된 지도가 바로 비변사 소장의 정상기 유형 지도였을 것이라는 가설의 또 다른 단서가 될 수 있다.

이렇게 정상기의 지도와 측지 좌표를 연관시킬 수 있지만, 정상기가 지도에 측지 좌표를 활용했다는 증거는 없다. 또한 그의 지도에는 방안선方眼線이 없다. [도판 4-10]에 보이는 연대 미상의 목판본 지도는 인쇄한 뒤에 방안선을 그려 넣은 것이다. 서울을 관통하는 수직선이 중선中線이라 명명되어 있기는 하지만, 이러한 선들은 자오선이나 위선과는 아무런 관계가 없다. 아울러 교차점도 1791년의 좌표나 김정호의 지도에 실려 있는 자료와는 관련이 없다.

서호수의 보고에 나타나는 수치들을 [표 8]에 제시하고 김정호의 자료로 보완했다. 김정호는 1791년의 보고서를 인용하여 같은 수치를 수록하고, 감영이 한성에 위치하는 탓에 수치가 누락된 경기도의 좌표도 추가했다. 또한 조선의 극북인 온성, 극남인 해남의 좌표를 마련하여 조선의 전체 길이를 파악할 수 있도록 했다. 김정호는 그의 방대한 지리지의 또 다른 부분에 평안도에 속한 북방 19개 고을의 좌표를 추가로 실었다. 1791년의 원래 자료가 전국 각 지역에 대한 완전한 좌표 목록이었는지, 또는 김정호가 독자적으로 나머지 지역의 수치를 계산하여 보완한 것인지는 분명하지 않다.

김정호는 한성의 위도(북위 37도 39분)가 1713년 하국주가 종가鍾街에

---

64) 김정호, 『대동지지』 권28 본조각도극고本朝各道極高. 필사자가 20보로 잘못 써 놓은 것을 120보로 교정하여 계산을 맞추어 놓았다.

표 8. 1791년에 보고된 한국의 측지 좌표

지역[a]	위도[b]			경도[c]			
	보고 수치	현대 수치	오차	보고 수치	환산 수치	현대 수치	오차
온성	북위 44°44′	북위 42°55′	+109′	편동 2°58′	동경 129°57′	동경 130°00	−3′
함흥	북위 40°57′	북위 39°55′	+62′	편동 1°00′	동경 127°59	동경 127°32	+27′
평양	북위 39°33′	북위 39°01′	+32′	편서 1°15′	동경 125°44	동경 125°45	−1′
해주	북위 38°18′	북위 38°03′	+15′	편서 1°24′	동경 125°35	동경 125°42	−7′
서울	북위 37°39′	북위 37°33′	+6′	0°00′	동경 126°59	동경 126°59	0
원주	북위 37°06′	북위 37°21′	−15′	편동 1°03′	동경 128°02	동경 127°57	+5′
공주	북위 36°06′	북위 36°27′	−21′	편서 0°09′	동경 126°50	동경 127°07	−17′
대구	북위 35°21′	북위 35°52′	−31′	편동 1°39′	동경 128°38	동경 128°36	+2′
전주	북위 35°15′	북위 35°49′	−34′	편서 0°09′	동경 126°50	동경 127°09	−19′
해남	북위 34°15′	북위 34°34′	−19′	편서 0°28′	동경 126°31	동경 126°36	−5′

출전) a : 함흥부터 전주까지의 항목은 각도의 감영이다. 경기도 이외 지역의 좌표는
『정조실록』 15년 10월 11일 임자조에 실려 있다. 경도 수치는 『증보문헌비
고』(대한제국, 1908) 권10에도 실려 있다. 김정호의 『대동지지』(1864년 간행, 한양
대학교 국학연구원에서 1974년 영인) 권28 본조각도극고本朝各道極高에는 팔도 감
영 전체의 좌표와 함께 남북 극지인 온성과 해남에 대한 좌표가 실려 있다.
오늘날의 좌표는 권상로權相老의 『한국지명연혁고』(서울: 동국문화사, 1961)에서
인용한 것이다. 현대의 자료와 전통 자료 모두 기준 지점은 감영이나 관아의
앞마당이다.

b : 오차는 1791년 수치에 대한 환산 수치와 현대 수치 사이의 차이를 나타낸다.

c : 1791년의 수치는 서울을 경선의 기준으로 삼아 동·서로 경도를 나타낸 것이
다. 이 수치를 오늘날 서울의 공식적인 경도, 즉 그리니치 기준 동경 126도 59
분을 기준으로 환산하였다. 오차는 1791년 수치에 대한 환산 수치와 현대 수
치 사이의 차이를 나타낸다.

서 측정한 수치라고 했다.[65] 서울 시청의 남쪽으로 몇 블럭 떨어진 곳에서 측정한 오늘날의 공식적인 위도는 북위 37도 33분 29초이므로, 김정호가 인용한 정보가 틀림없다면 한국주의 측정 결과에는 6분 정도의 오차가 있다. 하지만 잘못이 어디에 있었던 간에 김정호는 그 잘못에서 시작했고, 그것은 감내할 만한 정도였던 것 같다. 문제는 [표 8]에 보이는 것처럼 북쪽으로 갈수록 오차가 점점 커져서 온성에 가면 거의 2도에 이른다는 점이다. 남쪽으로 가도 전주에서 30분 이상의 차이가 난다(단, 더 남쪽에 있는 해남은 오히려 오차가 적다. 하지만 서울로부터의 거리에 비례해서 오차가 커지는 일반적인 경향에 비추어 보면, 해남의 위도 수치도 의심스럽다).

이러한 경향으로 보건대 서울 중심의 공식적인 거리 정보가 1791년의 좌표 설정과 김정호의 좌표에 기초한 것이라는 사실을 알 수 있다. 김정호가『대동지지』에 정리해 둔 서울과 함경도 온성의 위도 수치를 비교해서 두 수치 사이의 측지학적 거리를 계산하면 7도 5분이 된다. 위도 1도에 해당하는 거리를 200리로 보면, 7도 5분은 1,417리 또는 609.3킬로미터에 해당한다(표 5 참조). 두 곳 사이의 실제 측지학적 거리는 5도 24분이다. 위도 1도를 111킬로미터 정도로 보면 이 거리는 600킬로미터에 해당한다. 미터법을 기준으로 하면 김정호의 수치는 현대 수치에 비해 단지 1.6퍼센트 더 길 뿐이다. 이러한 사실은 김정호가 제시한, 온성의 좌표 수치가 대체로 정확한 것이었음을 보여준다. 하지만 위도 상의 거리로 보면, 김정호의 7도 5분은 현대의 5도 24분보다 31퍼센트나 더 먼 것이다.

이러한 불일치의 원인은 주척에 있다. 주척 1척은 19.91센티미터 정도로 중국과 조선의(길이) 표준에 비해 짧았다. 1도가 200리라는 공식은 17

---

65) 김정호,『대동지지』본조각도극고. 이 수치는 37도 39분 15초를 절사한 것이다. 김정호는 이 수치를『역상고성』, pt2. 1.16b에서 인용했다. 레지스는 서울의 위도를 37도 38분 20초로 설정했다.

세기와 18세기 예수회가 활동하던 시기에 중국에서 사용되기 시작하여, 중국의 천문학 교범에 기록되었다.[66] 리와 척에 대한 청나라의 공식적인 정의와 표준 미터법 표준을 따른다면, 1도가 200리라는 공식을 적용할 경우 위도 1도의 거리는 115.2킬로미터가 된다.[67] 이는 오늘날의 표준에 비해 4.1킬로미터 정도 길 뿐이다. 조선의 주척을 기준으로 하면 1도가 86킬로미터로 도출되며, 이때의 오차는 25.1킬로미터로 청나라의 경우에 비해 훨씬 크다.

조선은 상대적으로 1리의 거리를 짧게 설정했기 때문에, 같은 거리라도 좀 더 높은 수치의 이수로 표현되었던 것이다. 그 결과 200리=1도라는 공식을 바탕으로 축척 지도에 설정된 거리를 계산하여 경위선 좌표를 결정하면 위도 수치가 부풀려질 수밖에 없다. 곧 거리상의 오차가 컸기 때문이 아니라, 중국보다 많은 이수가 도출되어 이를 200으로 나눌 경우 위도 수치가 더 높아질 수밖에 없었던 것이다. 바로 이것이 [표 8]에서 서울과 온성의 위도 차이가 7도 5분이나 되는데도 불구하고, 이것을 조선의 주척 기준으로 환산했을 때의 서울-온성 간 거리가 오늘날의 실제 거리와 1.6퍼센트 정도의 오차밖에 나지 않는 까닭이다.

[표 8]의 경도는 서울을 중선(자오선)의 기준으로 하여 동과 서로 표시하였다. 이때 서울은(아마도 하국주에 의해) 북경 편동 10도 30분으로 고정되었다. 오늘날의 경선과 비교할 때 편차에 뚜렷한 경향이 없고, 오히

---

66) 吳承洛, 『中國度量衡史』, pp. 271~272.
67) 吳承洛, 『中國度量衡史』, pp. 271~272. 『대청회전』은 200리를 1도로 등치시키면서 1800척(360步×5尺)을 1리로 규정했다. 이때 사용하는 척은 중국의 표준 영조척營造尺이다. 영조척 1척은 미터법으로 32센티미터이므로, 1리는 576미터가 된다. 김정호도 『대청회전』을 언급하면서 종서척縱黍尺이라는 용어를 사용했다. 이는 청의 공식적인 정의로는 영조척과 동등한 것이었다(김정호, 『대동지지』 권28). 김정호는 1(중국)보를 5척이 아니라 6척으로 규정했는데, 이는 잘못된 것이다. 그가 중국의 리를 계산한 것은 아니므로, 현재의 논의에 영향을 주지는 않는다. 하지만 동아시아의 각국에서 사용한 도량형 표준을 서로 변환하는 데는 끊임없이 장애가 나타난다는 것을 보여주는 흥미로운 사례이다.

려 편차의 범위는 극단적이다. 예를 들면 서울 편동 2분 58초인 온성의 오차가 −3분에 불과한 데 비해, 편동 1도로 기록되어 있는 함흥은 실제로는 서울 중선에 훨씬 가까워서 오차가 27분에 이른다. 이러한 사실은 정상기 유형의 지도에서 함흥과 인근 해안 지역이 왜 실제보다 동쪽으로 치우쳐 있는지를 잘 설명해 준다(함흥은 정상기 지도에서 서울 동북쪽 19도의 방위에 위치하는데, 현대의 지도에는 11도로 나타난다). 분명한 것은 함흥까지의 길이 험해서 동서 측량이 매우 어려웠을 것이라는 점이다.

　김정호는 평안도 북부 지역의 고을 19곳의 좌표를 기록해 두었다. 이 좌표들이 [표 9]에 제시되어 있다. 이 가운데 경도 좌표들은 평양 중선에 기초한 것이다. 현대의 수치와 비교했을 때 모두 마이너스 오차를 갖는 것을 볼 수 있다. 자료들이 매우 유동적이기는 하지만, 이 표에서 북쪽에서 남쪽이 아니라 서쪽에서 동쪽으로 고을들을 배열했더라면 서쪽 고을에 비해 동쪽 고을에서 더 큰 오차가 발생하고 있음을 바로 알 수 있었을 것이다. 이러한 자료로 판단해 보면 좌표 설정을 위해 사용한 정상기의 지도에서 서북 지역이 서쪽으로 과장되어 있었을 것이라는 점을 알 수 있다. 실제로 이찬의 도록에 제시된 4종의 지도 가운데 2종이 이렇게 과장된 모습을 보여준다.[68] 이러한 설명도 실은 추론에 따른 것으로 결국 지도를 통해 해명하는 것 외에는 달리 방법이 없다. 왜냐하면 경위선 좌표 자체가 지도를 참고로 해서 결정된 것이기 때문이다.

　[표 9]를 통해 정상기 지도의 다른 문제에 대해서도 해결의 실마리를

---

[68] 람베르트 정각원추도법으로 제작된 현대 지도에서, 서울에서 의주義州까지의 방위각은 약 N36°W이다. 이것은 두 장의 정상기 유형의 지도(〈동여총도東與總圖〉와 〈해동여지도海東與地圖〉, 이찬의 『한국고지도』 pp. 68, 77에 수록)로부터 추론할 수 있는 것과 매우 가까운 수치이다. 하지만 다른 두 지도(〈대동지도大東地圖〉와 〈좌해여도左海與圖〉 pp. 75, 78에 수록)에서는 서울로부터의 방위각이 각각 39와 2분의 1도와 40도로 나타난다. 지도에서 의주의 위치가 서쪽으로 치우쳐 있다는 점이 결국 [표 9]에 제시된 경도 수치의 오류를 초래했을 것이다.

표 9. 김정호의 『대동지지』에 수록된 평안도 북부 지역의 경위선 좌표

지역	위도			경도[a]			
	보고 수치	현대 수치	오차	보고 수치	환산 수치	현대 수치	오차
강계	북위42°36′	북위40°58′	+98′	편동48′	동경126°32′	동경126°36′	−4′
위원	북위42°41′	북위40°53′	+108′	편동05′	동경125°49′	동경126°04′	−15′
초산	북위42°25′	북위40°50′	+95′	편서15′	동경125°29′	동경125°48′	−19′
벽동	북위42°02′	북위40°37′	+85′	편서39′	동경125°05′	동경125°26′	−21′
창성	북위41°31′	북위40°30′	+61′	편서1°08′	동경124°36′	동경125°03′	−27′
삭주	북위41°19′	북위40°23′	+56′	편서1°12′	동경124°32′	동경125°03′	−31′
의주	북위41°04′	북위40°12′	+52′	편서1°42′	동경124°02′	동경124°32′	−30′
희천	북위41°19′	북위40°10′	+69′	편동24′	동경126°08′	동경126°17′	−9′
구성	북위40°57′	북위39°59′	+58′	편서48′	동경124°56′	동경125°15′	−19′
운산[b]	북위41°01′	북위39°58′	+63′	편서06′	동경125°38′	동경125°48′	−10′
용천	북위40°52′	북위39°56′	+56′	편서1°29′	동경124°15′	동경124°22′	−7′
태천	북위40°39′	북위39°55′	+44′	편서29′	동경125°15′	동경125°24′	−9′
영변	북위40°42′	북위39°49′	+53′	편?01′	동경125°44′	동경125°49′	−5′
선천	북위40°35′	북위39°48′	+47′	편서1°05′	동경124°39′	동경124°55′	−16′
철산	북위40°45′	북위39°46′	+59′	편서1°19′	동경124°25′	동경124°40′	−15′
박천	북위40°39′	북위39°44′	+55′	편서17′	동경125°27′	동경125°35′	−8′
가산[c]	북위40°33′	북위39°43′	+50′	편서24′	동경125°20′	동경125°34′	−14′
정주	북위40°33′	북위39°42′	+51′	편서41′	동경125°03′	동경125°13′	−10′
곽산[d]	북위40°35′	북위39°41′	+54′	편서50′	동경124°54′	동경125°05′	−11′
평양	북위39°33′	북위39°01′	+32′	0°00′		동경125°44′	동경125°45′	−1′

출전) 김정호, 『대동지지』(1864년 간행, 한양대학교 국학연구원에서 1974년 영인) 권23. 현대의 좌표는 [표 8]의 출처와 동일함. 오차는 [표 8]과 같은 방식으로 계산했다.

a : 『대동지지』에 수록된 경도 수치는 평양을 지나는 경선을 기준으로 한 것이다. '환산 수치'는 그리니치 기준 동경 116도 23분에 위치하는 북경에서 동쪽으로 10도 30분 지점에 있는 서울로부터 다시 1도 15분 서쪽에 위치했다는 평양의 경도(표 8)를 그리니치 기준 경선으로 환산한 것이다. 이렇게 환산한 평양의 경도는 현대의 측정치와 거의 동일하다.

b : 현대의 경도 수치를 참고한 전거에 오류가 있다. 이 수치는 지도에 따른 것이다.

c·d : 이곳들은 현재는 시나 군의 중심지가 아니다. 좌표는 지도에 따른 것이다.

찾을 수 있다. 곧 평안도 지방이 과도하게 크고, 압록강 주 만곡부가 북쪽으로 과장된 문제점이다. 당시 조선의 '리' 개념을 써서 서울-온성에 대해 앞서 했던 방식대로 측지학적 거리를 미터법으로 환산하면, 평양-강계의 거리는 김정호가 기록한 수치를 기준으로 262.3킬로미터이다. 한편 같은 거리를 1도에 111킬로미터라는 기준에 입각해서 오늘날의 좌표로 계산하면 217킬로미터라는 수치를 얻을 수 있다.

이로써 18~19세기의 조선 지도에는 21퍼센트나 되는 오차가 있고, 위도 상의 오차도 56퍼센트나 더 크다는 점을 알 수 있다. 이 경우 전체 오차의 대부분은 거리 측량을 잘못했기 때문에 발생한 것이다. 이렇게 과장된 거리 수치를 바탕으로 정상기의 엄격한 축척법을 사용한 결과, 압록강 경계를 비롯하여 평안도의 북부와 서북부 지방이 전반적으로 왜곡될 수밖에 없었던 것이다.

그러나 정상기의 실수를 지나치게 강조하는 것으로 그의 지도에 대한 논의를 마무리하는 것은 잘못된 일이다. 정상기는 일관된 축척을 적용함으로써 조선의 모습을 정확히 파악하는 데 크게 기여했고, 그 성과는 문제점보다 훨씬 돋보이는 것이다. 그의 지도들은 나중에 정부와 민간에서 만든 수많은 사본의 기초가 되었다. 그리고 이 지도들은 1750년대부터 1860년대까지 100여 년 동안 유행했다.

요컨대 조선에서는 경위선 좌표를 과학적으로 결정할 만한 잠재력을 가지고 있었지만, 정상기의 축척 지도가 이러한 자료들을 바탕으로 제작된 것 같지는 않다. 오히려 그가 죽고 오랜 시간이 지난 뒤 1791년의 사업 때와 김정호의 작업시에 경위선 좌표를 설정하기 위해 동원된 지도가 바로 그의 지도였다. 좌표가 활용된 방식을 돌이켜 보면 이 좌표들이 그만큼 훌륭한 것이었다는 점이 놀라울 뿐이다. 이러한 성공의 영예는 마땅히 정상기에게 돌아가야 한다.

김정호의 초기 지도

김정호는 정상기와는 매우 다른 세상에 살았다. 18세기의 조선은 비교적 안정을 누리며 국제적인 압력의 영향권 바깥에 있었다. 하지만 1800년 무렵부터는 상상할 수 있는 모든 고통을 안팎으로 겪었다. 1860년 쯤에는 지배층 대다수가 곤궁해졌고, 조정은 물질적으로나 도덕적으로 고갈되어 갔다. 지방은 들끓어 올라 당장이라도 반란을 일으킬 분위기였다. 실제 그럴 만한 힘이 있든 없든 서양 열강들은 중국과 일본의 콧대를 꺾었고, 이제 조선이 그들의 공격을 받기 쉬운 위치에 놓였다.

1864년 11세의 소년이었던 고종高宗이 왕위에 올랐다. 고종의 아버지 흥선대원군興宣大院君은, 소수였지만 열성적으로 활동하던 천주교도를 박해하기 시작했고, 1866년에는 지난 30여 년간의 지하 활동 끝에 살아남은 대부분의 프랑스 선교사(때때로 보충되었다)들과 수천 명의 신자들을 죽였다. 이어서 프랑스가 보복을 위해 강화도에 침입하는 사건이 발생했다. 이것은 그해에 서양과 관련하여 벌어진 여러 사건 가운데 하나였다. 조선은 서양 열강과 조우하면서도 스스로를 지켜낼 수 있었고, 그 덕분에 오만하기는 해도 카리스마를 가진 대원군이 한동안 나라를 전시 체제로 운영할 수 있었다. 하지만 이러한 대원군의 노력도 1910년 조선을 일본의 식민지로 전락시킬 일련의 사건 전개에는 별다른 영향을 미치지 못했다.

우리는 김정호를 지리학자로서, 또한 지도 제작자로서 알고 있다. 하지만 그의 생애와 관련된 세세한 내용은 거의 알지 못한다. 우리는 그가 언제 어디에서 태어났고, 부모가 누구인지 모른다. 게다가 그가 언제, 어디서, 어떻게 죽었는지도 모른다. 그가 사후에 얻은 명성 때문에 그를 둘러싼 이야기가 만들어지고 살이 붙어 나갔다. 이러한 이야기 중 일부가 정부에서 만든 교과서에 실리면서 공식적인 인정을 받게 되었다. 오늘날 대개의 한국인들은 이 열성적인 지도 제작자의 모습을 이렇게 그려낸다.

그는 집안일은 아랑곳하지 않고 측량 조사를 위해 국토의 곳곳을 걸어 다녔고, 백두산에도 몇 번씩이나 올랐다. 그리고 한성의 도성 밖에서 가난하게 살면서 딸의 도움을 받아 목판을 조각했다. 나라를 위해 조정에 지도를 바쳤지만, 오히려 국가의 안보 기밀을 유포한 혐의로 체포되고 말았다. 그의 목판들은 몰수되어 파괴되었고, 김정호도 감옥에서 비참하게 생을 마쳤다.[69]

옛이야기가 대부분 그러한 것처럼, 이 이야기에도 일부 사실에 입각한 핵심이 들어 있을지 모른다. 그러나 아직까지는 누구도 그 핵심에 제대로 접근하지 못했다. 이병도가 언급했듯이, 조정에서 김정호의 지도에 대해 일정한 조치를 취한 것 같지는 않다. 만약 조정에서 이러한 조치를 주도했다면 정부 기록이나 개인 저술에 무엇인가 증거가 남았을 것이다. 또한 그의 지도는 아주 많이 남아 있고, 목판의 일부도 살아남았다(도판 4-25). 이병도는 "김정호가 천주교 때문에 체포되어 감옥에 갇혔

---

69) 이병도는 『청구도靑邱圖』와 『대동지지』의 영인본 해제에서 김정호의 생애에 대해 알려져 있는 사항들을 요약했다(이병도 편, 『청구도』 영인본, 민족문화추진회, 전2권, 제1권, 1971, pp. 6~9 ; 이병도 편, 『대동지지』 영인본, pp. 641~648). 이병도는 필자가 인용한 상세 사항의 대부분이 구전된 내용이라고 보았다. 아울러 방동인의 『한국의 지도』 pp. 189~190을 참고하라. 이러한 전통이 반영된 전형적인 사례로서 국민학교 5학년 국어 교과서(서울: 교육부, 1987) pp. 76~83이 참고가 된다.

을 수는 있지만 지도 때문일 리는 없다"고 했다.[70]

　조선의 천주교사 관련 자료에는 김정호에 대한 내용이 없다. 하지만 1860년대와 같이 서양 세력과 천주교에 대한 반감이 팽배하던 시대 분위기 속에서 서양 문물에 대한 지식을 가진 사람들이 관리나 천주교 박해를 지지하는 사람의 지목을 받았을 가능성이 있다. 특히 서학西學이라는 모호한 용어가 서양 과학과 천주교에 함께 적용되었고, 김정호가 서구 과학에 대한 지식을 가지고 있었던 점을 감안하면 개연성이 있는 일이다. 이도저도 아니라면 모두가 힘들었던 어려운 시대 상황 속에서 신분이 낮은 데다 가난했던 그의 죽음이 알려지지 않았을 가능성도 있다. 상황이 어떠했든 그는 흔적도 없이 사라졌다.

　현재 남아 있는 기록을 토대로 김정호의 생애에 대해 알 수 있는 중요한 사실은 그가 목판 인쇄 출판업자였다는 점이다. 그가 인쇄업을 운영하다 지도학에 끌린 것인지, 아니면 지도를 팔다가 목판 인쇄업에 끌린 것인지는 분명하지 않다. 하지만 둘 사이에는 분명한 관련이 있었고, 목판 각수가 아닌 다른 사람이 김정호의 세련된 지도 조판 방식을 개발했을 것이라고 생각하기는 어렵다.

　1834년 김정호는 안개 속에 가려진 배경을 뒤로 하고 인쇄업자로 등장했다. 그는 실학자 최한기崔漢綺의 요청으로 1793년 이후 한때 중국에서 간행된 바 있는 서양식 세계 반구도半球圖를 조각했다.[71] 최한기의 지도, 곧 〈지구전후도地球前後圖〉는 중국과 예수회의 영향이 아니라 영국의 영향을 받은 것이었다. 이 지도는 최신의 경위선이 표시된 양반구도

70) 이병도, 「청구도 해제」, 『청구도』 영인본 제1권, p. 8과 이병도, 「대동지지해제」, 『대동지지』 영인본, pp. 643~644를 참조하라.

71) 이규경李圭景, 『오주연문장전산고五洲衍文長箋散稿』 권38 천지편天地篇 지리류地理類 만국경위지구도변증설萬國經緯地球圖辨證說. 이규경은 19세기 실학자로 김정호와 동시대인이다. 그는 김정호가 최한기의 지도를 목판으로 출판했음을 확인해 주었다.

兩半球圖라는 점이 특징적이기는 하지만, 기본적으로 김정호의 지도학과는 전혀 관계가 없는 이국 풍물의 하나였을 뿐이다.

김정호는 같은 해 《청구도靑邱圖》('청구'는 조선의 오래된 별칭)라는 이름의 전국 지도를 완성했다.[72] 최한기는 그의 호의에 보답하여 이 작품에 서문(「청구도제靑邱圖題」)을 써 주었다. 김정호의 경력에서 《청구도》는 1860년대 초에야 이르게 되는, 지도 제작의 최고점을 향한 준비 작업으로 볼 수 있다. 물론 《청구도》의 제작도 여러 종류의 지도 자료를 수집하여 연관시키고 가다듬는, 오랜 기간에 걸친 정열적인 작업이 성공리에 완성된 결과로 볼 수 있다.

《청구도》는 한 장의 전도나 한 벌의 도별도에 전국의 지도를 담는 형식이 아니라, 사각형 방안方眼 체계 속에 조선의 모든 영토를 담는 체제로 되어 있다. 《청구도》는 두 권의 큰 책으로 구성되어 있으며, 수록된 지도의 색인 역할을 하는 방안식 참고 지도도 갖추고 있다(도판 4-12).[73]

각각의 지면에는 방안이 한 개 들어 있는데, 방안 하나는 동서로 70리, 남북으로 100리의 공간을 담는다. 《청구도》는 전국을 위(북쪽)부터 아래(남쪽)까지 가로(동서 방향)로 망라하는 29개의 층層과, 세로(남북 방향)로 동쪽부터 서쪽까지를 망라하는 22개의 판版으로 조직되어 있다. 원하는 지역, 예컨대 광주를 찾아보려면 먼저 색인 지도를 보고, 광주가 22층 14판에 있음을 확인할 수 있다.

---

72) '청구靑邱'라는 이름의 나라가 『산해경』에 여러 번 언급된다. 그리고 한국의 전통에서는 청구를 한국으로 본다(『산해경교주』 권1(p. 6), 권9(p. 256), 권14(p. 347).

73) 《청구도》에 대해서는 다음의 논고를 참고하라. 이찬, 『한국고지도』, pp. 86~95(도판), 208~210 ; 방동인, 『한국의 지도』, pp. 167~180. 《청구도》 필사본이 영인본으로 나와 있다. 이 영인본에서 방안식 색인 지도의 북반부는 제1권 pp. 2~3에 있고, 남반부는 제2권 pp. 2~3에 있어서 두 부분이 함께 참고가 된다.

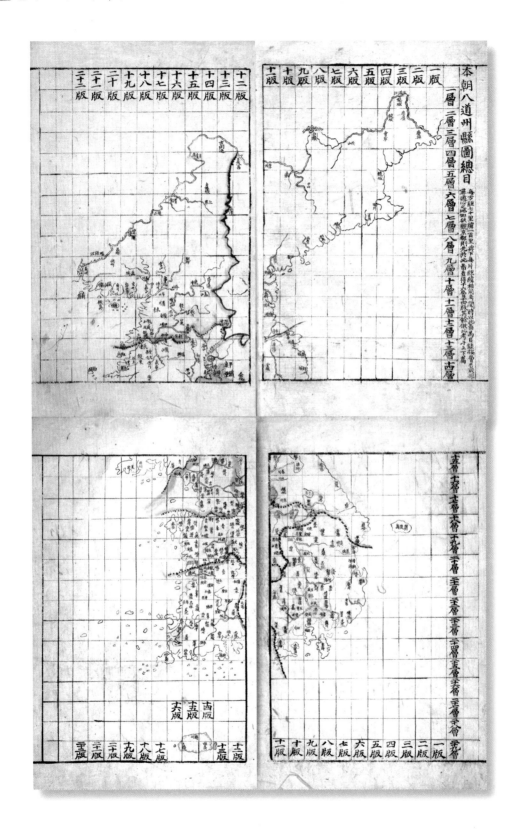

[도판 4-12]

〈본조팔도주현총목本朝八道州縣總目〉

왼쪽 지도는 김정호가 1834년 《청구도》를 위한 색인 지도로 만든 것이다. 오른쪽으로는 29개의 층層이 표시되어 있고, 위아래로는 22개의 판版이 표시되어 있다. 짝수의 층을 모아 한 책에 담고 홀수 층은 다른 책에 담아, 두 책을 함께 펴면 연접한 지역을 함께 볼 수 있도록 했다. 각각의 사각형 방안은 70×100리(30×43킬로미터)의 공간 을 나타낸다. 제목 아래에는 다음과 같이 사용 방법을 기재했다. "찾고자 하는 지역의 층과 판을 찾으라." 각 쪽 크기 : 27.5×20cm. 서울대학교 규장각 소장(『청구요람靑邱要覽』, 古4709-21A).

[도판 4-13]
《청구도靑邱圖》의 서울 지역

김정호가 제작한《청구도》의 사본은
모두 필사된 것이다. 이 사본의 연대
는 미상이지만, 아마도 19세기 중엽
으로 추정된다. 지도가 필사된 용지
는 목판으로 인쇄한 선표線表로서,
가장자리에는 10리里 단위로 눈금을
넣었다. 목판의 판심版心에는 지도의
제목이 들어 있고, 수록된 지도의 층
수와 판수가 인쇄되어 있다. 이 부분
은 16층의 13판과 14판(도판 4-12의 색
인 지도를 보라)으로서 서울 지역이다.
점선은 고을의 경계이다. 고을의 이
름은 사각형 윤곽 속에 들어 있고,
면面과 역驛의 이름 다음에는 각각
면과 역을 뜻하는 한자를 동그라미
속에 넣은 기호를 덧붙였다. 중요한
산을 톱니 모양으로 이어서 대체적인
형세의 배치를 표현했다(도판 4-14와
비교하라).
각 쪽 크기 : 35.2×23.2cm.
국립중앙도서관 소장(貴239, 古61-80).

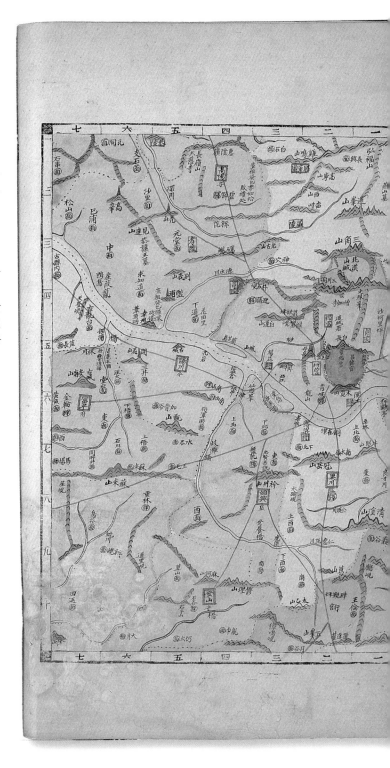

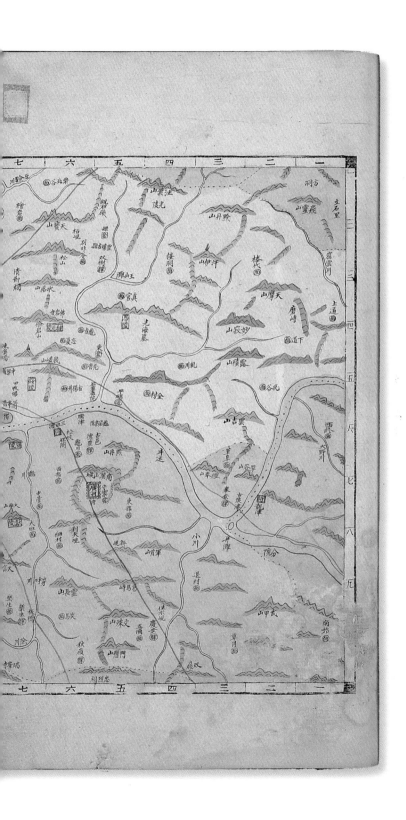

[도판 4-14]
《청구도》(다른 필사본)의 서울 서북 지역

시기 미상의 또 다른 필사본
이다. 가장자리의 축척은 인
쇄된 것이다. 층과 판의 수치
는 왼쪽과 오른쪽 가장자리
에 기재되어 있다. 이 필사본
은 [도판 4-13]의 필사본보다
제작 기술이 떨어지며, 공도
덜 들어갔다. 고을의 경계를
지나치게 중시함으로써 흠이
생기기는 했지만, 지형과 지역
에 대한 풍성한 주석과, 다른
사본에는 없는 인구 및 경제
관련 자료를 수록하고 있다.
김정호는 이러한 정보를 중요
하게 생각했다. "인구, 경작할
수 있는 토지, 곡물 생산, 군
사 동원 능력에 대한 정보는
지도와 아무 관련이 없는 것
으로 보이지만, 한 지역의 상
대적인 비옥함과 역량을 가
늠하는 데 더 좋은 것이 없다.
사실 이러한 자료는 정치 지
리에서 핵심 요소이다." 이 필
사본에는 산을 표현하는 방
법에서도 다른 점이 있다. 곧
[도판 4-13]의 《청구도》와 달
리 중요한 봉우리만 그리고
산줄기는 그리지 않음으로써
형세를 표현하지 않았다.
각 쪽 크기 : 27.5×20cm.
서울대학교 규장각 소장《靑邱
要覽》, 古4709-21A).

가장 흥미로운 특징은(사실 유일무이한 것이다) 각 층이 하나씩 걸러 서로 다른 책에 배당되어 있는 점이다. 홀수행은 제1책(홀수책)에, 짝수행은 제2책(짝수책)에 배당되어 있어서, 먼저 펼쳐 놓은 책의 위나 아래로 층과 판을 맞추어 연결시키면 먼저 열람하고 있던 지점의 남쪽이나 북쪽으로 시선을 확장할 수 있도록 되어 있다. 따라서 광주를 제2책(짝수책)의 22층 14판에서 찾았다면, 그 위로 제1책(홀수책)을 놓고 21층 14판을 펼치거나, 그 아래에 놓고 23층 14판을 펼쳐서 북쪽이나 남쪽의 인접 지역을 검색할 수 있다. 동쪽이나 서쪽으로 나아가려고 할 때는, 책장을 왼쪽이나 오른쪽으로 넘기기만 하면 된다.

이론적으로는 7천 평방 리(70리×100리)의 공간을 수록하는 방안이 638개 생기지만, 반 정도는 바다에 해당되므로 이 지도책에는 수록되지 않는다. 《청구도》에 수록된 총 313개의 방안에는 얼마간이라도 육지가 포함되어 있다. 다시 말해서 섬의 일부가 포함될 경우라도 한 장의 지도로 편집되었다. 각각의 지면의 가장자리 위아래로는 70리 축척이 표시되어 있고, 양 측면에는 100리 축척이 표시되어 있어서, 가장자리를 보기만 하면 재빨리 거리를 잴 수 있다. 조그만 자조차 준비할 필요가 없는 것이다. 축척은 16만분의 1로 계산된다.[74]

이처럼 큰 축척을 사용한《청구도》에는 이전 지도에 없던 많은 장점이 생겼다. 처음으로 각 고을의 경계가 완전하게 표시되었고, 면面 단위도 모습을 드러냈다. 옛 고을의 위치도 표기하였으며, 역驛과 이곳에 할당된 말의 마릿수를 기재하고 역원驛院의 연계망도 표시했다. 아울러 사찰, 사당, 학교, 진보鎭堡와 성, 곡물 창고 등의 위치도 수록했다.

역사적인 기록도 수록되어 있다. 예컨대 1380년대 우왕禑王(신우辛禑)

---

74) 이찬, 『한국고지도』, p. 208. 방동인은 이찬과 다른 차원에서 축척을 133,333분의 1로 계산했다(『한국의 지도』, p. 169).

의 시대에 심덕부沈德符가 왜구와 싸워 패했다는 기록이 있는가 하면, 다른 곳에는 신각申恪[조선 중기의 무신으로 1592년 경기도 양주에서 일본군을 물리쳤다−옮긴이]이 1592년 왜군을 격파했다는 기록이 있다. 아울러 기후나 지형적인 특성에 대해서도 주석을 달았다. 예컨대 '매우 추운 지역'이라거나 '한강의 발원처', '수천 길 높이의 두 봉우리' 같은 내용을 기재했다.

각 고을마다 4가지 항목의 경제 및 인구 통계를 기재하고, 그 뒤에 서울까지의 거리를 기록했다. 예컨대 전라도 장수長水의 경우, "호구수 3,700, 경작지 2,700결結, 곡물 생산 12,600석石, 속오군束伍軍 3,200, 서울로부터 650리"라는 정보가 기록되었다. 이러한 수치는 1828년의 것이며, 10자리와 1자리자리는 절사되었다(서울까지의 거리는 예외).

그런데 이러한《청구도》는 인쇄되지 않았고, 현존하는 필사본은 목판으로 인쇄한 용지 위에 모사되어 있다. 곧 70리와 100리 축척이 지면의 가장자리에 인쇄되어 있으며, 층과 판의 번호가 판심版心에 기재되어 있다(도판 4-13). 이러한 인쇄용지(선표線表)는 김정호나 다른 누군가가 직업적인 지도 모사가나, 자체 제작을 위해 용지를 필요로 한 호사가에게 팔기 위해 만든 것이 분명하다. 김정호가《청구도》의 서론 격인 「청구도범례靑邱圖凡例」에 지도를 복제하는 방법을 수록한 것을 보면 이러한 사정을 짐작할 수 있다. 하지만 이렇게 방대하고 상세한 정보를 담은 지도를 베껴 그린 사본 사이에 서로 차이가 생기는 것은 어쩔 수 없는 일이었다(도판 4-14). 일부는 정교하게 모사되었지만, 다른 일부는 그렇지 못했던 것이다.

《청구도》의 기술적 토대

《청구도》에서 확인되는 명백한 업적에도 불구하고 이 지도의 기술적인 토대는 아직 연구되지 못한 것 같다. 하지만 지도의 서론에 해당하는 글과 더불어 여타 여러 지도학적인 증거들을 살펴보면, 이 지도의 제작 배경과 구조를 이해하는 데 도움이 되는 여러 자료를 찾을 수 있다. 최한기는 「청구도제靑邱圖題」에 1834년 쯤에는 청과 조선의 지리학자들 사이에 일반적인 지식이었던 내용을 진부한 어투로 되풀이했다. 즉, 경도와 위도의 기초를 요약하였고 북극 고도, 식蝕의 관측, 위도 1도가 200리에 상응한다는 등의 내용을 정리하였다. 이어서 1791년 정조가 전국의 크고 작은 고을(전체 334개)에 명하여, 154개의 경선과 280개 이상의 위선으로 구성된 선표를 참고하여 측량을 추진하도록 했다고 적었다. 최한기는 진부하고 모호한 글을 쓰는 데 관심을 쏟다가, 정작 이 사업의 세부 내용은 언급하지 않았다. 이 밖의 다른 정부 기록에도 관련 내용이 실려 있지 않은 것이 분명하다.

김정호는 「청구도범례」에서 정조가 각 고을에 명하여 지도를 만들도록 했으며, "이때부터 경선 및 위선에 대한 규준이 있었다"고 한다. 이것이 오늘날의 위선과 경선에 대한 것으로 보일 수도 있지만, 최한기가 느꼈던 감명과는 달리 그가 말한 것은 격자 방안이지 천문학에 기초한 경선과 위선이 아니다. 그는 선표線表(방안)라는 용어를 인쇄용지를 가리키는 말로 쓰고 있을 정도였다.

앞서 살핀 것처럼 김정호는 남북으로 각각 100리 높이의 29개 층으로 조선 전체를 포괄했다. 최남단의 마라도(제주도 남쪽 30리)는 지도의 제29층에서 위로부터 아래쪽으로 대략 90리 지점에 위치한다. 각 방안의 남북 길이가 100리를 나타내고 이러한 방안이 29개의 층을 이루므로, 10리 간격으로 위선을 그으면 289번째 선에 해당된다. 최한기가 280여 개의 위선緯線이라고 표현한 것이《청구도》의 방안과 잘 들어맞는 것이다.[75] 경선은 더욱 잘 들어맞는다. 최한기가 언급한 154개의 경선을 22로 나누면 7이 된다. 방안의 동서 거리를 70리로 설정한 김정호의 기획과 정확히 일치하는 것이다.

1791년 정조가 명한 측량 조사를 위해 먼저 154개의 수직선과 280개의 수평선을 설정한 조선의 기본도를 마련하고, 각 고을의 수령들에게 관할 지역에 대한 부분별 선표를 보냈다. 이런 방식으로 지도 제작이 진행되어, 각각의 지도는 지방에서 여러 사람들이 참여하여 동일한 체재와 축척으로 제작되었다. 결국《청구도》의 70×100리 방안은 정조의 1791년 사업에서 획득된 자료와 지도들을 수용하고자 기획한 것이라는 결론을 얻을 수 있다.

일부 학자들은 최한기가 「청구도제」에 정리한 것처럼 1791년의 지도를 일반적인 측지 이론의 맥락에서 보고, 이 사업의 기초 작업으로 천문학적인 관측을 통한 측지 좌표의 측정 작업이 있었다고 결론짓는다.[76]

75) 전통적인 대구법對句法에서는 상투적인 짝짓기를 피한다. 최한기가 경선에 대해 154라는 수치를 기재하고 위선에 대해 289라는 수치 대신 280여餘라는 표현을 쓴 것은 바로 이런 이유 때문일 것이다.
76) 이병도, 「청구도 해제」, 『청구도』 영인본 제1권 p. 9 ; 방동인, 『한국의 지도』 pp. 169~172. 방동인은 1791년에 "천문 관측에 의한 지도 작성으로 지형·방위·위치를 바로잡을 수 있었다."고 결론짓는다. 이찬은 신중한 입장을 취하여(『한국고지도』, pp. 209~210), 1791년에 경선과 위선이 측정되었다는 점만 언급할 뿐 천문학 관측에 대해서는 아무것도 언급하지 않았다.

하지만 실제로 측지 관측이 이루어졌다는 어떤 증거나 기록도 확인할 수 없다. 공표된 좌표들은 축척 지도에서 일정한 거리를 기초로 설정한 것들이다. 전국 각 고을의 좌표를 정리하여 수록한 자료를 찾아보자면, 김정호의『대동지지』정도를 떠올릴 수 있다.『대동지지』는 여러 측면에서《청구도》와 밀접한 연관이 있지만, 앞에서 소개한 좌표([표 8]과 [표 9])를 제외하면 다른 좌표 수치는 확인할 수 없다.

최한기와 김정호가 언급한 1791년의 지도 제작 사업과 관련된 것으로 보이는 여러 벌의 고을 지도가 남아 있다. 이 고을들은 선표라는 이름에 잘 어울리는 방안 위에 그려져 있고, 각각의 방안선에는 수치가 기재되어 있어서 일정한 표준 형식을 띠고 있다. 여기에 제시하는 두 지도는 서로 다른 지도집에 속해 있지만, 방안 체계가 동일하며 선의 수조차 일치한다. 이러한 고을 지도들은 분명히 동일한 전거를 가지고 있을 것이며, 그것은 1791년의 사업일 수밖에 없다(도판 4-15·4-16·4-17).[77]

지도에 나타나는 이 수치 좌표를 김정호의《청구도》에 수록된 색인 지도 위에 놓는다고 가정하고, 이 고을 지도들을 비례에 맞추어 펼치면 조선 전역이 77개의 수직선과 143개의 수평선으로 덮인다는 점을 알아차릴 수 있다. 이 수치는 최한기가 언급한 경선 154개와 위선 280여 개의 절반에 해당하는 것이다.

이는 지도 자체에서 거리 관계를 한번 점검해 볼 기회가 될 뿐 아니라, 이러한 고을 지도에 그려진 방안의 한 변이 20리를 나타낸다는 사실

---

77) 문제의 지도집은《동국지도》와《해동여지도》이며, 이찬의『한국고지도』, pp. 141, 150~151에 실려 있다. 나는 이찬이나, 이 두 고을 지도집을 정상기가 만든 도별도 원본으로 파악한 국립중앙도서관의 해제자와 의견을 달리 한다. 두 지도집이 1791년의 지도 사업에 대해 최한기와 김정호가 남긴 기록과 일치하는 점이나, 특히 두 지도의 경위선 좌표 수치와《청구도》방안의 밀접한 관계를 빼놓는다 하더라도, 정상기의 시대(1687~1752)에 조선에서 방안 지도를 제작했다고 볼 만한 근거는 없다. 정상기가 사용했던 백리척과 방안 사이에 일정한 혼동이 있을지 모른다. 하지만 백리척이 딱히 방안을 함축하는 것은 아니다.

을 알려준다. 이 방안 지도에 그려진 선의 수를 두 배로 곱하면《청구도》의 좌표와 일치하게 된다. 지도 제작자들과 사본 제작자들은 154×280여 개의 방안이 불필요하게 조밀한 것이라고 생각했던 것이 분명하다. 실제로 지도를 이해하는 데 시각적으로 방해가 된다는 점에서 그러하다. 최한기도 「청구도제」에서 1791년의 사업에 대해 같은 불만을 지적한 바 있다.

김정호는 「청구도범례」에서 정철조鄭喆祚·황엽黃燁·윤영尹鍈의 고을 지도에 각별한 찬사를 보냈다.[78] 하지만 그는 부정확하다거나 비규격 방안을 사용한다는 이유로 다른 이름 없는 지도 제작자들을 비판했다. 그는 "그러므로 나는 여기에 전국적인 방안 지도(大幅全圖)를 사용하여 층과 판을 확정하고, 이것을 책 속에 정렬함으로써 두 가지 문제점을 해결할 수 있었다. 아울러 이전에 제작된 지도와 여러 기록에 있는 정보도 층판層版과 연관지어 연구할 수 있었다."[79]고 말했다.

김정호는 1791년의 사업과 관련된 당시의 지도를 사용했고, 작업 과정에서 수집하거나 증정받은 다른 지도도 사용했을 것이다. 「청구도범례」는 공동 작업자들을 위한 지침으로 판단되며, 이것은 또 다른 형태로 그러한 역할을 했던 것 같다. 그는 한반도의 대체적인 형태를 결정하기 위해 먼저 전국 방안 지도를 참고했다. 이 지도는 정상기 유형의 지도를 1791년에 다시 편집한 지도였을 것이다. 김정호는《청구도》에서 각 지역의 상대적인 위치를 정상기에 비해 훨씬 정교하고 세련되게 배정했다. 아울러 압록강의 유로도 실제에 더 가까우며, 그 결과 평안도가 전체적으로 더 나은 비례를 갖추었다.

---

78) 이러한 지도 제작자 세 사람 가운데 정철조만이 당시의 자료에 언급되어 있다. 그는 섬세한 화법畫法으로 알려져 있었다. 1781년 사헌부의 하급 관리(지평持平)였던 그는 왕실의 초상화를 그리기도 했다. 『정조실록』 5년 9월 4일 계묘.

79) 김정호, 『청구도』 영인본 제1권, pp. 3~4.

[도판 4-15]

〈합천陝川〉

왼쪽 지도와 [도판 4-16]의 지도는 《동국지도東國地圖》라는 지도집에 실려 있는 것이다(이찬은 정상기의 생애, 곧 1678~1752년 사이로 편년했지만, 이 지도는 18세기 말이나 19세기 초에 제작된 것이 틀림없다). 이 지도는 전국 단위의 경위선 조직에 따라 고을 지도를 제작하도록 명령한 정조의 1791년 사업과 관련된 것으로 보인다. 두 지도의 오른쪽과 아래에 있는 번호에 주목하라. 합천의 읍치는 동103선·남35선이 교차하는 지점 가까이에 있고, 경산의 읍치는 동101선·남28선 가까이에 있다. 《청구도》의 가장자리에 있는 축척이 10리 간격인 것과 달리, 이 지도의 방안은 20리 간격이다. 경산을 예로 들어 그 수치를 2로 곱하면, 《청구도》의 좌표, 20.2(21층의 위로부터 20리)와 56(8판의 왼쪽 끝)과 일치한다.

원본 크기 : 53×35.5cm. 국립중앙도서관 소장(貴677, 승계 古2702-22).

273

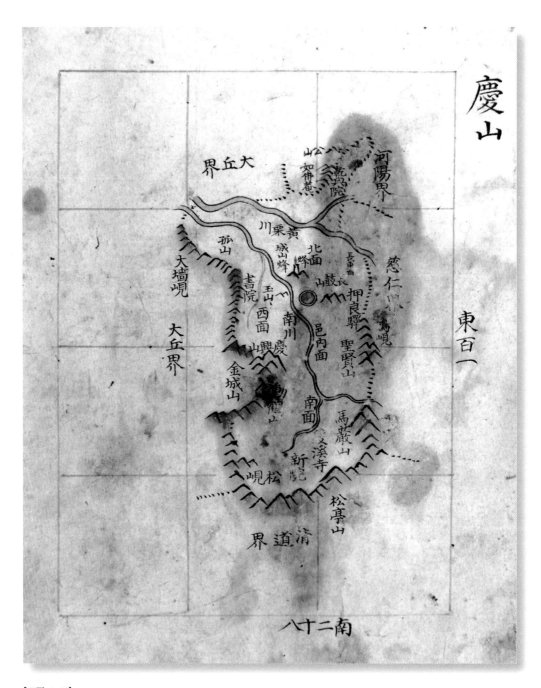

[도판 4-16]
〈경산慶山〉
[도판 4-15]를 참고하라.
원본 크기 : 53×35.5cm. 국립중앙도서관 소장(貴677, 승계 古2702-22).

하지만 김정호도 1791년의 사업에서도 압록강 상류의 주 만곡부를 지나치게 북쪽으로 잡았다. 그리고 대체적인 유로를 보정하면서 또 다른 만곡부를 그려 넣었는데 이것은 원래의 왜곡을 더욱 악화시켰다. 아울러 동해 남부 해안에는 정상기의 지도에 없는 독특한 돌출부가 있는데, 이는 단순한 실수라고밖에는 달리 설명하기 어렵다.

끝으로 정상기의 지도와 마찬가지로 동해안이 서해안에서 너무 멀다. 이 문제가 《대동여지도》에서는 꽤 수정되지만 《청구도》에서도 원산만의 만곡부에 해안선의 오류가 있다. 이러한 문제를 제외하면, 김정호가 그려낸 윤곽은 정상기의 것보다 훨씬 정확하다.

일단 고을의 위치가 전체적으로 잡히고 나면 이제 고을 그 자체에 집중하게 된다. 김정호는 「청구도범례」에서 자신이 어떻게 작업을 진행했는지, 평균적인 지역을 대상으로 한 지도식地圖式(시범 지도)을 삽도로 넣어 설명을 진행한다(도판 4-18). 그는 각 고을의 지도 초안을 각각의 종이 위에 스케치했다. 먼저 읍치의 위치를 네 모서리의 여백을 고려하면서 설정하고, 산과 강을 배치한다. 이어 해당 고을의 읍치를 중심점으로 잡고, 가장자리의 여백에 참고용으로 12지 방위를 기록한다. 다음으로 중심으로부터 방사상으로 10리 간격으로 동심원을 그린다. 중심부터 경계까지의 거리 수치를 정리한 표를 참고하여, 동심원을 활용해 지역의 경계를 그려 넣는다. 다음은 강과 산의 관계를 정리한다. 한 지점에서 또 다른 지점까지, 가령 발원지부터 다른 강과의 합류 지점까지 강의 길이에 대한 자료를 바탕으로 동심원을 이용하여 물길을 정한다. 강과 물줄기를 기입하고 전체적인 분수령 지역을 파악하면, '형세' 체계 속의 주요 산들을 그려 넣고 이를 톱니 모양의 문양으로 연결시키며, 평원이나 공지는 넓은 공간으로 남겨 놓는다. 언급은 없지만, 도로를 그리는 것은 아마도 이 단계였을 것이다(도판에 실린 《청구도》에서는 도로가 채색 때문에 종종 엉성하게 보인다).

[도판 4-17]
〈제천堤川·청풍淸風·단양丹陽〉,《해동여지도》로부터

지도의 제작 시기는 [도판 4-15·4-16]과 같다. 이 지도는 다른 사람이 만든 사본이고 다른 지도집에 속해 있지만,《동국지도》와 동일한 좌표 체계가 반영되어 있다.《동국지도》에 남35라고 표시된 수직선은 이 지도의 남35선과 일치한다. 이 선은《청구도》로도 전해져서,《청구도》10판 왼쪽 편의 68선 근처에 해당된다. 정확히 일치하려면 70선(2×35)이어야 하지만, 김정호가 거리 수치를 보정했기 때문에(특히 나라의 동부),《청구도》의 방안선은 종종 고을 지도의 방안선과 다소 다르다.《해동여지도》에는 146장의 지도(단독 고을 지도나 여러 고을을 함께 그린 지도)가 이러한 형식으로 수록되어 있다.

원본 크기 : 34×22.3cm. 국립중앙도서관 소장(古2107-36).

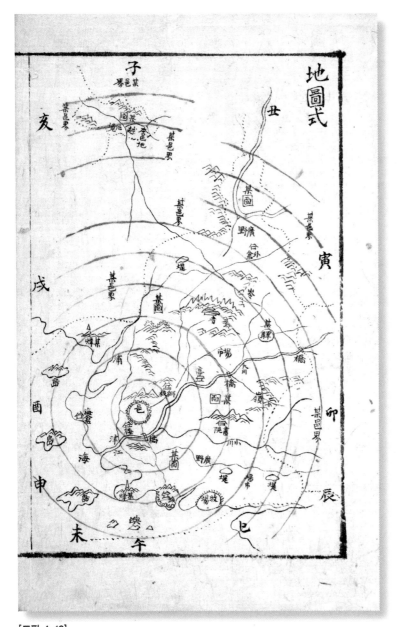

[도판 4-18]
지도식地圖式
김정호의《청구도》에 실린 「청구도범례」로부터. 김정호는 고을 지도를 그리는 적합한 절차에 대한 논의와 관련하여 이 지도를 시범적으로 그렸다. 또한 이것은 그의 고을 지도가 수록하는 내용의 범위를 보여준다. 동심원은 읍치를 중심으로 10리 간격으로 그렸다. 아울러 가장자리에 기재된 12방위는 지형과 위치를 정확히 배치하기 위한 기준으로서 초안을 작성하는 단계에서 사용했다. 이것들은 정식 지도로 옮길 때 삭제되었다.
원본 크기 : 27.5×20cm. 서울대학교 규장각 소장(《靑邱要覽》, 古4709-21A).

끝으로 면 단위의 지명, 역원, 진보, 창고, 저수지, 사당, 학교 등의 이름을 기입한다. 계속해서 지역 경계 바깥에 여러 인접 고을의 명칭을 기입한다. 이렇게 고을 지도의 초안이 완성된 뒤에는 다음 작업으로 이 지도를 다른 지역 지도와 조정하고 이 지도들을 전도 위에 싣는다(조정 뒤에는 모든 동심원과 참고로 활용했던 방향 표시를 지운다). 이러한 작업을 위해 수집된 기초 자료는 마침내 김정호의 『대동지지』(1864)에 정리되었다. 이 지리지는 각 고을에 대한 거리 수치와 인구 정보를 비롯하여 행정·군사·문화재에 대한 긴 목록과 지역 중심(읍치)로부터의 거리 정보를 담고 있다(도판 4-19).

김정호는 『동국여지승람』과 『문헌비고』 등의 분명한 전거를 활용했다. 한편으로 그는 1828년의 비변사 통계와 같은 최신 정부 자료를 사용하기도 했다. 그는 이러한 정보를 활용하고자 정부 관리나 최한기 등 영향력 있는 친구들의 도움을 받았다. 읍지邑誌는 활용할 수 있는 지역의 경우 참고했다. 이 모든 자료들이 지도학적인 표현 방식에 적합한 것은 아니지만, 김정호는 적어도 그의 초기 업적에서 지도와 지리지를 서로 뗄 수 없는 상호 보완적인 것으로 보았다.

《청구도》에서 특별히 관심을 두어야 할 점은 산줄기의 처리 방식이다. 산줄기를 표현하는 방식이 뒤섞여 있다는 점을 확인할 수 있기 때문이다. 김정호는 「청구도범례」에서 산과 분수령을 자연스럽게 강과 하천의 발원지 사이에서 확인할 수 있다고 했다. 이어서 그는 다음과 같이 조언한다. "봉우리를 연결하고 능선들을 이어 붙일 필요가 없다. 이는 혼란을 일으키며 실수를 부를 수 있다. 유명한 산이 있는 곳에 단지 서너 개의 봉우리를 그리면 된다."[80]

---

80) 김정호, 『청구도』 영인본 제1권 p. 7.

壼島北十
梭島西北三里　纛島西北四
〔鎭堡〕重大津関北十五里
中宗十八年設置必本道
者○碓串瞭望 有將權管合水軍梁商紅之漕通中國

〔烽燧〕今卜只 北十
虹所倉 里西三十里海邊

〔倉庫邑倉〕

驛站朴山驛 東一
津渡大津 北十七里 潮勢疾通三和
　　 湖邊 涸敎十里

土産鐵鹽藿海松串壇 高麗以大川戴小
本朝因之見文　松子五味子紫草松覃鰒蛤魚物十種

壇廟阿斯津松串壇
祠院鳳陽書院 丙子賜額 建朴世采廟文

	東	東南	南	西南	西	西北	北	東北

田民

田　畓　民户　人口　軍保

大東地志　疆域　民　田

[도판 4-19]

『대동지지大東地志』에 수록되어 있는 거리와 인구 자료

김정호는 《청구도》와 《대동여지도》의 편찬을 위해 『대동지지』를 활용했다. 여기 제시한 부분은 황해도 지역에 대한 것이다(권18). 상단의 왼쪽과 하단의 대부분에 수록된 내용은 황해도에 속한 각 고을의 상대 거리 표이다. 위쪽으로 고을의 이름이, 오른쪽으로 8개의 방위가 나열되어 있다. 각 고을의 이름 아래로 동·남동 등으로 시작해서 가장 마지막의 동북까지 8개 방위에 대한 거리 정보가 수록되어 있다. 수록된 수치는 인접 고을의 경계나 바다까지의 거리이다. 예컨대 해주海州를 예로 들면, 동: 평산 70리, 동남: 연안 80리, 남: 바다 15리, 서남: 강령 50리와 같은 방식으로 거리 정보가 기록되어 있다. 수치는 0이나 5 단위로 절사되었다. 하단의 왼쪽으로는 고을별 인구·경제 통계 표가 시작되며, 전田·답畓·민호民戶·인구人口·군보軍保에 대한 수치를 기재했다. 김정호는 이러한 통계를 위해 1828년의 정부 자료를 인용했다. 학자들은 『대동지지』의 필사 원고가 1864년 무렵에는 지금 볼 수 있는 것과 같은 모습을 갖추었다고 본다. 하지만 김정호는 오래전부터 자료를 수집했고, 이러한 자료들이 이미 1834년의 《청구도》에도 널리 반영되어 있다.

이병도가 편집한 『대동지지』 영인본 (한양대학교 국학연구원, 1974), pp. 390~391로부터.

이것은 [도판 4-14]에 보이는 방식, 곧 〈동람도〉 유형의 지도처럼 개개의 산들을 그려 넣는 방식을 시사한다. 하지만 그에 앞서 김정호는 주요한 산들을 톱니 모양으로 연결할 것을 조언하기도 했다. 이러한 충고를 따라 산줄기를 톱니 모양으로 표현한 사례가 [도판 4-13]에 보인다. 두 가지 유형 중에 후자의 접근 방식, 곧 형세를 강조하는 고전적인 방식이 지도 구매자들 사이에 더욱 일반적이었다. 김정호도 결국 이러한 방향으로 나아가서, 그의 1861년 지도《대동여지도》에서 형세 지도학의 정점을 이루어 냈다.

1834년 이전의 김정호에 대해 잘 알지 못하는 것처럼, 1834년 이후 27년의 시간에 대해서도 우리는 잘 알지 못한다. 학자들의 부지런한 연구에도 불구하고 1834년부터 1861년 김정호가《대동여지도》초간본初刊本(辛酉本)을 펴내는 시점까지 그의 발언이나 그에 대한 언급을 한마디도 찾지 못했다.

이제 김정호가《청구도》와 같은 유형의 전국 지도인《대동여지도》를 인쇄본으로 제작한 점에 주목하여, 1834년의《청구도》는 왜 인쇄본으로 만들지 않았는지 살핌으로써 그 27년이라는 시간차에 접근하고자 한다.

목판 인쇄는 다른 생산물과 마찬가지로 시장 상황에 대응할 수밖에 없다. 따라서 김정호가《청구도》를 인쇄하지 않은 가장 중요한 이유는 경제적인 요인 때문이었을 것이다. 모든 나무가 인쇄용 목판을 조각하는 데 이상적인 것은 아니며 계속되는 인쇄 작업을 견딜 만큼 표면까지 단단하면서도, 쉽게 조각할 수 있을 만큼 부드러워야 한다. 이러한 조건을 충족하면서《청구도》의 두 면을 담을 만한 크기의 나무를 확보하기는 쉽지 않다.

[도판 4-13]의《청구도》를 담아 내려면 목판의 크기가 23×35센티미터를 넘어야 한다. 하지만 테두리와 여백을 포함해야 하므로 실제 목판

의 크기는 좀 더 커야 한다. 그렇다면 적어도 26×35센티미터 정도 너비의 판자가 필요하다. 이러한 나무를 구하려면 비싼 값을 치러야 하는 데다, 재단·운송·마무리 비용까지 추가해야 한다. 다음으로 특별한 훈련과 오랜 경험을 요하는, 숙련된 판각 기술에 따른 비용이 추가된다. 따라서 《청구도》의 경우 162개(하나의 목판에 두 면이 들어가므로 총 324면의 반에 해당하는 수치)의 목판에 대한 재료, 연장, 노동력, 손실, 간접 비용과 보관 비용을 계산해야 했을 것이다(일부 층이 홀수 판으로 되어 있어서 11개의 목판은 2분의 1면만 사용되므로 목판에 조각되는 지도는 실제 313개 면이 된다).

준비를 모두 마칠 수만 있다면 목판 인쇄에는 두 가지 이점이 있다. 목판은 적절히 보관하고 유지·보수하기만 한다면 상대적으로 오랫동안 이익을 낼 수 있다. 뿐만 아니라 최초에 판각할 때 정확한 내용을 수록한다면, 그 이후로는 오류에 대한 걱정을 영원히 없앨 수 있다. 다만 불리한 점은 목판의 제작 자체에 많은 비용이 드는 데다, 장기간의 보관과 유지에도 비용이 든다는 점이다.

이러한 투자를 합리적인 것으로 만들려면 초기에 많은 수요가 있어야 하고, 중장기적으로도 꾸준히 시장이 형성되어야 한다. 하지만 김정호의 지도는 매우 크고 전문적인 것이어서 매우 비쌌을 것이다. 게다가 그가 살던 시대는 고난의 시대였던 만큼 경제도 어려웠다. 김정호의 집 앞에서 줄을 설 만큼 지도를 사려는 사람들이 많지는 않았을 것이다. 비교적 번성한 시대에도 조선에서는 인쇄본 도서의 값이 매우 비싸서 독자들이나 도서 공급자들이 책을 필사하는 일이 정당화될 정도였다. 오늘날 남아 있는 필사본의 숫자는 인쇄본에 비해서 매우 많다. 대다수의 위대한 저술이 인쇄되지 못했다. 예컨대 실학자들이 지은 고전들은 거의 인쇄되지 못했다. 오늘날에도 몇몇 주요 저작은 친필 원문이나 필사본의 영인본으로만 접할 수 있다. 지도에 대한 상당한 수요를 예상했다 하더라도, 인쇄된 지도가 결국 필사본의 대본 구실을 하는 데 그칠 것이며 따라서 별다른 이익을 볼 수 없을 것이라는 점을 김정호는 알고 있었을 것이다.

김정호는 자신의 지도에 만족했을까? 김정호는《청구도》에서 형세의 표현과 관련하여 이중적인 태도를 보였다.《청구도》의 여러 사본 사이에는 일정한 차이점이 있었고, 이것은 지도 사용자와 사본 제작자들 사이에 지도의 형식과 수록 범위에 대해 다양한 취향이 있었음을 보여준다 (예컨대 인구 통계의 포함 여부 등). 한편으로는 김정호 스스로가 분명한 방향을 결정하지 못한 것일 수도 있다. 김정호의 지도에는 불가피하게 오류가 있었고, 사람들은 그가 직접 오류를 발견하거나 지적하기를 기대했을 것이다. 결국 지도 제작자 김정호의 지혜와 상상력이 27년 뒤의 지도에 대해 새로운 생각을 갖게 했다. 김정호가《청구도》를 인쇄하지 않기로 한 이유가 무엇이었든 결국 이 지도는 인쇄되지 않았고, 1861년 김정호는 완전히 새로운 지도를 내놓았다.

《대동여지도》의 탄생

　1861년의 시대 상황은 1834년과 매우 달랐다. 1834년에는 어떤 서양인도 조선에 숨어들 수 없었고, 천주교는 통제를 받았다. 하지만 1861년 무렵 조선은 서양에 대해 불안을 느끼고 있었다. 바로 전 해에 영국과 프랑스의 군대가 북경을 점령하고 황제의 여름 궁전을 불태웠다. 서양 열강은 중국에 대해 서양의 통상 및 외교 관례를 받아들이도록 강요했으며, 나아가 자유로운 선교 활동을 허용하도록 요구했다. 많은 조선인들은 조선이 다음 차례가 될 것이라 생각하면서, 1836년 이래 조선에서 지하 활동을 해온 프랑스 선교사들을 걱정스러운 눈빛으로 바라보았다. 불안감과 불확실성 속에서 조선인들은 긴급히 국방의 문제를 건의하기 시작했다.

　《대동여지도》의 서문(「지도유설地圖類說」)에는 이러한 걱정이 반영되어 있다. 서문의 약 3분의 1에 걸쳐 중국의 고전적인 군사 전략가 손자孫子의 글을 길게 인용하면서, 전투에 대비해 지형을 숙지할 것을 강조하고 있다. "이러한 대비는 위기의 시대에는 전쟁이나 소요騷擾에 대처하는 데 필요하고, 평화의 시대에는 나라와 백성을 다스리는 데 활용된다." 18세기와 19세기에 많은 실학자들(정상기도 실학자 중 한 사람이다)이 군사와 국방 문제에 정통했지만 긴박감은 없었다. 이에 비해 「지도유설」의 행간을 읽어보면 1861년 당시, 연구를 위한 시간은 이미 끝났고 실질

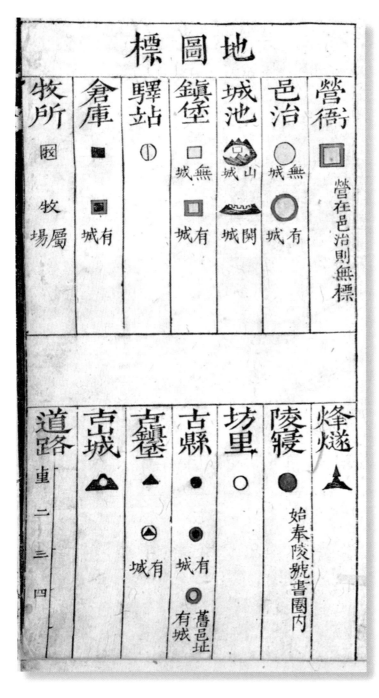

[도판 4-20]
지도표地圖標, 《대동여지도》로부터

상단(오른쪽에서 왼쪽으로):
군영軍營, 읍치邑治, 성지城池, 진보鎭堡, 역참驛站, 창고, 목장. 테두리를 두 번 겹칠 경우 이곳에 성城이 있음을 나타낸다.

하단(오른쪽에서 왼쪽으로):
봉수烽燧, 왕릉, 방리坊里, 고현古縣, 고진보, 고산성, 도로(10리 간격으로 점을 표시함)

원본 크기 : 23.7×12.7cm.
서울대학교 규장각 소장(奎 10333).

적인 준비를 해야 할 순간이 다가왔음을 느낄 수 있다.

이러한 분위기가 과연 김정호의 지도에 대한 수요를 창출했는지는 추측의 범주를 벗어날 수 없다. 하지만 경제적인 요인 이외에 애국심이나 국가적 필요성에 대해 감안해야 할 것이며, 심지어 지도의 출간을 원하는 재력가로부터 특별한 재정 지원을 받았을 가능성도 배제해서는 안된다. 국가 안보를 위태롭게 했다는 이유로 김정호가 투옥되었다는 이야기에 무엇인가 맥락이 있다면, 김정호가 지도를 대중 앞에 내놓으면서 지도 제작의 이유에 대해 뭔가 그 나름의 이야기를 했으리라고 보는 것이 합리적이다.

《대동여지도》는 단순히 《청구도》의 수정판이나 개정판이 아니라 완전히 새로운 지도이다.[81] 분명 김정호는 연구와 여행을 계속하면서 거리 정보를 가다듬었고, 전국을 전체적으로 또 세부적으로 다시 그렸다. 그는 축척을 나타내는 새로운 방법을 고안했으며 새로운 기호 체계도 도입했다(도판 4-20). 또한 자신의 도안圖案 방식과 더불어 산과 섬을 표현하는 방법을 과감하게 바꾸었다. 아울러 경제·인구 정보 등의 주기를 다는 것을 포기했고, 면 단위의 지명을 삭제했으며, 도로를 눈에 띌 만큼 많이 표시했다. 결국 그는 지도의 체재를 완전히 다시 기획했다. 곧 《청구도》에 썼던 짝·홀수 층의 교대 방식을 포기하는 대신, 훨씬 집약적이고 융통성 있는 표현을 할 수 있는 절첩식折帖式 장정을 채택했다. 이렇게 변화된 여러 사항을 살펴 보면 다음과 같다.

먼저 동해안을 다시 편성함으로써 나라의 전체 모양을 개선했다. 이는 《대동여지도》에 새로 표현된 동해안의 모습을 오늘날의 지도와 비교하면 쉽게 알 수 있다(도판 4-21).

---

81) 이찬의 『한국고지도』, pp. 210~211와 방동인의 『한국의 지도』 pp. 180~189에서 《대동여지도》의 일반적인 표현 방법을 참고하라.

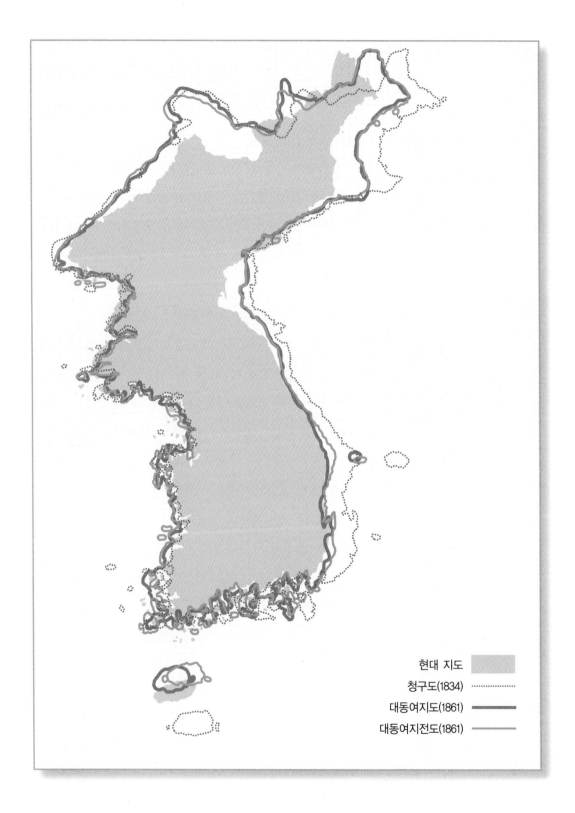

현대 지도
청구도(1834) ·····················
대동여지도(1861) ━━━━
대동여지전도(1861) ━━━━

[도판 4-21]
김정호 지도의 한반도 윤곽과 현대 지도의 비교
김정호는 《청구도》에서 동해안이 동쪽으로 지나치게 확대되었던 것을 《대동여지도》와 〈대동여지전도〉를 만들면서 수정했다. 하지만 그는 천문학적으로 도출된 정확한 경도 자료를 가지고 있지 못했기 때문에, 현대의 표준에 비추어 볼 때 완벽한 성공을 거두지는 못했다. 북쪽은 상대적으로 덜 수정되었고, 남쪽은 다소 지나치게 수정된 점에 주목하라. 이찬의 『한국고지도』, p. 211에 기초한 것이지만, 비교를 위해 〈대동여지전도〉와 함께 다시 편집했다.

물론 그는 현대 지도를 볼 수 없었다. 그는 산악 지대인 동해안 지역의 척추를 가로질러 동서의 거리를 가다듬어 줄임으로써 성과를 거두었다. 이러한 거리 정보를 논외로 한다면 해안선을 더욱 정확하게 표현하는 데 기여한 자료로는 천문 관측으로 얻은 경도 수치를 떠올릴 수밖에 없다. 물론 그러한 발전이 있었을 가능성이 있고 배제해서도 안 된다. 하지만 김정호나 다른 어떤 사람이 실제로 천문 관측이나 측정을 했다는 증거를 찾을 수 없다. 김정호가 동해안의 해안선을 다시 정렬할 때도 미처 챙기지 못한 부분은 북부 지역이다. 그럼에도 《대동여지도》는 《청구도》에 비해 결정적으로 개선된 결과물이었고, 근대 이전에 제작한 지도 가운데 가장 정확하다.

축척과 관련해서는 《청구도》에 비해 퇴보했다고 생각할 수도 있다. 왜냐하면 《청구도》에는 모든 지면의 가장자리에 축척이 기재되어 있지만, 《대동여지도》에서는 이것이 폐기되었기 때문이다. 하지만 현명한 김정호는 상황을 개선할 방법을 찾아냈다. 그는 먼저 80×120리로 확장된 새로운 방안표를 기획했다. 지도에는 방안선이 전혀 나타나지 않지만 방안표를 떼어내 축척으로 사용할 수도 있었다. 하지만 김정호는 또 다른 발상으로 이용자들이 번거로운 계산을 할 필요가 없도록 했다. 모든 도로가 축척을 나타내는 막대가 되도록 새로운 설계를 시도했던 것이다. 곧 지도상의 모든 도로에 시작부터 끝까지 10리마다 표시를 해서, 그 수를 세기만 하면 거리를 파악할 수 있도록 했다. 만약 도로가 없는 지역에서 거리를 측정하고자 한다면, 그곳에서 가장 가까운 도로를 축척으로 빌려 쓸 수 있다. 험한 산악 지역에서는 이 표시가 좀 더 좁은 간격으로 되어 있지만, 이 간격은 여전히 10리를 나타낸다. 그 결과 그 길이 짧아 보이기는 해도, 실제로는 구불구불하고 험하다는 것을 알 수 있는 것이다.

김정호는《대동여지도》를 제작하기 위해《청구도》에 수록된 지형과 지명을 철저히 검토한 것으로 보인다.《대동여지도》에는 많은 변화들이 보이는데, 그 가운데 대표적인 것이 지명의 개정, 문화 관련 항목의 첨삭, 해안선의 개선 등이다(도판 4-22·4-23). 특히 군사 기지는 지도 제작자의 각별한 관심 대상이 되었다.《청구도》와《대동여지도》의 같은 지역을 면밀히 살펴보면, 종종 군사 시설이나 봉수 따위의 내용이 변경되거나 추가된 것을 확인할 수 있다.

섬은 좀 더 추상적으로 표현했다. 작은 섬은 산봉우리 모양의 짧은 선으로 나타냈고, 종종 둥그스름하게 표현하기도 했다. 이 기호를 가느다란 원으로 확장하여 좀 더 큰 섬을 나타냈으며, 섬의 규모에 따라 기호의 크기를 달리했다. 강화도나 제주도와 같이 매우 큰 섬을 제외하면, 섬의 윤곽을 정확히 나타내려는 노력은 거의 없었다. 그러한 정보는 대게 구하기 어려운 것이어서, 이 정도의 표현으로는 김정호가 실제 갖고 있던 것 이상의 정보가 드러나지는 않았을 것이다.

《청구도》와 가장 큰 차이를 보이는 부분은 산과 관련된 부분이다.《대동여지도》에 이르러 한국 특유의 산줄기 표현 방식인 형세 양식이 가장 두드러지고 철저하게 관철되었다. 김정호의 방식은 아주 추상적인 것이었다. 산맥은 짙은 검은색 선이 되었다. 산이 완만할수록 선이 얇아지고, 높을수록 두터워졌다. 산의 험준함은 톱니 모양으로 표현했다. 특히 높은 봉우리는 눈 덮인 봉우리 모양으로 도드라지게 표현했다.

이러한 방식은 형세 이론을 잘 나타낸다. 강이 있으면 반드시 분수령이 있는 것처럼, 형形이 있으면 세勢도 움직인다.《대동여지도》에서는 조선의 어느 산줄기(脈)에서 출발하더라도, 적어도 이론적으로는 강을 건너는 일 없이, 심지어는 웅덩이에 들어가는 일조차 없이 백두산으로 이어지는 산줄기로 나아갈 수 있다.

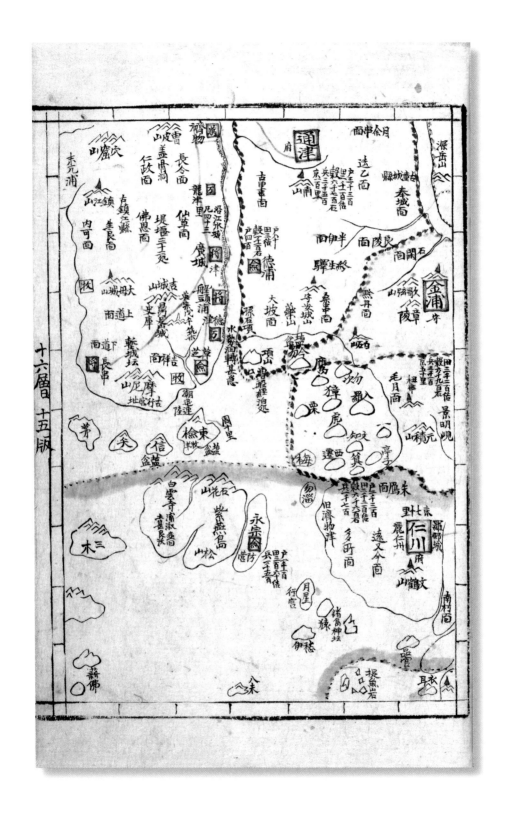

[도판 4-22]
인천과 강화도 남부 지역, 1834년 김정호의 《청구도》로부터

16층 15판의 지도이다. 《대동여지도》의 같은 지역(도판 4-23)과 비교해 보라. 지도 우측 하단에는 인천이 있다(지명은 사각형 윤곽 안에 기재되어 있다). 오늘날의 시가지는 서쪽으로 20리쯤에 있던 해안가의 제물포를 중심으로 형성되어 있다(경계까지의 거리는 10리 단위로 기록하였다). 좌측 상단에 강화도의 남부 지역이 보인다. 이곳에 국가 비상사태를 대비해 요새화한 왕실 피난처가 있다. 해협을 따라 배치되어 있는 진鎭과 보堡는 본토로부터의 공격에서 섬을 지키기 위해 마련한 것이다. 해협을 따라 표시되어 있는 사각형 기호는 진과 보를 나타내며, 그 안에 들어 있는 글자로 지휘관의 계급을 알 수 있다. 불꽃 모양의 삼각형은 봉수를 나타낸다. 우측 상단의 지역은 김포이며, 오늘날 국제공항이 들어서 있는 곳이다.

원본 크기 : 27.5×20cm. 서울대학교 규장각 소장(《靑邱要覽》, 古4709-21A).

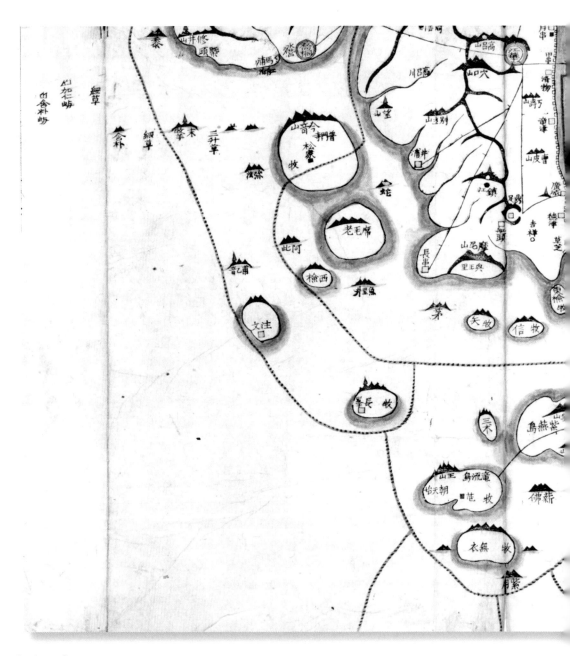

[도판 4-23]
인천과 강화도 남부 지역, 1861년 김정호의 《대동여지도》에서
13층의 서해안 지역이다. 《청구도》(도판 4-22)의 같은 지역과 비교해 보라. 김정호는 인천의 서북 지역과 강화 서부·남부 해안의 지형을 수정했다. 《청구도》보다 섬을 추상적으로 표현했으며, 중요한 연안 도서로의 해로까지 표시할 만큼 광범위한 교통망을 표현했다. 도서 지역에 대한 행정 관할권은 점선으로 표시했다(다만 인천과 자연도紫燕島·용유도龍流島 등 12개의 부속 도서를 구분한 선은 잘못된 것이다). 지명의 둘레에 원을 둘러 고을의 읍치를 나

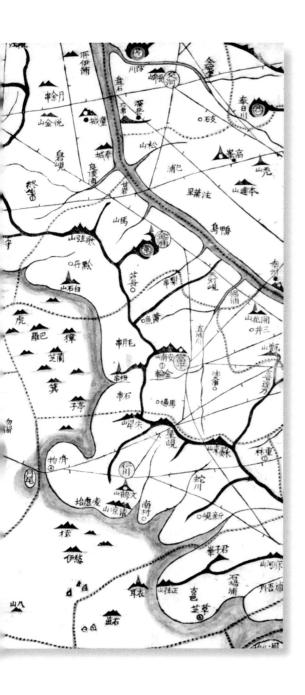

타냈다. 동심원을 두 개 그린 것은 그곳에 성城이 있음을 뜻한다. 사각형은 진보鎭堡를 나타내며, 불꽃 모양의 삼각형은 봉수이다. 이 지도에서 김정호는 주기를 없애고 지명의 수를 줄여 명료함을 추구했으며, 궁극적으로 더 많은 정보를 수록하고자 했다.

원본 크기 : 30.2×44.7cm. 서울대학교 규장각 소장(奎10333).

전통 시대에 백두산이 조선의 행정적인 권한 안에 있었든 그렇지 않 았든(1712년 이전에는 대개 그렇지 못했다) 백두산은 국토의 생명력의 근원 으로 여겨졌고, 결과적으로 가장 독특한 자연 지형이 되었다. 《대동여지 도》에서 김정호는 백두산을 화려하게 꾸민 나머지 동북부 국경의 지형 을 심하게 왜곡하기까지 했다. 이러한 과장은 그의 한 장짜리 조선전도 (《대동여지전도》)에서도 분명히 드러난다.

오늘날 지도의 모습은 많이 변했지만 이러한 느낌은 아직도 강하다. 북한에서는 국가의 혁명 이데올로기를 산에 집중시킨 나머지 백두산의 사진이 어디에나 있을 정도이다. 남한에서도 백두산은 삼천리강산을 정 중히 찬양하는 애국가의 첫 줄에 들어 있다. 국가 통합의 상징으로 모 든 한국인들이 반응할 만한 유일한 것이 있다면 그것은 바로 백두산일 것이다. 《대동여지도》를 보면 한국 사람들이 어디에서 또 어떻게 백두 산과 관계되는지를 정확히 알 수 있다.

김정호의 1861년 지도에서, 산보다 더 가시적이고 중요한 변화는 지도 학적인 명확성이 향상되었다는 점일 것이다. 먼저 수평이나 수직의 방 안선을 그리지 않았다. 문장으로 된 표현이나 주기 따위도 완전히 삭제 해서 지리지의 영역으로 넘겨버렸다. 대신 훨씬 많은 정보를 기호를 통 해 전달했다. 면 단위의 지명도 범주 차원에서는 제거되었다. 몇몇 면 의 지명을 방리坊里를 나타내는 기호로 표기하여 《대동여지도》에 수록 하기는 했지만, 이것은 매우 선별적으로 선택한 것이었다. 이러한 변화 가 시각적으로 보여주는 충격을 [도판 4-14]와 [도판 4-24] 그리고 [도판 4-22]과 [도판 4-23]를 비교함으로써 제대로 파악할 수 있다.

변화는 전통에 급격한 전환점을 만들어 냈다. 김수홍의 지도(도판 2-15)나 김정호의 《청구도》 같은 드문 사례를 제외하면, 사실 한국의 지 도에 주기가 지나치게 많은 것은 아니었다. 하지만 김정호의 새로운 방식은 원칙적으로 텍스트를 배제하는 것이었다. 아마도 전통적인 접근 방식에 익숙한 일부 지도 사용자들은 주기가 없는 점을 아쉬워했겠지만, 이것들이 없어짐으로 인해 지도에 중요하고 새로운 경향성과 명료함이 생겨났다는 점에는 의문의 여지가 없다. "줄이는 것이 곧 늘리는 것"이라는 루트비히 미스 반데어로에Ludwig Mies van der Rohe의 격언은 건축에서와 마찬가지로 지도 제작 기술에도 효과적으로 적용할 수 있다.

방안표를 활용한 새로운 체재는《청구도》나 지도책 전통으로부터 급격히 이탈하는 것이었다.《청구도》지도책의 체제도 혁신적이고 유연한 것이었지만 김정호는 훨씬 더 자유로운 표현 방법을 추구했고《대동여지도》에서 자신의 뜻을 이루었다.《청구도》의 체재로는 책 두 권을 이어 붙여 최대 동서 140리, 남북 200리의 공간을 한눈에 볼 수 있을 뿐이었다. 이에 비해《대동여지도》에서는 원하는 크기대로 집중적인 열람이 가능하도록 새로운 체재를 모색했다. 지도를 모두 펼칠 경우 높이 약 7미터, 너비 약 3미터에 이르는 전체 지도도 가능해졌다. 축척은 16만분의 1로 계산되었다.[82] 그리고 가로 80리, 세로 120리 정도의 큰 방안을 설정한 덕분에 29층 대신 22층으로, 22판이 아닌 19판으로 국토 전체를 담을 수 있게 되었다. 또한 일반적인 지도책 모양으로 지도를 제본하는 대신, 병풍 모양으로 펴고 접을 수 있는 절첩식 장정을 선택했다.

아울러 지도 위에 방안선을 그리지 않았기 때문에 방안 체계는 조금도 드러나지 않는다. 하지만 전체 22층의 각 층이 동서 방향의 종이 띠 모양으로 되어 있으므로, 방안선은 숨어 있는 셈이다. 다만 각 층의 지도를 구분하기 위한 선·기호·숫자 등을 별도로 표시하지 않았기 때문

---

82) 방동인, 『한국의 지도』, p. 181. 이 축척은 대체로 한국에서 통용되는 것인데, 학자들은 1리를 0.4킬로미터에 상당한다고 본다. 이 글에서는 0.43킬로미터에 상당하는 것으로 보았으므로, 이 경우 축척은 17만 2,000분의 1이 된다. 서울의 정부종합청사에서《대동여지도》를 모두 펼쳐서 상설 전시한 일이 있는데, 매우 인상적이었다.

[도판 4-24]

《대동여지도大東輿地圖》의 개성 지역

12층 13판과 14판이다. 이 부분은 13층의
13판과 14판(도판 4-23)에 연접된다. 개성으
로 이어지는 유명한 산줄기가 중앙에 도드
라져 보인다. 개성(서울의 서북쪽에 위치)은 고
려 왕조의 수도였으며 백두산까지 힘찬 산
줄기로 이어진다. 김정호가 이 부분을 특별
히 굵은 선으로 표현하고, 설산雪山의 모습
으로 강한 인상을 준 것은 이 지역의 중요
성을 강조하기 위함이었다. 같은 지역을 그
린 《청구도》의 표현이 《대동여지도》와 어떻
게 다른 지 비교해 보라(도판 4-14). 산과 도
로의 표현에 주의를 기울이는 대신, 주기를
없애고 크고 작은 여러 지명을 삭제함으로
써 이 지역을 지도학적으로 훨씬 명료하게
결속시켰다.

원본 크기 : 30.2×40.2cm.

서울대학교 규장각 소장(奎10333).

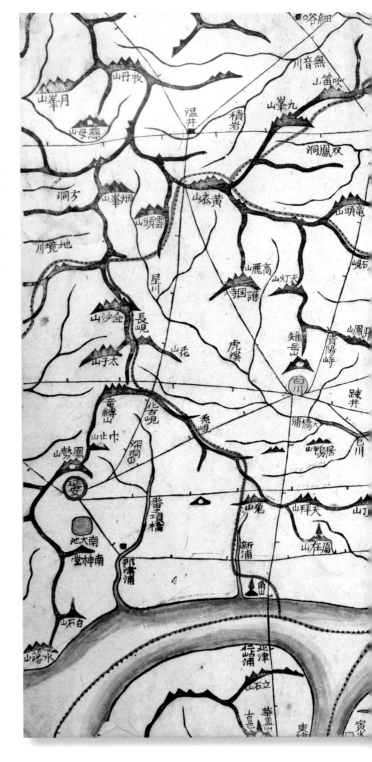

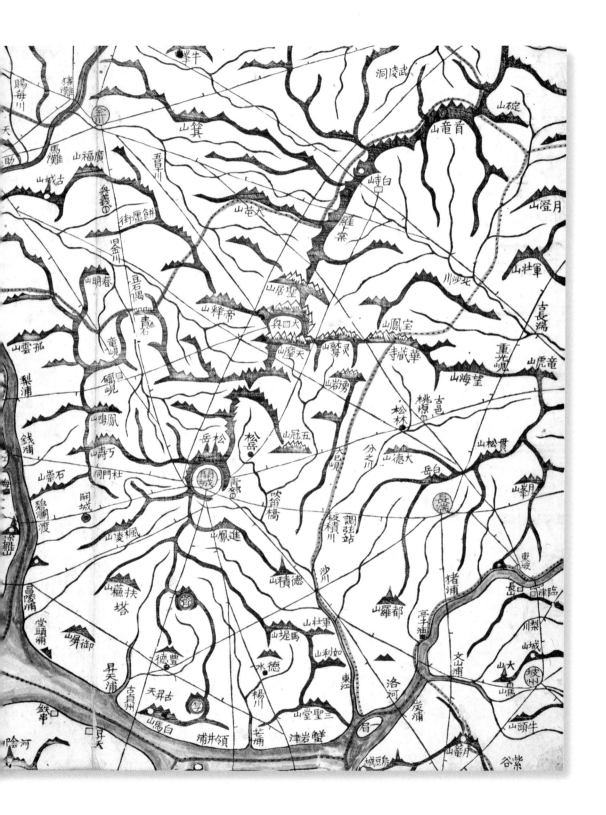

에, 지도를 읽으려는 사람은 지도 양쪽 끝의 해안선이나 주요한 하천, 산맥과 같은 두드러진 특징들을 활용해야만 각 층의 순서를 맞추어 정렬할 수 있다.

좀 더 아쉬운 점은 이용자들이 특정 지역을 찾는 데 필요한 색인 지도를 마련하지 않았다는 점이다. 김정호가 《청구도》에서 방안과 색인 지도의 편리성을 언급한 일을 고려하면, 《대동여지도》에서 이처럼 급격한 반전이 이루어지는 것은 일정한 목적이나 의도가 숨어 있음을 시사한다. 김정호가 시도한 여러 변화의 전반적인 경향은 지도 위에 실제 지리적·문화적 요소(명명되거나 상징화된 것들)외에는 아무것도 싣지 않음으로써 지도를 읽기 쉽고 간결하게 하는 것이었다. 실제로 여행자들이 길을 갈 때 방안선과 마주치지 않는 것처럼 지도에서도 방안선을 만나지 않게 고안했던 것이다. 다만 22개 층으로 된 큰 지도를 사용하기 위해서는 분명히 몇 가지 지침이나 참고 사항이 필요했다. 1936년 일본인이 영인본을 만들 때 이러한 부분을 보완하여 각 층에 번호를 붙이고 방안이 표시된 색인 지도를 덧붙였다.[83]

김정호가 방안선을 그리지 않은 이유를 납득할 수 있다면 판심을 제거한 일도 놀랄 만한 일이 아니다. 판심은 책의 제목과 권수, 면수를 수록하는 공간으로서, 이 때문에 독자들이 심한 방해를 받는 것은 아니다.

판심을 기준으로 종이를 반으로 접으면 한쪽 면은 오른쪽 페이지, 다른 한쪽 면은 왼쪽 페이지가 된다. 이처럼 접어 놓은 종이들을 쌓은 뒤, 종이의 두 끝이 맞닿는 쪽을 꿰매어 책을 묶었다. 하지만 지도나 그림

---

83) 『대동여지도』와 스에마쓰 야스카즈末松保和 編, 『大東輿地圖 索引』(京城: 京城帝國大學 法文學部, 1936). 이것은 조선사편수회朝鮮史編修會(뒤에 대한민국 정부가 국사편찬위원회로 재조직) 소장의 1861년 판본을 영인한 것이다. 이 값진 색인에는 《대동여지도》에 실린 1만 1,600여 개의 지명이 수록되어 있다. 이 영인본을 한국사학회가 색인 없이 재간하였다(김정호, 『대동여지도』, 서울: 한국사학회, 1965). 색인은 따로 발간되었다(박성봉朴性鳳·방동인方東仁·정원옥丁原鈺 편, 『대동여지도 색인』, 서울: 경희대학교 한국전통문화연구소, 1976).

을 이러한 방식으로 제본하면, 지도나 그림이 나뉘어 두 면에 수록되기 때문에 전체를 함께 볼 수 없게 된다. 영리한 출판업자들은 첫 번째 목판의 왼편에 지도의 우반부를, 두 번째 목판의 오른편에 지도의 좌반부를 조각함으로써 지도 전체를 한눈에 볼 수 있도록 하기도 했다. 이것은 〈천하도〉 유형의 지도책에 쓰이는 일반적인 방법이다.

하지만 비교적 긴 띠 모양으로 구성되는 방안 지도에는 별 도움이 되지 않는다. 쉽게 판단할 수 있는 일이지만 사실 판심은 지도 출판에 적용될 수 없는 요소임에 틀림없다. 말하자면 김정호는 지도에서 판심을 제거함으로써 지도 제작 기술의 발전에 공헌하였다. 그가 제작한 목판은 평균 30×40센티미터 정도의 면이 나오는데, 이것은 앞서 언급한 방안표가 두 개 들어갈 만한 크기가 된다(도판 4-25). 인쇄된 지도들은 열람의 편의를 도모하기 위해 가로 방향으로 붙인 다음, 열람과 휴대가 쉽도록 아코디언 모양으로 접었다.

1861년의 간행 뒤 1864년에 다시 간행 작업이 있었다. 이때의 간행 작업이 단순히 인쇄를 새로 하는 정도였는지, 아니면 목판 자체에 일부 개정 내용을 반영하는 것이었는지는 분명하지 않다. 한편 현존하는 《대동여지도》 중에는 인쇄본만 있는 것이 아니라 그것을 베껴 그린 필사본도 많이 있으며, 인쇄본 중에도 종종 채색된 것이 있다. 이와 같이 현존하는 《대동여지도》 중에는 주목할 만한 차이점들이 있다.[84]

---

84) 한국에 있는 9개 주요 도서관과 박물관의 소장품을 정리한 이찬의 목록에는 《대동여지도》 10질이 들어 있고 이 가운데 2질은 완질이 아니다. 10질 가운데 5질은 1861년 판본(셋은 인쇄본이고 둘은 필사본)이다. 1864년 판본에는 인쇄본이 한 질(서울대학교 도서관 소장본)뿐이다. 시기가 적혀 있지 않은 나머지 4질(이 가운데 2질은 완질이 아님) 가운데 1질은 인쇄본이고 3질은 필사본이다. 이밖에 한국과 일본의 기관과 개인이 소장한 《대동여지도》 판본이 있지만 그 수는 알 수 없다.
[최근의 연구와 자료를 종합하면 현재까지 알려진 《대동여지도》 인쇄본은 모두 27질(국내 17, 국외 10)이다. 이중 1861년 판본(辛酉本)은 19질이고 1864년 판본(甲子本)은 5질이다. 나머지 3질은 내용으로 보아 대개 1861년 판본으로 추정된다. 그 내역은 부록에 정리해 둔다―옮긴이]

[도판 4-25]
《대동여지도》 목판과 그 판본
위 목판은 제6층의 끝 부분을 판각한 것으로 평안도 벽동碧潼의 읍치와 압록강이 우측 상단에 있다(판본에서는 좌측 상단). 지도와 지도유설地圖類說, 서울 지도와 방안표 등《대동여지도》전체를 인쇄하기 위해서는 120여 개의 목판이 필요했을 것이다(《대동여지도》목판은 12매(국립중앙박물관 11매, 숭실대학교 박물관 1매)가 현재까지 남아 있다. 현존하는 목판 중 2개를 제외하고 모두 앞면과 뒷면에 지도가 조각되어 있어서, 《대동여지도》목판은 대개 60여 개였을 것으로 추정된다-옮긴이).
목판 크기 : 31.2×42.4cm. 숭실대학교 한국기독교박물관 소장. 왼쪽의 판본은 서울대학교 규장각 소장(奎 10333).

[도판 4-26]

〈대동여지전도大東輿地全圖〉

1861년 목판 인쇄된 왼쪽의 지도는 북방의 경계를 이루는 강이 정상기의 지도만큼 잘 표현되지는 않았지만 국토 전체의 균형은 더 낫다. 이 지도는 한국인들이 서구 열강의 위협이 임박했다고 느낀 시점에 간행되었으며, 사기 진작을 위한 포스터 같은 성격을 얼마간 가지고 있다. 오른쪽에 있는 글귀는 나라의 형세와 더불어 조산祖山으로서의 백두산을 논하는 것으로 시작된다. 그 뒤로는 국경을 이루는 두 강과 해안선의 길이를 기록했다 (전체 10,920리). 이어 신화 속의 시조인 단군檀君과 기자箕子가 남겨준 독특한 문명에 대해 환기시킨 뒤에 이 글은 절정으로 치닫는다. "이것은 하늘의 곳집이요(天府), 금성(金城 : 단단한 성)이니 참으로 억 만세 동안 끝없는 번영을 누리리라. 오호라 위대할 진저!"

원본 크기 : 115.2×70cm. 국립중앙도서관 소장(古朝61-15).

표 10. 정상기와 김정호가 제작한 지도의 길이 비교

	〈동여총도〉	《청구도》	《대동여지도》	〈대동여지전도〉	ONC F-9, G-10
온성-서울	15.0cm	1,495리	1,479리	24.0cm	607km
서울-해남	9.5cm	853리	863리	14.5cm	363km
합계	24.5cm	2,348리	2,342리	38.5cm	969km
북/남 비율	1.578	1.752	1.713	1.655	1.672

출전) 필자의 계산. 이 수치들은 서울과 극북인 온성, 극남(도서는 포함하지 않음)인 해
남 사이의 거리를 보여주며, 한국 본토의 전체 길이를 나타낸다. 〈동여총도〉(도
판 4-10)와 〈대동여지전도〉(도판 4-26)의 경우는 이찬의 『한국고지도』(한국도서관
학회, 1977)에 게재된 것을 측정한 것이다. 《청구도》와 《대동여지도》의 이수는 각
지도의 방안을 활용하여 계산했다. 현대의 거리 수치는 작전용 항법 지도(F-9와
G-10)로 측정한 것이다(미국 공군, 1966). 이러한 수치는 김정호가 지속적으로 그
의 거리 수치를 가다듬었고, 결국 현대의 비율에 매우 가까이 접근했음을 보여
준다.

이제 〈대동여지전도〉(도판 4-26)라고 불리는 《대동여지도》의 축약본
을 언급하는 일만 남았다. 목판 인쇄본으로 제작된 이 한 장짜리 지도
는 77×115센티미터의 지면에 전국을 압축하여 수록했다. 이 지도는 등
장 당시부터 인기가 있었던 것이 분명하고 오늘날에도 흔히 볼 수 있다.
지도 한 켠에 인쇄되어 있는 짤막한 서문은 한국의 형세 구조에서 가장
두드러진 지형들에 대해 논한다. 아울러 나라의 동서남북(해안선과 북쪽
경계) 길이와 전체 길이(10,920리)를 제시하고, 조선의 영속을 기원하는 애
국적인 바람으로 끝을 맺는다.

〈대동여지전도〉에 수록된 한국의 윤곽은 전통 한국 지도학에 바탕
을 둔 것으로는 최후의 지도이다. 《대동여지도》와 밀접한 관계를 맺고
있음에도 불구하고, 전체적인 비율에서 이 지도는 《대동여지도》와 다소
차이가 있다. [표 10]은 김정호의 세 가지 중요 지도와 정상기의 지도, 그
리고 현대 지도에 나타나는 서울과 온성(극북)·해남(극남) 사이의 거리를
비교한 것이다. 《청구도》나 《대동여지도》 같은 김정호의 대축척 방안식

지도는 남부 지방에 비해 북부 지방을 다소 과장하고 있는데, 그 까닭은 대개 북부 지방의 거리 정보가 과장되어 있었기 때문일 것이다.

하지만 [표 10]의 자료로 보아서는 한 장짜리 〈대동여지전도〉가 단순히 《대동여지도》를 일정한 비율로 줄여 만든 축소본이 아님을 알 수 있다. 이제까지의 생각과는 달리, 《대동여지도》 보다 〈대동여지전도〉는 현대 지도의 표준에 비추어 남북의 비율면에서 지속적인 발전 양상을 보여준다. 이것으로 미루어 볼 때 김정호가 거리 정보를 개선하기 위해 꾸준히 노력했음을 알 수 있다. 남북의 비율이 지도 전체에 걸쳐 균일한 것은 아니지만(이는 비교 대상이 되는 고을의 상대 위치가 지도상에서 불일치하기 때문이다), 지도가 일관되게 개선되고 있었음을 보여준다. 국토의 동서 관계와 관련하여 해결해야 할, 정확히 말하자면, 찾아내야 할 여러 문제점이 여전히 남아 있기는 했지만, 김정호의 지도가 현대 지도의 남북 비율에 점점 더 접근해 나갔다는 점은 분명하다.

5 고을 지도, 지역 지도, 국방 지도

고을 지도

　세계지도·동아시아 지도·전국 지도와 비교해 보면 이보다 작은 공간을 다룬 지도는 그리 많은 주목을 받지 못한 것 같다. 〈천하도〉 지도책의 도별도가 우수한 내용을 담고 있고 정상기 유형 지도의 도별도 또한 전국 지도와 구조적으로 깊이 관련되어 있지만 연구자들의 주목을 끌지 못했다. 이찬의 『한국고지도』 끝부분에 있는 지도 목록으로 판단해 보면 많은 수의 읍도邑圖가 주요 수장가들 사이에 흩어져 있고, 매력적인 고을 지도가 이찬의 도록에 다수 실려 있다. 하지만 이찬이 참고한 문헌 중에는 도별도나 고을 지도에 대한 논문이 한 편도 없다.

　하지만 적어도 양성지의 시대에 이미 고을 지도의 편찬을 위한 노력이 체계적으로 이루어졌다. 그의 1482년 목록(표 6)에 여러 지도의 이름이 실려 있고, 지도집으로 추정되는 《지리지내팔도주군도地理志內八道州郡圖》도 등장한다. 이름이 모호해서 이 지도집이 완전한 것이었는지 알 수는 없지만 적어도 세조가 모든 고을의 지도를 작성하도록 지시한 것은 분명하다. 하지만 이 사업의 결과물로는 지도도 관련 기록도 남아 있지 않다.

　1757년 영조도 비슷한 사업에 착수했던 것이 분명하다. 이 사업에 대해서는 많은 자료들이 남아 있지만 아직 출판되지는 않았다. 서명응徐命膺(1787년 사망)은 295개 고을(당시 고을의 수는 약 335개)의 지리지와 지도의 집성을 『여지도서輿地圖書』라고 이름 붙였는데, 방동인이 여기에 고을 지도를 비롯하여 감영監營·병영兵營·수영水營 등에 대한 지도가 수록되어 있음을 보고했다. 방동인은 그 가운데 4장의 지도를 소개했지만 도판이 너무 작아서 연구용으로는 적합하지 않다.[1]

나는 앞서 1791년 정조의 고을 지도 제작 사업에 대한 자료를 검토한 바 있다. 이 우수한 지도집은 오늘날까지도 남아 있다. 규장각 소장의 고을 지도가 이찬의 목록에 많이 들어 있기는 하지만 대개 1890년대나 1900년대에 제작된 늦은 시기의 것이다. 아울러 아직 전문적인 연구의 대상이 된 일도 없다.

공간된 도판 자료를 참고해 보면 대체로 세 가지 유형의 고을 지도가 있는 것 같다. 첫 번째는 회화식 지도라고 불러도 좋을 만한 것들이다. 두 번째는 형세 지도로서 개별 고을을 그리거나 복수의 고을을 묶어 그린 것이다. 세 번째는 방안식 지도이다. 앞서 이미 지방의 형세 지도(도판 3-3·3-4)와 방안식 고을 지도(도판 4-15·4-16·4-17)의 도판을 제시한 바 있으므로, 여기서는 회화식 지도의 여러 예를 소개하고자 한다.

용어가 암시하듯이 회화식 지도를 가려내는 것은 쉬운 일이 아니다. 하지만 이 책에서 적용하고 있는 대로 지도에 대한 매우 넓은 정의를 따르자면 〈동래부산고지도東萊釜山古地圖〉도 지도라고 할 수 있다(도판 5-1). 이것이 그림이라는 사실에는 틀림이 없지만, 동시에 엄연한 지도로서 다양한 지리 정보를 담고 있다. 곧 장소를 표시하고 지명을 기록했으며, 육지의 도로와 바다의 해로를 표시하고, 지점 사이의 거리도 수록했다. 아울러 산과 강의 위치·방향·상호 관계도 세밀하게 묘사했다. 이러한 내용을 자세히 살펴 주변 환경을 파악한 사람이라면 이 지도를 여행 안내서로도 쓸 수 있을 것이다.

---

1) 방동인, 『한국의 지도』, pp. 125~126, 도판 5·6·8·9.

[도판 5-1]

〈동래부산고지도東萊釜山古地圖〉

두루마리에 담긴 동래부 지도로 회화식 지도의 전형적인 사례이며 제작 연대는 미상이다. 회화식 지도는 대개 지방 지도에 많이 적용되었으며, 보다 과학적인 도별도나 전국 지도와 함께 공존했다. 여기에도 지도로서의 기능이 많이 담겨 있어서, 동래부의 모든 지역이 수록되어 있다. 거리 정보는 주기문으로 표시되어 있다. 중앙부에는 동래읍성이 있고 이곳에서 남쪽으로 20리쯤 길을 따라 내려가면 부산항에 왜관倭館이 있다. 이곳에서 동북쪽으로 산줄기를 넘어 가면 해군 기지(水營)가 있다. 이 밖에 항구 주위 곳곳에 배치된 여러 군사 시설이 일본인들을 감시한다. 왼편의 큰 강은 낙동강 하구이다.

원본 크기 : 133.4×82.7cm. 국립중앙도서관 소장(貴112, 古朝61-41).

[도판 5-2]

〈신안지도新安地圖〉

신안은 평안도 정주定州의 읍치가 되기 전 이 자리에 있던 역驛의 이름으로, 정주의 별칭이 되었다. 특히 정주가 홍경래의 난과 관련되었다는 조정의 판단에 따라, 고을의 위계가 강등된 1812년부터 이러한 별칭을 많이 썼다. 역과 객사가 중앙의 왼쪽에 있다. 동헌은 바로 위 오른쪽에 있다. 향교와 소나무 숲이 읍치의 북쪽 끝부분을 채우고 있다. 이러한 회화식 지도는 읍치의 표현에 집중하여 주변 지역은 포함시키지 않았다. 도로를 붉은 선으로 표시했고, 면 단위의 지명과 더불어 산과 교량의 이름을 기입했지만, 대체로 화가로서의 관심이 지도 제작자로서의 관심보다 우세하게 작용했다.

원본 크기 : 115.7×94.8cm. 국립중앙도서관 소장(古朝61-68).

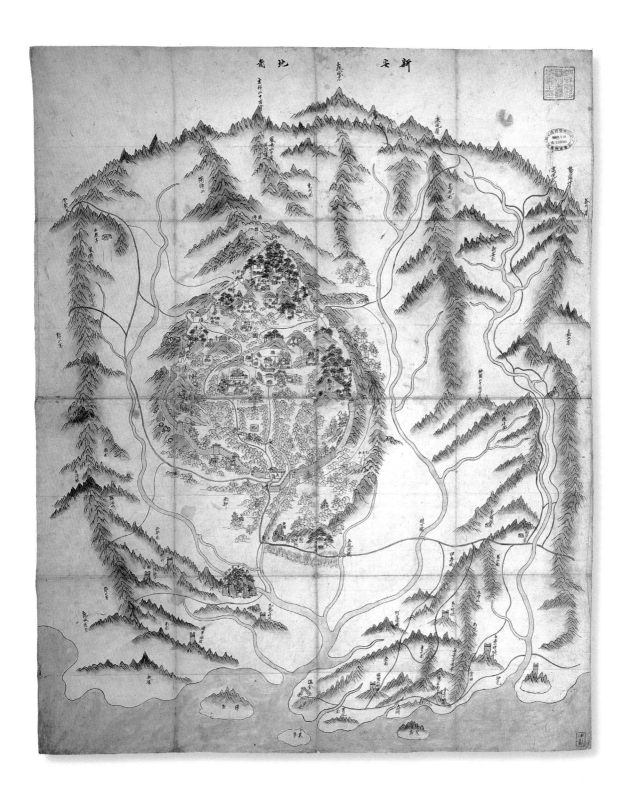

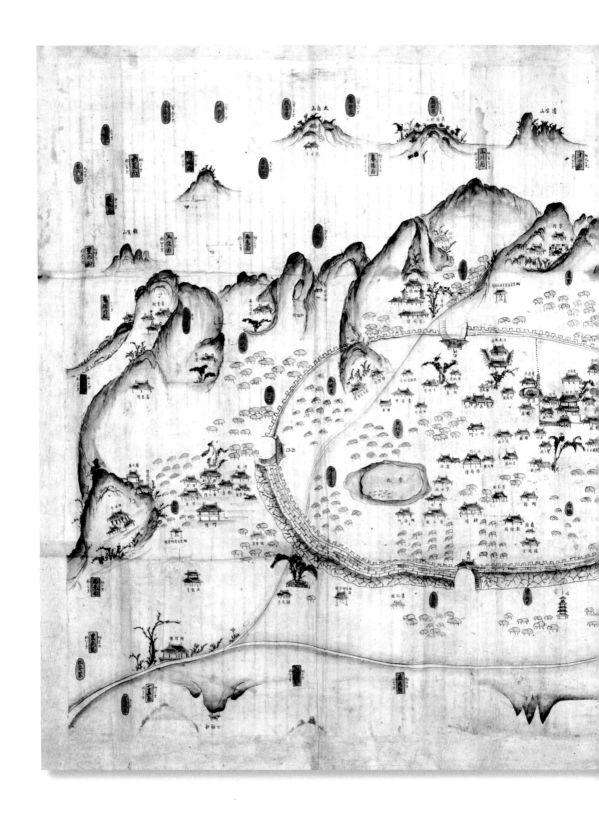

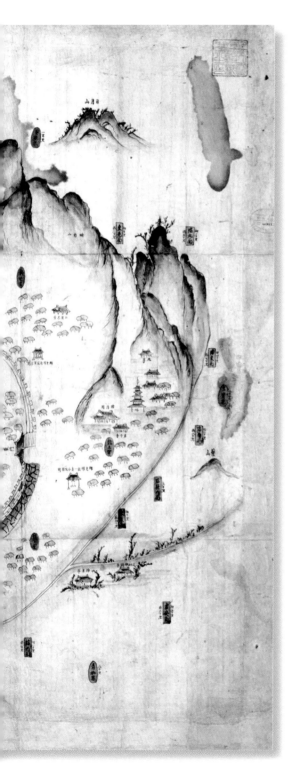

[도판 5-3]

〈안동읍도安東邑圖〉

안동은 경상도 북부의 중심지로 오늘날에도 전통 문화가 잘 보존되어 있는 곳으로 유명하다. 이 회화식 지도는 공동체의 질서 의식을 발산하고 있다. 당당하기는 하지만 잘 절제된 공공 건물과 누각이, 정연하게 무리 지은 초가 집들을 굽어보고 있다. 이름난 나무도 빼놓지 않고 그려두었다. 면 단위 지명과 산의 지명은 주위에 배치하고, 읍치로부터의 거리를 표기했다. 이중환은 그의 『택리지』에서 "이곳이야말로 사람이 살고 싶어 하는 곳"이라며 감탄했다.

원본 크기 : 120×148cm. 국립중앙도서관 소장(古0233-1).

317

그럼에도 마치 조감도와 같은 시점으로 여러 지형을 일종의 풍경화처럼 그린 것도 사실이다. 산 여기저기에 나무가 있고, 항구로 들어오는 배, 동래부東萊府의 읍성과 건물, 관심 지역이라고 할 수 있는 부산진釜山鎭과 왜관倭館 등이 담겨 있다. 지도 제작자가 될 것인가 아니면 화가가 될 것인가 하는 선택의 기로에 놓인 이 작품의 제작자는 회화 쪽을 선택했다. 실제 지형으로는 중심으로부터 꺾여 나가는 반도를 그림에서는 중심 쪽으로 휘어지도록 그렸다. 곧 지도를 왜곡하는 대신 그림에 응집력과 초점을 부여한 것이다.

고을의 전체 영역을 담은 동래 지도와는 달리, 〈신안지도新安地圖〉(정주 지도)는 읍치에 초점을 맞추어 그 밖의 영역 대부분을 그림 밖에 두었다(도판 5-2).[2] 지도로서의 특성을 많이 가지고 있기는 하지만 이 작품은 지도라기보다 회화이다. 〈안동읍도安東邑圖〉도 같은 전통 속에 있다(도판 5-3). 두 회화식 지도는 해당 고을의 공동체와 질서를 보여주려는 의도로 제작한 것이다. 곧 초가집·관청·학교·효자와 열녀에 대한 기념물이 서로 단단히 묶여 있는 모습을 묘사했다.

또 다른 특성은 대부분의 회화식 지도에 나타나는 것으로 진산鎭山과 먼 산줄기를 두드러지게 표현함으로써 이 지역이 전국적인 산줄기 체계와 맺고 있는 관계를 드러내는 것이다. 이처럼 보통 지도로는 흉내 낼 수 없는 방식으로 그 공동체가 가진 의미심장한 가치를 보여준다. 그러한 목적을 의식하게 되면 축척이나 방위와 같은 지도 제작상의 기본적인 관심사가 갖는 중요성은 상대적으로 줄어든다. 지형의 크기와 방위는 단순히 공간 관계를 보여준다기보다, 해당 공동체에서의 정신적인 중

---

2) 신안은 평안도 정주의 별칭이다. 신안은 원래 정주의 읍치가 옮겨오기 전에 이 자리에 있던 역驛의 이름이었다. 1812년 홍경래의 난이 진압된 뒤, 조정은 정주가 반란에 연루되었다는 혐의로 이 고을의 위계를 강등했다. 신안이라는 이름을 쓴 것은 정원현定遠縣이라는 새 이름을 기피했다는 사실과 함께, 이 지도가 1812년 이후 지방민이 제작한 것임을 시사한다.

요성을 나타낸다. 앞의 세 지도(도판 5-1·5-2·5-3)에서는 북쪽이 그림의 상단에 위치하지만, 방위는 매우 가변적이며 종종 안에서 바깥을 바라보는 관점을 활용하기도 한다. 이 경우에는 마치 그림 안에서 보고 읽는 것처럼 여러 지형을 그리고 지명을 기입한다(도판 5-10). 이러한 경우에는 어느 방향이 위쪽인지를 추측해야 한다.

대개 회화식 지도는 산과 강의 관계를 보여준다. 이러한 의미에서 회화식 지도와 형세 지도 사이에는 명백히 중복 관계가 있다. 하지만 형세 지도가 어느 정도 회화성을 띠더라도, 그것은 회화라기보다 지도이다(도판 3-3). 북쪽을 위로 두는 관습을 변함없이 지켜서 형세의 분석에 중요한 방위 관계가 분명하게 나타난다. 이 장르는 매우 다양하고 폭이 넓으며 융통성의 여지도 매우 많다.

〈갑산부형편도甲山府形便圖〉는 18세기 말이나 19세기 초의 지도로서, 매우 추상적이며 흔치 않은 양식이다(도판 3-4). 이 작품의 의도는 분명하지 않지만, '형세'의 생물학적 관점이 간여된 것 같다. 산은 세포의 조직을 닮았고 강은 피가 통하는 핏줄을 닮았다. 백두산 꼭대기의 천지는 간肝과 같은 모양이다. 하지만 상상력의 의도가 무엇이든 또는 제작 방식이 어떻게 양식화되어 있든 갑산 지역이 '지도'로 제시되었다. 지형과 장소를 표시하고 그 이름을 기재했다. 곧 방위 관계나 공간적인 관계는 기본적으로 지도 제작 기술에 기초한 것이다.

18세기에 보다 과학적인 지도가 도래하면서 전국 지도와 마찬가지로 고을 지도에도 방안과 축척이 도입되었다. 이러한 예를 [도판 4-15·4-16·4-17]에서 확인할 수 있다. 하지만 이 새롭고 정확한 지도들이 전통적인 회화식 지도와 형세 지도를 몰아내지는 못했다. 그 이유는 분명하다. 후자와 비교했을 때 방안식 고을 지도는 생명력이 없고, 감정적으로 메마른 것이었다. 이 지도로는 해당 고을을 떠올릴 수 없었다. 방안식 고을 지도의 목적은 일정 지역의 개별 지도를 제공하는 것이 아니라, 전국 지도의 제작을 목표로 균일한 단위들을 모으는 것이었다.

방안 지도에는 고상하고 현대적인 목적이 들어 있었고, 김정호는 그것을 애국적으로 과시했다. 김정호가 만든 큰 방안 지도가 한국인들에게 깊은 감명을 주었음은 분명하다. 특히 당시 집단적인 민족 정체성에 눈뜨고 있던 중요한 국면에서 그러했다. 하지만 자신의 고향에 대해 생각할 때는 전통적인 회화식 지도를 선호했다. 회화식 지도가 전통과 관련된 모든 사실들을 확인해 주었기 때문이다. 이러한 점은 소비자의 입장에서도 그러했고, 제작자의 입장에서도 그러했다. 고을 지도는 기본적으로 전통적인 산수화가의 영역으로 존속했다. 고을 지도는 김정호 같은 지도 제작자가 생계를 해결할 만한 수단이 아니었던 것 같다.

서울 지도와 평양 지도

서울 지도는 1393년의 첫 조사 때나 1454년 수양대군의 지도 제작 답사 때도 이미 존재했을 것이다. 조선의 수도는 신진사대부 계층의 정치적 야망을 독점하고 집중시켰다. 중국은 국토가 광대하고 길이 멀어 강력한 지방 엘리트들이 존재했고, 일본은 쇼군의 수도(가마쿠라·교토·에도)와 지방 다이묘(모두 66명)들의 거점에 기반을 둔 양극화된 정치 구조를 가지고 있었기 때문에 조선과는 사정이 달랐다. 관료가 되려고 서울에 온 가문들은 설령 정치적인 회오리로 그들의 야망이 날아가더라도 좀처럼 서울을 떠나지 않았다. 지방에 자신의 거점을 유지하는 것도 분명 필요했지만 힘이 셀수록 그들의 거점은 서울에서 더 가까웠다. 서울은 권력의 중심이었을 뿐만 아니라 사실상 나라 전체이기도 했다.

하지만 서울 말고도 중요한 고을이 여럿 있었다. 의주·동래 등 변경의 관문과 평양·전주·대구 등은 지역 경제의 중심지로서 지방민들은 대개 이곳에서 돈을 벌었다. 조선의 지배층도 겉으로 내세우는 만큼 돈을 멸시했던 것은 아니었지만 돈이 권력의 기초는 아니었다. 의미 있는 재산은 사회적 지위를 유지하는 데 필요한 것이었다. 도성에 있는 조정에서 관리로 일하는 것만이 이러한 재산을 유지하고 축적할 수 있는 방법이었다. 훌륭한 병풍이나 화첩 속에 담긴 서울 지도는 이곳에 사는 사람들에게 성공의 상징이었다.

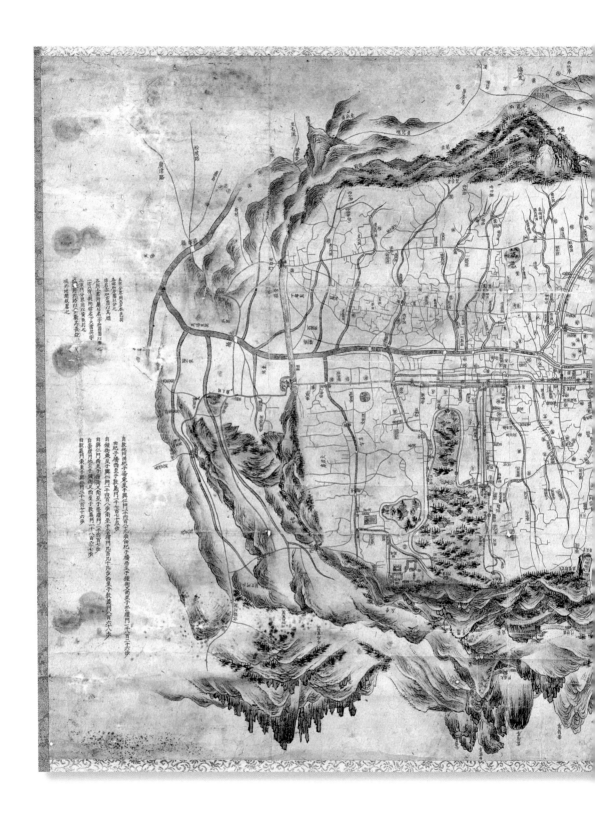

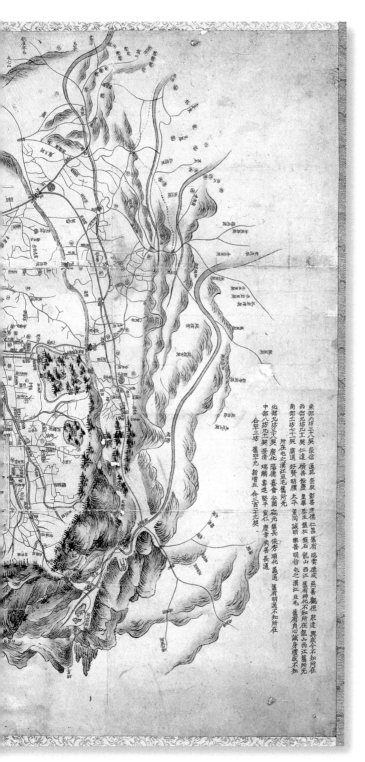

[도판 5-4]

〈도성도都城圖〉

국왕이 공식적인 활동에서 남쪽을 향해 서는 것처럼, 이 회화식 지도도 같은 모습을 띠고 있다. 아마도 왕실에서 사용하기 위해 제작한 지도로 보인다. 실제로 이 도시를 보호하며, 상징적으로 이 나라를 보호하는 북쪽의 산들이 지도의 아래쪽에 나타난다. 이 지도가 제작되던 18세기 말 정조는 창덕궁에서 나라를 다스리고 있었는데, 지도의 중앙 약간 왼쪽 부분의 나무가 많은 넓은 지역이 바로 창덕궁이다. 이 지도에서도 분명 형세를 강조하고 있으며, 산줄기와 물줄기를 신중하게 묘사했다. 서울의 배수排水 체계는 1759년 영조 때 완전히 다시 구축되었다. 이러한 배수 체계의 핵심인 청계천淸溪川은 1960년대에 복개되었다가 최근 다시 복원되었다[저자의 요청에 따라 가필-옮긴이]. 가로망은 많은 변화를 겪었지만 오늘날 서울 중심부의 대체적인 모습은 이 지도에서도 확인할 수 있다. 보물 제1560호.

원본 크기 : 67×92cm.

서울대학교 규장각 소장(古軸4709-3).

323

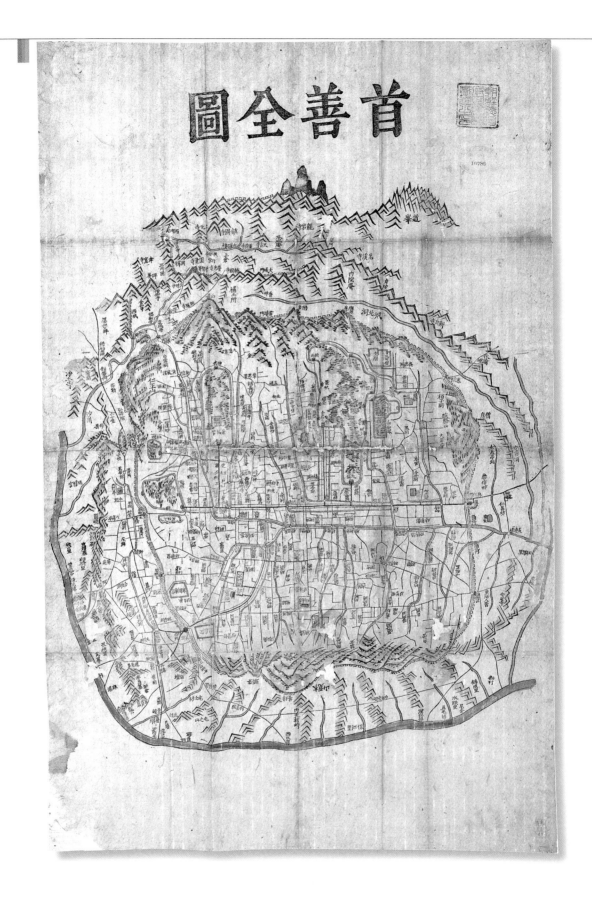

首善全圖

[도판 5-5]

〈수선전도首善全圖〉

수도를 나타내는 중국 고래의 표현인 '수선首善'을 지도 이름으로 삼았다. 이 목판본 서울 지도는 19세기 중엽에 만든 것으로 보인다. 북한산성으로 유명한 북한산이 북쪽에서 이 도시를 굽어본다. 이 지도에서는 북쪽을 지도의 위쪽에 배치했다. 종로는 당시에도 지금처럼 가장 곧바른 거리였으며 지도를 남과 북으로 나눈다. 오늘날 남산이라 불리는 목멱산은 남쪽에서 이 도시를 내려다본다. 한강은 당시 도성 남쪽의 교외 지역 옆에서 흘러와 서해를 향해 북쪽으로 굽이쳐 흐른다. 일부 학자들은 이 지도를 김정호가 1825년에 만든 것으로 본다. 하지만 그 근거는 분명하지 않다.

원본 크기 : 101×66cm. 국립중앙도서관 소장(古朝61-47).

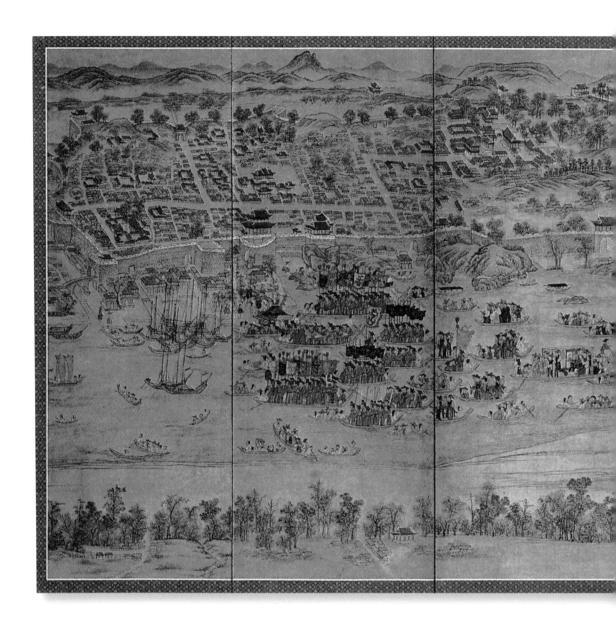

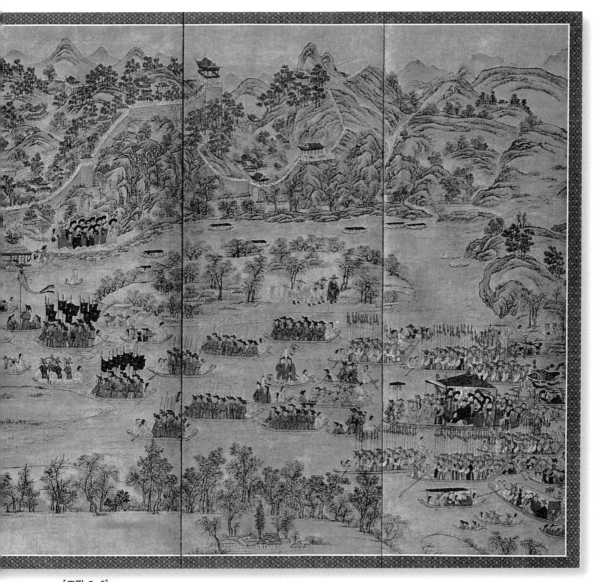

[도판 5-6]

무명의 평양도平壤圖

대동강에서 열린 연회와 평양의 풍경을 담은 이 큰 병풍은 고위 관리(맨 오른쪽)를 호위하는 배들의 행렬과
더불어 그 배경으로 평안도(관서)의 감영이 있던 평양의 풍경을 보여준다. 행렬 중앙의 한 배에는 평안 감사
의 권한 중 하나를 나타낸 '관서도총관關西都摠管'이라는 글씨가 쓰여 있는 깃발이 있다. 행렬을 이룬 많은 배
에는 군사들이 타고 있다. 아마도 새 평안 감사의 부임을 축하하는 것 같다. 평양의 성과 문, 감영, 거리와
주거 지역이 배경으로 펼쳐진다. 이 그림에서는 축제와 경축의 분위기가 도시 지도로서의 특성보다 우세하
지만, 대개의 회화식 평양 지도는 환호나 갈채 없이 동쪽으로부터 대동강과 능라도를 가로질러 평양을 조감
한다. 평양의 지도가 현달한 관리의 경력에나 있었을 이 주요 행사에 중요하고 상징적인 요소를 더해 준다.
원본 크기 : 125.5×286.6cm. 미국 뉴욕 크리스티의 사진 협조.

결국 사람들이 지도를 구입한 이유가 단순히 길 찾기를 위한 것은 아니었다.

서울 지도에도 다른 고을과 마찬가지로 산과 강, 성벽, 주요 관청 등이 표시되었다. 하지만 서울의 지형과 장소는 단지 고을 차원이 아니라 국가적으로 중요한 것이었기 때문에 더 큰 권위와 비중이 실렸다. 그리고 가로街路라고 할 만한 도로가 거의 없었던 여느 고을과는 달리 서울에는 비교적 넓은 도로가 많았다. 이처럼 가로망을 펼쳐 보이는 것은 대부분의 다른 고을 지도에서는 볼 수 없는 서울 지도만의 특별하고 인상적인 모습이었다.

신라의 수도였던 경주와 10세기 초 후백제의 수도였던 전주는 중국 당나라의 격자형 도시 구조를 모방했다. 오늘날 이곳을 오가는 관광객들이 이런 모습을 여전히 감지할 수 있을지 모르지만, 당시의 모습은 이제 한적한 소읍小邑의 모습으로 바뀌었다. 한국인들의 감수성에 중국식의 격자형 도시 구조가 맞지 않았기 때문이다.

개성과 서울은 동아시아의 전통적인 수도와는 다른 독특한 모습을 띠고 있다. 궁궐의 배치가 특이하고 가로망도 굽어 있으며 대칭을 이루지도 않는다. 두 개의 그림 가운데 〈도성도都城圖〉(도판 5-4)는 회화식 지도로서 공을 많이 들인 작품이다. 이 지도의 가로망은 정확히 18세기 말을 반영하고 있다. 수도首都를 가리키는 중국 한나라 때의 용어를 이름으로 삼고 있는 〈수선전도首善全圖〉(도판 5-5)는 서울이 팽창해 가는 모습을 보여주며 〈도성도〉에 비해 도성 바깥의 변화를 많이 보여준다. 오늘날에도 많은 수가 남아 있는 이 목판 인쇄 지도는 매우 세밀한 작업을 거쳐 제작한 것이며 1840~1850년대에 제작한 '진정한' 지도이다. 〈수선전도〉에 나타나는 가로망은 〈도성도〉보다 좀 더 확장되었고 도안도 정확하다. 하지만 그 구조는 회화식 지도인 〈도성도〉와 거의 같으며 세부 표현은 오히려 미치지 못한다.

평양平壤은 5세기부터 7세기까지 고구려의 수도였다. 하지만 그 근원은 적어도 기원전 2세기 말까지 거슬러 올라간다. 평양은 한국에서 가장 오래된 도시이다. 평양은 고려 시대에 많은 사람들이 수도의 후보지로 꼽았던 곳이고, 조정을 이곳으로 옮기려는 계획 때문에 고려 귀족사회의 평화가 깨지기도 했다. 평양은 조선 왕조에 와서도 오래전부터 이어 온 위상을 그대로 유지했다. 서북 지방을 관할하면서 조선과 중국의 교역에 참여하던 평안 감사는 다른 도의 관찰사보다 강력한 힘을 가졌다. 또한 평양은 조선에서 가장 중요한 군사 관구 가운데 하나였다. 그리고 고대의 문화적 매력, 독특한 음식, 기생 등으로 유명했으며 이러한 특색들이 서울보다 자유롭고 유쾌한 분위기를 만들어 주었다.

평양을 그린 전통적인 지도는 모두 회화식 지도였던 것으로 보인다. 곧 능라도綾羅島를 전면에 두고 대동강을 가로질러 도시를 조감하는 식이었다.[3] [도판 5-6]도 바로 이러한 유형으로서 성대한 연회를 표현한 부분만 다르다. 이 지도는 한 관리가 평안 감사로 재직한 것을 기념하기 위해 만든 것으로 보인다. 지도에는 강 위로 떠가는 배, 관리와 병사, 기생, 강기슭의 구경꾼들을 그려 넣었다. 이러한 장면과 더불어 평양의 감영으로 말미암아 이 평양 지도는 독특하고 두드러진 위치를 갖게 되었다.

사실 지도라기보다 일종의 행사를 기록한 이 그림이 평양 지도의 전형은 아니다. 하지만 많은 지도, 특히 큰 병풍에 그린 평양 지도는 이와 같은 방식으로 평양을 조감한다. 경축 행사가 지도 속에 포함되지 않는 경우에도 그러하다. 이 작품들은 지도이면서 동시에 회화이지만 회화 속에 과학적인 지도 제작 방식을 반영하지는 않았다. 그렇기는 해도 현

---

3) 〈기성전도箕城全圖〉는 예외이다. 이 지도는 매우 높은 시점을 활용해 제작한 것으로 마치 항공 사진의 느낌을 준다. 이찬, 『한국 고지도』에 수록된 도판 14(p. 26)를 참고하라.

존하는 회화식 평양 지도들이 완전한 착각을 주고 있는 것이 아니라면, 이러한 회화식 지도들이 한국인들의 기호에 맞춤한 것이었음을 알 수 있다.

국방 지도

정묘호란(1627)과 병자호란(1636)을 비롯하여 1644년 만주족이 명을 정복한 일로 말미암아 조선과 청의 관계는 살얼음을 걷는 듯 했다. 효종 孝宗(1649~1659 재위)은 조선의 군대를 재건하고, 경제와 병참 거점을 강화했다. 이러한 노력은 중국에서 상황이 역전되기만 하면 만주족의 배후를 공격해서 명의 복권을 돕고 1637년의 치욕을 씻겠다는 바람에서 비롯된 것이었다. 1637년 효종과 그의 두 형제는 어린 왕자의 몸으로 인질로 잡혀가 심양에서 7년에 걸친 고통스러운 억류 생활을 했다.

물론 효종이 바라던 북벌의 기회는 결코 오지 않았다. 하지만 효종과 그를 이은 현종과 숙종, 그리고 신하들은 만주인에 대해 깊은 적대감을 가지고 있었다. 그들은 군비를 강화하고, 국경과 국토 전역의 요새를 보수하고 확장하는 사업에 착수했다. 또한 인력과 병참 역량을 확충하기 위한 정책을 개발했고 비용을 충당할 재정 대책도 모색했다.

국방 지도(조선 시대에는 관방 지도關防地圖라는 용어를 사용했음. 이하 관방 지도로 서술함)는 이미 1430년대에도 정척과 여러 제작자들이 만든 일이 있었다. 관방 지도는 조선 중기에 『조선왕조실록』에 언급된 지도 가운데 높은 비율을 차지하고 있었다(표 7). 하지만 관방 지도가 전성기에 접어든 것은 효종의 총동원령이 계기가 되었다. 관방 지도는 늘 기밀 사항이었고 비공개로 보호되었기 때문에, 공공연히 관심을 드러낼 대상이 될

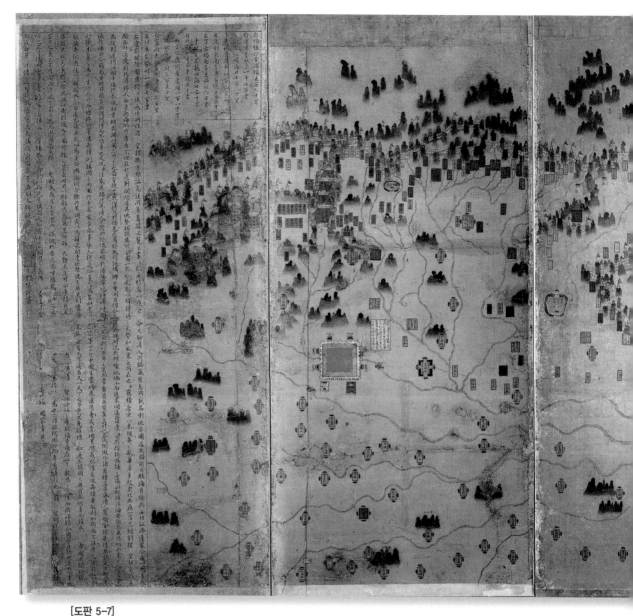

[도판 5-7]

〈요계관방지도遼薊關防地圖〉

1706년 이이명이 제작한 10폭의 병풍에 실린 위의 지도는 〈요계도〉로 약칭되며, 북경 서쪽의 구릉 지역부터 동해까지 중국과 만주의 국경 지역을 한 폭의 파노라마로 보여준다. 중국·만주·조선의 여러 자료를 취합하여 한국식으로 편찬한 이 지도는 국제적 차원의 매우 독특한 모습을 보여준다. 청대의 유조변柳條邊[유조변은 청 왕조가 한족漢族들로부터 그들의 발상지인 만주에 대한 특권과 이익을 보호하기 위해 만든 방책이다. 버드나무를 심어 구획했다고 해서 '柳條邊'이라고 불리며, 산해관山海關에서 개원開原 위원보威遠堡를 경유하여 압록강 어귀까지 이어지는 노변老邊과 개원 위원보에서 서란舒蘭 이도하자二道河子까지 이어지는 신변新邊으로 이루어져 있었다. 대체로 오늘날의 요령성과

길림성, 흑룡강성 등 3성을 구획하는 경계선과 일치한다(김한규, 『한중관계사』 II, 1999, pp. 744~745)-옮긴이)이 서쪽의 만리
장성에서 가지를 쳐서 활 모양으로 굽으며 동쪽의 서해로 되돌아가는 모습이 잘 드러나 있다. 이러한 모습
은 [도판 5-8]에 좀 더 명백하게 나타난다. 심양과 북경으로 여행하는 조선인들은 압록강 북쪽 50km 지점
에 있던 봉황성에서 만주의 관리와 만나게 되어 있었다. 만주 지역의 중심 산줄기와 물줄기가 잘 드러나 있
으며, 동북쪽으로 오라烏喇와 영고탑寧古塔의 방어 지역까지 뻗어 있는 유조변의 한 가지도 잘 나타냈다. 보
물 제1542호.
원본 크기 : 139×635cm. 병풍 각 한 폭의 크기는 139×64cm. 서울대학교 규장각 소장(古大4709-91).

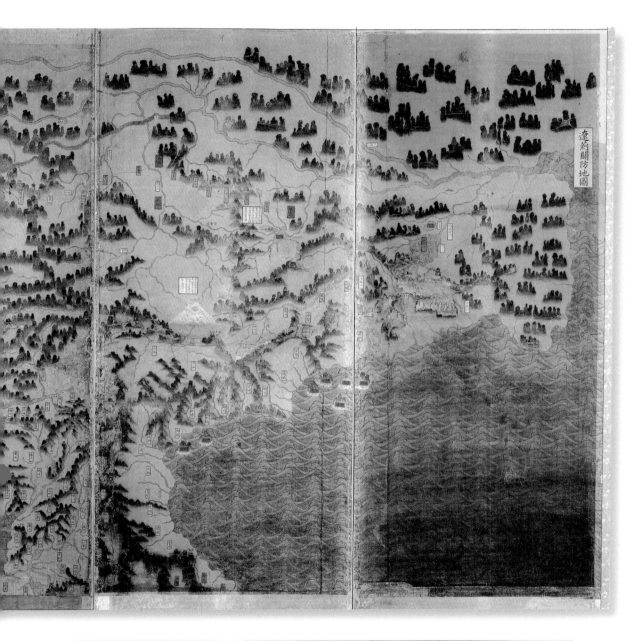

수 없었다. 18세기 초 만주인들이 지도에 대해 문의했을 때 군사적인 의미가 거의 없는 전국 지도조차 용의주도하게 보호할 정도였다. 오늘날까지 많은 수의 관방 지도가 남아 있으며 관방 지도는 한국 지도학에서 매우 흥미롭고 중요한 분야이다.

〈요계관방지도遼薊關防地圖〉(도판 5-7)는 숙종 때 우의정을 지낸 이이명李頤命(1658~1722)이 1706년 국왕에게 바친 지도이다.[4] 이이명의 서문에 따르면 그는 1705년 외교 임무로 북경에 갔을 때 『주승필람籌勝必覽』이라는 책을 사들였다. 이 책은 명 말기 선극근仙克謹이라는 학자가 장성長城과 이에 관련된 방어 체계를 지도와 함께 기술한 것이다.[5]

그는 한성에 돌아오자마자 선극근의 책에 나오는 지도에 북만주의 오라烏喇 지역 지도(『성경통지盛京通志』로부터)와 조선의 양계兩界 지도, 기타 자료를 통합하여, 만리장성의 동쪽 지역, 곧 북경에서 동해에 이르는 전도를 편찬하고자 했다. 이이명은 무명의 조수, 아마도 화원畵員의 도움을 받아 이 사업에 착수했고 곧 작업을 마쳤다. 작업의 전체 과정이 3세기 전의 〈혼일강리역대국도지도〉의 제작을 떠올리게 한다. 즉, 조선의 사신이 북경에서 지도 제작 자료를 얻어 이를 한성에서 구할 수 있는 지도와 통합해서 일찍이 없었던 넓은 범위의 국제 지도를 훌륭하게 창조했던 것이다.

---

4) 지도를 바쳤다는 기록과 함께 지도의 서문이 『숙종실록』 32년(1706년) 1월 12일 신미조에 실려 있다. 이이명의 서문은 지도에도 적혀 있고, 그의 문집에도 실려 있다. 유영박, 「요계관방지도」, 『도서관』 제27권 11호 (1972), pp. 32~34를 참고하라.

5) 선극근은 중국의 강남 출신으로 명나라 만력萬曆 연간(1573~1619)에 산서성山西省에서 황제의 감찰관으로 일했다는 내용 이상을 확인하기는 어렵다. 그의 경력으로 미루어 선극근이 만리장성을 포함한 국경 문제와 밀접한 관련이 있었을 것이라고 추정해 볼 수 있다. 『주승필람』은 중국의 서지 속에서 확인되지 않는다. 이이명은 이 책에 대해 다음과 같이 말한다. "이 책을 베껴 바치라는 명령을 받고, 『성경통지盛京通志』에 들어 있는 〈오라지방도烏喇地方圖〉뿐 아니라 명나라 때의 해상 조공로, 서북 지방의 강과 바닷가 경계(지도)를 합쳐 하나의 지도로 통합했다"(『숙종실록』 32년 1월 12일 신미). 이 글은 『주승필람』에 지도가 들어 있었음을 시사한다.

〈요계도〉라는 약칭으로 알려져 있는 이 지도는 10폭의 병풍으로 되어 있으며 전체 크기가 135×645센티미터에 이른다. 북중·북동 만주 지역의 오라烏喇와 영고탑寧古塔 방어선[만주 지역의 오라와 영고탑(오늘날의 헤이룽장성黑龍江省 닝안현寧安縣)은 일찍이 금나라를 세운 여진족의 근거지로 중시되었다. 호란 이후 오랑캐인 청은 결국 망해서 발상지인 영고탑으로 돌아갈 수밖에 없다는 영고탑 회귀설이 18세기 중엽까지 힘을 얻었다. 대청 전면전에 대한 위기의식과 더불어, 패주하는 그들이 몽골 세력에 밀릴 경우 조선 땅을 경유할 수 있다는 위기의식으로 말미암아 북방 지역 방어에 대한 관심은 물론 영고탑에 대한 관심도 고조되었다(배우성, 『조선후기 국토관과 천하관의 변화』, 1998, pp. 64~124)-옮긴이]을 비롯하여, 이 방어선과 요동 및 조선의 동북 지방과의 관계를 분명하게 알 수 있다.

이이명의 지도에 수록된 지역의 범위는 지도에 담긴 염원과 역사자료로서의 가치 때문에 중요하다. 사실 북경 지역이나 중국 본토의 동북부 지역과 별 상관이 없었을 조선의 무인들은 이 지도를 긴요하게 생각하지 않았을 것이다. 그럼에도 이이명이 서문에서 언급한 내용은 주목할 만하다. "우리는 요동·기주冀州 지역뿐 아니라 그것과 연결된 지역까지 고려해야 한다. 모든 지도를 하나로 합쳐 살피지 않는다면 국경에서 벌어질 더 큰 상황에 대해 알지 못할 것이고 차가운 바람이 어디에서 불어오는지도 모르게 될 것이다."[6]

아울러 북경 지역은 중국 역사에서 가장 많이 등장하는 주제였다. 따라서 조선의 학자들이 중국의 북경 지역과 조선의 국경 지역을 연결하여 두 지역을 정밀하게 보여주는 지도에 대해 분명히 관심을 가졌을 것이다. 오늘날 서로 꼭 닮은 두 개의 사본이 남아 있으며 이 가운데 하나는 원본으로 추정된다. 이 중요한 지도에 대해서는 좀 더 연구가 필요하다.

---

6) 『숙종실록』 32년 1월 12일 신미.

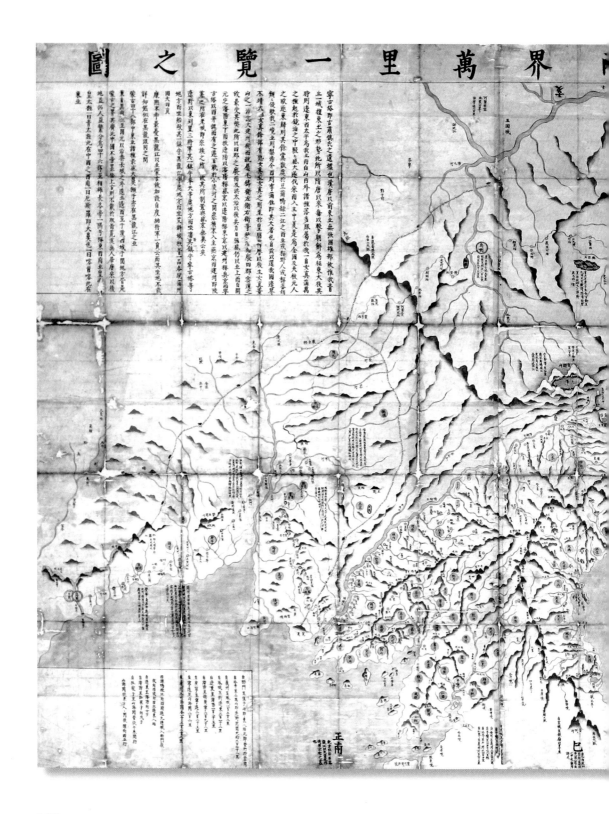

[도판 5-8]

〈서북피아양계만리일람지도西北彼我兩界萬里一覽之圖〉

작자 미상의 이 지도는 18세기 중엽에 제작된 것으로 추정된다. 강희제 '말년'이라는 표현과 장진長津을 도호부로 표시하지 않은 점을 고려하면, 제작 상한 연대는 1722년이며 하한은 1787년이다. 지도의 주제는 [도판 5-7]의 〈요계도〉와 비슷하다. 하지만 조선과 만주의 지형과 국방 체계를 명료하게 파악하는 데는 이 지도가 훨씬 낫다. 보물 제1537-2호

원본 크기 : 143×203cm. 서울대학교 규장각 소장(古4709-22A).

〈요계도〉의 동쪽 구역에는 조선이 그려져 있으며, 조선과 가장 밀접한 관계에 있는 이 지역에 대해 조선의 관방 지도 제작자들이 끊임없이 관심을 쏟은 것은 당연한 일이다. 두드러진 예로 〈서북피아양계만리일람지도西北彼我兩界萬里一覽之圖〉를 들 수 있다(도판 5-8).

조선의 국방 체계는 두 개의 군사 관구로 조직되어 있었다. 하나는 서북 지역의 평안도이고, 다른 하나는 동북 지역의 함경도이다. 이 때문에 양계兩界라는 용어가 생겼다. 〈서북피아양계만리일람지도〉는 〈요계도〉처럼 대단한 갈채 속에 제작된 것은 아니지만 지도학적으로 볼 때는 훨씬 우수한 지도이다.

18세기 전반의 어느 시점에 제작된(강희제의 말년보다는 뒤이며, 대개 지도 여백의 원문에 기록되어 있는 대로 1722년 이후) 이 지도는 만주의 형세와 조·청 양측의 군사 배치를 훨씬 분명하게 제시했다. 또 하나 흥미로운 특징은 1712년 국경 조약의 해석에 대한 부분이다. 여기서는 국경 문제에 대해 〈북관장파지도〉(도판 4-8)에 들어 있는 것과는 꽤 다른 내용을 찾을 수 있다. 즉, 두만강의 물줄기를 더 북쪽으로 추정하고 있어서 1880년대와 1900년대에 이루어진 조선과 청나라 사이의 국경 협상에서 주목을 받았으며, 오늘날까지 한국 측이 두만강 이북의 간도間島 지역에 대해 소유권을 주장하는 데 근거를 제공하고 있다.

18세기 초의 국경 지도는 시기적으로 너무 일러서 압록강과 두만강의 윤곽이 정상기의 지도만큼 정확하지 못하다. 이 시기의 국경 지도는 17세기에 유행하던 정척 유형의 지도를 수정하는 수준에 머물지 않고 발전하기는 했다. 그러나 국경을 압록강 하구부터 동북쪽으로 뻗은 일종의 얕은 호선의 모습으로 표현했기 때문에, 정상기 이래의 지도에서 국경 지역을 한눈에 알아볼 수 있도록 해준 독특한 만곡부는 표현하지 못했다.

만주는 조선의 군사 전략가들에게 주요한 관심사였지만 그렇다고 유일한 관심사는 아니었다. 일본 또한 경계의 대상이었기 때문이다. 미국의 학자들은 일본 역사를 바라볼 때 보통 도쿠가와 막부(1600~1868)라는 평화 시대에 비중을 둔다. 따라서 17세기 조선의 일본관을 파악하기 위해서는 조선이 불과 얼마 전에 겪은 쓰라린 경험에 대해 세심한 주의를 기울일 필요가 있다.

1598년 일본이 한반도에서 군대를 철수시킨 것은 도요토미 히데요시의 죽음으로 말미암아 이전부터 지속되던 병참 및 전략상의 교착 상태를 끝낼 정치적인 계기가 생겼기 때문이다. 하지만 명의 군대는 1600년까지 남아 있었고, 그 뒤 몇 년 동안 남해안과 동해안 전역에서 높은 수준의 방어 태세가 유지되었다. 1609년 교역 협정을 통해 쓰시마의 다이묘가 부산에 영구적인 교역 시설을 갖추었고, 그의 중개를 통해 조·일 관계를 다시 복원해 나갈 수 있었다. 협정은 상황을 매우 안정시켰다. 하지만 조선은 17세기와 18세기에 걸쳐 결코 방어 태세를 늦추지 않았다. 남해안의 여러 고을에는 육군과 수군이 주둔하면서 19세기까지 빈틈없는 경계 상태를 유지했다.

〈영남연해형편도嶺南沿海形便圖〉는 이 지역을 강조한 관방 지도 중 하나로 희귀한 지도이다(도판 5-9). 3.5미터에 달하는 넓은 지면에 그린 이 지도는 소장자였던 경상좌도수군절도사 강응환姜膺煥(1735~1795)의 생물 연대로 미루어 18세기 후반에 제작된 것으로 보인다.[7] 긴 해안선을 일직선으로 길게 펼쳐 그렸고, 모든 고을과 항구, 작은 섬과 강의 하구, 해안 지역의 항해와 방어에 중요한 여러 지형을 담았다.

---

7) 이 지도의 소장자였던 강응환은 1795년 사망했다. 아울러 지도에 나타난 안의安義라는 지명은 1767년에 처음 등장한 것이므로 이 지도가 제작되거나 필사된 시점은 1767년에서 1795년 사이가 된다. 이찬, 『한국의 고지도』, 도판 38 및 p. 385의 주38.

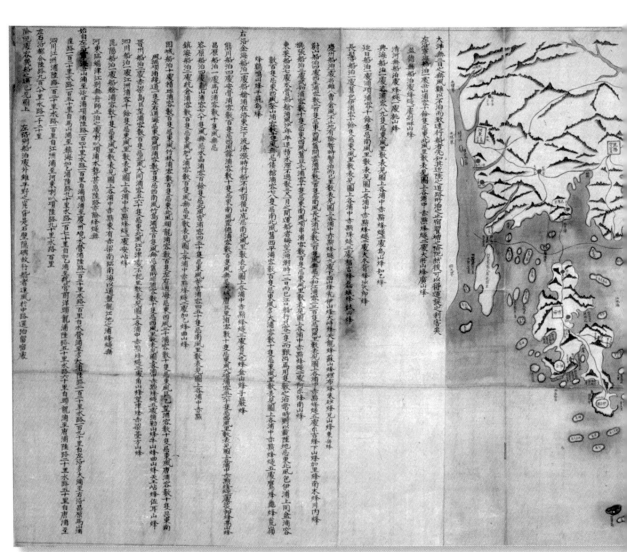

[도판 5-9]

〈영남연해형편도嶺南沿海形便圖〉

아래 지도는 18세기 후반에 제작된 것으로 추정된다. 경상도 해안을 연속되는 파노라마로 보여준다. 전체 폭이 3.5미터에 이르는 이 종이 지도에는 해안을 따라가며 모든 고을과 진보鎭堡, 항구와 정박지, 거리 정보 등을 수록했다. 항구와 정박지를 정리한 목록은 각 항구의 선박 수용량과 풍향 정보 등을 제공한다. 아래 그림에 삼도수군통제사三道水軍統制使의 군영이 있던 통영統營 일대가 보인다. 오늘날 대한민국 해군의 총사령부도 바로 이곳 동북쪽의 진해鎭海에 있다. 통영 남동쪽의 큰 섬은 거제도이다. 요새화된 관문과 다리가 통영과 근해의 지원 기지들을 이어준다.

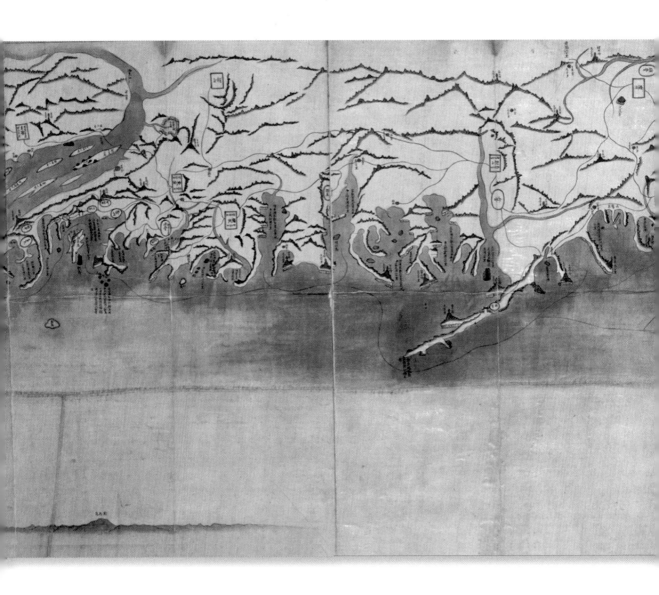

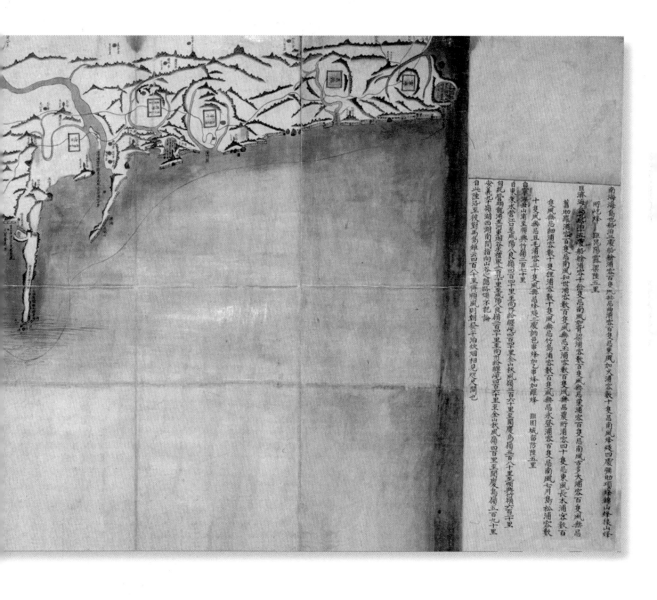

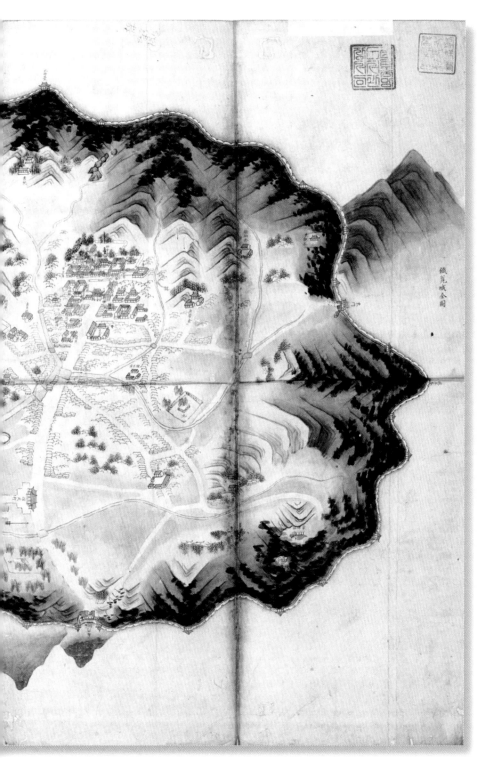

[도판 5-10]

〈철옹성전도鐵甕城全圖〉

이 회화식 지도는 미술사적인 배경에서 볼 때 18세기에 제작된 것이다. 약산藥山으로 알려진 봉우리 위에 세워진 철옹성 본성이 맨 왼쪽에 있으며, 본성으로부터 별도의 성벽이 분기된다. 왼쪽부터 오른쪽으로 주요 군영의 영아가 있언 영변 읍치가 펼쳐진다. 성벽의 둘레는 13킬로미터를 넘는다. 좌측 상단에는 북산성北山城으로 들어오는 입구가 있는데 이 또한 별도의 요새이다. 동헌과 군영의 건물들은 우측 중앙에 있다. 읍치의 주민들이 사는 초가집은 남쪽에 모여 있다. 17세기 내내 조선의 여러 왕이 이 군사시설에 상당한 투자를 했고 그 결과가 이 지도에 분명하게 드러난다. 약산은 한국에서 진달래로 유명하다. 화면 왼편의 지역은 경치가 매우 아름다우며 3월말에는 아주 환상적이었을 것이다. 원본 크기 : 78.7×120.3cm. 국립중앙도서관 소장(古 2702-20).

347

한국의 전통 관방 지도의 또 다른 요소는 산성山城이었다. 역사 기록의 가장 오랜 지층에서도 언급되며 고고학 조사에서 선사 시대에도 존재했던 것으로 드러날 만큼, 산성은 전쟁시 주민 보호를 위한 한결같은 대책이었다. 힘이 센 이웃 나라에 비해 수가 적고 수세에 몰린 상황에서 산성은 생존을 도모하는 동시에 적의 세력을 약화시킬 수 있는 가장 현실적이고 대표적인 전략이었다. 자연 지형을 활용하여 방어 역량을 갖추고 식수를 확보할 수 있도록 산성의 입지를 선정했으며 지속적인 대비 태세를 유지할 수 있도록 산성을 정비했다.

산성에서는 적을 효과적으로 따돌릴 수도 있었고 위협할 수도 있었다. 아울러 주민의 안전을 확보한 상태에서 미래를 협상해 나갈 수도 있었다. 반면 이러한 전략으로 주민이 빠져나가게 되면 그 지역은 재산의 손실과 파괴라는 혹독한 대가를 치를 수도 있었다. 그럼에도 산성은 많은 인명을 구해 낼 수 있었고, 그 덕분에 위험한 상황이 끝난 뒤에는 재건에 필요한 여건을 확보할 수 있었다. 한국의 산은 백두산에 이어지는 산줄기라는 의미 이상으로 중요했던 것이다.

앞서 영변의 형세 지도에서 주목한 바 있는 철옹성은 대규모 산성의 모습을 잘 보여준다(도판 5-10). 이 성의 역사는 고구려 때로 거슬러 올라가며 고려도 여러 시련의 와중에 자주 사용했던 것 같다. 조선 태종은 1416년 이곳에 성을 다시 쌓으면서 철옹성과 인접 지역에 길이 26,815척의 성벽을 쌓았다. 세종의 시대 이전에는 척의 길이가 좀 더 길었던 점을 고려하면, 이것은 5.34킬로미터를 훌쩍 넘는 것이다. 아울러 세종이 경계를 새로 획정하고 1429년 영변부寧邊府를 신설하면서 이곳이 영변부의 치소治所가 되었다.

17세기에 접어들어 전반적으로 군사력을 강화하려는 움직임 속에서 1633년 철옹성을 다시 보강하여 내성內城 550미터를 갖추었고, 1675년 숙종이 북방에 지성支城을 덧붙였다. 1685년에는 고을의 전반적인 방어 체계를 일신하고 확충하여 13.24킬로미터 길이의 내성을 4미터 높이로 새로 쌓았다. 이 성에는 정문이 4개, 작은 하천이 3개, 우물과 샘이 50여 개 있었다. 1750년에는 영조가 다시 성을 개축했다. 18세기에 제작된 것으로 추정되는 멋진 회화식 지도 속에서 철옹성의 전체 모습을 살필 수 있다.[8]

일반적으로 고을 지도와 특수 지도는 전국 지도나 도별도와는 다른 방식으로 전개되었다. 전통적인 사고를 가진 사람은 이러한 양상에서 아무런 모순을 느끼지 않았다. 도별도나 전국 지도를 회화식으로 그린다는 것은 있을 법한 일이 아니었다. 결국 그런 방식으로 지도를 제작하는 화원이나 제작자도 없었고, 그런 지도를 구매하거나 감상할 사람도 없었다. 회화식 지도 양식이 실질적이고 적당했던 주제 영역, 가령 도시 지도와 고을 지도, 여러 유형의 관방 지도에서는 방안식 지도보다 회화식 지도가 선호되었던 것으로 보인다.

---

8) 『문헌비고』 권30 여지고輿地考 18 관방關防 영변읍성. 일부 학자는 이 지도를 16세기나 그 이전 작품으로 본다. 하지만 영변寧邊-철옹鐵瓮-북산성北山城에 걸친 군사기지에 막대한 투자를 한 것과 이 회화식 지도의 내용이 『문헌비고』에 기록된 축성 기록과 부합하는 것으로 보아, 이 지도를 16세기나 그 이전 작품으로 보는 것은 근거가 없는 것 같다. 회화의 양식도 18세기 말에 전형적으로 나타나는 것이다.

| 나오는 말 |

한국 지도의 역사적·사회적 위치

한국 지도학의 초기 단계에 대한 기록은 매우 빈약하다. 현존하는 가장 오래된 한국 지도도 고구려 무덤 벽화에 그려진 것을 빼면 1470년쯤으로 거슬러 올라갈 뿐이다. 외침이나 내란으로 소멸되지 않았다면 더 이전의 지도가 남아 있을 테지만, 모두 세월 앞에 견디지 못했다. 1402년의 〈혼일강리역대국도지도混一疆理歷代國都之圖〉를 모사한 3장의 사본도 전쟁과 약탈의 결과 현재 일본에 있다.

또한 1402년이라는 시점도 이러한 시련을 딛고 설 역사적인 변화의 계기가 되지는 못했다. 15세기 지도로는 단 한 장의 지도가 살아남았는데, 1463년 전국 지도에서 전승된 것으로 추정되는 사본으로 이것도 일본에 있다. 〈동람도東覽圖〉를 제외하면 현존하는 지도 가운데 1592년 일본의 침입 이전에 제작된 것으로 분명하게 확인된 것은 정말 드물다. 17세기에 이르러서야 어느 정도 지도가 축적되기 시작한다. 18세기와 19세기에 이르면 진지한 연구를 진행할 만한 정도의 다양성과 중복성이 생긴다. 하지만 이러한 늦은 시기의 지도 중에도 제작자의 이름이나 제작 시기가 정확히 알려진 것은 거의 없다.

여러 장애 요소에도 불구하고 한국에서 세상에 하나밖에 없는 지도를 비롯해서 독창적이고 우수한 지도들을 만나는 것은 어려운 일이 아니다. 한국에서는 가장 오래된 불교식 지도인 〈오천축국도五天竺國圖〉를 제작했으며, 동아시아 최초의 진정한 세계지도를 만들었고, 특유의 산악 지형을 의식하면서 만든 독창적인 형세形勢지도 제작 기술을 발전시켰다. 뿐만 아니라 서양의 영감을 받아 매우 희귀한 지구의地球儀를 만들어 중국식 혼천의 안에 장착했으며 우주의 구조를 반영한 〈천하도天下圖〉(고대 중국의 지리적 전승을 흥미롭게 가공한 지도)를 만들었고, 김정호는 사용자의 편의를 위해 혁신적인 도안과 체재로 거대한 방안식 전국지도를 만들었다.

아울러 한국은 주변에 있는 적들의 지도 유형에 끊임없는 관심을 기울였으며, 이러한 노력은 지도 제작 기술의 발전에 중대한 영향을 끼쳤다. 지도 제작에서 국가 안보의 요소는 이른 시기부터 출현하여 내내 지속되었다. 안보 문제가 〈동람도〉에 부정적인 영향을 끼친 것은 분명하지만, 다른 한편으로는 국방 지도 분야의 발전을 자극했다. 국방 지도는 매우 기능적인 것이었고, 시각적으로도 호소력이 있었다. 또한 안보에 대한 관심은 목극등 사건의 주요한 배경이 되었으며, 김정호를 둘러싼 여러 종류의 이야기가 되어 민간전승이 되기도 했다.

관료제의 중앙집권주의와 세습적인 집권 계급이 지배하던 시대였던 만큼 지도 제작은 당연히 정부에 집중되었다. 권근權近, 양성지梁誠之, 이이명李頤命은 이러한 지배집단의 대표였다. 하지만 1402년의 〈혼일강리역대국도지도〉와 15세기 전반의 전형적인 조선전도를 제작한 이회李薈는 모든 면에서 낮은 지위에 있었다. 정척鄭陟은 향리 가계 출신으로서, 고위 관료층의 지원보다는 국왕의 후원과 우정 덕분에 고위 관료로 성공을 거두었다. 정상기鄭尙驥는 양반 출신이었지만 과거를 보지 않았고 관직에 나가지 않았다. 김정호의 사회적 배경은 분명치 않지만, 기껏해야 하급 군직軍職에 속하는 평민이었을 것이다. 그는 가난한 양반과

재능 있는 상민常民 사이의 경계가 모호해져서 그것을 뛰어넘을 수도 있는 시대에 살았다. 그는 좋은 교육을 받은 것으로 보이며, 교육은 상류층으로 이동하는 데 첫 번째 요건이었다.

조선 초기에는 지도의 제작이 대부분 국가의 주도로 이루어졌지만, 후기에는 정부 바깥에서 지도 제작의 새로운 움직임이 나타나기 시작했다. 정상기와 같이 국가의 인정을 받기도 했고, 그저 묵인을 받거나 김정호처럼 적대시되기도(전설을 믿는다면) 했다.

조정에서 지도 제작을 주도하던 시대의 지도는 아주 소량밖에 남아 있지 않다. 당시의 지도는 모두가 일부 장소에 모여 있었기 때문에 화재나 침입자에게 쉽게 희생되었다. 하지만 17세기부터 지도 제작 기술이 좀 더 넓은 사회적 기반을 가지면서부터는 보존 방법도 늘어났고 지도도 늘어났다. 이러한 상황은 지도 제작자와 소비자뿐만 아니라, 화가와 목판 인쇄업자, 모든 부류의 모사자(매우 소수를 제외하고는 모두 철저히 무명이다)에게 적용되었다.

지도 제작의 전성기는 정부가 독점권을 잃거나 포기하면서 도래했다. 1791년 전국적인 방안 체계를 만들고 고을 지도의 제작을 조직화하려는 국왕의 사업조차 관료들의 지원을 얻는 데 실패한 것이 분명하고, 역사적으로도 주목을 받지 못했다. 어느 정도 세월이 지나고 나서야 최한기와 김정호 같은 개별 학자나 자발적인 관심을 가진 사람들이 이런 사업을 재개했다.

연구와 개발이 폭넓게 이루어지지 못했다는 점이야말로, 〈혼일강리역대국도지도〉나 지구의 같은 빛나는 사업을 완수하고도 어떻게 더 이상 발전이 없었는지를 설명하는 열쇠일지 모른다. 1441년 세종의 기리고차記里鼓車나 세조 때의 삼각측량 기구(1467년의 규형)가 처음 나타난 뒤, 그것이 어떻게 발전했다거나 실제로 사용되었다는 흔적을 찾을 수 없는 이유는 무엇인가? 이 기계들은 나중에 지속적으로 사용되어 평범해진 것인가? 아니면 시도는 했지만 결국 잘 작동하지 않음을 알게 되었던 것인가? 만약 세종이 극지에 관측자들을 보내어 북극 고도를 측정했다면, 왜 그 뒤에는 어느 누구도 그런 노력을 다시 기울이지 않았는가(아울러 이때의 측정 기록을 왜 보존하지 않았는가)? 그리고 1715년 조선이 북경에서 구입한 과학적인 관측 기구들이나 다른 어떤 기구들이 측지 좌표를 측정하기 위해 사용되었는가? 이러한 문제들에 대한 명확한 자료가 있을지 모르지만, 쉽사리 발견할 수 없다. 이 사안들은 향후의 연구를 위한 중요한 시사점이 된다.

전통 시대에 한국 문화는 중국 문명에서 많은 것을 빌려 썼다. 이러한 관계는 지도학에서도 명백하다. 김정호의 방안 지도라는 구체적인 사례에서도 방법론상의 직접적인 관련이 있다. 곧《청구도》에 대한 최한기의 서문과 김정호의《대동여지도》서문에서, 중국의 배수裴秀가 제시한 지도 제작의 원칙 6가지를 인용하고 있다.

하지만 이렇게 한국이 문화적으로 중국과 일치하는 점이 많았고 중국으로부터 직접적인 영향을 받았음에도 불구하고, 흥미롭게도 한국인은 지도와 관련하여 중국인과 매우 다른 일을 했다. 그 결과 우리는 한국의 지도가 중국의 지도와 퍽 다른 모습을 띤다는 점을 알 수 있다. 이슬람과 서구 사회에서 같은 자료를 입수했지만, 중국과 조선 두 나라는 다르게 반응했다. 중국이 '대명大明'의 지도를 제작했던 반면, 한국은 자기 자신과 일본을 덧붙여 세계지도를 만들었다.

한국은 자기 자신을 인식하는 방식에서 정말 독특한 나라였다. 중국에서 수입한 문화에도 불구하고, 한국의 독자적이고 개성 있는 문화 전통은 결코 생명력을 잃지 않았다. 그리고 어떤 맥락에서 중국 문화가 아무리 겉모습을 주도했을지라도, 그것은 전체의 일부에 지나지 않았다.

중국 문명이 지도 제작 기술을 주도했지만, 한국의 지도는 이 관계로만 정의할 수 없으며, 동아시아 문명 내부의 위대한 다양성을 보여주는 대단히 쓸모 있는 매개체이다.

한국인은 서구의 관측 기술과 지도 과학에 생동적인 호기심을 가지고 있었다. 한국은 서양의 지도를 수입했고, 모사했으며, 인쇄했다. 그리고 한국인은 천체 시계를 위한 지구의도 만들었다. 하지만 어느 것도 한국의 지도에 영향을 주지는 못한 것 같다. 한국 지도는 아무 일도 없었던 듯이 자신의 방식대로 계속 발전했다. 김정호는 경위선과 황도黃道 등 모든 것을 베껴 반구체의 서양 지도를 인쇄했다. 하지만 그의 지도에서는 완전히 한국적인 전통 속에서 자신만의 길을 계속 추구했다. 그는 경위선 좌표의 기능을 이해하고 있었고, 자신의 작업에도 그것들을 참고했다. 하지만 그는 1791년 정조의 역관曆官들이 지도로부터 측정한 좌표에 만족했던 것 같다.

19세기가 끝나기 전에 서양 지도의 영향이 조선에 거세게 밀려오기 시작했고, 실제로 그것은 전통적인 지도 제작 기술을 압도했다. 하지만 지도 제작은 근대로의 변화 속에서 하나의 물방울에 지나지 않았다. 여기에는 두 가지 과정이 간여되었다. 하나는 전반적으로 중국 문명으로부터 이탈하는 것이었고, 또 다른 하나는 서구 문명을 소개하는 것이었다. 처음에는 개신교 선교사(주로 미국인)를 통해서였지만, 더 결정적으로는 공세적인 일본의 개입과 식민지화를 통해서였다.

이러한 현상을 단 하나의 사건과 연결해야 한다면, 그것은 1895년 일본이 청나라를 물리친 사건을 꼽을 수 있다. 이 사건이 있기 10년 전 중국은 조선에 조공 관계의 지속을 강요하면서 문명의 대의大義를 제시했다. 하지만 당시 중국은 원세개袁世凱의 집정기 10년 동안 조선의 내정에 지나치게 간섭함으로써 대국이 지켜야 할 중요한 신의를 어겼다. 일본의 승리는 중국의 입지를 약화시켰을 뿐만 아니라, 갈림길에 서 있던 한국의 지도층에게서 중국의 위신을 무너뜨렸다.

하지만 이후 일본은 한국에 많은 고통과 고난을 안겼다. 이때부터 한국인들은 서양의 방식에 적응해 나가야 했고, 그 과정은 별다른 장애 없이 진행되었다. 이 시기에 이르러서야 비로소 근대 서양 지도 제작 기술이 조선에서 우세해졌다고 할 수 있다.

| 옮긴이의 말 |

우리 옛 지도에 대한 서구 학자의 진지한 지적 여정

장상훈 | 국립중앙박물관

I

1973년 중국 후난성湖南省 창사長沙의 한 고분(마왕뒤馬王堆 3호 무덤)에서 기원전 2세기 무렵의 지도가 발굴되었다. 2천 년이라는 시간을 훌쩍 넘어 지도가 온전히 남아 있었다는 사실에 더해 세상을 깜짝 놀라게 한 것은 지도의 높은 수준이었다. 비단 위에 그려진 이 지도는 중국의 지도 제작 기술이 기원전에 이미 상당한 수준에 올라 있었음을 알려주었다.

우리나라의 경우에도 삼국 시대에 지도를 만들어 활용했다는 기록이 남아 있고 실제로 평안남도 순천에서 발견된 고구려 무덤 벽화에서 지도의 흔적이 확인되었다. 이로써 우리 선조들이 이른 시기부터 지도를 만들어 사용했다는 사실을 확인할 수 있다. 하지만 우리나라에서 지도 제작 기술이 어떻게 발전해 왔고 동아시아의 지도 제작 전통에서 어떤 위치를 차지해 왔는지를 구체적으로 살피는 것은 말처럼 쉬운 일이 아니다.

　　15세기 이전에 제작된 지도로 현존하는 것은 하나도 없고, 지도 제작에 대한 구체적인 기록도 조선 시대에 들어와서야 확인되며 실제 그 양도 많지 않은 실정이다. 18세기 이후의 지도는 비교적 많이 남아 있지만, 아쉽게도 우리 옛 지도에 대한 연구가 그리 활발하다고 할 수 없고, 동아시아 여러 나라의 지도를 비교 연구하는 작업에 이르면 마땅한 연구자를 떠올리기도 쉽지 않은 실정이다.

　　이러한 상황에서 동아시아 여러 나라의 지도 제작의 흐름을 고려하지 않고 우리 지도의 우수성이나 아름다움을 선언적으로 내세우는 것은 우리 옛 지도의 의미와 가치를 제대로 이해하는 바른 길이 될 수 없다. 바꾸어 말하면 우리 지도가 어떤 역사적인 맥락에서 제작되었으며, 다른 나라의 지도와 구분되는 어떤 특성과 장점, 그리고 차이점을 갖는지 확인할 필요가 있는 것이다.

　　중국의 청나라는 18세기 초 유럽에서 온 예수회 선교사들을 활용하여 나라의 곳곳을 천문학적으로 측량하고 이 결과를 바탕으로 경선과 위선 조직에 기반을 둔《황여전람도皇輿全覽圖》라는 방대한 전국 지도를 제작했다. 일본의 경우에도 19세기 초 이노오 다다타카伊能忠敬라는 지도 제작자가 막부幕府의 지원을 받아 17년 동안 일본 열도의 해안선과 주요 도로를 실측하고 상당한 수준의 전국 지도를 제작했다. 실측을 위해 그가 여행한 거리는 4만 3,000킬로미터에 이른다고 한다.

　　물론 우리에게도 김정호가 있다. 1861년 그는 전통 시대에 제작된 전국지도 중 가장 크고 상세한《대동여지도大東輿地圖》를 제작했다. 한국인이라면 누구라도 알고 있는 이 유명한 지도는 우리나라의 지도 제작 전통을 집대성한 가장 우수한 지도로 평가받고 있다. 그런데 이 대목에서 분명히 해 둘 것은《대동여지도》를 비롯한 우리 옛 지도들이 당시의 사회·문화적 맥락 속에서 어떤 의미를 띠며, 나아가 동아시아의 지도 제작 전통 속에서 어떤 위치를 차지하는지에 대한 관심이 필요하다는 점이다.

예컨대 김정호는 천문학적 측량에 의한 경선과 위선 개념을 분명히 알고 있었지만 《대동여지도》에 경선과 위선을 그려 넣지 않았다. 그보다 이른 시기에 활동했던 일본의 이노오 다다타카나 중국에서 활동했던 예수회 선교사들이 천문학적 측량을 실시하여 지도의 정확성을 높이려 했던 것과는 분명하게 대비되는 점이다. 이는 조선의 지도 제작 전통에 무엇인가 다른 맥락과 배경이 작동하고 있었음을 시사한다.

Ⅱ

김정호가 《대동여지도》를 세상에 내놓은 1861년(철종 12)은 나라 안팎으로 위기의 시기였다. 안으로는 오랜 실정에 지친 농민들의 불만이 들불처럼 퍼져가고 있었고, 밖으로는 중국이 서양의 열강들에게 무릎을 꿇었다는 충격적인 소식이 전해져 왔다.

김정호는 이미 30여 년 전인 1834년에 《청구도靑邱圖》라는 이름의 전국 지도를 제작하여 작지 않은 반향을 일으켰다. 그는 줄곧 지도와 지리지 연구에 몰두했고 마침내 우리나라 전통 지도의 최고봉으로 꼽히는 《대동여지도》를 간행했다. 그런데 그는 왜 지도의 제작에 매달렸던 것이며 어떻게 그러한 결실을 맺을 수 있었을까. 그리고 그의 지도는 위기에 봉착해 있던 조선 왕조에서 어떤 역할을 할 수 있었을까.

흥미롭게도 일제강점기에 조선총독부가 펴낸 한국어 교과서인 『조선어독본』에는 자못 명쾌한 가설이 제시되어 있다. "어려서부터 지도에 관심이 많던 김정호는 모진 시련 속에서도 오로지 자신의 노력만으로 백두산에 8번 오르고 전국을 3번 답사하여 전국 지도를 제작해냈다. 하지만 그런 노력에 대한 보상은커녕 국가의 기밀인 지리 정보를 유출했다는 죄로 도리어 흥선대원군興宣大院君의 노여움을 샀고 결국 옥에 갇혀 최후를 맞이했다. 그리고 그의 목판은 모두 소각되었다"

이 이야기는 광복 후 1990년대까지 우리 교과서에 수록되어 있었으며, 오늘날까지도 김정호와《대동여지도》에 대한 인식에 큰 영향을 미치고 있다. 하지만 학계의 연구에 따르면 이야기의 대부분은 역사적 근거가 없는 것이다. 『조선어독본』에서는 김정호의 위대함을《대동여지도》의 내용이나 역사적 맥락으로 설명하지 않았고 그럴 필요도 느끼지 못했다. 중요한 것은 김정호의 위대한 업적을 알아차리지 못한 조선 조정의 무능함을 강조하는 것이었기 때문이다. 결국 그의 위대함은 신화적인 행적으로 설명될 수밖에 없었다.

짐작할 수 있는 것처럼 『조선어독본』은 김정호 이전의 지도에 대해 자세히 언급하지 않는다. 또한 지도 제작을 위한 지리 측량의 구체적인 과정이나 방법에 대한 기술도 없다. 그저 홀로 전국을 답사하고 백두산을 여러 번 올라 지도를 만들었다는 것이 내용의 전부이다. 덕분에 김정호는 무에서 유를 창조한 위인으로, 또한 시대를 잘못 만난 비운의 사나이로 묘사되었지만 구체적인 내용은 공허할 따름이다. 이는 그의 업적의 의미와 가치를 구체적인 사실이나 당시의 사회·문화적 맥락 속에서 평가하려 하지 않았기 때문이다. 그리고 동아시아의 지도 제작 전통 안에서 김정호와 대동여지도의 위치가 논의될 여지는 처음부터 없었다.

우리 옛 지도의 의미와 가치를 어떻게 밝혀 나갈 것인가에 대한 고민은 이러한 문제의식에서 출발할 수 있을 것이다. 요컨대 우리 옛 지도에 대한 객관적인 이해를 위해서는 역사적 사실이나 맥락 이전의 일정한 목적이나 선입견을 배제할 필요가 있는 것이다. 따라서 옛 지도를 비롯한 우리 전통문화에 대한 평가가 합당한 근거 없이 찬사 일변도로 치닫는 것을 경계할 필요가 있다. 우리 지도의 의미와 가치를 제대로 이해하기 위해서는 그것의 객관적인 위치를 보아야 하기 때문이다. 미국의 한국사 연구자인 레드야드 교수의 글을 번역하여 소개하는 것은 그의 지도 연구가 우리에게 많은 시사점을 제시하고 있기 때문이다.

Ⅲ

개리 레드야드Gari Keith Ledyard (1932~) 교수가 1994년에 발표한 이 글 "Cartography in Korea"은 당시까지의 한국과 일본, 구미 학계의 연구 성과를 종합하여 한국 지도학의 발달 과정을 체계적으로 정리한 노작이다. 이 글은 서구 학계에 우리 전통 지도학을 알리는 데 크게 기여했고, 그의 넓은 시야와 객관적인 시각은 우리 옛 지도에 대한 이해를 보다 깊게 하는 데 중요한 역할을 했다. 그는 한국의 역사에 대한 폭넓은 이해를 바탕으로 한국 전통 지도의 발전 과정을 추적했으며, 이는 한국사 연구자인 그가 갖는 큰 장점이라고 할 수 있다.

미국 UC 버클리 대학교에서 학사·석사·박사 학위를 취득한 레드야드 교수는 1966년부터 2001년까지 미국 뉴욕의 컬럼비아 대학교에 재직하면서 한국학 발전과 후진 양성에 크게 기여했다. 또한 은퇴 뒤에도 같은 대학의 한국학 석좌명예교수King Sejong Professor of Korean Studies Emeritus로 활동하고 있다. 그는 조선 시대 세종대왕의 한글 창제와 그 의미에 대한 글 "The Korean Language Reform of 1446"을 박사 학위 논문으로 저술했으며, 이후 고려의 대몽관계, 임진왜란, 실학 등 한국사의 여러 분야에 걸쳐 많은 연구 성과를 쌓아 왔다.

그가 한국의 옛 지도와 인연을 맺은 것은 미국 위스콘신 대학교에서 기획한 『세계 지도학 통사』 전8권 중 하나인 "Cartography in the Traditional East and Southeast Asian Societies"에 수록될 한국 지도학 편의 집필을 『한국전쟁의 기원』의 저자로 유명한 브루스 커밍스 교수의 추천으로 맡게 되면서부터였다. 한국사에 관한 한 '빙하기부터 냉전 시대까지' 관심이 있다고 밝힐 만큼 평소 폭 넓은 관심을 가지고 있던 그는 중국이나 일본과는 다른 한국의 독특한 지도 문화를 소개할 좋은 기회로 보고 이 작업에 착수했다.[1]

그는 이 글을 위해 김양선, 방동인, 이찬 등 국내 연구자의 연구를 많이 참고했고 나아가 이를 비판적으로 분석했다.[2] 그는 한국의 지도 연구자들이 한국 지도의 전반적인 맥락에 별다른 관심을 기울이지 않았음을 지적한다. 이어 그는 한국 지도의 중요성을 온전히 이해하기 위해서는 한국사의 사회적·경제적·지성사적·예술사적 동향과 연결시키는 일이 중요하다고 주장한다. 발표된 지 17년이 지난 그의 글에 주목하는 까닭은 이러한 그의 문제의식과 그것에 바탕을 둔 그의 논의가 오늘날에도 여전히 유효하기 때문이다.

아울러 이 글은 한국의 전통 지도학에 대한 개설서로서 여러 장점을 가지고 있다. 먼저 한국 옛 지도의 맥락적 이해를 도모할 충실한 구성과 내용을 갖추고 있다. 그는 세계지도·전국 지도·지방 지도·국방 지도 등 지도의 유형별 전개 양상을 기본 뼈대로 하면서도, 이를 시대적인 흐름 위에 자연스럽게 얹어 지도 발달의 역사를 통사적으로 이해할 수 있도록 했다. 뿐만 아니라 지도 제작 기술의 기초가 된 문화적·기술적 배

---

1) An Interview with Gari Ledyard, *The Review of Korean Studies* 9, (Vol. 6, No. 1, 2003년 6월). 번역문이 『정신문화연구』 제26권 3호(통권 92호, 2003)에 수록되어 있다.

2) 한국 전통 지도학에 대한 개설로는 다음이 대표적이다. 방동인, 『한국의 지도』 (서울: 세종대왕기념사업회, 1975) ; 이찬, 『한국의 고지도』 (서울: 범우사, 1991) ; 한영우, 「우리 옛지도의 발달과정」, 『우리 옛지도와 그 아름다움』 (서울: 효형출판, 1999) ; 이상태, 『한국고지도 발달사』 (서울: 혜안, 1999) ; 방동인은 증보판 『한국지도의 역사』 (서울: 신구문화사, 2001)를 출간했다.

경을 정리한 별도의 장을 편성하여 지리지·풍수지리·측량·길이 표준 등의 중요 주제를 상론함으로써, 한국 전통 지도의 역사적 전개에 대한 설명 뒤로 자칫 묻히기 쉬운 지도 제작의 문화적·기술적 측면도 충실히 다루었다.

둘째, 한국의 역사에 친숙하지 않은 구미권의 독자들을 위해 한국의 역사와 문화적 배경에 대한 친절한 설명을 덧붙여 지도 제작의 배경을 이해하고 나아가 우리나라의 역사를 개관하는 데 도움을 주고 있다. 이는 국내의 독자들에게도 한국 전통 지도학을 이해하는 데 필요한 역사적 배경을 정리할 좋은 기회를 제공하고 있다.

셋째, 중국과 일본 등 주변 지역의 전통 지도를 함께 고려하는 넓은 시야와 객관적인 시각은 이 글을 돋보이게 만드는 가장 큰 장점이라고 할 수 있다. 자국 문화에 대해 우호적으로 평가하기 쉬운 한계에서 자유로운 그의 시각은 동아시아의 지도 전통 속에서 한국이 차지하는 위치를 평가하는 데 적절한 균형 감각을 견지하고 있다.

하지만 레드야드 교수의 글이 국내 학계로부터 충분한 주목을 받았다고 보기는 어렵다. 이 글이 국내 연구자의 논문에 간혹 참고 문헌으로 등장하기는 하지만 구체적인 논의의 대상이 되는 경우는 많지 않고, 때로는 정작 어떤 내용을 참고했는지 분명하지 않은 예도 있다. 이러한 사정은 그의 문제의식을 학문적인 수준에서 구체적으로 풀어나갈 만한 여건이 아직 충분하지 못한 것과 무관하지 않다.

지난 20여 년 동안 적지 않은 연구 성과가 축적되어 왔지만 아직도 국내 지도 연구자는 소수에 지나지 않고 지도에 대한 학제적 연구도 이제 시작 단계라고 할 수밖에 없다.[3] 지도 제작과 관련된 기술 발전의 구체

---

3) 이러한 배경에서 '한국고지도연구학회'가 지난 2008년 3월 발족하여 우리 옛 지도에 대한 본격적인 연구와 학제적 연구를 모색하게 된 것은 다행스러운 일이다.

적 내용, 지도에 대한 사회적 수요와 공급의 문제, 지도 제작과 활용의 사회·문화적 맥락, 동아시아에서 우리 지도의 위치를 밝히는 작업은 아직 문제 제기 수준에서 큰 진전을 보고 있지 못한 것이 사실이다. 이러한 실정에서 레드야드 교수의 논의가 깊이 있게 다루어지는 것은 쉽지 않은 일이었다고 할 수 있다. 그리고 영어로 저술된 이 글이 일반 독자들의 주목을 받는 것은 더더구나 쉬운 일이 아니었다.

IV

레드야드는 글의 첫머리에서 한국 전통 지도에 대해 다음과 같이 전제하면서 논의를 시작한다. "한국의 문화가 중국 문명의 많은 특징과 제도를 자유로이 흡수하면서도 강하고 독자적인 정체성을 유지한 것처럼, 한국의 지도 제작자들은 중국에서 발전된 지도 제작의 일반적인 규범을 적용하면서도 이를 자신의 환경에 응용해 실용성과 아름다움을 겸비한 지도들을 창조했다." 이러한 그의 평가는 지도뿐 아니라 우리 민족의 역사와 문화 전반에 대한 개관을 바탕으로 한 것으로 주목할 만하다.

앞서 언급한 바와 같이 한글에 대한 연구를 바탕으로 중국과는 분명하게 구분되는 우리 민족문화에 대해 심층적인 연구를 진행한 경험이 있는 그는 한글 연구의 연장선 상에서 우리 지도를 분석하고 있다. 그는 한글 창제를 '1446년의 한국어 개혁'이라고 표현할 만큼, 한글 창제의 의미를 문화사적인 측면에서만 보지 않고 이를 정치적인 관점에서 파악하고 그 의미를 강조했다. 문화적인 사상을 문화라는 관점에서뿐 아니라 정치·사회·경제 등 여러 각도로 검토하는 것은 그의 한국 문화 연구가 갖는 가장 큰 강점 중 하나로 지도 연구에도 그대로 적용되고 있다.

또 하나의 강점은 그가 거시적인 관점뿐만 아니라, 한글이나 지도의 미시적인 부분에 대해서도 깊은 관심을 쏟았다는 것이다. 레드야드 교수는 역사학자이면서도 한글 연구에서 한글 자모의 음성학적인 측면이나 언어학적인 측면에 주목했던 것과 같이, 지도 연구에서도 거리 측량의 기본 단위가 되는 길이 표준과 그것의 적용 사례에 대한 정치한 논의를 펼치고 있다. 그런데 이러한 깊은 이해와 관심은 국내의 지도 연구에서도 보기 드문 일이다.

한편 레드야드 교수는 한국의 전통 지도학이 쌓은 독창적이고 우수한 업적들을 명료하게 제시하고 있다. 먼저 고려 시대에 세계에서 가장 오래된 불교식 지도인 〈오천축국도五天竺國圖〉를 제작한 점을 강조한다. 그는 윤포라는 고려 시대 관리의 묘지墓誌에서 그 사실을 확인해 낸다. 다만 이 지도가 한국에서 맥이 끊어지고 일본에서 유행하게 된 현상에 대해서는 유교 이념을 중시한 조선 왕조의 등장을 원인으로 꼽는다.

그는 조선 왕조의 개창과 함께 제작된 〈혼일강리역대국도지도〉를 '동아시아 최초의 진정한 세계지도'로 일컬으면서 이 지도의 의미를 특별히 강조하고 있다.[4] 그는 이 지도의 제작을 보면서 중국과 한국의 문화적 차이도 읽어낸다. 이슬람 사회와 서구 사회로부터 입수한 동일한 자료를 가지고 중국은 '대명大明'의 지도를 제작한 반면, 한국은 한국과 일본의 지도를 덧붙여 세계지도를 만들어냈다는 것이다.

'원형 천하도'는 한국만의 독특한 세계지도로 레드야드 교수의 주목을 끌기에 충분했다. 〈혼일강리역대국도지도〉와 같은 사실적인 지도를 제작한 나라에서 제작했다고 보기에 너무도 소박하고 비현실적인 이 지도가 조선 후기에 크게 유행하여 오늘날까지 가장 많이 남아 있는 흥미로운 사실 때문이다. 이 지도는 중국과 조선, 동아시아의 여러 나라 등

---

4) 일본의 류코쿠 대학 도서관에 소장되어 있는 이 지도는 앞서 언급한 『세계 지도학 통사』 전8권 중 하나인 "Cartography in the Traditional East and Southeast Asian Societies"의 표지를 장식하고 있다.

중국 중심의 세계를 고리 모양의 대륙이 둘러싼 모습을 띠고 있다. 그리고 고리 모양의 땅에는 이국적이고 신화적인 나라와 민족의 이름이 적혀 있으며, 이는 대부분 중국 고대의 지리적 전승을 담은 『산해경』에서 온 것들이다.

그는 한국 특유의 문화적 풍토가 원형 천하도를 가능케 했다는 결론을 내린다. 곧 중국의 지리 전통은 한국인들에게도 익숙했으며 한국인들은 서양식의 지도보다는 천하도에서 편안함을 느꼈다는 것이다. 이러한 설명과 함께 그는 〈혼일강리역대국도지도〉가 원형 천하도의 모습에 일정한 영향을 주었다는 흥미로운 가설도 제시하고 있다. 이로써 조선 전기에 유행했던 〈혼일강리역대국도지도〉 유형의 세계지도가 조선 후기에 홀연히 사라지는 현상을 설득력 있게 설명하고 있다.

계속해서 레드야드 교수는 전국 지도의 발전 양상을 살핀다. 기존 논의에서 지도에 대한 설명이 지도의 장점을 강조하는 데 치우쳐 해당 지도의 한계와 그 이유에 대한 설명이 소략한 데 비해, 선행지도의 한계를 역사적 배경 속에서 설명하고 이러한 문제가 해결되어 가는 과정을 당시 시대 상황과 연관 지어 생동감 있게 풀어내는 점이 돋보인다.

예컨대 조선 전기에 등장한 정척의 지도는 〈혼일강리역대국도지도〉에 그려진 조선의 모습을 크게 개선했고 이 시대를 풍미했지만, 북부 지방에 대한 지리 정보가 축적되어 있었음에도 이 지역이 불완전하게 표현된 것에 대해 의문을 제기한다. 이에 대해 그는 국가 안보에 대한 고려가 이러한 의문에 대한 답이 될 것이며, 뒤이어 등장한 〈동람도〉 유형의 전국 지도와 도별 지도에도 같은 영향을 미쳤을 것이라고 보았다.

18세기의 정상기와 19세기의 김정호는 한국 전통 지도학의 중심 인물로 이들에 대한 논의는 조선 후기 지도학의 발달 양상을 설명하는 데 있어서 매우 중요하다. 정상기는 오랫동안 사용되어 온 믿을 만한 거리 정보를 바탕으로 지리학적으로 진정한 의미의 축척을 사용한 것으로 평가된다. 레드야드 교수는 정상기가 부정확한 측량 정보로 인해 압록강 중상류 지역의 표현에 있어서 몇 가지 문제점을 남겼지만 조선의 모습을 실제에 가깝게 표현하는 데 성공했으며, 그의 성과는 문제점보다 크게 돋보이는 것이라고 평가한다.

김정호는 거대한 방안식 전국 지도인 《청구도》와 《대동여지도》를 각각 1834년과 1861년에 제작했다. 그런데 《대동여지도》는 단순히 《청구도》의 수정판이나 개정판이 아니었다. 김정호는 거리 정보의 수정을 통해 지도를 수정하고, 축척을 표시하는 새로운 방법을 고안했으며, 새로운 기호 체계를 도입했다. 또한 주기를 삭제하고 면 단위의 지명을 제거하여 도로의 표기 범위를 현저히 확대했고 이로써 지도의 체재를 완전히 다시 구성했다. 레드야드 교수는 이러한 혁신적인 디자인과 체재가 지도의 명확성을 높여 사용자의 편의를 도모하기 위한 것이었다고 평가한다.

끝으로 레드야드 교수는 우리 국토 특유의 산악 지형을 의식하며 만든 형세形勢 지도 제작 기술을 한국 전통 지도학의 전형적인 특성으로 꼽고 있다. 이러한 제작 기술은 지리 정보를 매우 제한적으로 수록한 〈동람도〉 계통 지도 이외의 우리 옛 지도에 일관되게 적용되는 특성이다. 이러한 형세 관념은 풍수지리와 관련된 것으로, 이 관념에 따라 우리 옛 지도에는 국토의 산악 연결망이 상세히 표현되었다. 레드야드 교수는 《대동여지도》가 이러한 형세 지도의 결정판으로 우리 민족 특유의 형세 지도 제작 기술을 가장 잘 표현하고 있다고 평가한다.

V

한국의 옛 지도와 서양 지도 또는 서양의 지도 제작 기술과의 만남은 레드야드 교수의 중요한 관심 사항 가운데 하나이다. 그리고 이 주제는 한국의 전통 지도 제작 기술이 쌓아온 독자적인 행보를 가장 잘 보여주는 대목이기도 하다. 그는 18세기 초 서양 지도학과 조선 지도학의 조우를 상징하는 흥미로운 사건에 대해 주목한다. 당시《황여전람도》라는 전국 지도를 만들고 있던 청나라가 조선에 사신을 보내 조선의 지도와 지리 정보를 구하려 한 사건이다.

이때 청의 사신들 가운데는 측량 기술자가 있었고 천문학적 측량을 통해 한성의 경도와 위도를 측정해 낸다. 레드야드 교수는 이때 그들과의 접촉을 통해 측량 등에 대한 정보를 얻었을 것이라고 추정한다. 아울러 1715년 조선이 획득한 장비 중에는 북극 고도나 경도를 측정하는 장치가 들어있었으므로 조선이 독자적으로 지리 정보의 정확성을 높일 수 있는 일정한 여건을 갖추고 있었다고 추정한다. 그러나 조선의 지도 제작자들의 선택은 자신들의 전통 속에서 움직이는 것이었다.

이 대목에서 레드야드 교수는 조선이 서양의 관측 기술 및 지도 제작 기술에 호기심을 가지고 있었음을 지적한다. 즉, 조선은 서양의 지도를 수입하여 모사하고 인쇄했던 것이다. 또한 천체 시계를 위해 서양식의 지구의를 만들기도 했으며, 김정호 역시 경·위선과 황도 등 모든 것을 베껴 반구체의 서양 지도를 인쇄했던 사실을 떠올린다. 하지만 그 어느 것도 조선의 지도 제작 기술에 영향을 끼치지 않았음을 주목하고 있다. 그의 표현을 빈다면, "김정호는 그의 지도에서, 온전히 조선의 전통 속에서 자신만의 길을 갔다. 조선의 지도는 아무 일도 없는 듯이 자신의 방식대로 발전했던 것이다."

레드야드 교수는 같은 맥락에서 한국 지도학의 여러 수수께끼에 대해 질문을 던지고 이러한 사안들이 향후 연구의 중요한 시사점이 될 것으로 기대한다. 1441년 세종의 기리고차나 세조 때의 삼각측량 기구가 처음 나타나 이후 실제로 사용되었다는 흔적을 찾을 수 없는 이유나, 세종이 지시했다는 극지의 북극고도 측량에 대한 기록이 남아 있지 않은 이유를 묻는다. 또한 18세기 청과의 접촉을 통해 얻은 경위도 측량 기술이나 기기들이 사용되었는지 또 사용되지 않았다면 사용되지 않은 이유는 무엇인지 등에 관한 질문이다.

한국의 지도학은 한국의 역사와 문화라는 특정한 환경 속에서 등장하여 발전해 왔다. 한국의 옛 지도들이 특정한 모습이나 특성을 띠게 된 것은 제작 당시의 기술이나 관념, 사회·경제적인 여건에 연동된 것이다. 중국이나 일본 등 동아시아의 여러 나라와는 다른 지도를 만들어 활용한 것은 지도라는 보편적인 매체에 한국의 특수성이 가미되어 서로 다른 길을 걷게 된 때문일 것이다. 결국 우리 옛 지도의 의미와 가치를 밝히는 일은 단지 지도에 대한 고민이 아니라 우리의 역사와 문화 전체를 살피는 과정이 되어야 할 것이다.

역자는 이 번역서를 준비하면서 저자인 레드야드 교수로부터 많은 도움을 받았다. 레드야드 교수는 원저의 저작권자인 미국 시카고 대학교 출판부로부터 번역문의 검토를 의뢰받고 역자의 번역 초고를 면밀하게 검토해 주었다. 지난 60여 년 동안 한국학을 연구하여 한국어에 능통한 저자는 번역 초고의 크고 작은 오류뿐만 아니라 어감에 대한 부분까지 꼼꼼히 지적해 주었다. 이 지면을 빌어 고마움을 전한다. 아울러 번역이라는 분야로 역자를 이끌고 이 책의 출간에 많은 노력을 기울인 소나무 출판사에 감사한다. 끝으로 짧지 않았던 번역 기간 내내 한결같은 마음으로 역자를 격려해 준 가족과 여러 선후배들께 감사한다.

부록

한국학계의 지도 연구 논저 목록

이 책이 집필된 1994년 이후 지도 관련 논저를 정리하였다.
단, 영인본·목록·색인·자료집은 1994년 이전의 자료도 포함하였다.

영인본

경북대학교 출판부, 1998, 『東輿備攷』.

京城帝國大學 法文學部 編, 1936, 『影印 大東輿地圖』.

慶熙大學校 傳統文化研究所, 1980, 『大東輿地圖』.

국립중앙도서관, 2005~2007, 『海東輿地圖』.

국립중앙박물관, 2007, 『東輿』.

_____, 2008, 『朝鮮圖』.

民族文化推進會, 1971, 『靑邱圖』.

서울大學校 奎章閣, 1995, 『海東地圖』.

_____, 1996~2002, 『朝鮮時代 地方地圖』.

_____, 2003, 『東輿圖』.

_____, 2004, 『朝鮮全圖』.

_____, 2005, 『朝鮮地圖』.

_____, 2006, 『鄭尙驥의 東國地圖 – 원본 계통의 필사본』.

_____, 2007, 『朝鮮後期 大縮尺 朝鮮分圖 – 鄭尙驥의 東國地圖
　　　수정본 계통』.

서울역사박물관, 2004, 『都城大地圖』.

李祐炯, 1990, 『大東輿地圖』, 匡祐堂.

제주시, 1994, 『耽羅巡歷圖』.

한국사학회, 1965, 『大東輿地圖』.

목록·색인·자료집

京城帝國大學 法文學部 編, 1936, 『大東輿地圖 索引』, 奎章閣叢書 第二別冊.

京城帝國大學 附屬圖書館, 1932, 『朝鮮古地圖展觀目錄』, 京城大學 開校記念.

국립중앙도서관, 2009, 『독도 관련자료 해제집』 고문헌편.

국립지리원, 2001, 『고산자 김정호 기념사업 연구보고서』.

_____, 2001, 『고산자 김정호 기념사업 자료집』.

대한측량협회, 2003, 『고산자 김정호 관련 측량 및 지도 사료 연구』.

朴性鳳·方東仁·丁原鈺, 1980, 『大東輿地圖 索引』, 慶熙大學校 傳統文化研究所.

도록

강화군, 2003, 『江華 옛 地圖』.

경기문화재단, 2005, 『경기도의 옛지도』.

_____, 2005, 『경기도의 근현대지도』.

國立地理院·大韓地理學會, 2000, 『한국의 지도 – 과거·현재·미래』.

金井昊, 1994, 『全南의 옛 地圖』, 사단법인 향토문화진흥원.

문화재청, 2008, 『한국의 옛 지도』.

부산시·부산대학교, 2008, 『釜山古地圖』.

서울大學校 奎章閣, 1994, 『고지도와 고서로 본 서울』.

서울大學校 圖書館, 1971, 『韓國古地圖展示會出品目錄』.

_____, 1991, 『고지도와 고서로 보는 북한』.

서울역사박물관·고려대학교 박물관, 2002, 『서울 하늘·땅·사람』.

서울역사박물관, 2006, 『이찬 기증 우리 옛 지도』.

_____, 2006, 『서울지도』.

水原市, 2000, 『水原의 옛 地圖』.

양보경·박정혜·이예성, 2005, 『조선왕실의 행사그림과 옛 지도』, 민속원.

영남대학교 박물관, 1998, 『한국의 옛 지도』.

李燦·楊普景, 1995, 『서울의 옛 지도』, 서울시립대학교 서울학연구소.

제주도 민속자연사박물관, 1996, 『제주의 옛 지도』.

청주시·충북대학교 중원문화연구소, 2010, 『청주의 古地圖』.

韓國圖書館學研究會 編, 1977, 『韓國古地圖』.

許英桓, 1994, 『定都 600年 서울지도』, 범우사.

단행본

국립중앙박물관, 2007, 『박물관에서 대동여지도를 만나다』, 열린박물관.

국토해양부 국토지리정보원, 2009, 『한국지도학발달사』.

방동인, 1974, 『한국의 지도』, 세종대왕기념사업회.

_____, 2001, 『한국의 지도』, 신구문화사.

서정철, 1991, 『서양고지도와 한국』, 대원사.

吳尙學, 2005, 『옛 삶터의 모습 고지도』, 국립중앙박물관.

元慶烈, 1991, 『大東輿地圖의 硏究』, 성지문화사.

李相泰, 1999, 『한국고지도발달사』, 혜안.

李祐炯, 1990, 『大東輿地圖의 讀圖』, 匡祐堂.

韓永愚·安輝浚·裵祐晟, 1999, 『우리 옛 지도와 그 아름다움』, 효형출판.

지도관련 논저 (1994년 이후)

姜錫和, 1999, 『조선후기 함경도와 북방영토의식』, 경세원.

金基赫, 2002, 「부산지역 고지도 연구」, 『항도부산』 18.

_____, 2002, 「부산 동래부 군현지도의 유형과 내용분석」, 『한국민족문화』 19·20.

_____, 2004, 「靑邱圖의 異本 類型 硏究」, 『한국지역지리학회 학술대회 발표집』.

金基赫 외, 2005, 「조선후기 군현지도의 유형 연구」, 『대한지리학회지』 40-1.

金基赫·윤용출, 2006, 「조선~일제강점기 울릉도 지명의 생성과 변화」, 『문화역사지리』 18-1.

金基赫, 2006, 「우리나라 도서관·박물관 소장 고지도의 유형 및 관리실태 연구」, 『대한지리학회지』 41-6.

_____, 2007, 「조선후기 방안식 군현지도의 발달 연구 – '東國地圖 三'을 중심으로」, 『문화역사지리』 19-1.

_____, 2007, 「우리나라 고지도의 연구 동향과 과제」, 『한국지역지리학회지』 13-3.

_____, 2007, 「지역문화 연구자료로서 고지도 및 지리지」, 『정신문화연구』 108.

_____, 2008, 「해동여지도의 방안도법 연구」, 『해동여지도 연구』, 국립중앙도서관.

_____, 2009, 「방안지도」, 『한국지도학발달사』, 국토지리정보원.

_____, 2009, 「조선후기 고령현 군현지도의 계열별 특성과 고지명 연구」, 『한국지역지리학회지』 15-1.

_____, 2009, 「목장지도에 나타난 17세기 국마목장의 분포와 변화」, 『지역과 역사』 24.

金斗日, 1994, 「大東輿地圖의 도법에 관한 연구」, 『地理學』 29-1.

_____, 1994, 「大東輿地圖의 空間的 正確性」, 『문화역사지리』 6.

_____, 1996, 「輿圖備志 經緯度 資料에 의한 大東輿地圖의 縮尺」, 『地域과 文化의 空間的 展開』, 牧山 張保雄博士 華甲紀念論叢刊行委員會.

김상엽, 2004, 「도성대지도의 회화사적 의의」, 『도성대지도』, 서울역사박물관.

김성희, 2010, 「규장각 소장 도성도의 산세 표현」, 『韓國古地圖研究』 2-1.

김신, 2009, 「고지도의 역사와 국제관계」, 『韓國古地圖研究』 1-1.

김의원·양보경, 2003, 「고산자 김정호 관련 해외 자료 연구」, 『고산자 김정호 관련 측량 및 지도 사료 연구』, 대한측량협회.

盧禎埴, 1992, 『韓國의 古世界地圖 研究』, 曉星女子大學校 博士學位論文.

朴英漢, 2001, 「고산자 김정호의 생애 고찰」, 『고산자 김정호 기념사업 연구보고서』, 국립지리원.

_____, 2003, 「김정호의 생애·지도·지지 연구」, 『고산자 김정호 관련 측량 및 지도 사료 연구』, 대한측량협회.

박은순, 2009, 「19世紀 繪畫式 郡縣地圖와 地方文化」, 『韓國古地圖研究』 1-1.

朴仁鎬, 1996, 『조선후기 역사지리학 연구』, 이회문화사.

_____, 2003, 『조선시기 역사가와 역사지리인식』, 이회문화사.

裵祐晟, 1995, 「古地圖를 통해 본 18세기 北方政策」, 『奎章閣』 18.

_____, 1995, 「영조대 군현지도집의 편찬과 활용」, 『한국학보』 81.

_____, 1996, 「조선후기 지리지의 편찬과 지리지 인식의 변화」, 『한국학보』 85.

_____, 1996, 『18세기 관찬지도의 제작과 지리인식』, 서울대학교 박사학위논문.

_____, 1996, 『고지도에 나타난 영토·영해 의식』, 『역사비평』 35.

_____, 1997, 「고지도를 통해 본 조선시대의 세계인식」, 『震檀學報』 83.

_____, 1998, 『조선후기 국토관과 천하관의 변화』, 一志社.

_____, 1999, 「정조시대 동아시아 인식과 해동삼국도」, 『정조시대의 사상과 문화』, 돌베개.

_____, 1999, 「옛 지도와 세계관」, 『우리 옛 지도와 그 아름다움』, 효형출판.

_____, 2000, 「서구식 세계지도의 조선적 해석, 천하도」, 『한국과학사학회지』 22-1.

_____, 2000, 「조선후기 지도에 나타나는 천하관」, 『역사비평』 53.

_____, 2004, 「택리지에 대한 역사학적 독법 – 필사본 비교연구를 중심으로」, 『한국문화』 33.

_____, 2004, 「조선후기 蝦夷 인식과 서구식 세계지도의 신뢰도에 관한 연구」, 『조선시대사학보』 28.

_____, 2006, 「대동여지도 연구의 쟁점과 과제」, 『한국과학사학회지』 28-1.

_____, 2007, 「지도와 기억 – 17세기 전후 동아시아 삼국의 유구 인식」, 『역사문화연구』 26.

_____, 2007, 「18세기 청의 지리지 지도와 백두산의 수계」, 『역사와 경계』 65.

_____, 2011, 「공간에 관한 지식과 정조시대」, 『정조와 정조시대』, 서울대학교 출판부

蘇在龜, 1997, 「金正浩 原作 大東輿地圖 木板의 調査」, 『美術資料』 58.

손명희, 2009, 「조선시대 평양성도를 통해 본 평양의 모습과 지역적 성격」, 『韓國古地圖研究』 1-1.

안휘준, 1999, 「옛지도와 회화」, 『우리 옛지도의 아름다움』, 효형출판.

楊普景, 1987, 『朝鮮時代 邑誌의 性格과 地理的 認識에 관한 硏究』, 서울대학교 박사학위논문.

_____, 1991, 「古山子 地誌의 現代的 評價」, 『地理學』 26-2.

_____, 1991, 「목판본 『東國地圖』의 편찬시기와 의의」, 『奎章閣』 14.

_____, 1992, 「18세기 備邊司地圖의 고찰 – 奎章閣 소장 道別 郡縣地圖集을 중심으로」, 『奎章閣』 15.

_____, 1993, 「18세기 조선의 自畵像 輿地圖書」, 『土地硏究』 4-3.

_____, 1994, 「조선시대의 자연인식체계」, 『한국사시민강좌』 14.

_____, 1995, 「조선후기 군현지도의 발달」, 『문화역사지리』 7.

_____, 1995, 「군현지도의 발달과 해동지도」, 『海東地圖』 解說·索引, 서울대학교 규장각.

_____, 1995, 「대동여지도를 만들기까지」, 『한국사시민강좌』 16.

_____, 1995, 「조선시대의 지방지도 – 고종대 군현지도를 중심으로」, 『조선시대지방지도』, 서울대학교 규장각.

_____, 1996, 「한국·중국·일본의 지리지 편찬과 발달」, 『응용지리』 19.

_____, 1996, 「옛 지도에 나타난 북방인식과 백두산」, 『역사비평』 33.

_____, 1997, 「고지도와 역사연구」, 『역사와 현실』 26.

_____, 1997, 「조선시대의 '백두대간' 개념의 형성」, 『진단학보』 83.

_____, 1997, 「조선시대의 古地圖와 북방인식」, 『地理學硏究』 29.

_____, 1997, 「지도」, 『한국의 문화유산』, '97 문화유산의 해 조직위원회, 한국 문화재보호재단.

_____, 1997, 「18세기 지리서·지도의 제작과 국가의 지방지배」, 『응용지리』 20.

_____, 1997, 「정약용의 지리인식 – 大東水經을 중심으로」, 『정신문화연구』 20.

_____, 1998, 「한국의 옛 지도」, 『한국의 옛 지도』 자료편, 영남대학교박물관.

_____, 1998, 「이중환과 택리지」, 『한국 지성과의 만남』, 부산대학교 한국민족 문화연구소.

_____, 1998, 「대동여지도」, 『한국사시민강좌』 23.

_____, 1999, 「일본 大阪府立圖書館 所藏 〈朝鮮圖〉의 고찰」, 『書誌學硏究』 17.

_____, 2001, 「전통시대의 지리학」, 『한국의 지리학과 지리학자』, 한울아카데 미, 제29차 세계지리학대회조직위원회 편.

_____, 2001, 「제주 고지도의 유형과 특징」, 『문화역사지리』 13-2.

_____, 2001, 「고산자 김정호의 지리지 편찬과 그 의의」, 『고산자 김정호 기념 사업 연구보고서』, 국립지리원.

_____, 2003, 「조선후기 하천 중심의 국토인식」, 『우리 국토에 새겨진 문화와 역사』, 논형.

_____, 2004, 「朝鮮時代 古地圖에 표현된 東海 地名」, 『문화역사지리』 16-1

_____, 2005, 「圭南 河百源의 萬國全圖와 東國地圖」, 『전남사학』 24.

_____, 2005, 「장서각 소장 비변사지도《영남도》고찰 – 규장각 소장《영남지 도》와의 비교 검토」, 『조선왕실의 행사그림과 옛지도』, 민속원.

楊普景·양윤정, 2006, 「목판본 조선전도 해좌전도의 유형 연구」, 『문화역사지 리』 18-1

楊普景, 2009, 「상징경관으로서의 고지도 연구」, 『문화역사지리』 21-1.

오길순, 2009, 「마테오 리치의 〈곤여만국전도〉와 오르텔리우스의 〈세계의 무 대〉의 지명 비교」, 『韓國古地圖硏究』 1-2.

_____, 2010, 「최한기 『지구전요』도의 모사와 세계지명조사」, 『韓國古地圖硏

究』2-1.

吳尙學, 1994, 「鄭尙驥의 東國地圖에 관한 연구」, 『지리학논총』 24.

_____, 1999, 「傳統時代 天地에 대한 相關的 思考와 그의 表現」, 『문화역사지리』 11.

_____, 2000, 「탐라순력도의 지도학적 가치와 의의」, 『탐라순력도연구회논총』.

_____, 2001, 『조선시대의 세계지도와 세계인식』, 서울대학교 박사학위논문.

_____, 2001, 「고산자 김정호의 지도제작과 그 의의」, 『고산자 김정호 기념사업 연구보고서』, 국립지리원.

_____, 2003, 「조선시대의 일본지도와 일본인식」, 『대한지리학회지』 38-1.

_____, 2003, 「《대동여지도》의 지명에 관한 연구」, 『고산자 김정호 관련 측량 및 지도 사료 연구』, 대한측량협회.

_____, 2004, 「국립중앙박물관 소장 『朝鮮地圖』의 地圖史的 意義」, 『문화역사지리』 16-1.

_____, 2004, 「조선시대 제주도지도의 시계열적 고찰」, 『탐라문화』 24.

_____, 2005, 「조선시대 지도를 통해 본 對中國認識의 변화」, 『北方史論叢』 5.

_____, 2005, 「조선시대 지도 제작의 문화적 속성」, 『국사관논총』 107.

_____, 2006, 「조선시대 지도에 표현된 울릉도·독도인식의 변화」, 『문화역사지리』 18-1.

_____, 2011, 『조선시대 세계지도와 세계인식』, 창비.

元慶烈, 1997, 「조선후기 지도제작기술 및 형태에 관한 연구」, 『국사관논총』 76.

李琦錫, 1998, 「동해 지리명칭의 역사와 국제적 표준화를 위한 방안」, 『대한지리학회지』 33-4.

李起鳳, 2003, 「〈청구도〉와 〈동여도〉의 제작과정과 지도적 특징에 관한 연구」, 『대한지리학회 2003년 학술대회자료집』.

_____, 2004, 「김정호의 『靑邱圖』 제작과정과 지도적 특징에 관한 연구」, 『대한지리학회지』 39-3.

_____, 2005, 「〈청구도〉와 〈동여도〉의 지명 위치 비정에 대한 일고찰 : 충청도의 해미현을 중심으로」, 『문화역사지리』 17-1.

_____, 2005, 「김정호의 〈동여도〉 제작시기에 대한 일고찰」, 『문화역사지리』 17-3.

_____, 2007, 「청구도범례에 나타난 김정호의 고민과 희망 – 지도의 제작과 이용 및 교정 방법」, 『문화역사지리』 19-1.

_____, 2007, 「정상기의 동국지도 제작과정에 관한 연구 – 동국여지승람과 해동지도 계통의 위치정보를 중심으로」, 『규장각』 30.

_____, 2008, 「정상기의 동국지도 수정본계열의 제작과정에 대한 연구」, 『문화역사지리』 20-1.

_____, 2008, 「국립중앙박물관 소장 동여와 청구도의 관계에 대한 비판적 재검토」, 『한국지역지리학회지』 14-3.

_____, 2009, 「청구도 이본 4개 유형의 제작시기에 대한 검토」, 『한국지역지리학회지』 15-2.

_____, 2009, 「청구도 이본 4개 유형의 지도적 특징과 변화에 대한 연구」, 『한국고지도연구』 1-2.

이경미·양보경, 2009, 「19세기 후반~20세기 초 공문서 수록 지도 연구」, 『한국고지도연구』 1-2.

李相泰, 1998, 「고지도를 이용한 18·19세기 서울 모습의 재현」, 『서울학연구』 11.

_____, 1999, 「東輿備攷에 관한 연구」, 『실학사상연구』 10·11.

_____, 2002, 「朝鮮初期에 제작된 八道地圖에 관한 연구」, 『실학사상연구』 17·18.

_____, 2003, 「東輿備攷의 역사지리학적 가치에 관한 연구」, 『영남학』 2.

_____, 2003, 「서양 고지도에 표기된 우리나라 국호」, 『역사비평』 65.

_____, 2003, 「김정호의 주변 인물 연구」, 『고산자 김정호 관련 측량 및 지도 사료 연구』, 대한측량협회.

_____, 2004, 「도성대지도에 관한 연구」, 『도성대지도』, 서울역사박물관.

_____, 2004, 「서양 고지도에 나타난 東海 표기에 관한 연구」, 『문화역사지리』 16-1.

_____, 2006, 「서울의 고지도」, 『서울지도』, 서울역사박물관.

_____, 2007, 「조선시대의 동해 인식에 관한 연구」, 『역사와 실학』 32.

이예성, 2005, 「19세기 특정한 지역을 그린 고지도와 회화 – 장서각 소장 고지도를 중심으로」, 『조선왕실의 행사그림과 옛 지도』, 민속원.

이왕무, 2005, 「〈俄國輿地圖〉에 나타난 조선의 러시아 영역 인식과 국경상황」, 『北方史論叢』 5.

李燦·楊普景, 1994, 「서울 고지도집성을 위한 기초연구」, 『서울학연구』 3.

李燦, 1995, 「한국 고지도의 발달」, 『해동지도』 해설·색인편, 서울대학교 규장각.

____, 1999, 「한국전통지리학의 재조명: 창립10주년의 회고와 전망」, 『문화역사

지리』11.

李燦, 2003, 「한국 고지도의 발달」, 『우리 국토에 새겨진 문화와 역사』, 논형.

李泰浩, 1998, 「조선시대 지도의 회화성」, 『한국의 옛 지도』 자료편, 영남대학
교박물관.

_____, 2010, 「조선시대 지도의 회화성」, 『옛 화가들은 우리 땅을 어떻게 그렸
나』, 생각의 나무.

이혜은, 2008, 「해동여지도의 형태서지학적 분석」, 『해동여지도 연구』, 국립중
앙도서관.

蔣尚勳, 2006, 「淸代 皇輿全覽圖 收錄 「朝鮮圖」 硏究」, 『東垣學術論文集』 8.

_____, 2007, 「조선후기 대축적 조선전도의 발달과 동여」, 『문화역사지리』
19-1.

_____, 2007, 「조선후기 대축척 전국지도의 축척 시론」, 『2007년 전국지리학대
회발표요지』.

_____, 2008, 「조선후기 분첩식 대축척 전국지도의 제작과 조선도」, 『문화역사
지리』 20-2.

_____, 2008, 「조선 후기 방안식 군현지도의 발달과 해동여지도」, 『해동여지도
연구』, 국립중앙도서관.

_____, 2009, 「대동여지도 판본 비교」, 『한국지도학발달사』, 국토지리정보원.

_____, 2009, 「청구도 이본 비교 시론」, 『한국고지도연구』 1-1.

_____, 2011, 「조선 후기 지도책의 제작과 수록 정보의 특성 - 동원 선생 기증
《지도(동3806)》를 중심으로」, 『東垣學術論文集』 12.

全相運, 1995, 「고지도와 과학기술」, 『海東地圖』 解說·索引, 서울대학교규장각.

_____, 1998, 『한국과학사의 새로운 이해』, 연세대학교 출판부.

_____, 2000, 『한국과학사』, 사이언스북스.

정대영, 2010, 「조선시대 書目에서 나타나는 古地圖 자료 연구 - 藏書閣 소장
자료를 중심으로」, 『韓國古地圖硏究』 2-1.

정은주, 2010, 「17세기 《牧場地圖》의 제작경위와 화풍」, 『韓國古地圖硏究』
1-2.

최재화, 2003, 「김정호 당시 측량기술과 방법 연구」, 『고산자 김정호 관련 측량
및 지도 사료 연구』, 대한측량협회.

崔昌祚, 2000, 『땅의 논리 인간의 논리』, 민음사.

최혜경, 2010, 「서양 고지도를 통해 본 울릉도와 독도」, 『韓國古地圖硏究』 2-1.

한국문화역사지리학회 편, 1991,『한국의 전통지리사상』, 민음사.

_____, 2003,『우리 국토에 새겨진 문화와 역사』, 논형.

韓均衡, 1994,「지도학적으로 본 대동여지도」,『교수논총』10.

韓永愚, 1995,「古地圖 製作의 歷史的 背景」,『문화역사지리』7.

_____, 1998,「프랑스 국립도서관소장 한국본 여지도에 대하여」,『한국학보』91·92.

_____, 1999,「우리 옛지도의 발달과정」,『우리 옛지도의 아름다움』, 효형출판.

韓永愚·배우성, 1995,「朝鮮官撰地圖 제작의 역사적 배경」,『海東地圖』해설·색인, 서울대학교 규장
    각.

한국 고지도 관련 인터넷 원문 서비스 홈페이지

* 국립중앙도서관 : 대동여지도 등 90건 (2011년 4월 현재)

http://www.dlibrary.go.kr/Map/main.jsp

* 서울대학교 규장각한국학연구원 : 대동여지도 등 48건 (2011년 4월 현재)

http://e-kyujanggak.snu.ac.kr/sub_index.jsp?ID=GZD

* 미국 위스콘신 대학교(밀워키) 도서관 : 대동여지도

http://collections.lib.uwm.edu/cdm4/document.php?CISOROOT=/agdm&CISOPTR=829&REC=1

《대동여지도》 판본 현황*

연번	소장처	표지 명칭	판본	관리 번호	비고
1	거창박물관	–	甲子本		경남유형문화재 제275호
2	국립중앙도서관	–	辛酉本	古朝61-2	在朝鮮日本國 公使館 舊藏本
3	국립중앙박물관	–	辛酉本	신19997	
4	〃	大東輿地圖	甲子本	신521	
5	국사편찬위원회	–	辛酉本	B16JB-1	朝鮮史編修會 舊藏本
6	부산대학교 도서관	大東圖	辛酉本	2-11/421-22	
7	서울대학교 규장각한국학연구원	–	미상	古4709-5	
8	〃	大東輿地圖	辛酉本	奎10333	
9	〃	–	甲子本	古4709-6	보물 제850-3호
10	서울역사박물관	–	辛酉本	서3078	보물 제850-2호
11	성균관대학교 존경각	–	辛酉本	B16JB-1	
12	성신여자대학교 박물관	海左輿圖	미상	971 (7-마-65)	
13	〃	–	辛酉本	47 (7-마-20)	보물 제850-1호
14	영남대학교 도서관	靑邱全圖	辛酉本	989.11(貴178) (2992~3014)	

연번	소장처	표지 명칭	판본	관리 번호	비고
15	한국학중앙연구원 장서각	–	미상	史部 2-4957	
16	〃	大東輿地圖	辛酉本	史部 2-4957	
17	화봉문고	–	辛酉本	–	
18	일본 고베시립박물관	大東輿圖	辛酉本	南波 Collection 朝鮮關係圖 164	南波松太郎 舊藏本
19	일본 국회도서관	大東輿地圖	辛酉本	292.1038 Ki229d	
20	〃	東輿圖	辛酉本	217-37	
21	일본 덴리도서관	大東輿地圖	辛酉本	292.1イ13	
22	일본 동양문고	大東輿地圖	辛酉本	Ⅶ2-158	
23	〃	大東全圖	甲子本	Ⅶ2-159	
24	미국 UC 버클리 대학교 도서관	大東輿地圖	辛酉本	Asami 20.43	아사미淺見倫太郎 舊藏本
25	미국 위스콘신 대학교	大東輿地圖	辛酉本	At.469 A-1861	포크George C. Foulk 舊藏本
26	미국 하버드 대학교	大東輿地圖	甲子本	TK3490.7/4574	東洋協會 舊藏本
27	독일 함부르크 민속학박물관	東輿	辛酉本	12.24:38	고트쉬Gottsche 교수 舊藏本

* 장상훈, 「대동여지도 판본 비교」, 『한국지도학발달사』(국토해양부 국토지리정보원, 2008), pp. 265~266의 표 6-20을 보완하여 작성함-옮긴이.

국가지정문화재 중 고지도 현황*

연번	지정번호	명칭	소장처	제작시기	비고
1	국보 제248호	朝鮮邦域之圖	국사편찬위원회	1557년경	
2	국보 제249호	東闕圖	고려대학교박물관	19세기	
3	보물 제849호	坤輿萬國全圖	서울대학교박물관	1557년경	
4	보물 제850-1호	大東輿地圖	성신여자대학교 박물관	1861년	辛酉本
5	보물 제850-2호	大東輿地圖	서울역사박물관	1861년	辛酉本
6	보물 제850-3호	大東輿地圖	서울대학교 규장각 한국학연구원	1864년	甲子本
7	보물 제882호	坤輿全圖 木板	서울대학교박물관	1860년	
8	보물 제1358-1호	東輿圖	서울역사박물관	19세기	
9	보물 제1358-2호	東輿圖	서울대학교 규장각 한국학연구원	19세기	
10	보물 제1533호	海東八道烽火山岳地圖	고려대학교 중앙도서관	17세기 후반	
11	보물 제1534호	西闕圖案	고려대학교박물관	1829년 이전	
12	보물 제1535호	淑嬪崔氏昭寧園圖	한국학중앙연구원 장서각	18세기후반	
13	보물 제1536호	越中圖	·	19세기	
14	보물 제1537호	西北彼我兩界萬里一覽之圖	국립중앙도서관·서울대학교 규장각 한국학연구원	18세기	
15	보물 제1538호	東國大地圖	국립중앙박물관	18세기 중엽	
16	보물 제1542호	遼薊關防地圖	서울대학교 규장각 한국학연구원	1706년	
17	보물 제1560호	都城圖	·	1788년경	
18	보물 제1581호	大東輿地圖 木板	국립중앙박물관	19세기	

연번	지정번호	명칭	소장처	제작시기	비고
19	보물 제1582호	靑丘關海防摠圖	〃	18세기	
20	보물 제1583호	咸鏡道全圖	서울대학교 규장각 한국학연구원	18세기	
21	보물 제1584호	海西地圖	〃	18세기	
22	보물 제1585호	嶺南地圖	〃	18세기	
23	보물 제1586호	全州地圖	〃	조선 후기	
24	보물 제1587호	朝鮮地圖	〃	1767~1776년	
23	보물 제1588호	湖南地圖	〃	18세기	
24	보물 제1589호	湖西地圖	〃	18세기	
25	보물 제1590호	華東古地圖	〃	16세기 전반	
26	보물 제1591호	海東地圖	〃	1750년대	
27	보물 제1592호	輿地圖	〃	18세기	
28	보물 제1593호	海東輿地圖	국립중앙도서관	18세기	
29	보물 제1594-1호	靑邱圖	〃	19세기	
30	보물 제1594-2호	靑邱圖	영남대학교 도서관	19세기	
31	보물 제1595-1호	牧場地圖	국립중앙도서관	1678년	
32	보물 제1595-2호	牧場地圖	부산대학교 도서관	1678년	
33	보물 제1596호	東輿備攷	대성암	17세기	
34	보물 제1597호	俄國輿地圖	한국학중앙연구원	1883년	
35	보물 제1598호	咸鏡道,京畿道,江原道 地圖	경희대학교 혜정박물관	18세기 후반	
36	보물 제1599호	慶尙總輿圖	개인소장	18세기 후반	
37	보물 제1600호	晋州城圖	계명대학교 행소박물관	19세기	
38	보물 제1601호	朝鮮本 天下輿地圖	서울역사박물관	17세기 중엽	
39	보물 제1602호	朝鮮八道古今摠攬圖	서울역사박물관	1673년	

* 문화재청, 2008, 『한국의 옛 지도』, pp. 410~413의 도판 목록에 수록된 정보를 정리·
  보완한 것이며, 각 지도의 제작 시기도 같은 목록에서 옮겨 실음–옮긴이.

참고 문헌

한국 사료

『三國史記』, 金富軾.

『三國遺事』, 一然.

『高麗史』, 鄭麟趾.

『朝鮮王朝實錄』.

『承政院日記』.

『經國大典』, 崔恒 外 (서울: 朝鮮總督府中樞院, 1934).

『慶尙道續撰地理志』(서울: 朝鮮總督府中樞院, 1938).

『慶尙道地理志』(서울: 朝鮮總督府中樞院, 1938).

『觀象監日記』.

『湛軒書』, 洪大容 (서울: 新朝鮮社, 1939).

『大東地志』, 金正浩 (서울: 한양대학교 국학연구원, 1974).

『東文選』, 徐居正 外 (서울: 慶熙出版社, 1977).

『續大典』, 金在魯 外 (서울: 朝鮮總督府, 1935).

『新增東國輿地勝覽』, 李荇 外 (서울: 東國文化社, 1958).

『陽村集』, 權近 (서울: 朝鮮總督府, 1937).

『燕行錄』, 俞拓基.

『五洲衍文長箋散稿』, 李圭景 (서울: 東國文化社, 1959).

『朝鮮金石總覽』(서울: 朝鮮總督府, 1919).

『增補文獻備考』, 朴容大 外 (서울: 大韓帝國, 1908).

『擇里志』, 李重煥 (서울: 朝鮮光文會, 1912).

『河東鄭氏大同譜』(서울: 1960).

『海東諸國記』, 申叔舟 (서울: 朝鮮總督府, 1937).

『寰瀛誌』, 魏伯珪.

《大東輿地圖》(서울: 韓國史學會, 1965).

《靑邱圖》(서울: 민족문화추진회, 1971).

중국 사료

『史記』, 司馬遷 (北京: 中華書局, 1959).

『漢書』, 班固 (北京: 中華書局, 1983).

『舊唐書』, 劉昫 外 (北京: 中華書局, 1975).

『新唐書』, 歐陽修 外 (北京: 中華書局, 1975).

『晉書』, 方玄齡 外 (北京: 中華書局, 1974).

『家禮』(『文淵閣四庫全書』) (臺北: 商務印書館, 1983).

『乾坤萬國全圖古今人物史記』, 梁輈.

『古今圖書集成』, 陳夢雷·蔣廷錫.

『大唐西域記』, 三藏.

『大明一統志』, 李賢 外.

『大淸會典』, 傅恒 外.

『圖書編』, 章潢.

『方輿勝覽』, 祝穆.

『佛祖統紀』, 志磐.

『山海經校注』, 袁珂 (上海: 上海古籍出版社, 1980).

『上淸靈寶大法』(『正統道藏』) (上海: 商務印書館, 1923~1926).

『西遊記』, 吳承恩.

『曆象考成』, 何國宗·梅瑴成 (『四庫全書珍本』) (臺灣: 商務印書館, 1971).

『玉函山房輯佚書』, 馬國翰.

『籌勝必覽』, 仙克謹.

《廣輿圖》, 羅洪先 (臺北: 學海出版社, 1969).

〈萬國經緯地球圖〉, 莊廷旉.

〈烏喇地方圖〉, 『盛京通志』, 呂耀曾 外.

일본 사료

『朝鮮日日記』, 慶念 (『朝鮮學報』 35, 1965).

한국어 논저

교육부, 『국어』, 국민학교 5학년 교과서 (서울: 교육부, 1987).

金良善, 『梅山國學散稿』 (서울: 숭전대학교박물관, 1972).

목영만, 『지도 이야기』 (평양: 군중문화출판사, 1965).

朴性鳳·方東仁·丁原鈺 編, 『大東輿地圖 索引』 (서울: 慶熙大學校 傳統文化研究所, 1976).

방동인, 『한국의 지도』 (서울: 세종대왕기념사업회, 1976).

柳永博, 「遼薊關防地圖」, 『圖書館』 27-11 (1972).

李能和, 『朝鮮基督敎及外交史』 (서울: 朝鮮基督敎彰文社, 1928).

李丙燾, 「靑邱圖 解題」, 『靑邱圖』 제1권.

_____, 『高麗時代의 硏究』 (서울: 乙酉文化社, 1954).

李燦, 「韓國의 古世界地圖」, 『韓國學報』 2 (1976).

____, 『韓國古地圖』 (지도 해설: 諸洪圭) (서울: 한국도서관학연구회, 1997).

____, 『韓國의 古地圖』 (서울: 汎友社, 1991).

李弘稙 篇, 『國史大辭典』 4版 (서울: 三英出版社, 1984).

崔柄憲, 「道詵의 生涯와 羅末麗初의 風水地理說」, 『韓國史硏究』 11 (1975).

崔昌祚, 「조선 후기 실학자들의 풍수사상」, 『韓國文化』 11 (1990).

韓㳓劤 編, 『譯註經國大典』 (서울: 韓國精神文化硏究院, 1986).

중국어 논저

吳承洛, 『中國度量衡史』 (上海: 商務印書館, 1937).

張存武, 「淸代中韓邊務問題探源」, 『中央硏究院近代史硏究所集刊』 2 (臺灣: 1971).

일본어 논저

高橋正, 「東漸する中世イスラム世界圖」, 『龍谷大學論集』 374 (1963).

菊竹淳一·吉田宏志 編, 『高麗佛畫』 展示圖錄 (奈良: 大和文華館, 1978).

山口正之, 「昭顯世子と湯若望」, 『靑丘學叢』 5 (1931).

小川琢治,『支那歷史地理研究』(東京: 弘文堂書房, 1928~1929).

室賀信夫, 海野一隆,「日本におこなわれた佛敎系世界圖について」,『地理學史研究』1, 1957;『地理學史研究』1에 再收錄, pp. 67~141.

李進熙,「解放後朝鮮考古學の發展 : 高句麗壁畵古墳の研究」,『考古學雜紙』45–3 (1959).

中村宏,「朝鮮につたわれるふるき中國世界地圖」,『朝鮮學報』39·40 合集 (1966).

青山定雄,「元代の地圖について」,『東方學報』8 (1938).

_____,「李朝における二三の朝鮮全圖について」,『東方學報』9 (1939).

秋岡武次郎,『日本地圖史』(東京: 河出書房, 1955).

海野一隆,「天理圖書館所藏大明國圖について」,『大阪學藝大學紀要』6 (1958).

Walter Fuchs,「北京の明代世界圖について」,『地理學史研究』2 (1962);地理學史研究會,『地理學史研究』로 복간 (京都: 臨川書店).

『朝鮮史』(京城: 朝鮮總督府, 1932~1937).

구미어 논저

Anville, Jean Baptiste Bourguingnon D'., *Nouvel de atlas de la Chine, de la Tartarie chinoise de la Thibet* (The Hague: H. Scheurleer, 1737).

Bennett, Steven J., "Patterns of the Sky and Earth : A Chinese Science of Applied Cosmology," *Chinese Science* 3 (1978).

Blaue, Joan, *Nova totius terrarum orbis tabula* (1648).

Clément, Sophie, Pierre Clément and Shin Yong Hak, *Architecture du paysage en Asie orientale* (Paris: Ecole Nationale Superieure des beaux Arts, 1982).

Cordier, Henri, *Description d'un atlas sino-coréen manuscript du British Museum.* Recueil de voyages et de documents pour servir àl'histoire de la géographie depuis le XIIIe jusqu'àla fin du XVIe siècle, section cartographique (Paris: Ernst Leroux, 1896).

Courant, Maurice, *Bibliographie coréenne* 3 vols. (Paris: Ernst Leroux, 1849~1896).
→ (1994,『韓國書誌』, 一朝閣, 李姬載 譯)

Du Halde, Jean Baptiste, *Description Geographique, Historique, chronologique, politique, et physique de l'empire de la Chine et de la Tartarie chinoise,* 4 vols. (Paris: P. G. Le-mercier, 1735).

Foss, Theodore N., "A Western Interpretation of China: Jesuit Cartography," In *East Meets West : The Jesuits in China, 1582~1773*, ed. Charles E. Ronan and Bonnie B. C. Oh, 209-251 (Chicago: Loyola University Press, 1988).

Hulbert, Homer B., "An Ancient Map of the World," *Bulletin of the American Geographical Society of New York* 36 (1904) ; Reprinted in *Acta Cartographica* 13 (1972).

Hummel, Arthur W. ed., *Eminent Chinese of the Ching Period, 1644~1912*. 2 vols. (Washington, D.C.: United States Government Printing Office, 1943~1944).

Jeon, Sang-woon, *Science and Technology in Korea: Traditional Instruments and Techniques*. (Cambridge: MIT Press, 1974).

McCune, Shannon, "Some Korean Maps," *Transactions of the Korean Branch of the Royal Asiatic Society* 50 (1975).

_____, "The Chonha Do — A Korean World Map," *Journal of Modern Korean Studies* 4 (1990).

Mackay, A. L., "Kim Su-hong and the Korean Cartographic Tradition," *Imago Mundi* 27 (1975).

Muroga, Nobuo, and Kazutaka Unno, "The Buddhist World Map in Japan and Its Contact with European Maps," *Imago Mundi* 16 (1962).

Nakamura, Hiroshi, "Old Chinese World Maps Preserved by the Koreans," *Imago Mundi* 4 (1947).

Needham, Joseph, *Science and Civilisation in China* (Cambridge: Cambridge University Press, 1954~).
→(1985~1988, 『中國의 科學과 文明』, 乙酉文化社, 李錫浩·李鐵柱·林禎垈 共譯)

Needham, Joseph, et al., *The Hall of Heavenly Records: Korean Astronomical Instruments and Clocks, 1380~1780* (Cambridge: Cambridge University Press, 1986).
→(2010, 『조선의 서운관 : 조선의 천문의기와 시계에 관한 기록』, 살림, 이성규 역)

Nelson, Howard, "Maps from Old Cathay," *Geographical Magazine* 47 (1975).

Nemeth, David J., "A Cross-Cultural Cosmographic Interpretation of Some Korean Geomancy Maps," in *Introducing Cultural and Social Cartography*, comp. and ed. Robert A. Rundstrom, Monograph 44, *Cartographica* 30, no. 1 (1993).

Pfister, Aloys, *Notices biographques et bibliographiques sur les Jésuites de l'ancienne mission de Chine 1552~1773*. 2 vols. (Shanghai: Mission Press, 1932~1934).

Ripa, Matteo, *Memoirs of Father Ripa, during Thirteen Years Residence at the Court of Peking in the Service of the Emperor of China*. Trans. and ed. Fortunato Prandi (London: John Murray, 1846).

Rogers, Michael C., "Song-Koryŏ Relations: Some Inhibiting Factors," *Oriens* 11 (1958).

Rogers, Michael C., "Factionalism and Koryŏ Policy under the Nothern Sung," *Journal of the American Oriental Society* 79 (1959).

_____, "The Regularization of Koryŏ-Chin Relations (1116~1131)," *Central Asiatic Journal* 6 (1961).

_____, "P'yŏnnyŏn T'ongnok: The Foundation Legend of the Koryŏ State," *Korean Studies* 4 (1982~1983).

Rufus, W. Carl and Won-chul Lee, "Marking Time in Korea," *Popular Astronomy* 44 (1936).

Schilder, Günter, *Austrailia Unveiled: The Share of the Dutch Navigators in the Discovery of Australia*. Trans. Olaf Richter (Amsterdam: Theatrum Orbis Terrarum, 1976).

Thrower, Norman J. W. and Young Il Kim, "Dong-Kook-Yu-Ji-Do: A Recently Discovered Manuscript of a Map of Korea," *Imago Mundi* 21 (1967).

Wang, Ling, *History of Scientific Thought* (1956).

_____, *Mathematics and the Science of the Heavens and the Earth* (1959).

Yee, Cordell D. K., "Chinese maps in political culture," in *Cartography in the Traditional East and Southeast Asian Societies*. ed. J. B. Harley and David Woodward (Chicago & London: The University of Chicago Press, 1994).

Yi, Iksup (李益習), "A Map of the World," *Korean Repository* 1 (1892).

개리 레드야드 교수의 저작 목록

| Books |

The Korean Language Reform of 1446: The Origin, Background, and Early History of the Korean Alphabet (University of California Ph.D. dissertation), University Microfilms, Ann Arbor, 1966.

The Dutch Come to Korea, Royal Asiatic Society, Seoul, Korea, 1971.

The Korean Language Reform of 1446, Sin'gu Munhwasa, Seoul, 1998 (a slightly revised text of the dissertation with some additions).

| Books in Korean |

『하멜 漂流記 朝鮮王國見聞錄』(三中堂文庫 No. 125), 서울: 三中堂, 1975, 朴允熙 譯.

『儒敎理念과 國家安保, 壬辰戰亂時 朝鮮王朝의 存亡威機와 關聯하여』, 硏究參考資料 78-07, 서울: 外交安保硏究院, 1978, 손태원 譯

| Articles |

"Two Mongol Documents from the Koryŏsa," in *Journal of the American Oriental Society*, Vol. 83-2 (1963), pp. 225-239.

"The Mongol Campaigns in Korea and the Dating of The Secret History of the Mongols," in *Central Asiatic Journal*, Vol. 9-1 (1964), pp. 1-22.

"Biographical Notes on Huang Tsan," *Asea Yon'gu* (Koryo University, Seoul), Vol. 8-1 (March, 1965), pp. 129-138. [Including author's summary in Korean; see "Articles in Korean," below].

"Remarks on Korean Literature in Chinese," in William Skillend, "Some first problems encountered in the study and teaching of Korean literature in the West: A report from the 17th annual meeting of the Association for Asian Studies," (*Koryŏ Taehakkyo*) *Asea Yŏn'gu*, Vol. 8, No. 3 (September, 1965), pp. 151–154.

"The Discovery in the Monastery of the Buddha Land," *Columbia Library Columns*, Vol. 16-3 (May, 1967), pp. 3–9.

"Cultural and Political Aspects of Traditional Korean Buddhism," *Asia*, Vol. 10 (Winter, 1968), pp. 46–61.

"Korean Travelers in China over Four Hundred Years, 1488-1887," *Occasional Papers on Korea* (Univ. of Washington, Seattle), Vol. 2 (March 1974), pp. 1–42.

"The Historical Necessity of Korean Unification," *Korean Journal of International Studies* (Seoul), Vol. 6-2 (1975), pp. 39–51.

"Galloping Along with the Horseriders, Looking for the Founders of Japan," *Journal of Japanese Studies*, Vol. 1-2 (Spring, 1975), pp. 217–254.

"A Critical View of South Korea's Condition," in Young C. Kim and Abraham Halpern, eds., *The Future of the Korean Peninsula*, Praeger, New York, 1977, pp. 72-93.

"How the Linguist's Tail is Wagging the Historian's Dog: Problems in the Study of Korean Origins," *Korean Studies Forum*, Vol. 5 (Winter, 1978), pp. 80–95.

"Hong Taeyong and his Peking Memoir," *Korean Studies* (University of Hawaii, EastWest Center), Vol. 6 (1982), pp. 63–103.

"Yin and Yang in the China-Manchuria-Korea Triangle," in Morris Rossabi, ed., *China Among Equals: The Middle Kingdom and its Neighbors, 10th-14th Centuries*, University of California Press, Berkeley and Los Angeles, 1983, xiv+419 pp., of which 313–353.

"To Dream the Impossible Dream: Korean Unification," in Academy of Korean Studies and the Woodrow Wilson Center, eds., *Reflections on a Century of United States-Korean Relations*, co–published by the Woodrow Wilson Center for Scholars, Smithsonian Institution, and the University Press of America, Lanham, New York, and London, 1983, pp. 229–242.

"A Thaw in Korea?" in *Columbia*, Vol. 11, No. 4 (February, 1986), pp. 23–25.

"The Politics of the Seoul Olympics: A Background Report," *Media Briefing*, produced and distributed by the Media Relations Program of the Asia Society,

New York, August 1988.

"Confucianism and War: The Korean Security Crisis of 1598," *Journal of Korean Studies* (University of Washington), Vol. 6 (1989), pp. 81–119.

"The Kangnido: A Korean World Map, 1402," in Jay A. Levenson, ed., *Art in the Age of Exploration: Circa 1492*, National Gallery of Art, Washington, and Yale University Press, New Haven, 1991, pp. 328–332.

"*Korean-American Relations: A Historical View.*" Published as a separate pamphlet by the Academy of World Inquiry, School of Foreign Service, Georgetown University, Washington, D.C., 1994.

"Introduction to East Asian Cartography," (co-authored with Nathan Sivin), in Brian Harley and David Woodward, eds., *History of Cartography*, Vol. 2, Part 2, University of Chicago Press, Chicago, 1994, pp. 23–31.

"Cartography in Korea," (with 61 illustrations, including eight in color), in Brian Harley and David Woodward, eds., *History of Cartography*, Vol. 2, Part 2, University of Chicago Press, Chicago, 1994, pp. 235–345.

"The International Linguistic Background of the Correct Sounds for the Instruction of the People," in Young-Key Kim-Renaud, ed., *The Korean Alphabet: Its History and Structure*, University of Hawaii Press, Honolulu, 1997, pp. 31–87.

"Kollumba Kang Wansuk, an early Catholic Activist and Martyr," in Robert Buswell and Timothy S. Lee, eds., *Christianity in Korea*, Honolulu: University of Hawaii Press, 2005, pp. 408, of which 38–71.

"A Note on the Pronunciation Guide to [Peter A.] Boodberg's AGN [Alternative Grammatonomic Notation]," Appendix I in David Prager Branner, ed., *The Chinese Rime Tables, Linguistic Philosophy and Historical-Comparative Phonology*, John Benjamins Publishing Company: Amsterdam/Philadelphia, 2006, pp. 255–264.

"The Cultural Work of Sejong the Great," originally written 1990, digitally published by the Korea Society (New York), 2007.

http://www.koreasociety.org/getting_to_know_korea/view_category/page–3.html

| Articles in Korean |

"黃瓚人物小考," 亞細亞研究, Vol. 8-1 (1965), pp. 137-138.

"〈하멜漂流記〉 異說," 月刊中央 (October 1968), pp. 216-224.

"韓國史의 事大主義," 新東亞 (October 1968), pp. 194-200.

"《新發見資料》〈壬辰征倭圖〉의 歷史的意義," 新東亞 (December 1978), pp. 270-281 and 302-311.

"불가능한 꿈: 한국 통일," 한 ·미수교 1 세기의 회고와 전망. 精神文化研究院, (1984), pp. 231-243, (Translation of "To Dream the Impossible Dream: Korean Unification," above).

"北韓 韓美에 대한 敵愾心: 如前," Guest commentary, 東亞日報, (August 15, 1988) (Note: The title is the editor's).

"南北韓 通一促進 區域 組成 必要," Guest commentary, 東亞日報, October 19, 1988. (Note: The editor's title obscures the point, which was that there ought to be a 'second Panmunjom' where the United States is not present and where the two Koreas can deal with each other without the US/UN-South Korea relationship intruding. My title was "One Korea, two Panmunjoms.").

| Encyclopedia Articles |

In *Dictionary of World Biography,* McGraw-Hill Publishing Company, New York, 1973:

"Chongjo," Vol. 2, pp. 580.

"Sejo," Vol. 9, pp. 496-497.

"Sejong," Vol. 9, pp. 497-498.

"Sonjo," Vol. 10, pp. 131-132.

"Yi Sunsin," Vol. 11, pp. 493-495.

"Yongjo," Vol. 11, pp. 496-497.

In *Encyclopedia of Japan, Kodansha Publishers*, Tokyo and New York, 1983:

"Horserider Theory," pp. 229-231.

"Invasions of Korea in 1592 and 1597," pp. 326-327

"Yamatai," Vol. 8, pp. 305-307.

In *Funk and Wagnall's Encyclopedia*, Funk and Wagnall's, New York, 1984: (Note: now Microsoft Encarta Encyclopedia, on line)

"Korea: History," Vol. 1, pp. 292-295

"North Korea, History," pp. 299–302

"South Korea, History," pp. 307–330.

In Helaine Selin, ed., *Encyclopedia of the History of Science*, Technology and Medicine in Non-Western Cultures, Kluwer Publishers, Dordrecht, the Netherlands, 1997:

"Maps and Mapmaking in Korea," pp. 56–61.

| Reviews |

The Centre for East Asian Cultural Studies (Tokyo), compilers, *A Short History of Korea*, published by the Centre for East Asian Cultural Studfies, 1964, distributed outside Japan by the East-West Center Press, Honolulu. In Journal of the American Oriental Society, Vol. 85, No. 3 (July-September, 1965), pp. 456–459.

Richard Rutt, ed. and tr., *The Bamboo Grove, an Introduction to Sijo*, University of California Press, Berkeley, Los Angeles and London, 1971. In Literature East and West, Vol. 15, No. 2 (June, 1971), pp. 319–323.

James S. Gale, tr., *Korean Folk Tales: Imps, Ghosts, and Fairies, translated from the Korean* (sic: read Hanmun or Korean Chinese) of Im Bang and Yi Ryuk, Charles E. Tuttle Company, Rutland, Vermont, and Tokyo, 1971. In Literature East and West, Vol. 15, No. 2 (June, 1971), pp. 324–325.

Chaoying Fang, *The Asami Library*, a Descriptive Catalogue, edited by Elizabeth Huff, Berkeley and Los Angeles, 1969, pp. x, 424. In Journal of Asian Studies, Vol. 31, No. 3 (May, 1972), pp. 690–692.

Werner Sasse and Jung-Hee An, tr. and comm., *Der Mond Gespiegelt in Tausend Flüsse: Das Leben des Buddha in Verse gesetzt im Jahre 1447 von König Sejong*, Sohaksa Verlag, Seoul, 2002, pp. xi + 468 + 18. In Korean Linguistics, Vol. 12, pp. 207–213.

Bibeke Roeper and Boudewijn Walraven, eds., with Jean-Paul Buys, *A Korean-Dutch Encounter in the Seventeenth Century*, Amsterdam: SUN, pp. 192. In Journal of Asian Studies, vol. 64, No. 3 (August, 2005), pp. 768–770.

Jonathan Best, *A History of the Early Korean Kingdom of Paekche*, together with an Annotated Translation of the Paekche Annals of the Samguk sagi, Cambridge, Mass.: Harvard University Asia Center, 2006 (Distributed by Harvard University Press), pp. 568. In The Journal of Korean Studies (Stanford

Univ.), vol. 12, No. 1 (Fall, 2007), pp. 143–153.

Kyung Moon Hwang, *Beyond Birth: Social Status in the Emergence of Modern Korea*, Cambridge, MA: Harvard University Asia Center, 2006 (Distributed by Harvard University Press), pp. 481. In The Journal of Korean Studies (Stanford Univ.), vol. 13, No. 1 (Fall, 2008), pp. 123–132.

| Interviews |

"卷頭對談...世界의 知性을 찾아서 城門과 새와 뱀이 對話하는 歷史," with Reporter Ch'oe Worhui 崔月姫, 文學思想(April, 1975), pp. 46–60. (Note: The title was not mine. The interview concerns the historical value of Korean legendary lore).

"Interview with Professor Ledyard," by Helena Shin and Do Yol Lim, *Spectrum*, The Magazine of KSA [Korean Student Association] serving the Korean-American Community at Columbia University, Winter, 1984, pp. 27–40.

"An Interview with Gari Ledyard," with Charles Armstrong. *The Review of Korean Studies* (publ. by the Academy of Korean Studies, Songnam, Korea), Vol. 6, No. 1 (June, 2003), pp. 143-185. Also in Kim Keong-il [sic], ed., Pioneers of Korean Studies, The Academy of Korean Studies, Songnam, 2004, pp. 517–560.

| Congressional Testimony |

Hearings on Human Rights in Korea and the Phillipines: Implications for U.S. Policy. Subcommittee on International Organizations of the Committee on International Relations, House of Representatives, Ninety-fourth Congress, First Session. Washington, 1975, pp. 13–41 (May 20, 1975).

Hearings on Korean-American Relations, Subcommittee on International Organizations of the Committee of International Relations, House of Representatives, Ninety-fifth Congress, Second Session, Part 4. Washington, 1978, 7–19 (March 15, 1978)

찾아보기

답을 묻고 풀고 생각하는

확힘을 개념 다지기

초등 1-1

지 은 이 NE능률 수학교육연구소
          정해송 하지수

개발책임 지은실

개   발 현아름, 김다은, 김건희

디 자 인 오영숙, 한세미, 홍미진

일러스트 이상화

영   업 한기영, 이경구, 박인규, 정철교, 김남준, 이우현

마   케 팅 박혜선, 남경진, 이지원, 김여진

펴 낸 곳 서울시 마포구 월드컵북로 396(상암동) 누리꿈스퀘어 비즈니스타워 10층
          (주)NE능률 (우편번호 03925)

펴 낸 날 2023년 11월 1일 초판 제1쇄
          2024년 1월 5일 초판 제2쇄

전   화 02 2014 7114

팩   스 02 3142 0357

홈페이지 www.neungyule.com

등록번호 제1-68호

고객센터

교재 내용 문의: contact.nebooks.co.kr (별도의 가입 절차 없이 작성 가능)
제품 구매, 교환, 불량, 반품 문의: 02 2014 7114
파본은 구매처에서 교환 가능합니다.

디지털 교육 컨텐츠를 전문적으로 제작하고 공유하여
교실과 학교, 교육의 변화를 만드는

현직 교사로 이루어진 전국 단위 전문적 학습 공동체입니다.

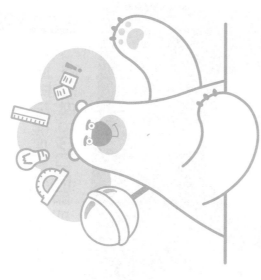

수학 공부를 하다 보면 이해가 안 돼서 어렵고, 또 재미도 없고…….

그래서 수학 공부를 하기 싫은 적이 있지 않나요?

수학이 어려운 가장 큰 이유는 지금 배우고 있는 수학 개념들이 대부분 글로 딱딱한 설명과 식으로 되어 있기 때문이죠.

그래서 설명을 읽어도 모르겠고, 식을 봐도 이해가 되지 않는 것이랍니다.

하지만 어려운 수학 개념을 너무나 쉽게 이해할 수 있는 방법!

바로 비주얼 싱킹을 활용하여 수학 개념을 이해하고 문제를 풀어 보는 것이지요.

여러분들이 이해하기 쉽게 수학 개념을 풀어놓은 달콤한 계산력으로 수학 공부를 재미있게 하게 될 거예요.

1

학교 선생님이 아이들의 눈높이에 맞추어
쉽고 알찬 연산 개념을 담았어요.

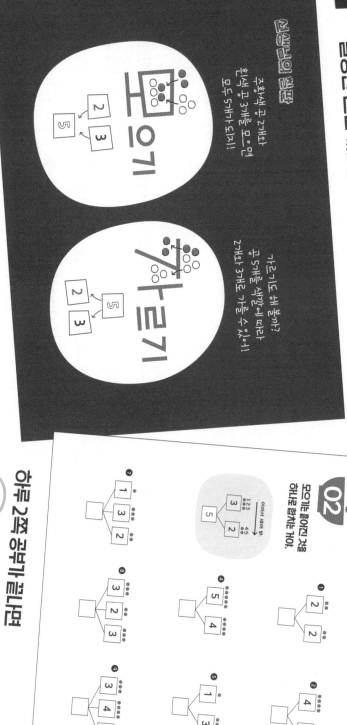

선생님의 칠판

모으기
조록색 공 2개와
하얀 공 3개를 모으면
모두 5개가 되지!

가르기
가운기도 왜 볼까?
공 5개를 색깐에 따라
2개와 3개로 가를 수 있어!

2

개념을 다시 한번 짚어주는 지문을 읽고
충분히 연습해요.

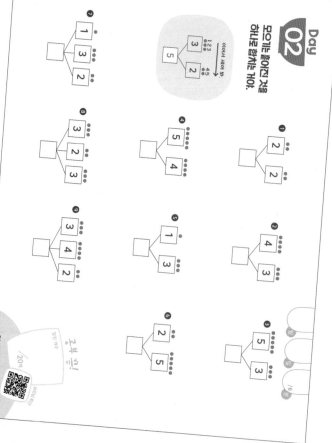

Day 02

모으기 활동이면 것을
하나로 합치는 거야.

하루 2쪽 공부가 끝나면
QR로 빠르게 채점하고, 동작을 완성해요.

연산 | 실력 점검하기

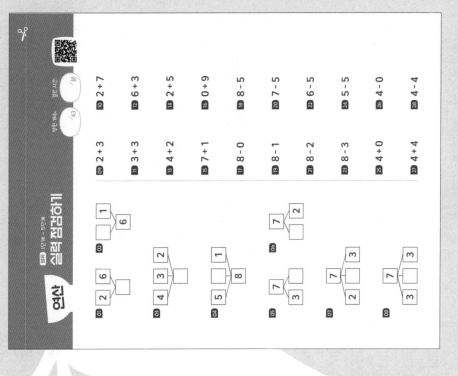

09 2 + 3	10 2 + 7
11 3 + 3	12 6 + 3
13 4 + 2	14 2 + 5
15 7 + 1	16 0 + 9
17 8 - 0	18 8 - 5
19 8 - 1	20 7 - 5
21 8 - 2	22 6 - 5
23 8 - 3	24 5 - 5
25 4 + 0	26 4 - 0
27 4 + 4	28 4 - 4

3

단계별 학습이 끝나면
재미있는 놀이 연산으로 연산 실력을 UP!

연산 놀이터

권별 학습 내용

1-1	2-1	3-1
수를 모으고 가르기	받아올림이 한 번 있는 (두 자리 수)+(두 자리 수)	(몇십)×(몇)
합이 9까지인 덧셈	받아올림이 두 번 있는 (두 자리 수)+(두 자리 수)	올림이 없는 (두 자리 수)×(한 자리 수)
한 자리 수의 뺄셈	받아내림이 있는 (두 자리 수)-(두 자리 수)	십의 자리에서 올림이 있는 (두 자리 수)×(한 자리 수)
덧셈과 뺄셈의 관계	덧셈식, 뺄셈식에서 □의 값 구하기	올림이 있는 (두 자리 수)×(한 자리 수)
세 수의 덧셈과 뺄셈	같은 수를 여러 번 더하기	올림이 없는 (세 자리 수)×(한 자리 수)
(몇)+(몇), (몇)+(몇십)	2단, 5단 곱셈구구	올림이 한 번 있는 (세 자리 수)×(한 자리 수)
(몇십몇)+(몇), (몇십몇)+(몇십)	3단, 6단 곱셈구구	올림이 여러 번 있는 (세 자리 수)×(한 자리 수)
(몇)-(몇), (몇십몇)-(몇)	4단, 8단 곱셈구구	나눗셈의 기초
(몇십몇)+(몇십몇), (몇십몇)-(몇십몇)	7단, 9단 곱셈구구	나눗셈의 몫 구하기

1-2	2-2	3-2
10을 모으고 가르기	곱셈구구 종합	(몇십)×(몇십), (몇십)×(몇)
100이 되는 더하기, 100에서 빼기		올림이 한 번 있는 (몇십몇)×(몇십몇)
두 수의 합이 10인 세 수의 덧셈		올림이 여러 번 있는 (몇십몇)×(몇십몇)
받아올림이 있는 (몇)+(몇)		(몇십)÷(몇), (몇백몇십)÷(몇)
두 수의 차가 10인 세 수의 뺄셈		내림이 없고 나머지가 없는 (두 자리 수)÷(한 자리 수)
받아내림이 있는 (십몇)-(몇)		내림이 있고 나머지가 없는 (두 자리 수)÷(한 자리 수)
덧셈과 뺄셈의 관계		내림이 없고 나머지가 있는 (두 자리 수)÷(한 자리 수)
받아올림이 있는 (몇십몇)+(몇)		내림이 있고 나머지가 있는 (두 자리 수)÷(한 자리 수)
받아내림이 있는 (몇십몇)-(몇)		백의 자리부터 몫을 구하는 (세 자리 수)÷(한 자리 수)
세 수의 덧셈과 뺄셈		백의 자리에서 나누는 수보다 작은 (세 자리 수)÷(한 자리 수)

4-1 / 5-1 / 6-1

4-1	5-1	6-1
(몇백)×(몇십), (몇십)×(몇백)	덧셈과 뺄셈, 곱셈과 나눗셈이 섞여 있는 식	(자연수)÷(자연수), (진분수)÷(자연수)
(세 자리 수)×(몇십)	괄호가 없는 자연수의 혼합 계산	곱셈으로 계산하는 (진분수)÷(자연수)
(세 자리 수)×(두 자리 수)	괄호가 있는 자연수의 혼합 계산	(가분수)÷(자연수), (대분수)÷(자연수)
(몇백몇십)÷(몇십)	약수와 공약수, 배수와 공배수	(진분수)÷(진분수)
(두 자리 수)÷(몇십)	공약수와 최대공약수	(자연수)÷(진분수)
(세 자리 수)÷(몇십)	공배수와 최소공배수	(가분수)÷(진분수), (대분수)÷(진분수)
(두 자리 수)÷(두 자리 수)	약분과 통분	각 자리에서 나누어떨어지지 않는 (소수)÷(자연수)
몫이 한 자리 수인 (세 자리 수)÷(두 자리 수)	분모가 다른 진분수의 덧셈	0을 내리거나 몫에 0이 포함된 (소수)÷(자연수)
몫이 두 자리 수인 (세 자리 수)÷(두 자리 수)	분모가 다른 대분수의 덧셈	몫이 소수인 (자연수)÷(자연수)
	분모가 다른 진분수의 뺄셈	비와 비율
	분모가 다른 대분수의 뺄셈	백분율

4-2 / 5-2 / 6-2

4-2	5-2	6-2
대분수를 가분수로, 가분수를 대분수로 나타내기	어림하기	자릿수가 같은 (소수)÷(소수)
진분수의 덧셈	(분수)×(자연수)	자릿수가 다른 (소수)÷(소수)
대분수의 덧셈	(자연수)×(분수)	(자연수)÷(소수)
진분수의 뺄셈	(진분수)×(진분수)	몫을 반올림하여 나타내기
받아내림이 없는 대분수의 뺄셈	(대분수)×(대분수)	나누어 주고 남는 양
(자연수)-(분수)	세 분수의 곱셈	자연수, 분수, 소수의 혼합 계산
받아내림이 있는 대분수의 뺄셈	소수와 자연수의 곱셈	간단한 자연수의 비로 나타내기
자릿수가 같은 소수의 덧셈	소수와 소수의 곱셈	비례식
자릿수가 다른 소수의 덧셈	(소수)×(소수)	비례배분
자릿수가 같은 소수의 뺄셈	분수와 소수의 혼합 계산	
자릿수가 다른 소수의 뺄셈		

44일 완성, 연산 지도법

단계	공부 내용	이렇게 지도해요	공부 날	쪽수
1단계	수의 모으고 가르기	여러 수를 하나로 모으고, 하나의 수를 여 럿으로 나누는 활동을 학습합니다. 모으기와 가르기 활동을 통해 모으기와 가르기의 의미를 이해하고, 덧셈과 뺄셈의 기초적인 개념을 학습할 수 있도록 지도해 주세요.	DAY1	10쪽
			DAY2	12쪽
			DAY3	14쪽
			DAY4	16쪽
2단계	합이 9까지인 덧셈	이어 세기와 모으기를 통해 덧셈을 학습 합니다. 덧셈의 개념과 덧셈 대열이 처음으로 '식'을 학습하는 만큼 +, =등의 기호를 이해하고 익숙해질 수 있도록 지도해 주세요. 또한 덧셈에서 0이 더하는 것이 없다는 것을 이해할 수 있도록 지도해 주세요.	DAY5	22쪽
			DAY6	24쪽
			DAY7	26쪽
			DAY8	28쪽
			DAY9	30쪽
3단계	한 자리 수의 뺄셈	지우기와 가르기를 통해 뺄셈을 학습합니다. 뺄셈의 개념과 덧셈이 −, =등의 기호를 이해하고 익숙해질 수 있도록 지도해 주세요. 또한 뺄셈에서 0인 빼는 값이 없다는 것을 이해할 수 있도록 지도해 주세요.	DAY10	36쪽
			DAY11	38쪽
			DAY12	40쪽
			DAY13	42쪽
			DAY14	44쪽
4단계	덧셈과 뺄셈의 관계	세 개의 수로 덧셈식과 뺄셈식을 만드는 학습입니다. 식을 바꾸면서 덧셈과 뺄셈 이 서로 반대의 연산 관계임을 이해할 수 있도록 지도해 주세요.	DAY15	50쪽
			DAY16	52쪽
			DAY17	54쪽
			DAY18	56쪽
5단계	세 수의 덧셈과 뺄셈	한 개의 식에서 세 수를 더하고, 빼는 학 습입니다. 덧셈이나 뺄셈을 할 때 여러 수가 있어도 앞에서부터 두 수씩 차례로 계산할 수 있도록 지도해 주세요.	DAY19	62쪽
			DAY20	64쪽
			DAY21	66쪽
			DAY22	68쪽

단계	공부 내용	이렇게 지도해요	공부 날	쪽수
6단계	(몇십)+(몇), (몇)+(몇십)	더하는 두 수 중 하나의 수가 '몇십'인 덧 셈을 학습합니다. 같은 숫자라도 일의 자리 일 때, 같은 자리의 수끼리 더한다는 개념 을 이해할 수 있도록 지도해 주세요.	DAY23	74쪽
			DAY24	76쪽
			DAY25	78쪽
			DAY26	80쪽
			DAY27	82쪽
			DAY28	88쪽
7단계	(몇십몇)+(몇), (몇십몇)−(몇)	두 자리 수에서 한 자리 수를 더하고 빼는 학습입니다. '몇십'에서 '몇십몇'으로 두 자리 수가 바뀌어도 같은 자리의 수끼리 더 할 수 있도록 지도해 주세요. 또한 덧셈과 마찬가지로 뺄셈도 같은 자리의 수끼리 빼 낸다는 개념을 이해할 수 있도록 지도해 주세요.	DAY29	90쪽
			DAY30	92쪽
			DAY31	94쪽
			DAY32	96쪽
			DAY33	98쪽
8단계	(몇십)+(몇십), (몇십)−(몇십)	더하고 빼는 두 수가 모두 '몇십'인 덧셈과 뺄셈을 학습합니다. 십의 자리에서만 더 하고 빼는 계산을 통해, 두 자리 수일 때 에도 같은 자리의 수끼리 계산할 수 있도록 지도해 주세요.	DAY34	104쪽
			DAY35	106쪽
			DAY36	108쪽
			DAY37	110쪽
			DAY38	112쪽
9단계	(몇십몇)+(몇십몇), (몇십몇)−(몇십몇)	일의 자리와 십의 자리에 모두 값이 있는 두 자리 수끼리의 덧셈과 뺄셈을 학습합 니다. 같은 자리 수끼리 계산하는, 덧셈 과 뺄셈의 기본적인 원리규칙을 완벽히 계속할 수 있도록 지도해 주세요.	DAY39	118쪽
			DAY40	120쪽
			DAY41	122쪽
			DAY42	124쪽
			DAY43	126쪽
			DAY44	128쪽

01

수를 모으고 가르기

빠르게
지도해요!

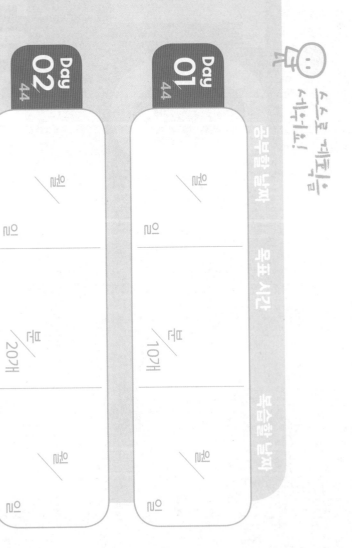

느긋하게 끝까지 해봐요!

| 공부한 날짜 | 목표 시간 | 복습할 날짜 |

1 먼저 설명해 주세요.

그림과 말풍을 모아낸 모으기와 가르기 내용을 아이와 함께 따라 읽어 보면서, 모아진 자동차와 굴러진 자동차의 수를 직접 세어 봅니다.

2 수를 이해하며 계산해요.

설명과 이어지는 그림을 이용하여 Day1과 Day20에서 재미있게 문제를 풉니다.

3 충분히 연습해요.

Day3과 Day4의 문제 풀이를 통해 수를 이해하는 힘을 기르고, 덧셈과 뺄셈의 기초를 다집니다.

Day 01 44 — 월 / 일 · 분 · 10개 · 월 / 일

Day 02 44 — 월 / 일 · 분 · 20개 · 월 / 일

Day 03 44 — 월 / 일 · 분 · 29개 · 월 / 일

Day 04 44 — 월 / 일 · 분 · 30개 · 월 / 일

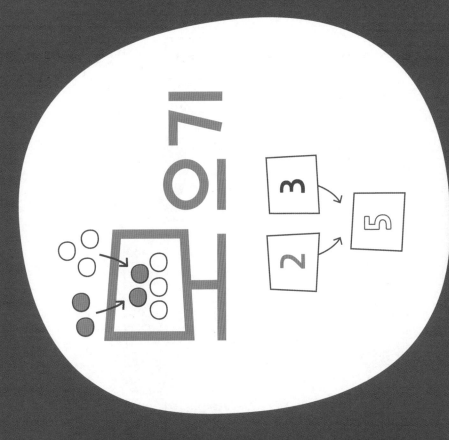

새로운 규칙

가르기

5개를 2개와 3개로 가를 수 있어!
공 5개를 색깔에 따라
2개와 3개로 가르기도 해 볼까?

모으기

주황색 공 2개와
흰색 공 3개를 모으면
모두 5개가 되지!

모아진 자동차는 모두 몇 대인지 수를 써 보자.

❷

2
1

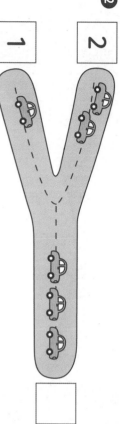

❹

2
2

❶

4
1

❸

5
2

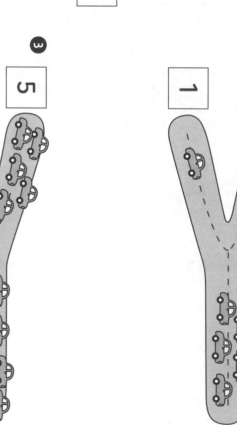

❺

4
2

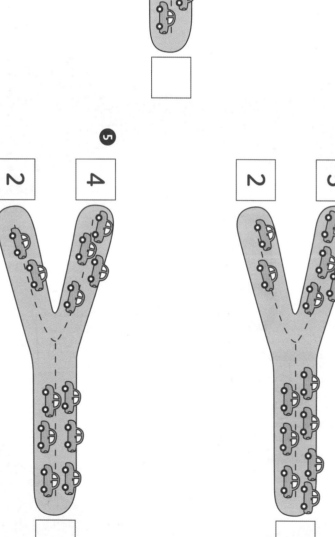

갈라진 자동차는 각각 몇 대인지 수로 써 보자.

❻

| 3 | | 4 |

❼

| | 3 | 7 |

❽

| 3 | | 5 |

❾

| | 3 | 8 |

❿

| | 3 | 6 |

모으기는 흩어진 것을
하나로 합치는 거야.

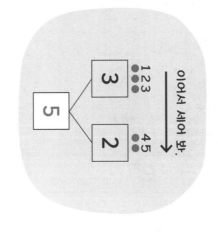

아이서 세어 봐.

7

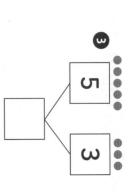

1 •
3 •••
2 ••

1

2 ••
2 ••

8

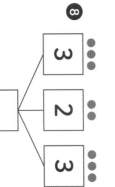

3 •••
2 ••
3 •••

4

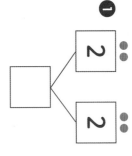

5 •••••
4 ••••

2

4 ••••
3 •••

9

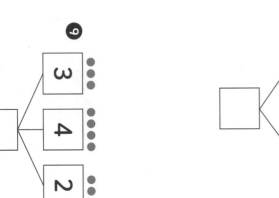

3 •••
4 ••••
2 ••

5

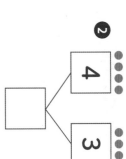

1 •
3 •••

3

5 •••••
3 •••

10

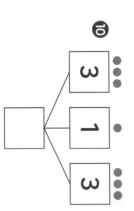

3 •••
1 •
3 •••

6

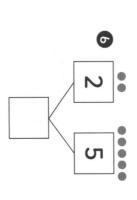

2 ••
5 •••••

월 일 /6분

오늘의 숫자 **9**에 색칠하세요.

가르기는 모여 있는 것을 쪼개는 거야.

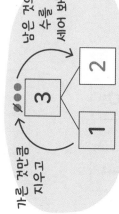
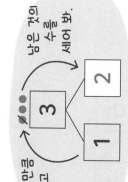

몇 개를 지우고
낡은 것의 수를 세어 봐.

⑬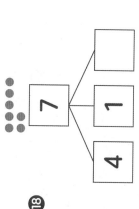

⑫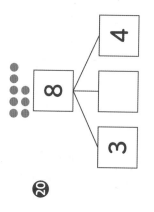

⑪

⑰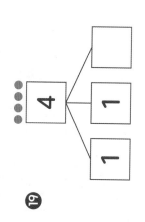

⑯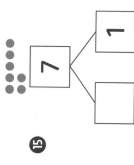

⑮

⑭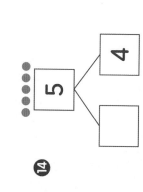

⑳

⑲

⑱

Day 03

두 수를 모아서 하나의 수로 써 보자.

1
```
   1  1과
      4를 모으면
   4  몇이지?
```

2
```
   6
   1
```

3
```
   3
   5
```

4
```
   4
   2
```

5
```
   3
   4
```

6
```
   6
   2
```

7
```
   5
   1
```

8
```
   2
   5
```

9
```
   7
   2
```

10
```
   1
   3
```

11
```
   3
   6
```

12
```
   4
   5
```

13
```
   1
   1
```

14
```
   3
   2
```

15
```
   2
   1
```

하나의 수를 두 수로 갈라 보자.

16 9를
9 6 [ ]

몇으로 가를 수 있을까?
6과

17 5 2 [ ]

18 8 4 [ ]

19 6 [ ] 4

20 3 1 [ ]

21 9 8 [ ]

22 7 1 [ ]

23 9 [ ] 5

24 4 3 [ ]

25 8 [ ] 3

26 7 4 [ ]

27 8 [ ] 1

28 6 3 [ ]

29 5 1 [ ]

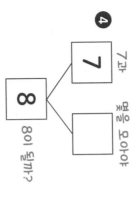

Day 04

어떤 수를 가르고 모았는지 생각하며 수를 써 보자.

❹
8
7과 □
몇을 모아야
8이 될까?

❽
□ 5 2

⓬
□ 2 4 1

❶
□ 4 2

❺
□ 3 3

❾
□ 5 2

⓭
9 5 1 □

❷
□ 3 1

❻
□ 4 5

⓾
8 3 □

⓮
8 2 □ 4

❸
□ 2 6

❼
9 1 □

⓫
7 1 □

⓯
□ 7 3 2

16

부모님 확인

칭찬해 주세요

맞힌 개수 /30개

⑲ 4 → □, 2

㉓ 8 → □, 4

㉗ 8 → □, 6

⑱ 9 → □, 3

㉒ 6 → □, 3

㉖ 7 → □, 3

㉚ 9 → □, 1, 4

⑰ 5 → □, 1

㉑ 9 → □, 5

㉕ 4 → □, 1

㉙ 5 → 2, □, 2

⑯ 7 → □, 6

⑳ 6 → □, 1

㉔ 7 → □, 2

㉘ 8 → □, 1, 5

역사놀이터

표지판에 알맞게 마을을 만들어 볼까요?

토끼 마을과 강아지 마을이 되도록
울타리를 그려줘!
각 마을에는
몇 마리의 동물이 살까?

고양이와 생쥐가 함께 사는
마을이 되도록 울타리를 그려줘!
정해진 수만큼 모으면
마을에는 몇 마리의 동물이 살까?

3

4

동물 모으기

02

합이 9까지의 덧셈

이렇게 지도해요!

1 먼저 설명해 주세요.
그림과 말풍선을 통해낸 듯셀 내용을 아이와 함께 따라 읽어 보면서, 이어 세기와 모으기를 통해 덧셈을 알아봅니다.

2 슬 이해하며 계산해요.
설명과 이어지는 그림을 이용하여 Day5와 Day6에서 재미있게 문제를 풉니다.

3 충분히 연습해요.
Day7~Day9의 문제 풀이를 통해 슬 이해하는 힘을 기르고 덧셈의 개념과 +, = 기호의 쓰임을 이해합니다.

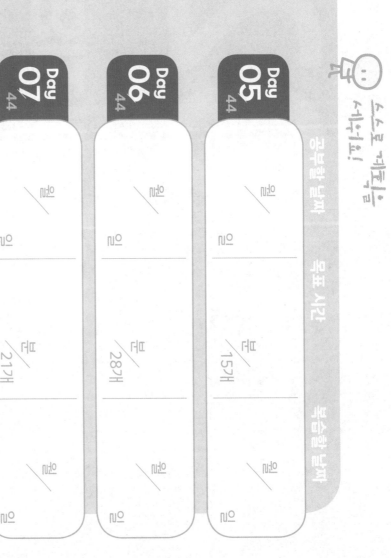

하루하루 쑥쑥 자라요!

	공부한 날짜	목표 시간	복습한 날짜
Day 05 44쪽	월 / 일	15개 / 분	월 / 일
Day 06 44쪽	월 / 일	28개 / 분	월 / 일
Day 07 44쪽	월 / 일	21개 / 분	월 / 일
Day 08 44쪽	월 / 일	37개 / 분	월 / 일
Day 09 44쪽	월 / 일	37개 / 분	월 / 일

셈식 만들기

구슬을 합하면 모두 몇 개일까요?

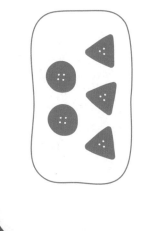

모아 보고,

2 → 5
3

덧셈으로도 나타내 보자!

2 + 3 = 5

구슬이 3개 늘어나면 모두 몇 개가 될까요?

모아 보고,

5 → 8
3

덧셈으로도 나타내 보자!

5 + 3 = 8

Day 05

사탕이 모두 몇 개인지 이어서 세어 보자.

♥ 사탕이 1개, ⭐ 사탕이 2개니까

모두 세면 3개야.

$$1 + 2 = 3$$

더하기 →   ← 같다

"1 더하기 2는 3과 같습니다."

+ 기호를 사용해서 다시 세어 나타낸 것을 덧셈식이라고 해.

5

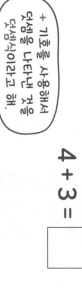

2 + 7 = ☐

1

2 + 3 = ☐

2

2 + 2 = ☐

3

4 + 3 = ☐

4

2 + 4 = ☐

6

6 + 2 = ☐

7

4 + 5 = ☐

월 일 /6분

⑩

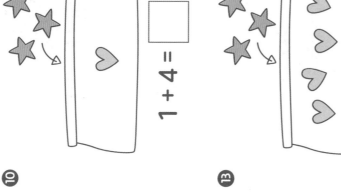

1 + 4 =

⑬

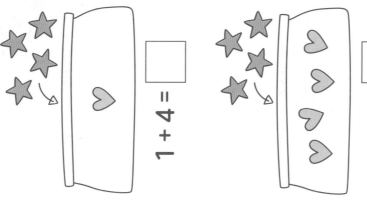

4 + 4 =

⑨

3 + 3 =

⑫

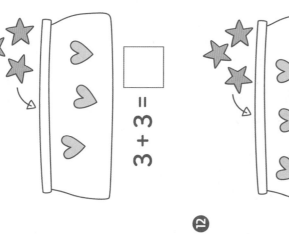

6 + 3 =

⑮

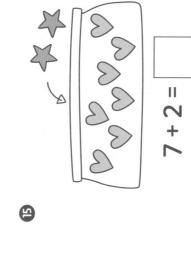

7 + 2 =

⑧

3개가 있었는데 1개가 더 생겼네?

3 + 1 =

⑪

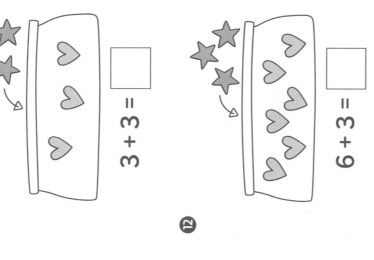

5 + 2 =

⑭

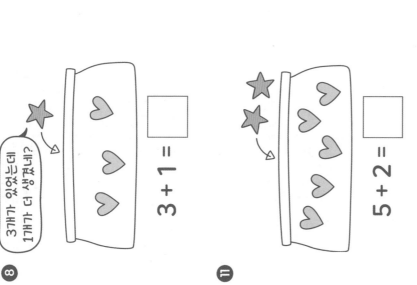

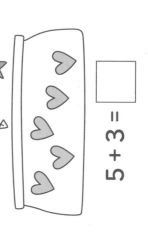

5 + 3 =

Day 06

덧셈을 이어 세기로도 할 수 있어.

1

1 2　3 4 5 6

2가에　4개를
이어 세면?

$$2 + 4 =$$

2

$$3 + 2 =$$

3

$$1 + 5 =$$

4

$$2 + 2 =$$

5

$$8 + 1 =$$

6

$$3 + 5 =$$

7

0은 아무것도 없는 거야.

$$5 + 0 =$$

8

$$6 + 2 =$$

9

$$0 + 6 =$$

10

$$5 + 2 =$$

11

$$4 + 4 =$$

12

$$3 + 4 =$$

13

$$3 + 6 =$$

14

$$6 + 1 =$$

⑮ 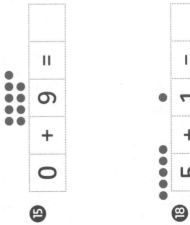 0 + 9 =

⑯  4 + 1 =

⑰ 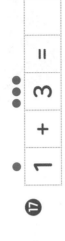 1 + 3 =

⑱ 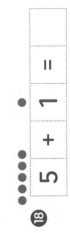 5 + 1 =

⑲ 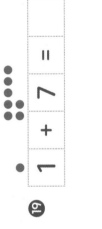 1 + 7 =

⑳ 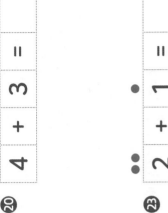 4 + 3 =

㉑  2 + 5 =

㉒ 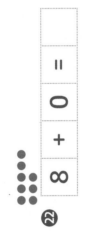 8 + 0 =

㉓ 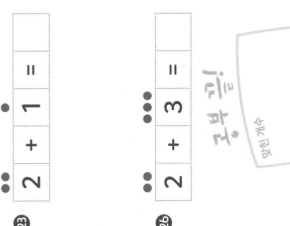 2 + 1 =

㉔ 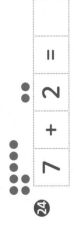 7 + 2 =

㉕ 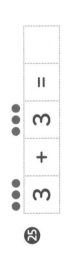 3 + 3 =

㉖ 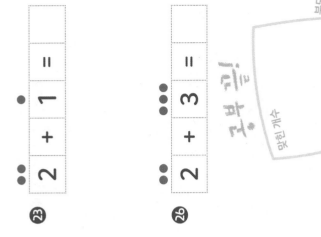 2 + 3 =

㉗ 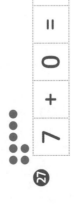 7 + 0 =

㉘ 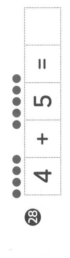 4 + 5 =

Day 07

덧셈은 수를 하나로 모으는 거야.

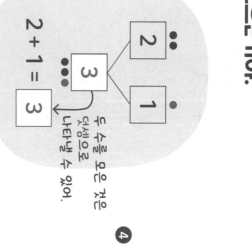

2 + 1 = 3

두 수를 모은 것을
덧셈으로
나타낼 수 있어.

❶
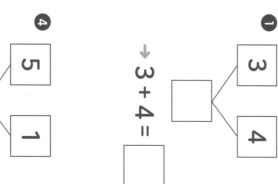

3 4

↓ 3 + 4 =

❷

8 1

↓ 8 + 1 =

❸

6 2

↓ 6 + 2 =

❹
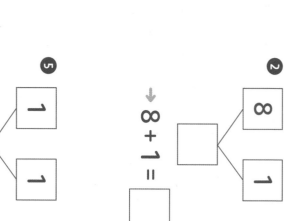

5 1

↓ 5 + 1 =

❺

1 1

↓ 1 + 1 =

❻

3 3

↓ 3 + 3 =

❼
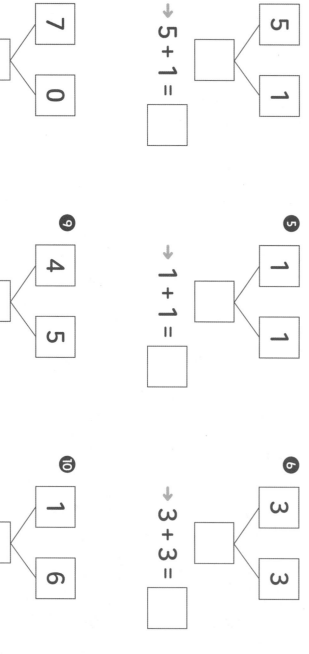

4 4

↓ 4 + 4 =

❽

7 0

↓ 7 + 0 =

❾

4 5

↓ 4 + 5 =

❿

1 6

↓ 1 + 6 =

오늘의 숫자 **2**에 색칠하세요.

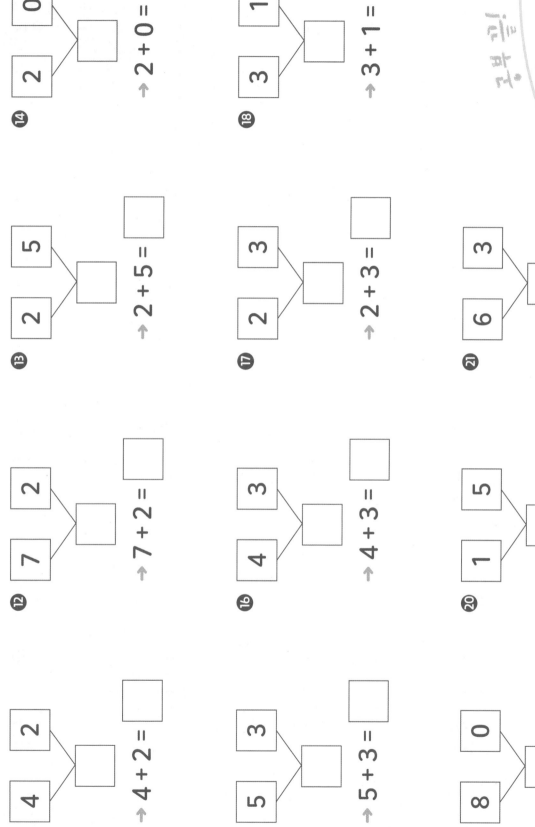

⑭
2 0
[ ]
↑ 2 + 0 =

⑬
2 5
[ ]
↑ 2 + 5 =

⑫
7 2
[ ]
↑ 7 + 2 =

⑪
4 2
[ ]
↑ 4 + 2 =

⑱
3 1
[ ]
↑ 3 + 1 =

⑰
2 3
[ ]
↑ 2 + 3 =

⑯
4 3
[ ]
↑ 4 + 3 =

⑮
5 3
[ ]
↑ 5 + 3 =

㉑
6 3
[ ]
↑ 6 + 3 =

⑳
1 5
[ ]
↑ 1 + 5 =

⑲
8 0
[ ]
↑ 8 + 0 =

Day 08

더해서 나온 수를
=의 오른쪽에 쓰는 거야.

가운데 줄의 기호야.
1 + 3 ← = 4

① 3+6 =

② 2+2 =

③ 2+0 =

④ 7+2 =

⑤ 6+1 =

⑥ 4+5 =

⑦ 5+2 =

⑧ 3+4 =

⑨ 2+6 =

⑩ 2+1 =

⑪ 5+3 =

⑫ 0+5 =

⑬ 7+1 =

⑭ 2+3 =

⑮ 0+9 =

⑯ 3+3 =

⑰ 8+0 =

⑱ 4+2 =

28

오늘의 숫자 **1**에 색칠하세요.

부모님확인

맞힌 개수 /37개

⑲ 2+5=
← 을 쓰는 것을
잊으면 안 돼요!

⑳ 5+4

㉑ 0+3

㉒ 1+1

㉓ 6+2

㉔ 1+7

㉕ 2+4

㉖ 3+5

㉗ 4+0

㉘ 4+3

㉙ 6+0

㉚ 8+1

㉛ 1+5

㉜ 3+2

㉝ 6+3

㉞ 0+7

㉟ 2+7

㊱ 4+1

㊲ 4+4

Day 09

더해서 나온 수를 아래에 쓸 수도 있어.

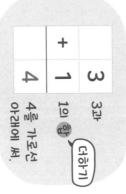

더하기

3과 1의 합
4를 가운데 아래에 써.

$$\begin{array}{r} 3 \\ +\ 1 \\ \hline 4 \end{array}$$

1.
$$\begin{array}{r} 2 \\ +\ 3 \\ \hline \end{array}$$

2.
$$\begin{array}{r} 4 \\ +\ 1 \\ \hline \end{array}$$

3.
$$\begin{array}{r} 6 \\ +\ 2 \\ \hline \end{array}$$

4.
$$\begin{array}{r} 4 \\ +\ 2 \\ \hline \end{array}$$

5.
$$\begin{array}{r} 2 \\ +\ 2 \\ \hline \end{array}$$

6.
$$\begin{array}{r} 5 \\ +\ 3 \\ \hline \end{array}$$

7.
$$\begin{array}{r} 4 \\ +\ 3 \\ \hline \end{array}$$

8.
$$\begin{array}{r} 6 \\ +\ 1 \\ \hline \end{array}$$

9.
$$\begin{array}{r} 1 \\ +\ 5 \\ \hline \end{array}$$

10.
$$\begin{array}{r} 8 \\ +\ 0 \\ \hline \end{array}$$

11.
$$\begin{array}{r} 4 \\ +\ 5 \\ \hline \end{array}$$

12.
$$\begin{array}{r} 1 \\ +\ 7 \\ \hline \end{array}$$

13.
$$\begin{array}{r} 6 \\ +\ 3 \\ \hline \end{array}$$

14.
$$\begin{array}{r} 2 \\ +\ 7 \\ \hline \end{array}$$

15.
$$\begin{array}{r} 4 \\ +\ 4 \\ \hline \end{array}$$

16.
$$\begin{array}{r} 8 \\ +\ 1 \\ \hline \end{array}$$

17.
$$\begin{array}{r} 0 \\ +\ 6 \\ \hline \end{array}$$

18.
$$\begin{array}{r} 2 \\ +\ 5 \\ \hline \end{array}$$

23　7 + 2 =

28　1 + 3 =

33　5 + 1 =

22　5 + 0 =

27　3 + 6 =

32　3 + 4 =

37　3 + 5 =

21　1 + 8 =

26　7 + 0 =

31　2 + 6 =

36　5 + 4 =

20　2 + 1 =

25　3 + 2 =

30　3 + 3 =

35　5 + 2 =

19　2 + 4 =

24　1 + 6 =

29　0 + 9 =

34　7 + 1 =

연산 놀이터

시소가 기울지 않도록 알맞은 숫자를 써 볼까?

부모님 확인

기울지 않으려면
양쪽 숫자의 합이 같아야 해.

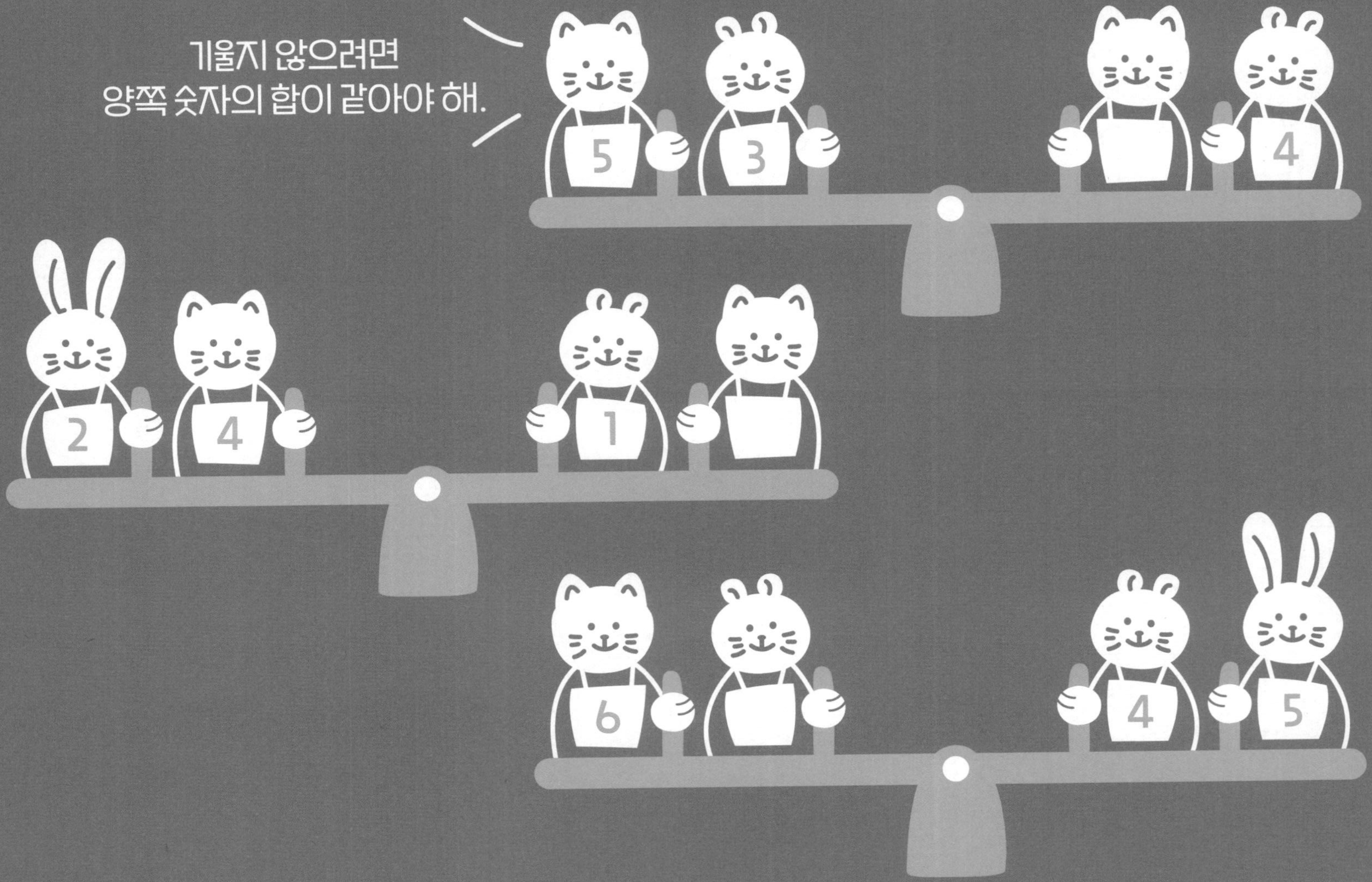

03

한 자리 수의 뺄셈

시작하기 전에 지도해요!

❶ 먼저 설명해 주세요.

그림과 말풍선을 통해서 뺄셈의 내용을 이야기와 함께 따라 읽어 보면서, 지우기와 가르기를 통해 뺄셈을 알아봅니다.

❷ 수를 이해하며 계산해요.

설명과 이어지는 그림을 이용하여 Day10과 Day11에서 재미있게 문제를 풉니다.

❸ 충분히 연습해요.

Day12~Day14의 문제 풀이를 통해 수를 이해하는 뺄셈 기호 뺄셈의 개념과 -, = 기호의 뜻을 이해 해야 할 기르고 뺄셈의 개념과 -, = 기호의 뜻을 이해 합니다.

스스로 계획하고 재미있게 공부할 거예요!

	공부한 날짜	목표 시간	복습한 날짜
Day 10 44	월 / 일	분 17개	월 / 일
Day 11 44	월 / 일	분 28개	월 / 일
Day 12 44	월 / 일	분 21개	월 / 일
Day 13 44	월 / 일	분 37개	월 / 일
Day 14 44	월 / 일	분 37개	월 / 일

새로 배우기

6개의 별 중 2개를 가져가면 몇 개가 남는가?

가르고, 모으기

$6 - 2 = 4$

뺄셈으로도 나타내 보자!

별의 개수를 비교해 보자! 어떤 별이 더 많은가?

★ 더 많습니다

가르고, 모으기

$5 - 4 = 1$

뺄셈으로도 나타내 보자!

Day 10

가져가고 남은 블록의 수를 세어 보자.

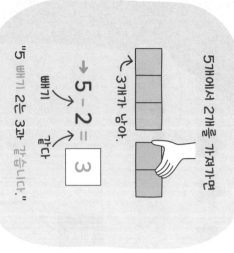

5개에서 2개를 가져가면

3개가 남아.

→ 5 - 2 = 3

빼기

"5 빼기 2는 3과 같습니다."

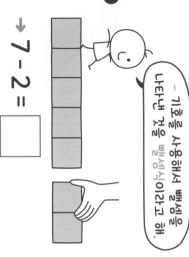

- 기호를 사용해서 빼셈을
나타내. 계산한 값을
빼셈식의 결과값이라고 해.

❼

→ 7 - 2 = ☐

❶

→ 3 - 1 = ☐

❷

→ 4 - 2 = ☐

❸

→ 6 - 1 = ☐

❹

→ 5 - 1 = ☐

❺

→ 8 - 2 = ☐

❻

→ 7 - 4 = ☐

❽

→ 8 - 5 = ☐

❾

→ 6 - 4 = ☐

●와 ▲의 개수를
비교해 보고, ●가 몇 개나
더 많은지 세어 보자.

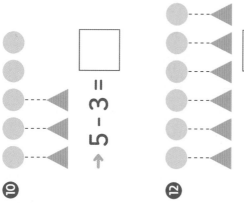

●와 ▲를 선으로 연결하면
●가 1개 더 많아.

→ 4 - 3 = 1

⓾ 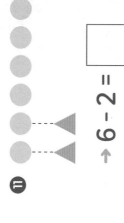 → 5 - 3 = □

⓫ → 6 - 2 = □

⓬ → 7 - 6 = □

⓭ → 8 - 4 = □

⓮ 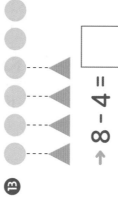 → 8 - 6 = □

⓯ 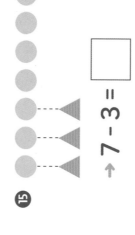 → 7 - 3 = □

⓱ → 9 - 3 = □

⓳  → 5 - 4 = □

Day 11

빼는 수만큼 지워서 뺄셈을 해 봐.

①

| 3 | - | 1 | = | |

3개 중 1개를 지우면?

②

| 2 | - | 1 | = | |

월 일 /6 분

③

| 6 | - | 2 | = | |

④

| 8 | - | 4 | = | |

⑤

| 7 | - | 3 | = | |

⑥

| 4 | - | 1 | = | |

⑦

| 6 | - | 3 | = | |

⑧

| 9 | - | 4 | = | |

⑨

| 7 | - | 2 | = | |

⑩

| 8 | - | 2 | = | |

⑪

| 8 | - | 5 | = | |

⑫

| 9 | - | 7 | = | |

⑬

| 5 | - | 3 | = | |

⑭

| 9 | - | 3 | = | |

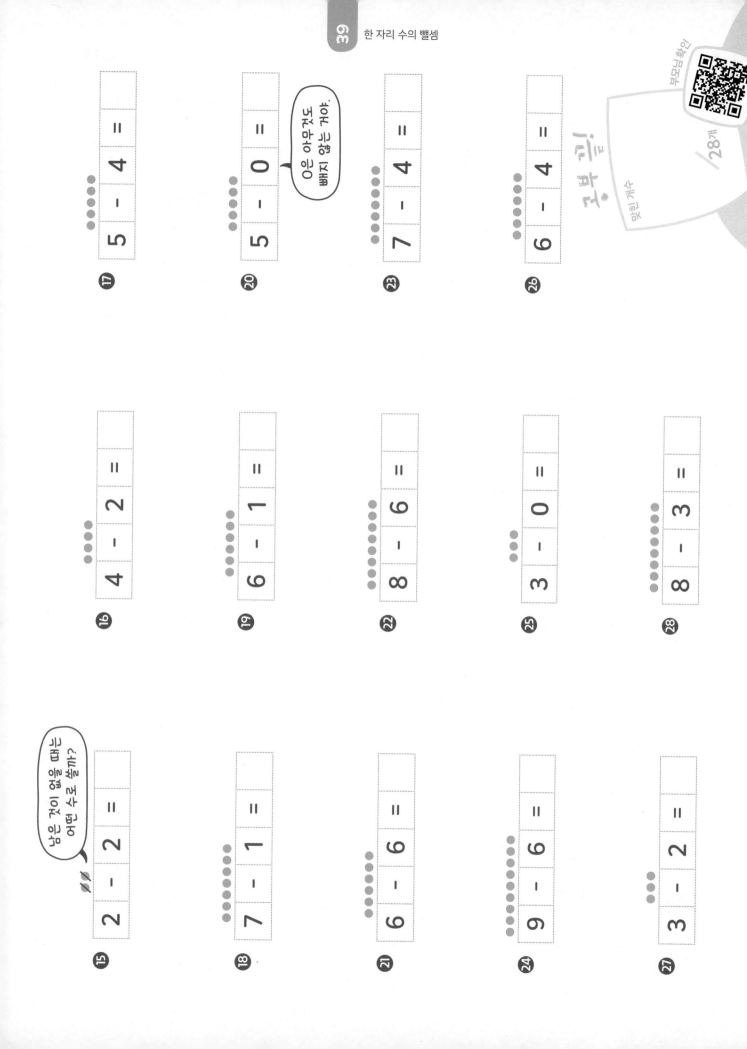

⑮ 남은 것이 없을 때는 어떤 수로 쓸까?

$2 - 2 =$ ☐

⑯ $4 - 2 =$ ☐

⑰ $5 - 4 =$ ☐

⑱ $7 - 1 =$ ☐

⑲ $6 - 1 =$ ☐

⑳ 0은 빼지 않은 것과 같아.

$5 - 0 =$ ☐

㉑ $6 - 6 =$ ☐

㉒ $8 - 6 =$ ☐

㉓ $7 - 4 =$ ☐

㉔ $9 - 6 =$ ☐

㉕ $3 - 0 =$ ☐

㉖ $6 - 4 =$ ☐

㉗ $3 - 2 =$ ☐

㉘ $8 - 3 =$ ☐

수를 가르고 빼셈으로 나타낼 수 있어.

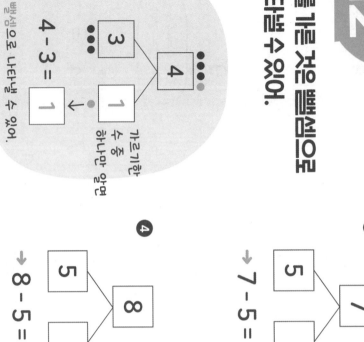

3
4
1

4 - 3 = 1 ←

가운데 한 수 중 하나만 알면

빼셈으로 나타낼 수 있어.

1

5 — 7
↓ 7 - 5 =

2

1 — 3
↓ 3 - 1 =

3

4 — 5
↓ 5 - 4 =

4

5 — 8
↓ 8 - 5 =

5

2 — 2
↓ 2 - 2 =

6

— 9
4
↓ 9 - 4 =

7

0 — 7
↓ 7 - 0 =

8

— 6
2
↓ 6 - 2 =

9

1 — 9
↓ 9 - 1 =

10

2 — 8
↓ 8 - 2 =

⑭
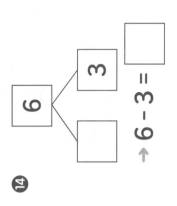

6

3

→ 6 - 3 =

⑱
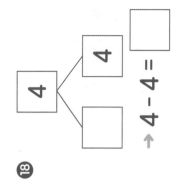

4

4

→ 4 - 4 =

⑬
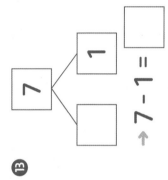

7

1

→ 7 - 1 =

⑰
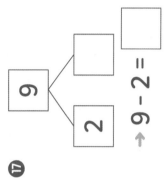

9

2

→ 9 - 2 =

㉑
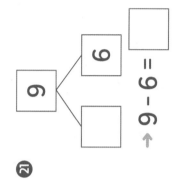

9

6

→ 9 - 6 =

⑫
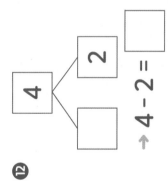

4

2

→ 4 - 2 =

⑯
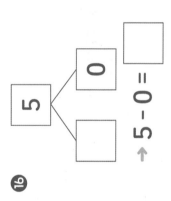

5

0

→ 5 - 0 =

⑳
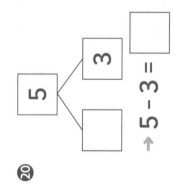

5

3

→ 5 - 3 =

⑪
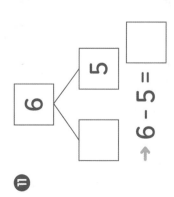

6

5

→ 6 - 5 =

⑮
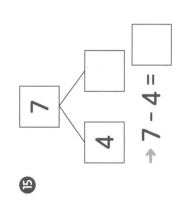

7

4

→ 7 - 4 =

⑲
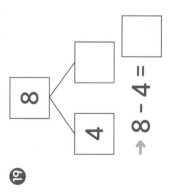

8

4

→ 8 - 4 =

빼고 남은 수를
=의 오른쪽에 쓰는 거야.

2 - 1 = 1
=는 둘의 가운데인 것, 알지?

1 5 - 4 =

2 7 - 1 =

3 6 - 3 =

4 9 - 3 =

5 5 - 2 =

6 4 - 1 =

7 8 - 7 =

8 1 - 0 =

9 6 - 6 =

10 8 - 6 =

11 9 - 5 =

12 9 - 7 =

13 4 - 2 =

14 7 - 4 =

15 7 - 2 =

16 6 - 4 =

17 8 - 3 =

18 3 - 3 =

부모님확인

맞힌 개수 /37개

오늘의 숫자 **16**에 색칠하세요.

⑲ 7 − 0 =
잊지 않고 꼭 쓰기!

⑳ 5 − 3

㉑ 8 − 4

㉒ 5 − 1

㉓ 6 − 5

㉔ 5 − 5

㉕ 9 − 8

㉖ 7 − 3

㉗ 8 − 2
한 자리 수의 뺄셈

㉘ 9 − 4

㉙ 6 − 0

㉚ 4 − 4

㉛ 3 − 2

㉜ 7 − 5

㉝ 8 − 1

㉞ 6 − 2

㉟ 9 − 2

㊱ 4 − 3

㊲ 9 − 6

빼고 남은 수를
아래에 쓸 수도 있어.

3	-	1
2		

빼기
3과 1의 차
2를 가운데 아래에 써.

1

	5	-	2

2

	6	-	4

3

	4	-	2

4

	7	-	5

5

	9	-	5

6

	6	-	1

7

	9	-	2

8

	8	-	2

9

	7	-	6

10

	8	-	8

11

	7	-	0

12

	5	-	1

13

	9	-	8

14

	2	-	2

15

	4	-	1

16

	9	-	6

17

	8	-	5

18

	7	-	3

㉓

$$\begin{array}{r} 6 \\ -\ 5 \\ \hline \end{array}$$

㉘

$$\begin{array}{r} 8 \\ -\ 7 \\ \hline \end{array}$$

㉝

$$\begin{array}{r} 9 \\ -\ 4 \\ \hline \end{array}$$

㉒

$$\begin{array}{r} 5 \\ -\ 3 \\ \hline \end{array}$$

㉗

$$\begin{array}{r} 7 \\ -\ 2 \\ \hline \end{array}$$

㉜

$$\begin{array}{r} 8 \\ -\ 4 \\ \hline \end{array}$$

㊲

$$\begin{array}{r} 6 \\ -\ 0 \\ \hline \end{array}$$

㉑

$$\begin{array}{r} 7 \\ -\ 4 \\ \hline \end{array}$$

㉖

$$\begin{array}{r} 3 \\ -\ 3 \\ \hline \end{array}$$

㉛

$$\begin{array}{r} 4 \\ -\ 3 \\ \hline \end{array}$$

㊱

$$\begin{array}{r} 9 \\ -\ 7 \\ \hline \end{array}$$

⑳

$$\begin{array}{r} 9 \\ -\ 3 \\ \hline \end{array}$$

㉕

$$\begin{array}{r} 7 \\ -\ 1 \\ \hline \end{array}$$

㉚

$$\begin{array}{r} 8 \\ -\ 6 \\ \hline \end{array}$$

㉟

$$\begin{array}{r} 8 \\ -\ 3 \\ \hline \end{array}$$

⑲

$$\begin{array}{r} 1 \\ -\ 0 \\ \hline \end{array}$$

㉔

$$\begin{array}{r} 6 \\ -\ 3 \\ \hline \end{array}$$

㉙

$$\begin{array}{r} 5 \\ -\ 5 \\ \hline \end{array}$$

㉞

$$\begin{array}{r} 6 \\ -\ 2 \\ \hline \end{array}$$

놀이터

숲속의 동물들이 먹이를 찾고 있어요!

내가
좋아하는
길로 따라가 줘!

7-3

3-1

4-2

5-3

6-4

8-6

9-7

6-1

7-5

4-3

04

받아올림이 없게 하자

이렇게 지도해요!

① **먼저 설명해 주세요.**
그림과 말풍선을 통해서 덧셈과 뺄셈의 약속과 개념을 아이와 함께 따라 읽어 보면서, 3개의 수를 만들 수 있는 2개의 덧셈식과 2개의 뺄셈식을 알아봅니다.

② **수를 이해하며 계산해요.**
설명과 이어지는 그림을 이용하여 Day15에서 재미있게 문제를 풀어봅니다.

③ **충분히 연습해요.**
Day16~Day18의 문제 풀이를 통해 수를 이해하는 힘을 키우고, 3개의 수 덧셈식과 뺄셈식을 능숙하게 만들어봅니다.

혼자서 공부해요!

공부한 날짜	목표 시간	복습할 개수

Day 15 44
월 / 일   분   13개   월 / 일

Day 16 44
월 / 일   분   15개   월 / 일

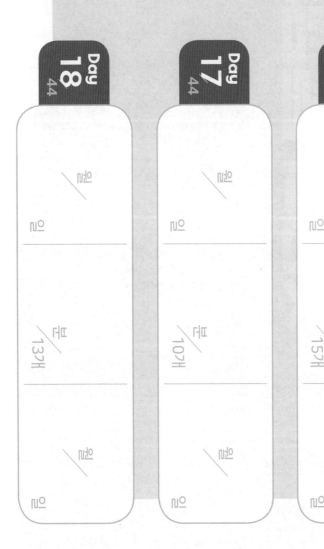

Day 17 44
월 / 일   분   10개   월 / 일

Day 18 44
월 / 일   분   13개   월 / 일

뺄셈의 원리

딸기 3개와 바나나 2개를 더하면 5개가 돼!

3 + 2 = 5

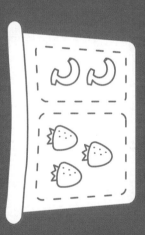

그럼 딸기 둘
바나나 2개라면 몇 개로 나눌
수 있을까?
이제 딸기 둘
바나나의 개수를
해야 할까?

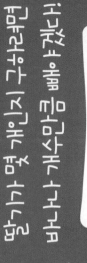

딸기가 몇 개인지 구하려면
전체에서 바나나 개수만큼 빼줘야 되겠다!

바나나가 몇 개인지 구하려면
전체에서 딸기 개수만큼 빼줘야 되겠다!

5 - 2 = 3

5 - 3 = 2

Day 15

덧셈식을 뺄셈식으로,
뺄셈식을 덧셈식으로
바꿀 수 있어.

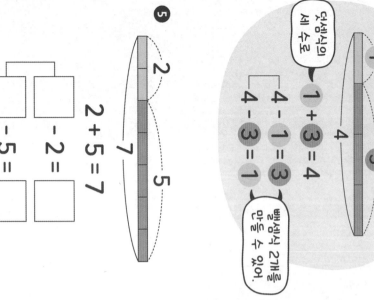

덧셈식의 세 수로

$1+3=4$
$4-1=3$
$4-3=1$

뺄셈식 2개를 만들 수 있어.

1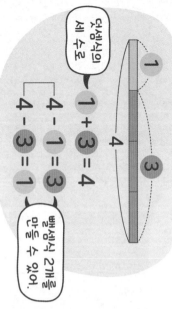

$3+2=5$
$-3=$
$-2=$

2

$4+1=5$
$-4=$
$-1=$

3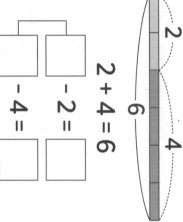

$2+4=6$
$-2=$
$-4=$

4

$4+3=7$
$-4=$
$-3=$

5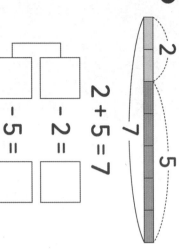

$2+5=7$
$-2=$
$-5=$

6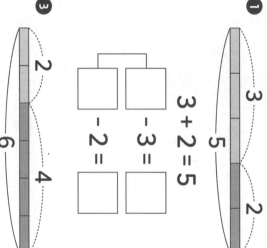

$6+2=8$
$-6=$
$-2=$

7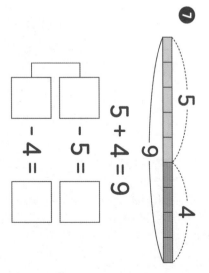

$5+4=9$
$-5=$
$-4=$

⑨

6

4 2

6 - 2 = 4

□ + 2 = □

□ + 4 = □

⑪

9

6 3

9 - 3 = 6

□ + 3 = □

□ + 6 = □

⑧

4

3 1

4 - 1 = 3

□ + 1 = □

□ + 3 = □

⑩

7

5 2

7 - 5 = 2

□ + 5 = □

□ + 2 = □

⑬

9

7 2

9 - 7 = 2

□ + 7 = □

□ + 2 = □

⑫

8

5 3

8 - 3 = 5

□ + 3 = □

□ + 5 = □

두 수를 바꾸어 더해도 계산 결과는 똑같아!

5

1 4

5 - 4 = 1

1 + 4 = 5

4 + 1 = 5

빼셈식의 세 수로

덧셈식 2개를 만들 수 있어.

가장 큰 수에서 작은 수를 빼는 식을 만들어 봐.

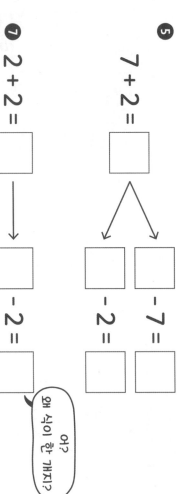

가장 큰 수
$1 + 5 = 6$
$6 - 1 = 5$
$6 - 5 = 1$

① 3 + 2 =

☐ - 3 =

☐ - 2 =

② 2 + 6 =

☐ - 2 =

☐ - 6 =

③ 3 + 4 =

☐ - 3 =

☐ - 4 =

④ 5 + 3 =

☐ - 5 =

☐ - 3 =

⑤ 7 + 2 =

☐ - 7 =

☐ - 2 =

⑥ 8 + 1 =

☐ - 8 =

☐ - 1 =

⑦ 2 + 2 =

☐ → ☐ - 2 =

어? 왜 식이 한 개지?

⑧ 3 + 3 =

☐ → ☐ - 3 =

부모님 확인

오늘의 숫자 **27**에 색칠하세요.

맞힌 개수 /15개

작은 두 수를 더하는 식을 만들어 봐.

작은 두 수

$$5 - 2 = 3$$

$$3 + 2 = 5$$
$$2 + 3 = 5$$

반드시 뺄셈식에 있는 수로 덧셈식을 만들어야 해.

❾ $7 - 4 =$ □

□ $+ 4 =$ □

$4 +$ □ $= 7$

❿ $5 - 1 =$ □

□ $+ 1 =$ □

$1 +$ □ $=$ □

⓫ $9 - 4 =$ □

□ $+ 4 =$ □

$4 +$ □ $=$ □

⓬ $7 - 2 =$ □

□ $+ 2 =$ □

$2 +$ □ $=$ □

⓭ $6 - 2 =$ □

□ $+ 2 =$ □

$2 +$ □ $=$ □

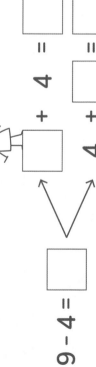

⓮ $6 - 3 =$ □

□ $+$ □ $= 6$

⓯ $8 - 4 =$ □

□ $+$ □ $= 8$

아하~ 4가 8의 절반이라 덧셈식이 1개뿐이구나!

Day 17

세 수로
2개의 덧셈식과
2개의 뺄셈식을
만들 수 있어.

반드시 주어진
세 수로만 식을
만들어야 해!

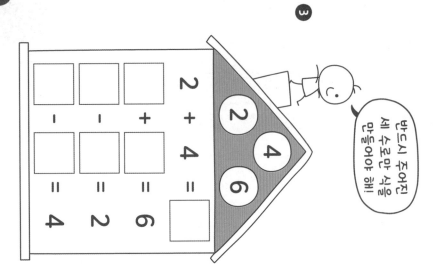

③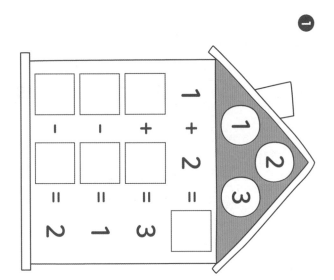

④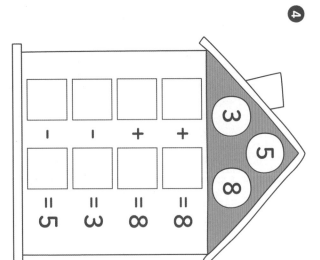

⑤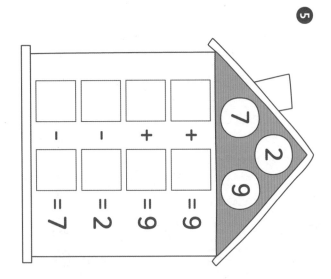

⑥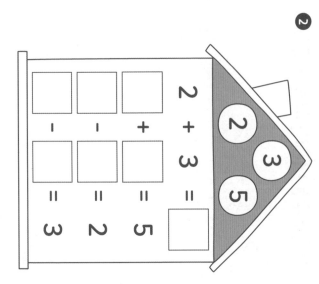

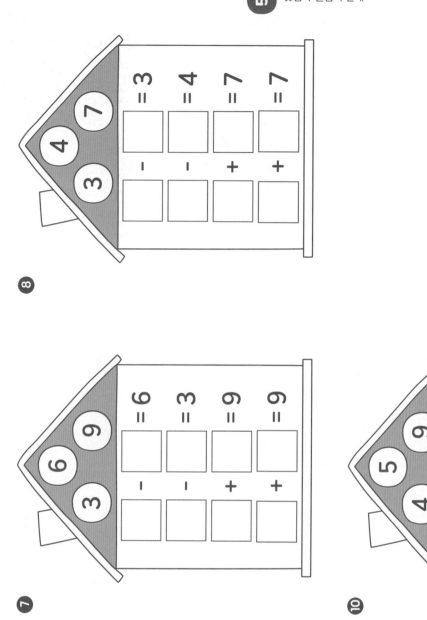

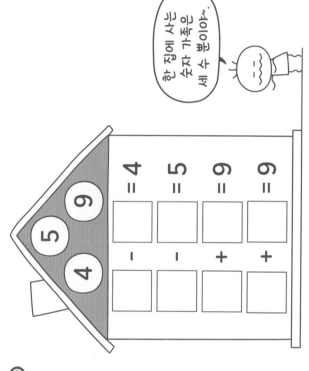

한 집에 사는 숫자 가족은 세 수 뿐이야~

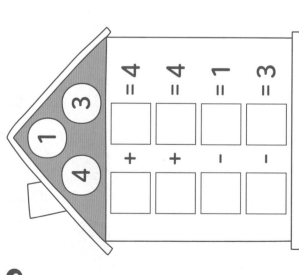

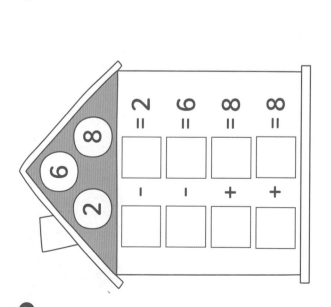

Day 18

3개의 수로
4개의 식을 만들어 보자.

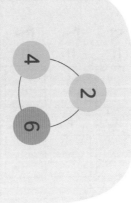

2 + 4 = 6
4 + 2 = 6
6 - 2 = 4
6 - 4 = 2

가장 큰 수를
먼저 찾으면 쉽겠다!

1

2 1 3

2

3 2 5

3

5 4 1

4

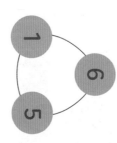

1 6 5

5

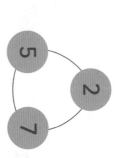

5 2 7

6

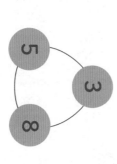

5 3 8

부모님 확인

맞힌 개수 / 13개

어늘이 숫자 30에 색칠하세요.

10

4, 5, 9

9

8, 7, 1

13

6, 8, 2

8

7, 2, 9

12

4, 7, 3

7

9, 1, 8

11

3, 9, 6

05

세 수의 덧셈과 뺄셈

우리 함께 지도해요!

① 먼저 설명해 주세요.

그림과 말로 풀어낸 세 수의 덧셈과 뺄셈 개념을 아이와 함께 따라 읽어 보면서, 앞에서부터 차례로 두 수씩 계산하는 원리를 이해합니다.

② 수를 이해하며 계산해요.

설명과 이어지는 그림을 이용하여 Day19에서 재미있게 문제를 풉니다.

③ 충분히 연습해요.

Day20~Day22의 문제 풀이를 통해 수를 이해하는 힘을 기르고, 세 수의 덧셈과 뺄셈을 능숙하게 풀어 봅니다.

스스로 학습하는 습관을 키워요!

	공부한 날짜	목표 시간	복습한 날짜
Day 19 44	월 / 일	19분 개	월 / 일
Day 20 44	월 / 일	21분 개	월 / 일
Day 21 44	월 / 일	29분 개	월 / 일
Day 22 44	월 / 일	37분 개	월 / 일

세 수의 뺄셈

빼셈도 앞에서부터
차례대로 계산해 보자!

$$7 - 3 - 2 = 2$$

$$7 - 3 = 4$$

☆☆☆☆☆
★★★★★

⬆

$$4 - 2 = 2$$

☆☆☆☆★

/ 뺄셈도 뒤에서
빼면 될까요?

세 수의 덧셈

세 수의 덧셈을 할 때에는
차례대로 묶어서 계산을 하면 편안해!

$$2 + 3 + 1 = 6$$

★★
+
★★★
+
☆

$$2 + 3 = 5$$

$$5 + 1 = 6$$

Day 19

세 수의 덧셈을
앞에서부터 이어서
세면 할 수 있어.

❶ 4개를 먼저 이어서 세고

❷ 3개를 더 이어서 세어 봐.

1 + 4 + 3 = 8

1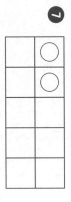

1 + 3 + 2 =

2

2 + 2 + 4 =

3

5 + 0 + 1 =

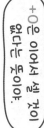
+0은 이어서 셀 것이
없다는 뜻이야.

4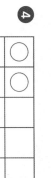

2 + 2 + 2 =

5

3 + 3 + 0 =

6

3 + 1 + 5 =

7

2 + 3 + 2 =

8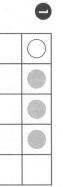

3 + 1 + 4 =

9

4 + 3 + 2 =

10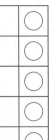

2 + 1 + 4 =

부모님확인

맞힌 개수 /19개

⑪ 3 - 1 - 1 =

⑫ 6 - 2 - 3 =

⑬ 4 - 0 - 2 =

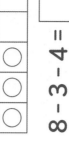

-0은 지울 것이 없다는 뜻이야.

⑭ 7 - 3 - 1 =

⑮ 9 - 2 - 2 =

⑯ 8 - 3 - 4 =

⑰ 7 - 5 - 0 =

⑱ 8 - 4 - 4 =

⑲ 7 - 3 - 2 =

세 수의 뺄셈은 처음 수에서 차례로 지우면 할 수 있어.

❶ 1개를 먼저 지우고

❷ 2개를 더 이어서 지워 봐.

5 - 1 - 2 = 2

Day 20

앞에서부터 두 수씩 차례로 계산하는 거야.

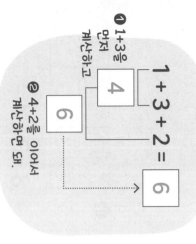

① 1+3을 먼저 계산하고
$$1 + 3 + 2 = \boxed{6}$$
$$\boxed{4}$$

② 4+2를 이어서 계산하면 돼.
$$\boxed{6}$$

① 3 + 4 + 2 =

② 1 + 5 + 2 =

③ 2 + 6 + 1 =
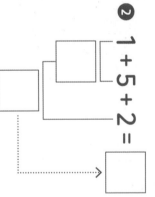

④ 1 + 4 + 1 =
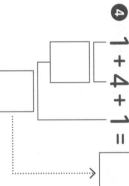

⑤ 4 + 1 + 3 =
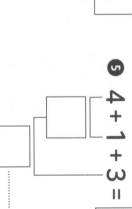

⑥ 2 + 4 + 2 =

⑦ 0 + 4 + 4 =

⑧ 8 + 0 + 1 =
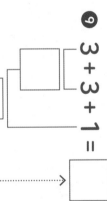

⑨ 3 + 3 + 1 =

⑩ 6 + 2 + 0 =
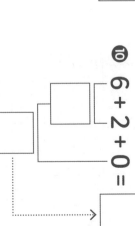

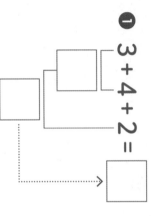
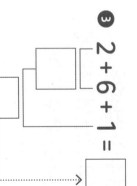
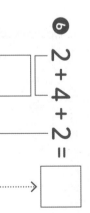

64

⑪ 3 - 1 - 1 =

❶ 3-1을 먼저 계산하고
❷ 2-1을 이어서 계산하면 돼.

⑫ 5 - 2 - 2 =

⑬ 7 - 2 - 3 =

⑭ 6 - 1 - 2 =

⑮ 4 - 1 - 0 =

⑯ 9 - 2 - 4 =

⑰ 8 - 5 - 1 =

⑱ 8 - 4 - 1 =

⑲ 9 - 3 - 6 =

⑳ 7 - 0 - 6 =

㉑ 9 - 5 - 2 =

두 수를 계산한 결과를 쓰고 나머지 수를 계산해.

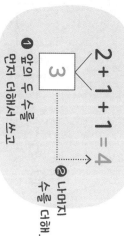

2 + 1 + 1 = 4

3

① 앞의 두 수를
먼저 더해서 쓰고

② 나머지
수를 더해.

❶ 1 + 3 + 3

❷ 2 + 1 + 3

❸ 5 + 1 + 0

❹ 1 + 1 + 3

❺ 1 + 4 + 1

❻ 2 + 2 + 4

❼ 2 + 1 + 5

❽ 4 + 0 + 3

❾ 6 + 1 + 2

❿ 3 + 2 + 2

⑪ 4 + 2 + 1

⑫ 2 + 5 + 2

⑬ 2 + 3 + 3

⑭ 3 + 3 + 3

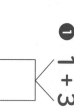
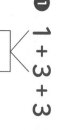
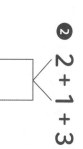

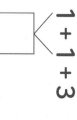
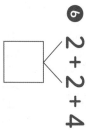

⑮ 5 - 2 - 1

① 앞의 두 수를 먼저 빼서 쓰고

② 나머지 두 수를 빼.

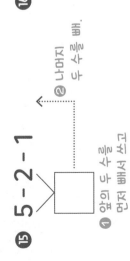

⑯ 6 - 2 - 3

⑰ 7 - 4 - 1

⑱ 8 - 3 - 2

⑲ 7 - 2 - 5

⑳ 9 - 1 - 3

㉑ 4 - 1 - 2

㉒ 6 - 0 - 2

㉓ 8 - 1 - 4

㉔ 7 - 0 - 3

㉕ 9 - 3 - 2

㉖ 8 - 6 - 1

㉗ 6 - 3 - 3

㉘ 9 - 4 - 4

㉙ 8 - 4 - 2

세 수의 계산은
두 수의 계산을 차례로
두 번 하는 거야.

앞에서부터 차근 차근~

① 2+1+2

② 2+5+0

③ 1+3+4

④ 3+1+3

⑤ 3+3+3

⑥ 5+2+1

⑦ 7+0+2

⑧ 4+4+1

⑨ 3+2+4

⑩ 6+0+2

⑪ 6+1+2

⑫ 3+2+2

⑬ 5+1+3

⑭ 1+4+2

⑮ 8+0+1

⑯ 2+2+2

⑰ 3+3+2

⑱ 2+5+2

/10
분

⑲ 5 - 1 - 2
4

⑳ 8 - 2 - 2

㉑ 7 - 1 - 4

㉒ 9 - 4 - 3

㉓ 6 - 0 - 1

㉔ 8 - 5 - 2

㉕ 6 - 3 - 3

㉖ 8 - 3 - 2

㉗ 5 - 2 - 3

㉘ 9 - 3 - 3

㉙ 4 - 1 - 0

㉚ 7 - 2 - 3

㉛ 8 - 0 - 3

㉜ 3 - 2 - 1

㉝ 6 - 3 - 2

㉞ 9 - 5 - 1

㉟ 7 - 3 - 3

㊱ 6 - 4 - 1

㊲ 9 - 2 - 5

세 수의 덧셈과 뺄셈

06

(몇십몇) + (몇), (몇) + (몇),
(몇십) + (몇십)

연산 놀이터

숫자를 채워 비밀 글자를 찾아 볼까?

부모님 확인

첫 번째 글자

9 − 3 − 1 = ☐

두 번째 글자

8 − 2 − 3 = ☐

세 번째 글자

3 + 1 + 4 = ☐

1	2	3	4	5	6	7	8	9
고	정	랑	축	사	마	우	해	워

비밀 글자는? ☐ ☐ ☐

이번에는 무엇을 배울까?

(몇십) + (몇), (몇) + (몇십)

(몇십몇) + (몇), (몇십몇) - (몇)

세 수의 덧셈과 뺄셈

이렇게 지도해요!

1 먼저 설명해 주세요.

그림과 말을 풀어보며 (몇십)+(몇), (몇)+(몇십) 내용을 아이와 함께 따라 읽어 보면서, 끝의 숫자라도 자리에 따라 깊이 다름을 확인하고 끝 자리 수끼리 더하는 원리를 이해합니다.

2 슬슬 이해하며 계산해요.

설명과 이어지는 그림을 이용하여 Day23과 Day24에서 재미있게 문제를 풉니다.

3 충분히 연습해요.

Day25~Day27의 문제 풀이를 통해 더하서 두 자리 수가 되는 덧셈을 연습하고, 자연수 덧셈의 기초를 다집니다.

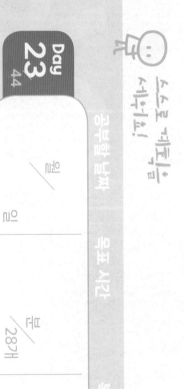

스스로 해봐요!

공부한 날짜 · 목표 시간 · 복습한 날짜

	Day 23 44	Day 24 44	Day 25 44	Day 26 44	Day 27 44
월/일	월 / 일	월 / 일	월 / 일	월 / 일	월 / 일
분	분 28개	분 21개	분 26개	분 29개	분 34개
월/일	월 / 일	월 / 일	월 / 일	월 / 일	월 / 일

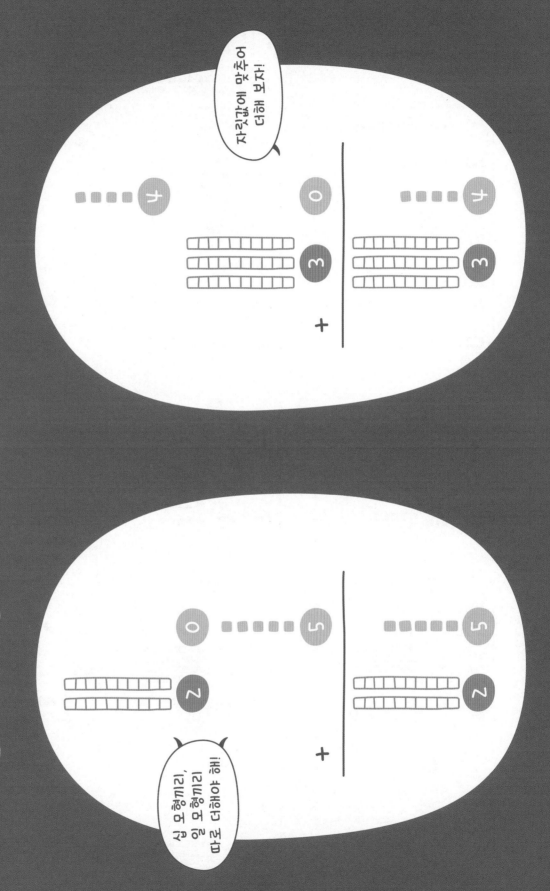

Day 23

십의 자리 수끼리, 일의 자리 수끼리 더해 보자.

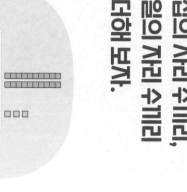

일의 자리는 0+3을 하고
십의 자리는 그대로 내려 쓰면 돼.

	+
2	0
3	3

①
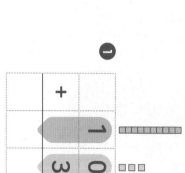

	+
1	0
3	3

②

	+
2	0
5	

③

	+
3	0
2	

④

	+
2	0
4	

⑤

	+
1	0
7	

⑥

	+
5	0
5	

⑦

	+
4	0
4	

⑧

	+
3	0
1	

⑨

	+
1	0
2	

⑩

	+
2	0
7	

⑪

	+
1	0
6	

⑫

	+
4	0
2	

⑬

	+
3	0
5	

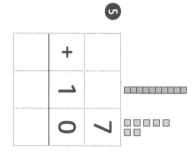
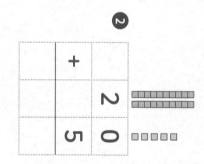
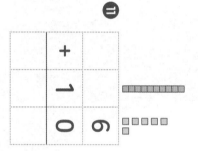
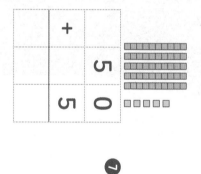
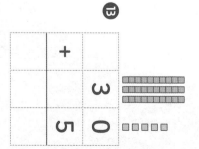

/8분

14.
$$30 + 3$$

15.
$$90 + 4$$

16.
$$70 + 5$$

17.
$$60 + 6$$

18.
$$40 + 3$$

19.
$$80 + 1$$

20.
$$90 + 2$$

가운 숫자라도 자리에 따라 값이 달라.

21.
$$90 + 2$$

22.
$$50 + 2$$

23.
$$7 + 30$$

24.
$$7 + 60$$

25.
$$80 + 5$$

26.
$$60 + 3$$

27.
$$9 + 70$$

28.
$$30 + 4$$

Day 24

십 모형과 일 모형이
모두 몇 개인지 수를
써 보자.

십 모형 2개는 20
일 모형 3개는 3
→ 모두 23개
20 + 3

7
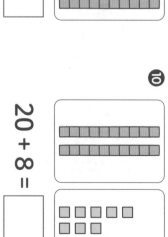
5 + 50 =

1
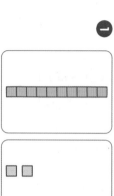
10 + 2 =

2
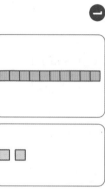
20 + 4 =

3
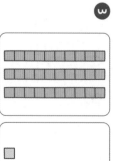
30 + 1 =

4
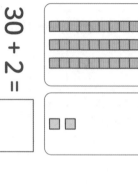
40 + 2 =

5
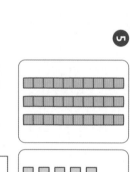
30 + 8 =

6
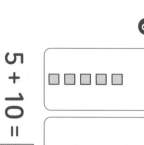
5 + 10 =

8
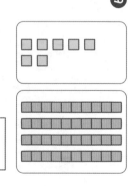
30 + 2 =

9

7 + 40 =

10

20 + 8 =

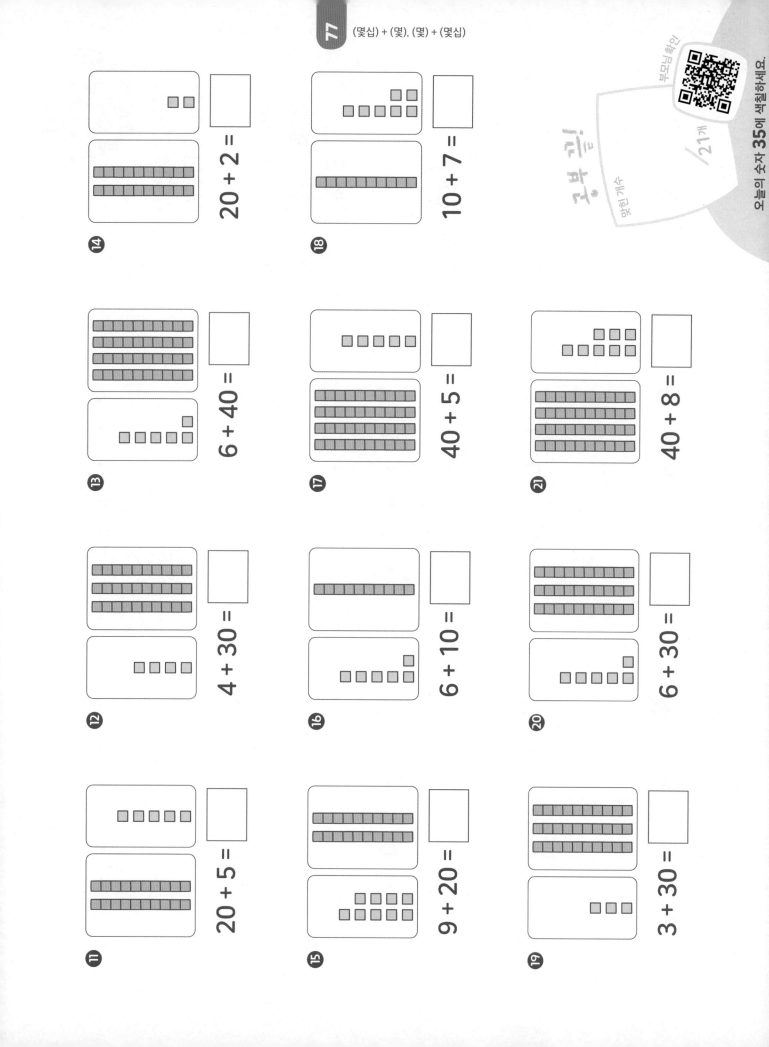

⑭ 20 + 2 =

⑱ 10 + 7 =

⑬ 6 + 40 =

⑰ 40 + 5 =

㉑ 40 + 8 =

⑫ 4 + 30 =

⑯ 6 + 10 =

⑳ 6 + 30 =

⑪ 20 + 5 =

⑮ 9 + 20 =

⑲ 3 + 30 =

(몇십) + (몇), (몇) + (몇십)

부모님확인

맞힌 개수 / 21개

오늘의 숫자 35에 색칠하세요.

Day 25

끝 자리 수인지 꼭
확인하고 더해야 해.

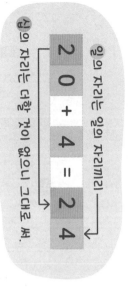

일의 자리는 일의 자리끼리

| 2 | 0 | + | 4 | = | 2 | 4 |

십의 자리는 더할 것이 없으니 그대로 써.

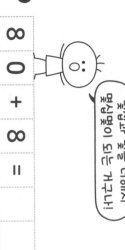

명사과 명을 더해서
명식명이 되는 거구나!

① 2 0 + 6 =

② 3 0 + 5 =

③ 2 + 8 0 =

④ 3 + 5 0 =

⑤ 5 + 4 0 =

⑥ 4 + 5 0 =

⑦ 8 0 + 8 =

⑧ 6 0 + 1 =

⑨ 6 + 9 0 =

⑩ 3 + 7 0 =

⑪ 1 0 + 9 =

⑫ 7 0 + 8 =

⑬ 3 0 + 9 =

⑭ 9 + 3 0 =

⑮ 1 + 7 0 =

⑯ 8 + 1 0 =

⑰ 4 0 + 1 =

⑱ 9 + 2 0 =

⑲ 2 0 + 2 =

⑳ 7 + 3 0 =

㉑ 4 + 6 0 =

㉒ 3 0 + 8 =

㉓ 8 0 + 3 =

㉔ 9 + 4 0 =

㉕ 9 0 + 9 =

㉖ 4 + 7 0 =

오늘의 숫자 **36**에 색칠하세요.

맞힌 개수 /26개

몇십과 몇의 합은
몇십몇이야.

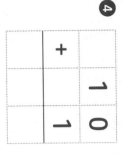
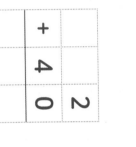

①

	2	0
+		4

②

	4	0
+		7

③

	3	0
+		8

④

	1	0
+		1

⑤

+	4	0
		2

⑥

+	7	0
		4

⑦

+	6	0
		3

⑧

+	8	0
		9

⑨

+	2	0
		2

⑩

+	5	0
		7

⑪

+	3	0
		6

⑫

	8	
+		4
	0	

⑬

	9	
+		3
	0	

⑭

	6	
+		2
	0	

⑮

	5	
+		3
	0	

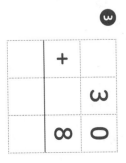

80

부모님확인

오늘의 숫자 **47**에 색칠하세요.

참 잘했어요

맞힌 개수 /29개

⑯ 4 0 + 9 =

⑰ 7 + 7 0 =

⑱ 1 + 9 0 =

⑲ 2 + 1 0 =

⑳ 3 0 + 1 =

㉑ 2 + 7 0 =

㉒ 6 0 + 5 =

㉓ 6 + 5 0 =

㉔ 5 + 8 0 =

㉕ 7 0 + 6 =

㉖ 3 0 + 3 =

㉗ 4 + 9 0 =

㉘ 2 0 + 8 =

㉙ 9 + 5 0 =

Day 27

끝 숫자리도 자리가 다르면 값이 달라.

같은 자리 수끼리 더하는 이유!

①

	1	0
+		6

②

		3
+	2	0

③

	9	0
+		2

④

	3	0
+		7

⑤

	7	0
+		3

⑥

		6
+	8	0

⑦

	4	0
+		4

⑧

		6
+	4	0

⑨

	7	0
+		6

⑩

	1	0
+		7

⑪

		6
+	8	0

⑫

	1	0
+		5

⑬

	0	2
+		8

⑭

	5	0
+		4

⑮

		7
+	9	0

⑯ 20 + 2

⑰ 10 + 3

⑱ 5 + 50

⑲ 2 + 30

⑳ 3 + 40

㉑ 8 + 50

㉒ 70 + 5

㉓ 60 + 1

㉔ 5 + 20

㉕ 90 + 5

㉖ 9 + 50

㉗ 80 + 1

㉘ 30 + 4

㉙ 8 + 70

㉚ 60 + 4

㉛ 7 + 80

㉜ 6 + 60

㉝ 90 + 8

㉞ 9 + 70

역시 놀이터

우주비행사가 가야 할 별을 알맞게 이어 볼까요?

40 + 7

30 + 1

5 + 20

3 + 10

50 + 2

25

47

31

52

07

(명사명) + (명), (맞), (명사명) − (명) − (맞)

*이렇게
지도해요!

① 먼저 설명해 주세요.

그림과 말풍선을 읽어보면 (몇십몇) + (몇), (몇십몇) - (몇)
내용을 아이와 함께 따라 읽어 보면서, 같은 자리 수
끼리의 계산 원리를 이해합니다.

② 수를 이해하며 계산해요.

설명과 이어지는 그림을 이용하여
Day28과 Day29에서 재미있게 문제를 풉니다.

③ 총분히 연습해요.

Day30~Day33의 문제 풀이를 통해 실전범위에 따른
수를 이해하고, 같은 자리 수끼리의 계산을 총분히 익혀
받아올림이 있는 덧셈, 받아내림이 있는 뺄셈의
기초를 다집니다.

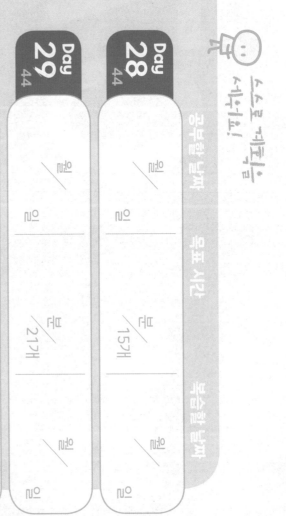

*앗싸로 대단해!
*신나는 공부!

| 공부한 날짜 | 목표 시간 | 복습한 날짜 |

Day **28** 44
___월 ___일
___분 15개 ___월 ___일

Day **29** 44
___월 ___일
___분 21개 ___월 ___일

Day **30** 44
___월 ___일
___분 28개 ___월 ___일

Day **31** 44
___월 ___일
___분 37개 ___월 ___일

Day **32** 44
___월 ___일
___분 33개 ___월 ___일

Day **33** 44
___월 ___일
___분 34개 ___월 ___일

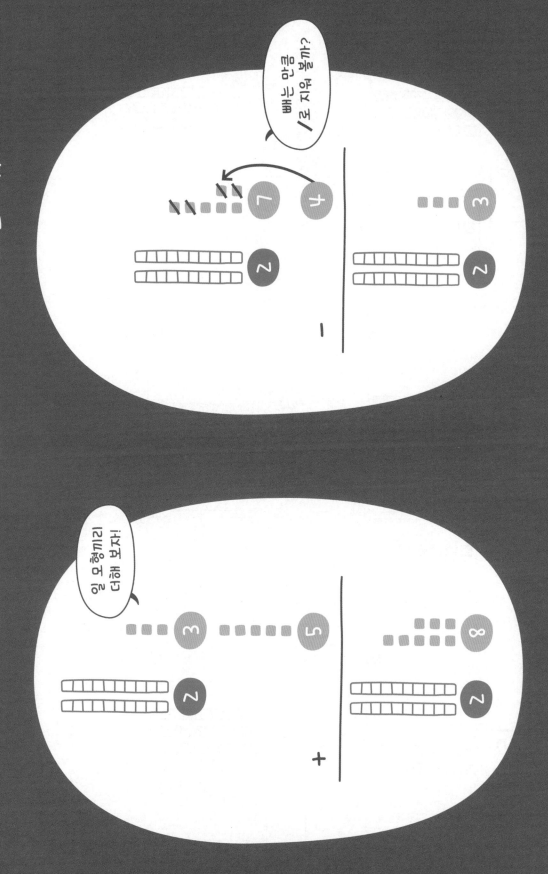

Day 28

십 모형과 일 모형이
모두 몇 개인지 더하여
수로 써 보자.

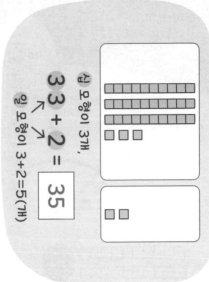

십 모형이 3개,
일 모형이 3+2=5(개)

$$33 + 2 = \boxed{35}$$

1

$$24 + 1 = \boxed{}$$

2

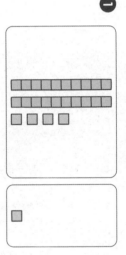

$$12 + 3 = \boxed{}$$

3

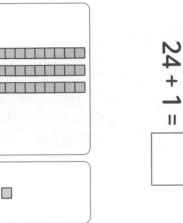

$$31 + 2 = \boxed{}$$

4

$$55 + 2 = \boxed{}$$

5

$$22 + 2 = \boxed{}$$

6

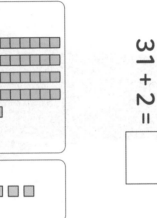

$$43 + 5 = \boxed{}$$

7

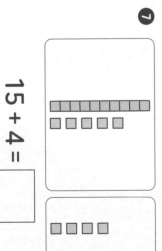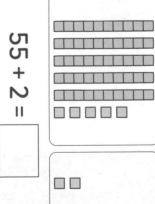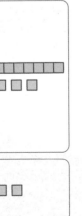

$$15 + 4 = \boxed{}$$

⑩ 11 + 7 =

⑬ 31 + 6 =

⑨ 36 + 3 =

⑫ 12 + 4 =

⑮ 24 + 4 =

⑧ 23 + 3 =

⑪ 32 + 6 =

⑭ 47 + 2 =

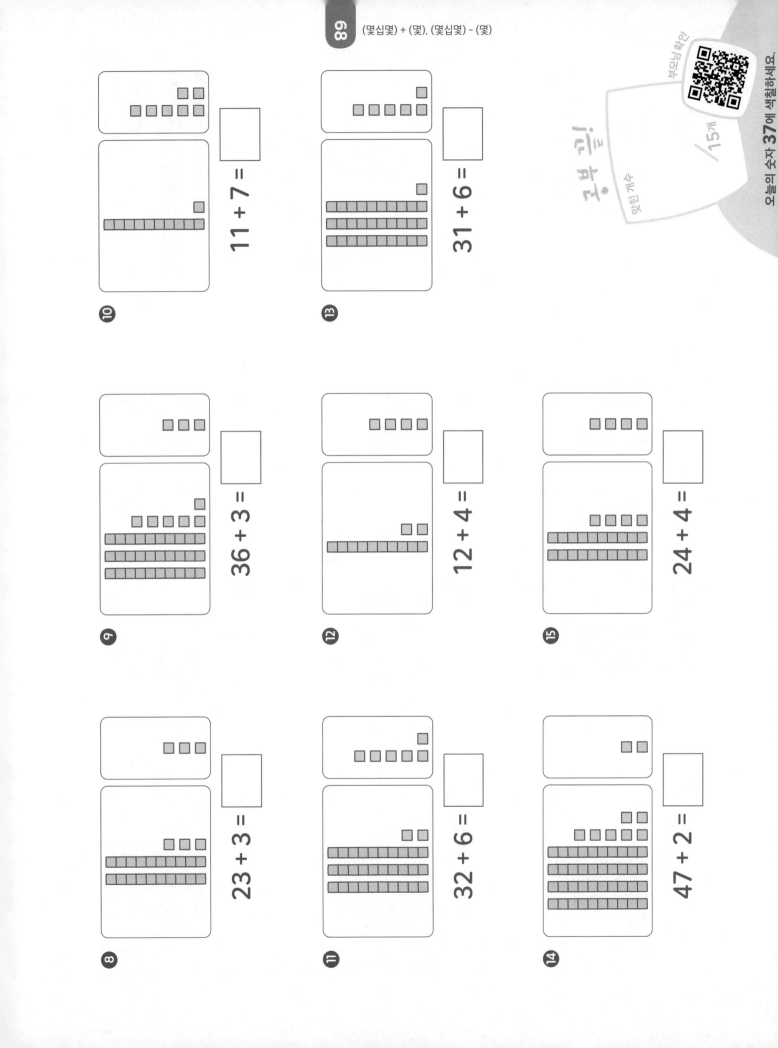

Day 29

빼는 만큼 모형을 지우고
남은 개수를 써 보자.

빼는 수가 2니까
일 모형만 2개를 지우면 돼.

15 - 2 = 13

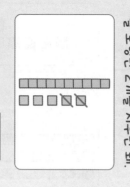

❶ 24 - 3 =

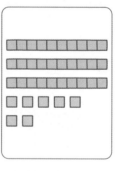

/로 지워봐.

❷ 37 - 2 =

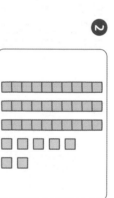

❸ 44 - 2 =

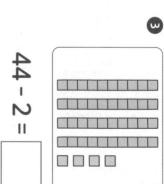

❹ 19 - 4 =

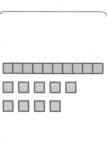

❺ 48 - 5 =

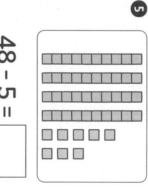

❻ 39 - 3 =

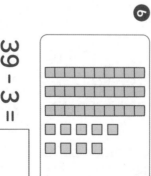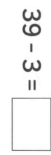

❼ 57 - 5 =

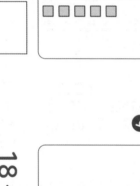

❽ 35 - 3 =

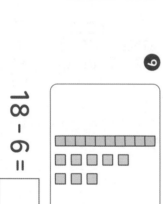

❾ 18 - 6 =

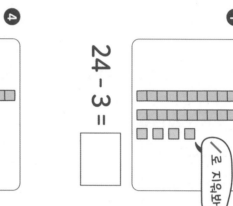

❿ 26 - 2 =

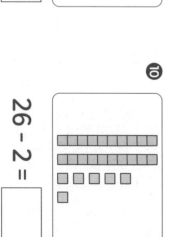

⑭

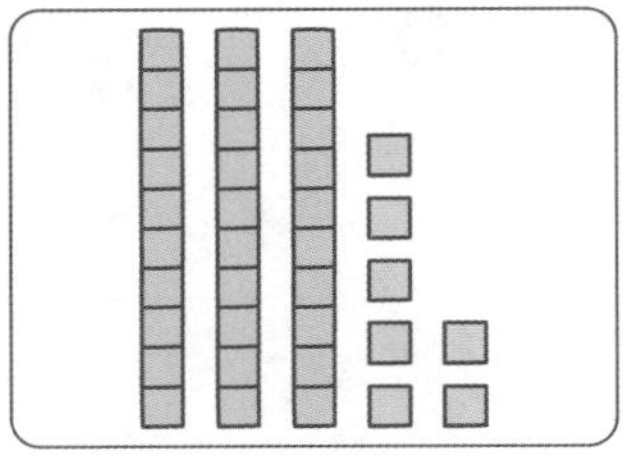

38 - 5 =

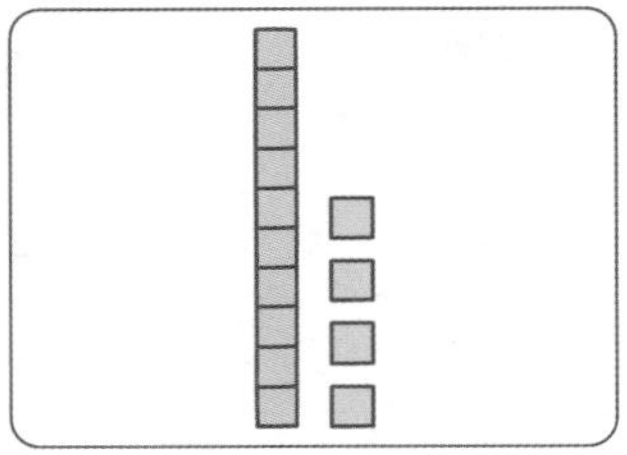

⑱

55 - 5 =

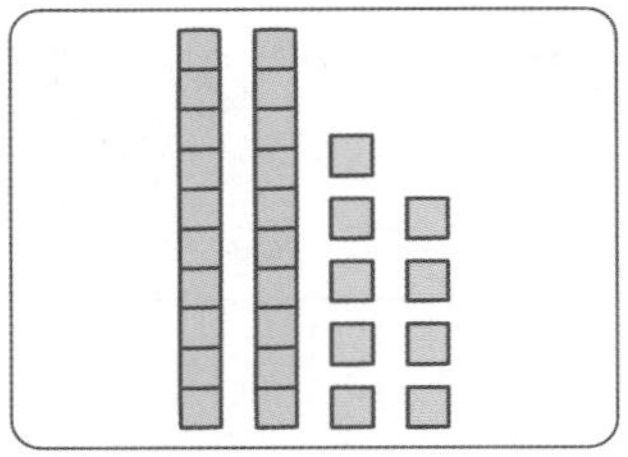

⑬

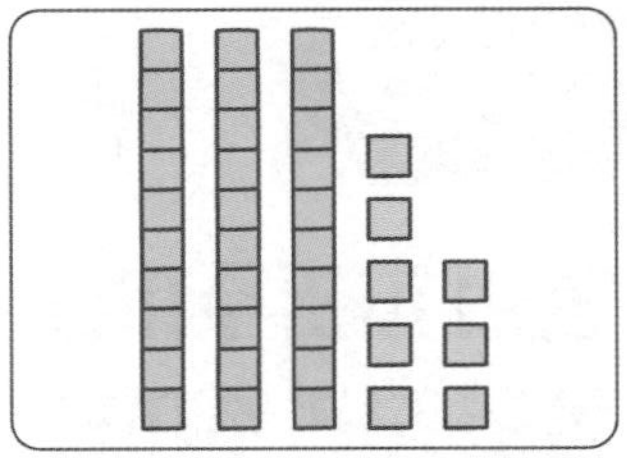

29 - 6 =

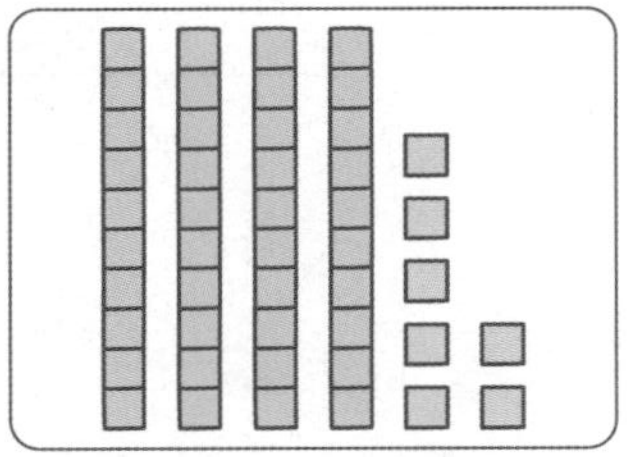

⑰

26 - 5 =

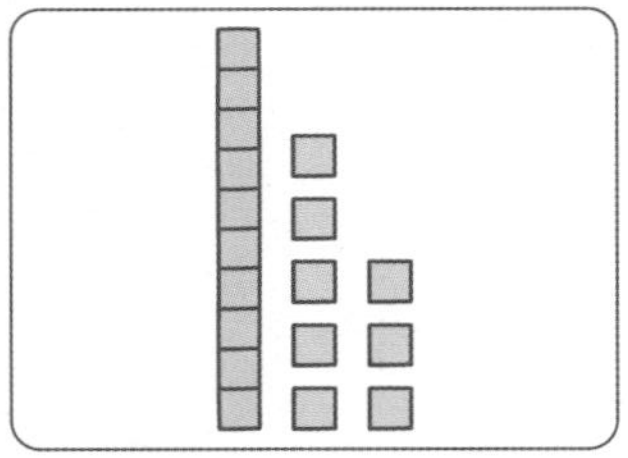

㉑

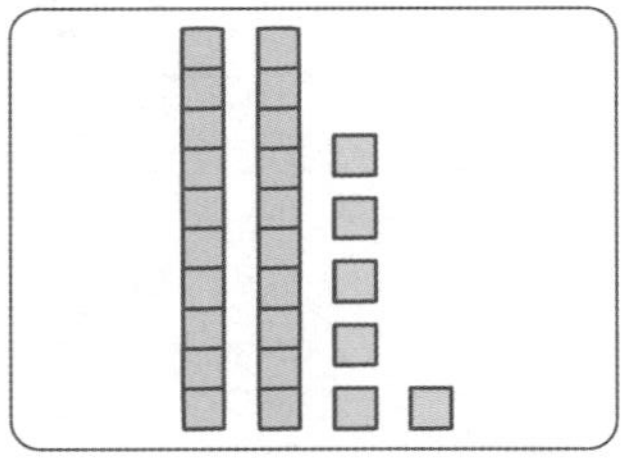

16 - 3 =

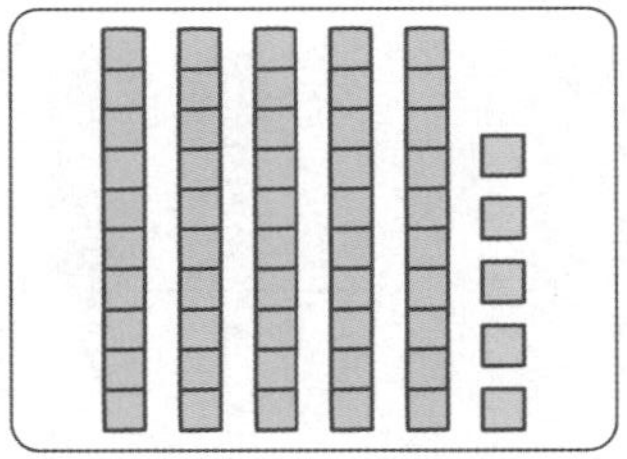

⑫

14 - 3 =

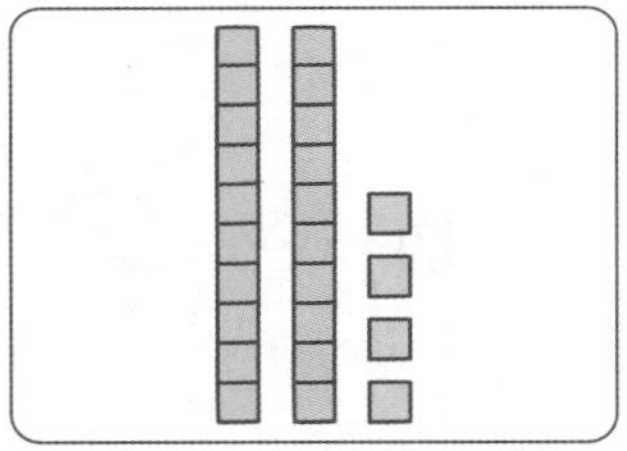

⑯

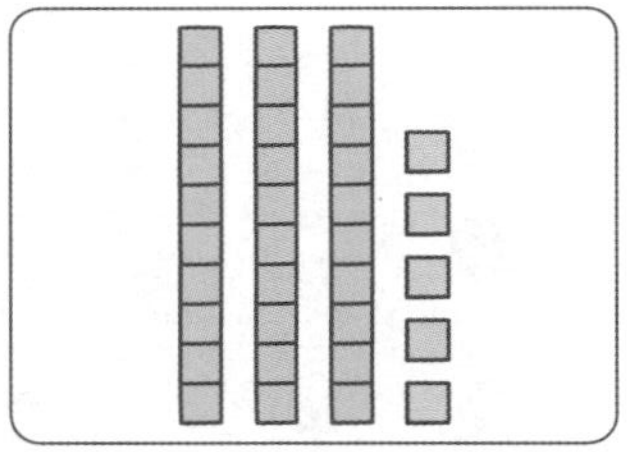

18 - 4 =

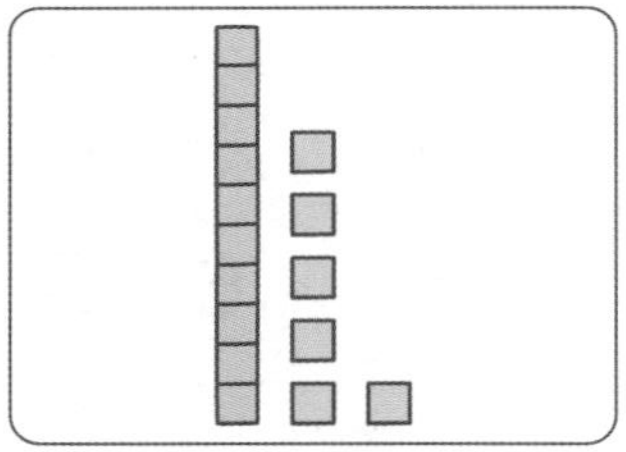

⑳

35 - 4 =

⑪

37 - 7 =

⑮

47 - 6 =

⑲

24 - 4 =

Day 30

일의 자리 수끼리,
십의 자리 수끼리
계산해 봐.

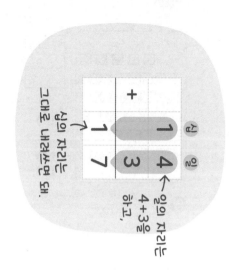

예)
```
   십 일
 +  1  4
       3
 ──────
    1  7
```
일의 자리는 4+3을 하고,
십의 자리는 그대로 내려쓰면 돼.

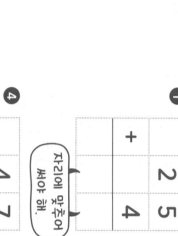
자리에 맞추어 써야 해.

①
```
   2 5
 +   4
 ─────
```

②
```
   8 1
 +   2
 ─────
```

③
```
   4 3
 +   4
 ─────
```

④
```
   4 7
 +   2
 ─────
```

⑤
```
   7 5
 +   1
 ─────
```

⑥
```
   4 1
 +   2
 ─────
```
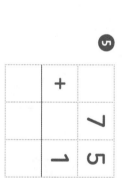

⑦
```
     3
 + 2 5
 ─────
```

⑧
```
   3 3
 +   4
 ─────
```

⑨
```
   9 4
 +   4
 ─────
```
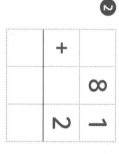

⑩
```
   5 1
 +   4
 ─────
```

⑪
```
   6 3
 +   2
 ─────
```

⑫
```
   3 6
 +   2
 ─────
```

⑬
```
   8 3
 +   6
 ─────
```
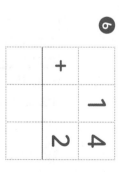

⑰
$$\begin{array}{r} 95 \\ -\ 3 \\ \hline \end{array}$$

㉑
$$\begin{array}{r} 56 \\ -\ 5 \\ \hline \end{array}$$

㉕
$$\begin{array}{r} 65 \\ -\ 5 \\ \hline \end{array}$$

⑯
$$\begin{array}{r} 88 \\ -\ 7 \\ \hline \end{array}$$

⑳
$$\begin{array}{r} 43 \\ -\ 1 \\ \hline \end{array}$$

㉔
$$\begin{array}{r} 58 \\ -\ 6 \\ \hline \end{array}$$

㉘
$$\begin{array}{r} 86 \\ -\ 2 \\ \hline \end{array}$$

⑮
$$\begin{array}{r} 64 \\ -\ 2 \\ \hline \end{array}$$

⑲
$$\begin{array}{r} 17 \\ -\ 5 \\ \hline \end{array}$$

㉓
$$\begin{array}{r} 99 \\ -\ 4 \\ \hline \end{array}$$

㉗
$$\begin{array}{r} 47 \\ -\ 3 \\ \hline \end{array}$$

빼는 수도 같은 자리 수끼리 계산해.

⑭
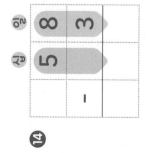
$$\begin{array}{cc} \text{십} & \text{일} \\ 5 & 8 \\ - & 3 \\ \hline \end{array}$$

⑱
$$\begin{array}{r} 76 \\ -\ 6 \\ \hline \end{array}$$

㉒
$$\begin{array}{r} 38 \\ -\ 4 \\ \hline \end{array}$$

㉖
$$\begin{array}{r} 74 \\ -\ 3 \\ \hline \end{array}$$

Day 31

받은 자리 수인지 꼭 확인하고 계산해야 해.

일의 자리는 일의 자리끼리

22 + 3 = 25

십의 자리는 더할 것이 없으니 그대로 써.

/11

① 35 + 4

② 61 + 7

③ 78 + 1

④ 92 + 5

⑤ 13 + 3

⑥ 43 + 2

⑦ 52 + 7

⑧ 41 + 6

⑨ 25 + 3

⑩ 94 + 2

⑪ 64 + 3

⑫ 63 + 4

⑬ 51 + 5

⑭ 87 + 2

⑮ 26 + 2

⑯ 37 + 1

⑰ 73 + 1

⑱ 54 + 4

⑲ 72 – 1 =

⑳ 54 – 2

㉑ 28 – 5

㉒ 37 – 7

㉓ 96 – 3

㉔ 36 – 4

㉕ 67 – 2

㉖ 76 – 2

㉗ 21 – 1

㉘ 37 – 5

㉙ 84 – 3

㉚ 69 – 3

㉛ 49 – 8

㉜ 28 – 4

㉝ 35 – 4

㉞ 77 – 4

㉟ 99 – 9

㊱ 73 – 1

㊲ 68 – 7

Day 32

같은 숫자라도 자리에 따라 값이 달라지니까 같은 자리 수끼리 계산하는 거야.

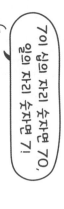

7이 십의 자리 숫자면 70, 일의 자리 숫자면 7!

계산 기호를 잘 봐야 해.

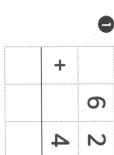 월 일 /10분

①

	6	2
+	4	

②

	2	5
-	4	

③

	4	8
+	1	

④

	5	9
-	8	

⑤

	7	2
+	5	

⑥

	2	2
+	6	

⑦

	7	7
-	5	

⑧

	1	9
-	3	

⑨

	7	3
+	3	

⑩

	4	8
-	5	

⑪

	6	9
-	4	

⑫

	3	2
+	7	

⑬

	2	3
+	5	

⑭

	3	9
-	9	

⑮ 17 - 4	⑯ 33 + 3	⑰ 54 + 1	⑱ 54 - 1
⑲ 98 - 2	⑳ 73 + 5	㉑ 48 - 6	㉒ 31 + 6
㉓ 26 + 3	㉔ 26 - 3	㉕ 69 - 8	㉖ 83 + 2
㉗ 78 - 1	㉘ 58 - 3	㉙ 95 + 1	㉚ 45 + 2
㉛ 63 - 2	㉜ 26 - 4	㉝ 74 + 4	

공부 끝!

맞힌 개수 /33개

부모님 확인

오늘의 숫자 **40**에 색칠하세요.

Day 33

왜 끝을 자리 수끼리 계산하는지 생각하며 답을 구해 봐.

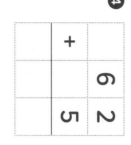

①

	5	7
+		2

②

	6	7
-		5

③

	3	9
-		2

④

	6	2
+		5

⑤

	1	3
+		4

⑥

	7	3
-		2

⑦

	8	9
-		9

⑧

	2	2
+		4

⑨

	5	6
-		3

⑩

	6	2
-		2

⑪

	6	2
+		2

⑫

	4	5
-		3

⑬

	3	4
+		1

⑭

	2	8
-		7

⑮

	9	7
-		4

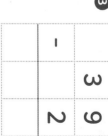

월 일 /10분

98

⑯ 44 + 5

⑰ 46 − 4

⑱ 71 + 3

⑲ 68 − 4

⑳ 21 + 6

계산은 일의 자리만 하면 되는구나.

㉑ 59 − 6

㉒ 13 + 3

㉓ 65 − 4

㉔ 64 − 4

㉕ 16 + 2

㉖ 87 − 6

㉗ 53 + 6

㉘ 77 − 3

㉙ 98 − 5

㉚ 85 + 1

㉛ 33 + 5

㉜ 84 + 4

㉝ 32 + 3

㉞ 43 − 3

연산 놀이터

우주선이 행성들을 탐험할 수 있도록 계산해 볼까?

출발

도착

41

+4

+3

-4

+5

-6

08

(몇십)+(몇십), (몇십)+(몇십), (몇십)-(몇십)

(몇십)+(몇십), (몇십)-(몇십)

이렇게 지도해요!

① 먼저 설명해 주세요.

그림과 말풀어보니 (몇십) + (몇십), (몇십) - (몇십)의 내용을 아이와 함께 따라 읽어 보면서, 읽의 자리 와 끝 방법으로 계산하기만 숫자가 나타나는 값이 '몇십'임을 이해합니다.

② 수를 이해하며 계산해요.

설명과 이어지는 그림을 이용하여 Day34와 Day35에서 재미있게 문제를 풉니다.

③ 충분히 연습해요.

Day36~Day38의 문제 풀이를 통해 심진법에 따른 수 이해를 바탕으로 곧 자리 수끼리 계산하는 이유를 생각하며 충분히 익혀봅니다.

공부로 때로는! 아이에게!

공부할 날짜	목표 시간	복습할 날짜

Day 34 44	분	
	16개	

Day 35 44	분	
	16개	

Day 36 44	분	
	28개	

Day 37 44	분	
	36개	

Day 38 44	분	
	34개	

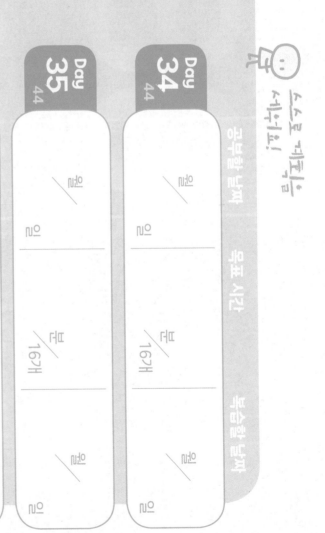

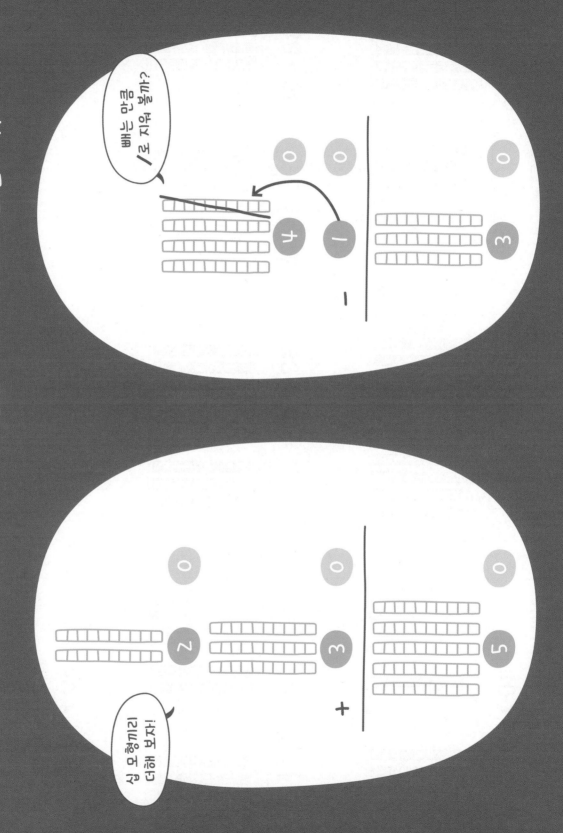

①

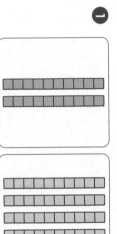

20 + 40 =

②

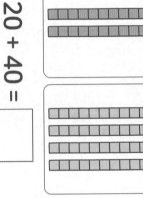

30 + 10 =

③

30 + 20 =

④

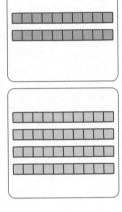

30 + 30 =

⑤

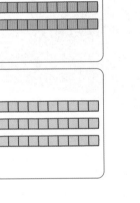

20 + 50 =

⑥

50 + 30 =

⑦

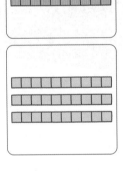

40 + 40 =

⑧

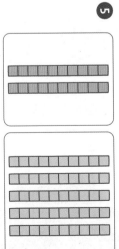

10 + 60 =

⑪

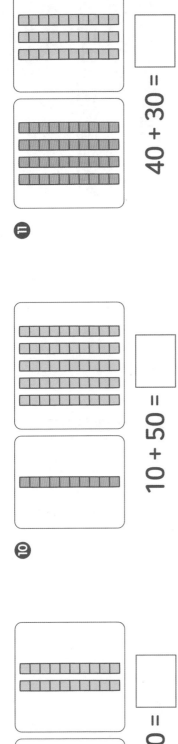

40 + 30 =

⑭

50 + 40 =

⑩

10 + 50 =

⑬

20 + 10 =

⑯

30 + 60 =

⑨

20 + 20 =

⑫

60 + 20 =

⑮

80 + 10 =

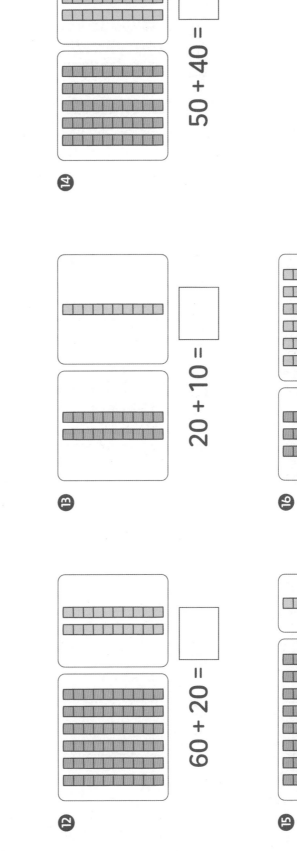
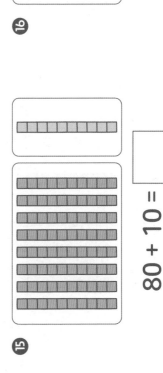
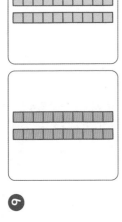
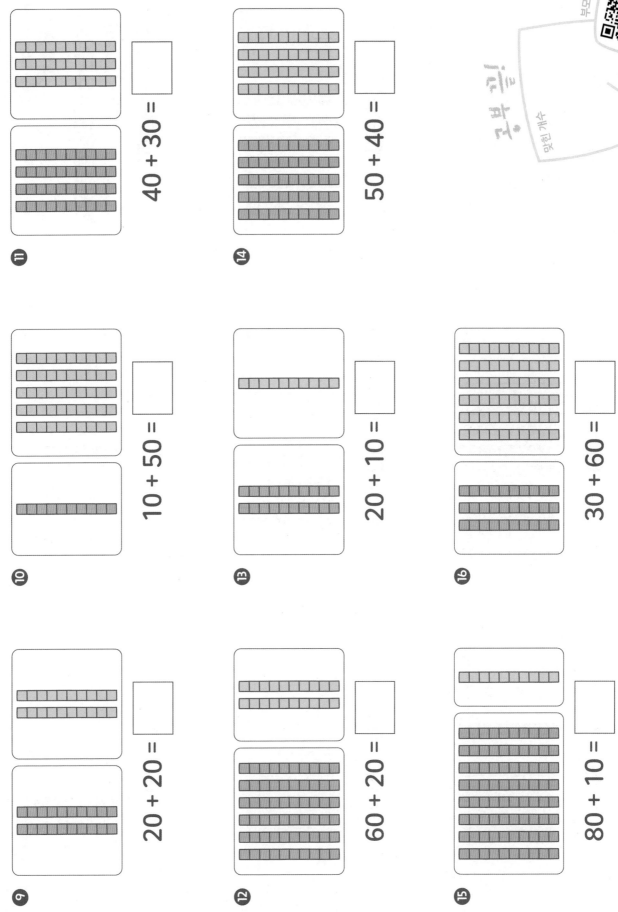

Day 35

빼는 만큼 산 모양을 지우고
남은 수를 세어
얼마인지 써 보자.

③
60 - 50 = ☐

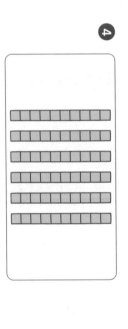

⑥
80 - 30 = ☐

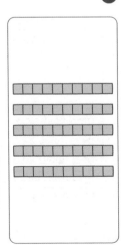

⑦
90 - 20 = ☐

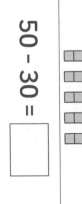

④
60 - 10 = ☐

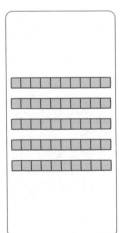

①
30 - 20 = ☐

⑧
70 - 50 = ☐

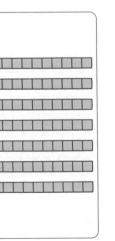

⑤
50 - 30 = ☐

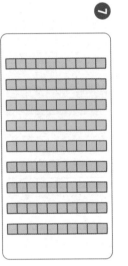

②
40 - 10 = ☐

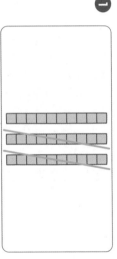

⑪
40 - 30 =

⑭
70 - 30 =

⑩
50 - 20 =

⑬
80 - 50 =

⑯
90 - 60 =

⑨
60 - 40 =

⑫
30 - 10 =

⑮
60 - 20 =

Day 36

십의 자리 수만
계산하면 돼.

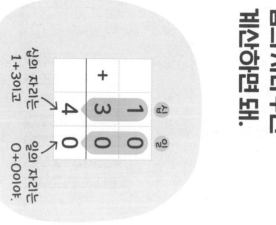

예시:
```
    십  일
     1  0
  +  3  0
  ───────
     4  0
```
십의 자리는 1+3이고
일의 자리는 0+0이야.

1
```
     5  0
  +  2  0
  ───────
```

2
```
     4  0
  +  4  0
  ───────
```

3
```
     2  0
  +  7  0
  ───────
```

4
```
     8  0
  +  1  0
  ───────
```

5
```
     6  0
  +  1  0
  ───────
```

6
```
     2  0
  +  3  0
  ───────
```

7
```
     5  0
  +  4  0
  ───────
```

8
```
     1  0
  +  1  0
  ───────
```

9
```
     6  0
  +  2  0
  ───────
```

10
```
     1  0
  +  7  0
  ───────
```

11
```
     2  0
  +  2  0
  ───────
```

12
```
     2  0
  +  4  0
  ───────
```

13
```
     3  0
  +  6  0
  ───────
```

오늘의 숫자 **41**에 색칠하세요.

부모님 확인

맞힌 개수 /28개

빼셈도
같은 자리 수끼리
계산해.

⑭

십	일	
5	0	
− 2	0	

⑮

$$40 - 30$$

⑯

$$70 - 10$$

⑰

$$60 - 50$$

⑱

$$20 - 10$$

⑲

$$80 - 80$$

⑳

$$90 - 70$$

㉑

$$50 - 30$$

㉒

$$70 - 40$$

㉓

$$90 - 30$$

㉔

$$90 - 60$$

㉕

$$70 - 20$$

㉖

$$60 - 40$$

㉗

$$80 - 50$$

㉘

$$80 - 30$$

Day 37

몇십 자리 수끼리 계산하는 거야.

일의 자리는 0+0이니까

$$20 + 40 = 60$$

십의 자리끼리 더해서 써.

❶ 20 + 10

❷ 10 + 60

❸ 70 + 10

❹ 50 + 20

❺ 20 + 30

❻ 10 + 80

❼ 10 + 50

❽ 40 + 40

❾ 30 + 10

❿ 50 + 30

⓫ 30 + 40

⓬ 40 + 50

⓭ 20 + 60

⓮ 10 + 40

⓯ 30 + 30

⓰ 70 + 20

⓱ 60 + 30

⓲ 20 + 20

⑲ 20 - 10

⑳ 50 - 20

㉑ 70 - 30

㉒ 40 - 20

㉓ 50 - 10

㉔ 70 - 20

㉕ 50 - 50

㉖ 90 - 80

㉗ 80 - 40

㉘ 30 - 30

㉙ 60 - 10

㉚ 60 - 30

㉛ 70 - 50

㉜ 40 - 30

㉝ 90 - 60

㉞ 80 - 70

㉟ 60 - 20

㊱ 90 - 20

뺄셈에서도 일의 자리는 0-0이니까

80 - 30 = 50

십의 자리끼리 빼서 써.

Day 38

십의 자리도 일의 자리처럼 계산하지만 값을 쓴다.

1)

	5	0
-	3	0

2)

	4	0
-	1	0

기호를 잘 보고 계산해~

3)

	4	0
+	3	0

4)

	3	0
+	5	0

5)

	7	0
-	5	0

6)

	7	0
-	3	0

7)

	6	0
-	5	0

8)

	1	0
+	5	0

9)

	8	0
+	1	0

10)

	8	0
-	1	0

11)

	2	0
+	7	0

12)

	8	0
-	6	0

13)

	9	0
-	3	0

14)

	4	0
-	4	0

15)

	4	0
+	4	0

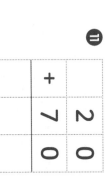

⑯ 30 + 20

⑰ 90 − 40

⑱ 50 + 40

⑲ 90 − 50

⑳ 10 + 20

㉑ 70 − 60

㉒ 80 − 50

㉓ 50 + 20

㉔ 30 + 60

㉕ 50 − 20

㉖ 70 − 10

㉗ 40 + 20

㉘ 80 − 20

㉙ 70 + 10

㉚ 90 − 70

㉛ 60 − 20

㉜ 90 − 10

㉝ 30 + 30

㉞ 30 − 30

연산놀이터

계산해서 100이 되는 곳을 색칠해 답꼬이를 꾸며 볼까요?

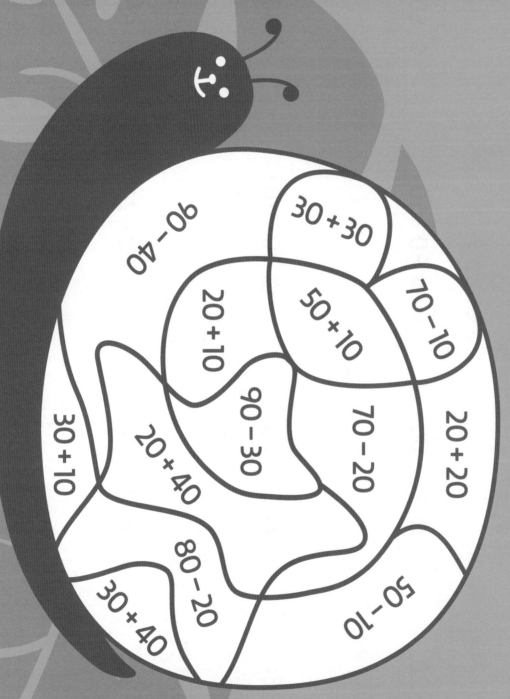

09

(몇십몇) + (몇십몇),
(몇십몇) - (몇십몇)

10을 모으고 가르기

이번에는 무엇을 배울까?

(몇십몇) + (몇십몇),
(몇십몇) - (몇십몇)

(몇십) + (몇십), (몇십) - (몇십)

이렇게 지도해요!

❶ 먼저 설명해 주세요.

그림과 말로 풀어낸 (몇십몇) + (몇십몇),
(몇십몇) - (몇십몇) 내용을 아이와 함께 따라 읽어
보면서 6~8단계에서 공부한 자릿값 개념과 연결
하여 두 자리 수의 계산 원리를 이해합니다.

❷ 수를 이해하며 계산해요.

설명과 이어지는 그림을 이용하여
Day39에서 재미있게 문제를 풉니다.

❸ 충분히 연습해요.

Day40~Day44의 문제 풀이를 통해 십진법에
따른 수 이해를 바탕으로 받아올림, 받아내림이
없는 두 자리 수의 덧셈, 뺄셈을 익혀 능숙하게
계산합니다. 이를 통해 이후 학습할 받아올림,
받아내림이 있는 계산의 기초를 다집니다.

스스로 계획을 세워요!

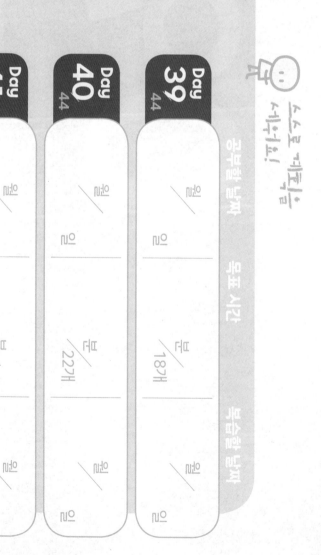

	공부할 날짜	목표 시간	복습할 날짜
Day 39 / 44	월 / 일	분 18개	월 / 일
Day 40 / 44	월 / 일	분 22개	월 / 일
Day 41 / 44	월 / 일	분 28개	월 / 일
Day 42 / 44	월 / 일	분 21개	월 / 일
Day 43 / 44	월 / 일	분 34개	월 / 일
Day 44 / 44	월 / 일	분 34개	월 / 일

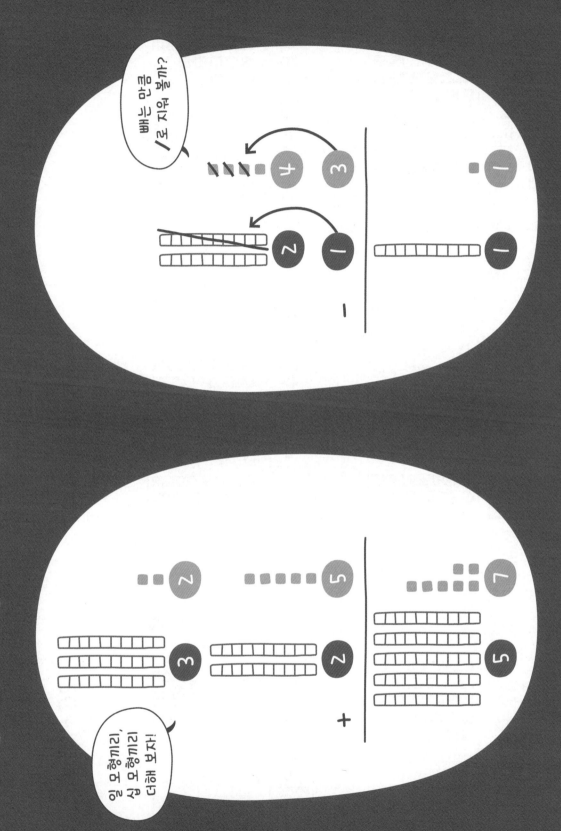

Day 39

십 모형끼리, 일 모형끼리
더하여 수를 써 보자.

1

31 + 22 =

2

26 + 12 =

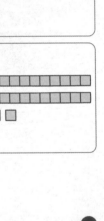

3

18 + 21 =

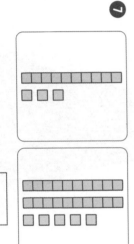

4

24 + 24 =

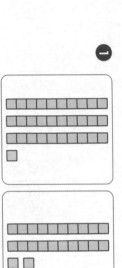

5

32 + 25 =

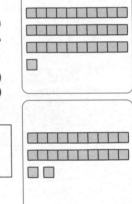

6

43 + 14 =

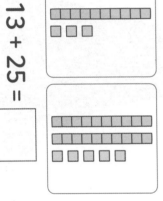

7

13 + 25 =

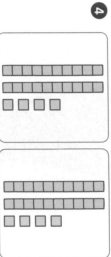

8

37 + 32 =

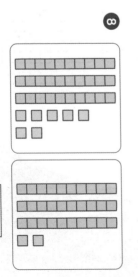

빼는 만큼 수 모형을
지우고 남은 수를 세어
빈칸에 써 보자.

⑨ 12만큼 지워 보자.

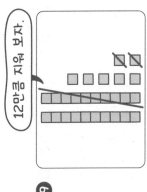

27 – 12 =

⑩

38 – 22 =

⑪

46 – 21 =

⑫

59 – 46 =

⑬

45 – 24 =

⑭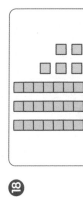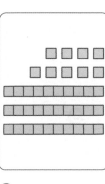

28 – 26 =

⑮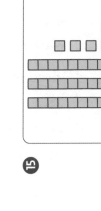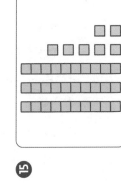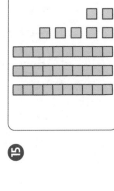

37 – 15 =

⑯

44 – 33 =

⑰

56 – 14 =

⑱

39 – 23 =

Day 40

같은 자리 수끼리 골라서 덧셈, 뺄셈을 해 보자.

월 일 요일

❶
```
  6 0 + 2 0 =
      6 + 2 =
  6 6 + 2 2 =
```
십의 자리끼리
일의 자리끼리
더한 수를
모두 더해 줘.

❷
```
  4 0 + 3 0 =
      5 + 3 =
  4 5 + 3 3 =
```

❸
```
  1 0 + 4 0 =
      8 + 1 =
  1 8 + 4 1 =
```

❹
```
  7 0 + 2 0 =
      1 + 1 =
  7 1 + 2 1 =
```

❺
```
  1 0 + 6 0 =
      4 + 5 =
  1 4 + 6 5 =
```

❻
```
  5 0 + 1 0 =
      7 + 2 =
  5 7 + 1 2 =
```

❼
```
  4 0 + 1 0 =
      3 + 6 =
  4 3 + 1 6 =
```

❽
```
  5 0 + 3 0 =
      2 + 4 =
  5 2 + 3 4 =
```

❾
```
     +    =
     +    =
  3 6 + 1 1 =
```

❿
```
     +    =
     +    =
  6 2 + 3 7 =
```

⓫
```
     +    =
     +    =
  5 3 + 2 4 =
```

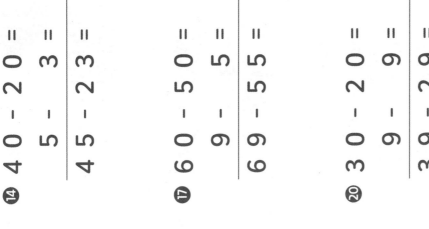

⑭ 40 - 20 =
5 - 3 =
45 - 23 =

⑰ 60 - 50 =
9 - 5 =
69 - 55 =

⑳ 30 - 20 =
9 - 9 =
39 - 29 =

⑬ 20 - 10 =
4 - 1 =
24 - 11 =

⑯ 80 - 80 =
8 - 5 =
88 - 85 =

⑲ 90 - 30 =
6 - 2 =
96 - 32 =

㉒
-
-
97 - 74 =

뺄셈도
십의 자리끼리
일의 자리끼리
뺀 수를
모두 더해 줘.

⑫ 50 - 20 =
5 - 2 =
55 - 22 =

⑮ 30 - 10 =
7 - 3 =
37 - 13 =

⑱ 40 - 20 =
6 - 5 =
46 - 25 =

㉑
-
-
79 - 47 =

Day 41

같은 자리 수끼리 계산해야 해.

같은 숫자라도 자리에 따라 값이 다르니까 십의 자리끼리, 일의 자리끼리 계산해.

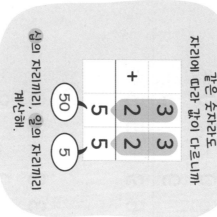

	3	3
+	2	2
	5	5

(50) (5)

---

①

	1	1
+	4	5

②

	5	1
+	4	6

③

	2	4
+	3	5

④

	6	5
+	3	3

⑤

	5	0
+	2	9

⑥

	3	1
+	5	8

⑦

	1	3
+	6	3

⑧

	7	3
+	2	0

⑨

	4	1
+	4	1

⑩

	3	2
+	4	2

⑪

	2	6
+	4	2

⑫

	4	6
+	2	2

⑬

	3	5
+	5	2

월 일 /18분

⑰
```
  2 5
-
  2 0
```

㉑
```
  7 9
-
  5 8
```

㉕
```
  3 5
-
  2 4
```

⑯
```
  5 8
-
  2 6
```

⑳
```
  9 7
-
  6 4
```

㉔
```
  5 3
-
  5 3
```

㉘
```
  4 8
-
  1 3
```

⑮
```
  7 6
-
  2 1
```

⑲
```
  6 9
-
  3 5
```

㉓
```
  7 8
-
  6 2
```

㉗
```
  9 5
-
  4 2
```

⑭
```
  8 4
-
  5 3
```

⑱
```
  3 4
-
  1 4
```

㉒
```
  6 9
-
  5 6
```

㉖
```
  8 7
-
  7 3
```

Day 42

세로셈으로 쓰면 자리를 맞춰 계산하기 편리해.

	4	5
+	3	2
	7	7

자리에 맞춰 쓰면

45 + 32 = 77

계산하는 두 수가 같은 자리 수인지 쉽게 확인할 수 있어.

① 15 + 44 =

② 32 + 37 =

③ 26 + 21 =

④ 43 + 46 =

⑤ 73 + 25 =

⑥ 36 + 52 =

⑦ 31 + 23 =

⑧ 42 + 54 =

⑨ 64 + 33 =

⑩ 22 + 65 =

⑭ 47 − 43 =

⑱ 68 − 21 =

⑬ 35 − 25 =

⑰ 57 − 24 =

㉑ 95 − 14 =

⑫ 46 − 25 =

⑯ 67 − 65 =

⑳ 74 − 21 =

⑪ 38 − 15 =

⑮ 83 − 63 =

⑲ 59 − 38 =

Day 43

끝 자리 수인지 꼭 확인하고 계산해야 해.

1

	5	3
+	3	1

2

	3	4
+	2	4

3

	6	5
-	2	2

4

	9	8
-	5	3

5

	4	1
+	3	3

6

	2	8
-	2	5

7

	5	0
+	2	2

8

	8	9
-	1	4

9

	6	1
+	3	2

10

	1	2
+	1	4

11

	4	8
-	1	6

12

	2	6
+	2	3

13

	3	9
-	1	4

14

	7	7
-	3	6

15

	6	1
+	2	6

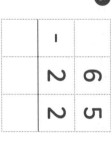

⑯ 13 + 15

⑰ 25 + 43

⑱ 62 – 41

⑲ 89 – 56

⑳ 55 – 23

㉑ 48 – 33

㉒ 77 + 12

㉓ 24 + 62

㉔ 14 + 64

㉕ 96 – 14

㉖ 53 + 24

㉗ 76 – 23

㉘ 38 + 21

㉙ 67 – 54

㉚ 97 – 73

㉛ 22 + 36

㉜ 84 – 43

㉝ 45 + 12

㉞ 33 + 41

맞힌 개수

/34개

Day 44

같은 자리 수끼리
계산하는지 생각하며
계산해 보자.

1

	3	7
-	2	5

2

	5	2
+	3	7

3

	9	4
-	2	3

4

	7	6
+	1	3

5

	7	6
-	1	3

6

	9	9
-	8	6

7

	2	4
+	6	3

8

	8	5
-	4	4

9

	6	3
+	1	6

10

	3	5
+	5	4

11

	4	9
-	2	7

12

	7	2
+	2	4

13

	4	2
+	4	5

14

	7	6
-	3	6

15

	8	7
-	3	2

⑯ 35 − 13

⑰ 44 + 41

⑱ 28 − 16

⑲ 52 + 14

⑳ 74 + 23

㉑ 68 − 43

㉒ 30 + 35

㉓ 96 − 52

㉔ 49 − 41

㉕ 14 + 14

㉖ 43 + 53

㉗ 57 − 14

㉘ 37 − 22

㉙ 21 + 56

㉚ 76 − 51

㉛ 32 + 16

㉜ 97 − 47

㉝ 76 + 10

㉞ 89 − 22

연산 놀이터

얼음의 숫자를 알맞게 계산해서 이글루가 완성되도록 차곡차곡 쌓아 볼까요?

43 (+) (+)

31 (+) 12 (+) 24

53 (—) (—)

98 (—) 45 (—) 13

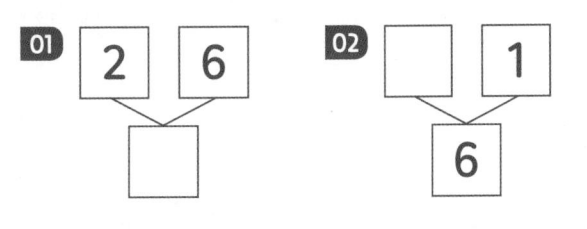

01 2 6 □

02 □ 1 6

03 4 3 2 □

04 5 □ 1 8

05 7 3 □

06 7 □ 2

07 7 2 □ 3

08 7 3 □ 3

09 2 + 3

10 2 + 7

11 3 + 3

12 6 + 3

13 4 + 2

14 2 + 5

15 7 + 1

16 0 + 9

17 8 - 0

18 8 - 5

19 8 - 1

20 7 - 5

21 8 - 2

22 6 - 5

23 8 - 3

24 5 - 5

25 4 + 0

26 4 - 0

27 4 + 4

28 4 - 4

29 3 + 5 = 8

┌ 8 − □ = 5
└ 8 − □ = 3

30 9 − 6 = 3

┌ 3 + □ = 9
└ 6 + □ = 9

31 6 − 2 = □

┌ 2 + □ = 6
└ 4 + □ = 6

32 4 + □ = 9

┌ 9 − □ = 4
└ 9 − □ = 5

33 8 − □ = 7

┌ 7 + □ = 8
└ 1 + □ = 8

34 5 + 1 + 2

35 3 + 3 + 3

36 2 + 2 + 3

37 8 − 2 − 4

38 9 − 3 − 2

39 8 − 4 − 4

40 6 − 3 − 2

41 1 + 5 + 3

42 3 + 3 + 1

6 + 1

3 + 4

43 7 − 1 − 3

7 − 4

6 − 3

01
```
    6 0
  +   4
_____
```

02
```
    4 0
  +   6
_____
```

03
```
    7 0
  +   4
_____
```

04
```
    4 0
  +   7
_____
```

05
```
    3 0
  +  [ ]
_____
    3 5
```

06
```
    5 0
  +  [ ]
_____
    5 3
```

07 [ ] = 10 + 6

08 [ ] = 60 + 1

09 [ ] = 20 + 8

10 [ ] = 2 + 80

11
```
    2 4
  +   3
_____
```

12
```
    2 3
  +   4
_____
```

13
```
    4 2
  +   3
_____
```

14
```
    3 2
  +   4
_____
```

15
```
    6 7
  -   5
_____
```

16
```
    7 6
  -   5
_____
```

17
```
    5 7
  -   6
_____
```

18
```
    7 5
  -   5
_____
```

19 84 + 3

20 84 - 3

21 38 - 4

22 83 + 4

23 52 + 7

24 57 - 2

25
```
  3 0
+ 1 0
```

26
```
  2 0
+ 2 0
```

37
```
  5 6
+ 1 2
```

38
```
  6 5
+ 2 1
```

27
```
  7 0
- 2 0
```

28
```
  9 0
- 4 0
```

39
```
  8 7
- 7 6
```

40
```
  8 7
- 6 7
```

29 50 + 30

41 35 + 64

30 30 + 50

42 65 + 34

31 60 - 40

43 76 - 24

32 70 - 50

44 76 - 42

33
```
  3 0
+ ☐ 0
─────
  9 0
```

34
```
  3 0
+ ☐ 0
─────
  6 0
```

45
```
  4 1
+ ☐ 7
─────
  8 8
```

46
```
  7 2
+ 1 ☐
─────
  8 8
```

35
```
  8 0
- ☐ 0
─────
  7 0
```

36
```
  9 0
- ☐ 0
─────
  8 0
```

47
```
  9 7
- ☐ 6
─────
    1
```

48
```
  9 7
- 6 ☐
─────
  3 0
```

연산 실력 점검하기

맞힌 개수: /44

걸린 시간: /분

01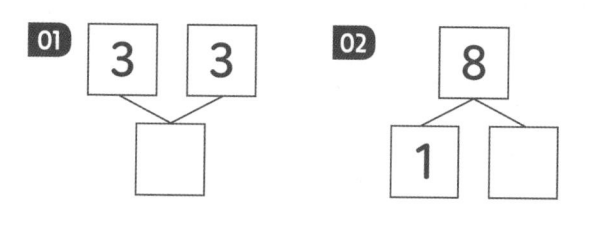

02 [8] / [1] [ ]

03

04 [9] / [1] [ ] [2]

05 $2 + \square = 6$

$6 - \square = 2$

$6 - \square = 4$

06 $7 - \square = 4$

$4 + \square = 7$

$3 + \square = 7$

07 $7 + 2$

08 $8 - 3$

09 $3 + 2$

10 $9 - 9$

11 $6 + 0$

12 $7 - 2$

13 $4 + 5$

14 $6 - 1$

15 $6 + 1 + 2$

16 $8 - 1 - 3$

17 $3 + 1 + 4$

18 $6 - 3 - 3$

19 $2 + 2 + 2$

20 $9 - 4 - 2$

21
```
   5 0
+    7
```

22
```
     5
+  7 0
```

23
```
   2 6
+    3
```

24
```
   5 4
-  2 1
```

25
```
   8 9
-    0
```

26
```
   4 6
+  3 2
```

27
```
   8 9
-    9
```

28
```
   4 6
-  3 2
```

29
```
   5 0
+  4 0
```

30
```
   6 4
+  2 3
```

31
```
   5 0
-  4 0
```

32
```
   6 4
-  2 3
```

33 24 + 15

34 66 - 6

35 20 + 30

36 90 + 3

37 94 - 2

38 84 - 51

39 80 - 60

40 59 - 55

41 7 + 60

42 87 - 24

43 11 + 22

44 77 - 67